Hambu

ADAC CityAtlas

1:15 000

Inhaltsverzeichnis

ADAC-Pannenhilfe 0180 2 22 22 22 (0,06 € pro Anruf) · **Polizei 110** · **Feuerwehr und Rettungsdienst 112**

Übersichtskarte und Blattschnitt Hamburg

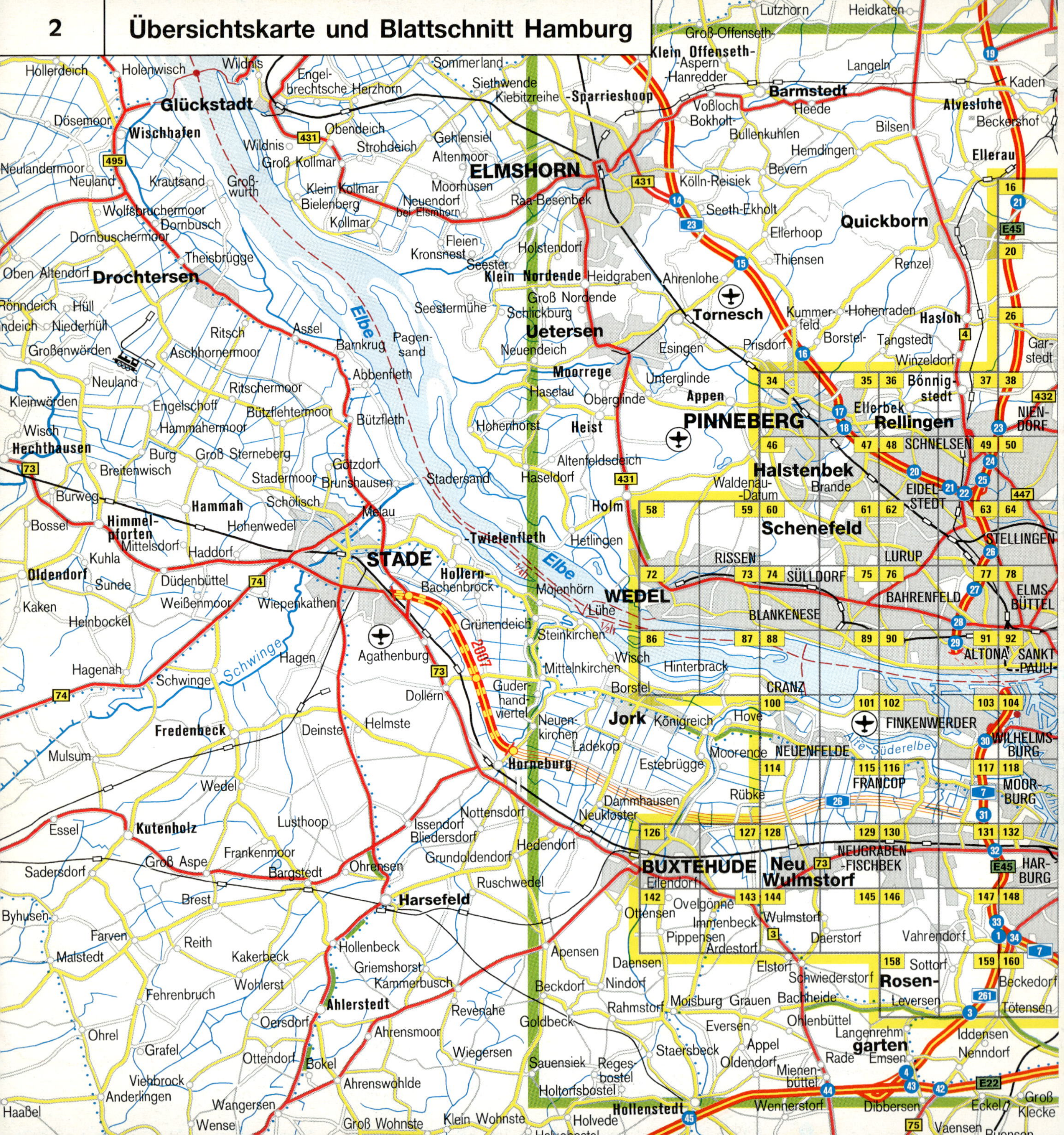

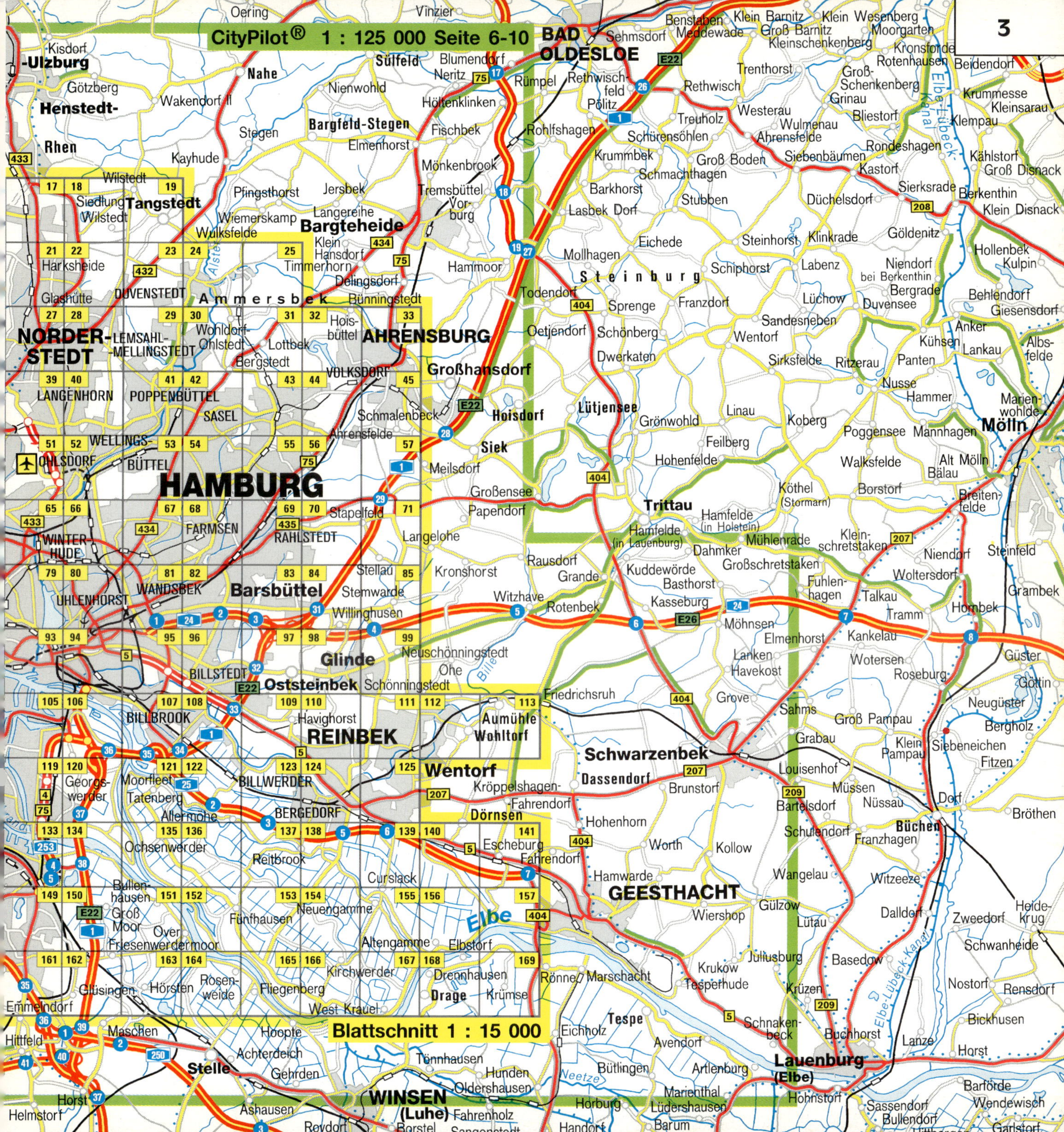

CityPilot® 1 : 125 000 Seite 6-10
Blattschnitt 1 : 15 000
Oering
Vinzier
Kisdorf
-Ulzburg
Götzberg
Henstedt-
Rhen
Nahe
Sülfeld
Blumendorf
Neritz
BAD OLDESLOE
Sehmsdorf
Benstaben
Meddewade
Klein Barnitz
Groß Barnitz
Kleinschenkenberg
Klein Wesenberg
Moorgarten
Kronsforde
Rotenhausen
Beidendorf
Wakendorf II
Nienwohld
Höltenklinken
Rümpel
Rethwisch-feld
Pölitz
Rethwisch
Trenthorst
Groß-Schenkenberg
Grinau
Krummesse
Kleinsarau
Elbe-Lübeck-Kanal
Stegen
Bargfeld-Stegen
Elmenhorst
Fischbek
Rohlfshagen
Treuholz
Westerau
Wulmenau
Ahrensfelde
Bliestorf
Klempau
Kayhude
Mönkenbrook
Krummbek
Schürensöhlen
Groß Boden
Siebenbäumen
Rondeshagen
Kastorf
Kählstorf
Groß Disnack
Wilstedt
Tangstedt
Siedlung Wilstedt
Pfingsthorst
Jersbek
Tremsbüttel
Vorburg
Barkhorst
Schmachthagen
Stubben
Düchelsdorf
Sierksrade
Berkenthin
Klein Disnack
Wiemerskamp
Wulksfelde
Langereihe
Bargteheide
Klein Hansdorf
Timmerhorn
Delingsdorf
Hammoor
Lasbek Dorf
Mollhagen
Steinburg
Eichede
Steinhorst
Klinkrade
Schiphorst
Labenz
Göldenitz
Niendorf bei Berkenthin
Hollenbek
Kulpin
Bergrade
Harksheide
Glashütte
DUVENSTEDT
Ammersbek
Bünningstedt
Todendorf
Sprenge
Franzdorf
Lüchow
Duvensee
Behlendorf
Giesensdorf
NORDERSTEDT
LEMSAHL-MELLINGSTEDT
Wohldorf-Ohlstedt
Lottbek
Bergstedt
Hoisbüttel
AHRENSBURG
Oetjendorf
Schönberg
Sandesneben
Wentorf
Kühsen
Anker
Lankau
Albsfelde
Dwerkaten
Sirksfelde
Ritzerau
Panten
Nusse
Hammer
Marienwohlde
LANGENHORN
POPPENBÜTTEL
VOLKSDORF
Großhansdorf
Hoisdorf
Lütjensee
Grönwohld
Linau
Koberg
Poggensee
Mannhagen
Mölln
SASEL
Schmalenbek
Ahrensfelde
Siek
Feilberg
Walksfelde
Alt Mölln
Bälau
WELLINGSBÜTTEL
OHLSDORF
HAMBURG
Meilsdorf
Hohenfelde
Köthel (Stormarn)
Borstorf
Breitenfelde
Großensee
Papendorf
Trittau
Hamfelde (in Holstein)
Hamfelde (in Lauenburg)
Mühlenrade
Dahmker
Klein-schretstaken
Niendorf
Steinfeld
FARMSEN
Stapelfeld
RAHLSTEDT
WINTERHUDE
Langelohe
Rausdorf
Grande
Kuddewörde
Großschretstaken
Fuhlenhagen
Woltersdorf
Grambek
UHLENHORST
WANDSBEK
Barsbüttel
Stellau
Stemwarde
Kronshorst
Witzhave
Basthorst
Kasseburg
Talkau
Hornbek
Willinghusen
Rotenbek
Möhnsen
Elmenhorst
Tramm
Kankelau
Güster
Neuschönningstedt
Glinde
Lanken
Havekost
Wotersen
Roseburg
Göttin
BILLSTEDT
Oststeinbek
Schönningstedt
Ohe
Bille
Friedrichsruh
Grove
Sahms
Neugüster
BILLBROOK
Havighorst
REINBEK
Aumühle
Wohltorf
Schwarzenbek
Grabau
Groß Pampau
Bergholz
Klein Pampau
Siebeneichen
Fitzen
Louisenhof
Georgswerder
Moorfleet
BILLWERDER
Wentorf
Dassendorf
Brunstorf
Müssen
Tatenberg
Allermöhe
BERGEDORF
Kröppelshagen-Fahrendorf
Bartelsdorf
Nüssau
Dorf
Bröthen
Dörnsen
Hohenhorn
Büchen
Ochsenwerder
Escheburg
Fahrendorf
Schulendorf
Franzhagen
Reitbrook
Curslack
Worth
Kollow
Bullenhausen
Groß Moor
Hamwarde
GEESTHACHT
Wangelau
Witzeeze
Heidekrug
Fünfhausen
Neuengamme
Elbe
Gülzow
Wiershop
Lütau
Dalldorf
Zweedorf
Over
Friesenwerdermoor
Altengamme
Elbstorf
Schwanheide
Kirchwerder
Juliusburg
Basedow
Glüsingen
Hörsten
Rosenweide
Fliegenberg
Drennhausen
Drage
Krümse
Rönne
Marschacht
Krukow
Tesperhude
Elbe-Lübeck-Kanal
Krüzen
Nostorf
Rensdorf
Emmelndorf
West Krauel
Tespe
Schnakenbek
Bickhusen
Hittfeld
Maschen
Hoopte
Eichholz
Avendorf
Buchhorst
Lanze
Horst
Achterdeich
Stelle
Gehrden
Tönnhausen
Hunden
Bütlingen
Artlenburg
Lauenburg (Elbe)
Neetze
Marienthal
Barförde
Wendewisch
WINSEN (Luhe)
Oldershausen
Horburg
Lüdershausen
Hohnstorf
Sassendorf
Bullendorf
Horst
Helmstorf
Ashausen
Roydorf
Borstel
Fahrenholz
Handorf
Barum
Garlstorf
E22
E26

Die GPS-genauen ADAC CityAtlanten:

Kurzinformation für eilige Nutzer:

- GPS-Empfänger auf "**WGS 84**" und "**UTM**" einstellen.
- Zur GPS-Navigation dient das **rote Gitter** (Maschenweite 2000 m, Feineinteilung 100 m).
- Die Angaben im Straßenregister beziehen sich auf das blaue Suchgitter.

GPS steht für "Global Positioning System". Gemeint ist damit die exakte Positionsbestimmung mithilfe von Satellitensignalen und einem Empfangsgerät, dem GPS-Empfänger. Mit der **UTM-Kartenprojektion** ("Universal-Transverse-Mercator-Projection") ist es möglich, die Erdoberfläche zwischen 84° nördlicher und 80° südlicher Breite, in 60 Zonen unterteilt, abzubilden. Deutschland liegt größtenteils in den Feldern 32U und 33U innerhalb der beiden Zonen 32 und 33. (siehe Abb. unten)

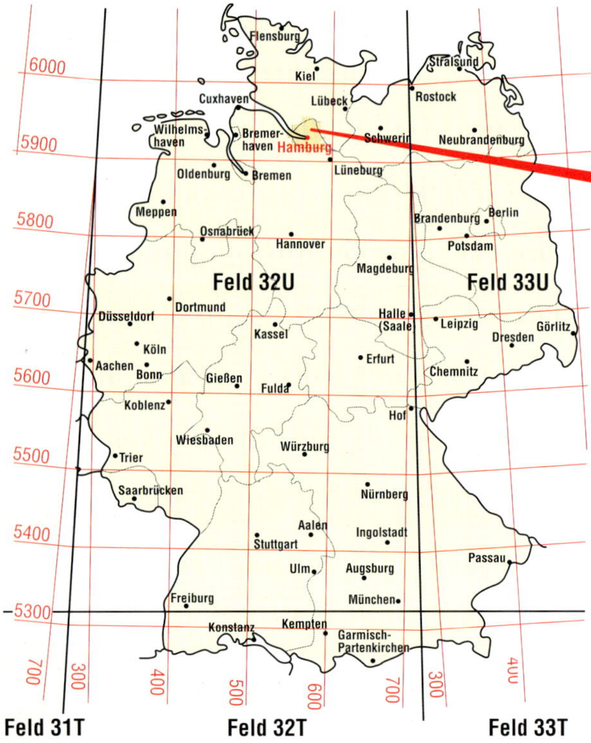

Feld 31T Feld 32T Feld 33T

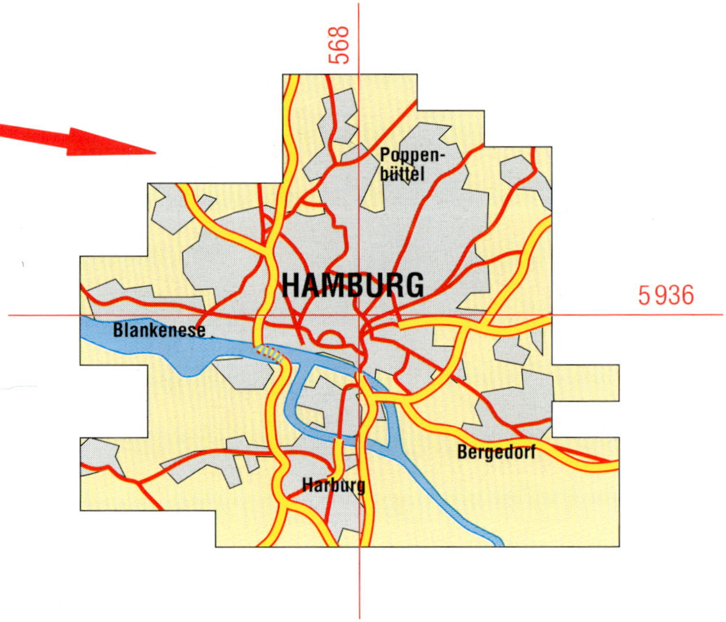

Zur Feinorientierung dient das UTM-Gitter, ein Koordinatensystem, das für einen bestimmten Punkt den Abstand zum Äquator bzw. zum Bezugsmeridian (9° bzw. 15° östl. Länge) in Metern angibt. Dieses UTM-Gitter finden Sie, zusätzlich zum gewohnten blauen Suchnetz des Straßenregisters, in diesem Atlas rot eingedruckt. Bezugssystem ist, gemäß international üblichen Standards bei der GPS-gestützten Navigation, das Rotationsellipsoid "WGS 84" (die Erde ist aufgrund ihrer Rotation um die eigene Achse keine Kugel, sondern leicht abgeplattet). Handelsübliche GPS-Empfänger ermitteln bei der Positionsbestimmung die UTM-Koordinaten mit einer Genauigkeit von unter 20 Metern. Diese Koordinaten lassen sich im ADAC CityAtlas problemlos lokalisieren.

Sie finden in den Großraumkarten im Maßstab 1 : 15 000, neben dem blauen Suchnetz des Straßenregisters, ein rot angelegtes UTM-Gitter mit einer Maschenweite von 2000 Metern. Die "East"- bzw. Rechtswerte (E), sowie die "North"-bzw. Hochwerte (N) - im Abstand von 2000 Metern- können Sie am Koordinatenschnittpunkt des UTM-Gitters ablesen. Im Beispiel sind diese Zahlenwerte rot markiert. Die Feinorientierung erfolgt mittels der im 100-Meter-Abstand angelegten Skalierung auf den roten Gitterlinien. Ihr Standort befindet sich im Schnittpunkt von Rechts-und Hochwert. Exemplarisch durchgeführt haben wir das im nebenstehenden Kartenausschnitt für einen Ortspunkt mit den Koordinaten ⊗ E: 576290 m / N: 5951900 m.

Zeichenerklärung 1 : 15 000

0 100 200 300 m

Autobahn mit Nummer
Motorway with number
Autoroute avec numéro

Nummer der Autobahnanschlussstelle
Motorway junction number
Numéro d'échangeur d'autoroute

Schnellstraße/ Bundesstraße
Motor highway/ Federal road
Route express/ Route nationale

Mehrspurige Straße
Dual carriageway
Route à chaussées separées

Durchgangsstraße
Main through road
Grande route

Übrige Straßen/ Weg
Other roads/ Footpath
Autres routes/ Sentier

Straßen in Bau/ Planung
Roads under construction/ projected
Routes en construction/ en projet

Fußgängerzone/ Einbahnstraße
Pedestrian zone/ One-way street
Zone piétonnière/ Rue à sens unique

Stadt- und Gemeindegrenze
Town and communal boundary
Limite de ville et commune

Staatsgrenze
National border
Frontière d'État

ADAC — ADAC-Regionalgeschäftsstelle
ADAC-regional office
ADAC-Bureau régional

ADAC — ADAC-Geschäftsstelle/ ADAC-Grenzbüro
ADAC office/ ADAC border office
Bureau ADAC/ Bureau frontalier ADAC

38674 — Postleitzahlbereich
Postcode district
Zone postale

P+R — Eisenbahn mit Bahnhof u. Park+Ride
Railway with station and Park+Ride
Voie ferrée avec gare et Park+Ride

Güter- und Industriebahn
Freight and industrial railway
Voie ferrée de marchandise et industrielle

S3 — S-Bahn mit Nummer und Station
Rapid transit train with number and station
Train en trafic suburbain avec numéro et gare

1 — Stadtbahn
Light Rail
Métro Léger

15 698 — Bus/ Straßenbahn mit Endhaltestelle
Bus/ Tramway with terminus
Autobus/ Tramway avec terminus

Fähre
Ferry
Bac

Kirche/ Post
Church/ Post office
Eglise/ Bureau de poste

Krankenhaus/ Schule
Hospital/ School
Hôpital/ École

Feuerwehr/ Polizei
Fire station/ Police station
Pompiers/ Police/ Gendarmerie

Campingplatz/ Jugendherberge
Camping site/ Youth hostel
Camping/ Auberge de jeunesse

Parkplatz/ Parkleitsystem
Car park/ Parking control system
Parking/ Système de signalisation

Parkhaus/ Tiefgarage
Parking house/ Underground car park
Garage/ Parking souterrain

Hallenbad
Indoor swimming pool
Piscine couverte

Ruine/ Turm
Ruin/ Tower
Ruines/ Tour

Windmühle/ Windrad
Windmill/ Windpower
Moulin à vent/ Éolienne

Höhle/ Fels
Cave/ Rock
Grotte/ Rocher

Konsulat/ Botschaft
Consulate/ Embassy
Consulat/ Ambassade

Bergwerk, in Betrieb/ stillgelegt
Mine in use/ disused
Mine en exploitation/ abandonnée

Denkmal/ Mühle
Monument/ Mill
Monument/ Moulin

Wirtshaus, Ausflugslokal
Inn, Roadhouse
Auberge, Café-Restaurant

Leuchtturm/ Leuchtfeuer
Lighthouse/ Beacon
Phare/ Fanal

Försterei/ Einzelne Bäume
Forester's Lodge/ Isolated trees
Maison forestière/ Arbres isolés

Tourist-Information/ Sendeanlage
Tourist information center/ Transmitting station
Syndicat d'initiative/ Station d'emmission

Historische Mauer
Historical Wall
Mur historique

Wald/ Park
Forest/ Park
Fôret/ Parc

Friedhof/ Weinberg
Cemetery/ Vineyard
Cimetière/ Vignoble

Heide/ Moor, Sumpf
Heath/ Marsh, Swamp
Lande/ Marais, Marécage

CityPilot® 1 : 125 000

0 1 2 3km

Der CityPilot® ist eine Stadtdurchfahrtskarte im Maßstab 1 : 125 000 (grüner Kartenteil Seite 6-10) mit der Sie ohne aufwändiges Blättern schnell und problemlos auf den Durchgangsstraßen in Ihr Zielgebiet gelangen.

Wenn Sie nicht wissen wo Ihr Zielgebiet liegt, suchen Sie im Straßenverzeichnis nach der entsprechenden Gemeinde, bzw. Straße. Die dort angegebene Seitenzahl zeigt im CityPilot® Ihr Zielgebiet. Kennen Sie dagegen die ungefähre Lage Ihres Zielgebietes schon, dann können Sie sofort im CityPilot®-ohne lästiges Blättern-den Durchgangsstraßen bis in das Zielgebiet folgen.

Im Zielgebiet angekommen, schlagen Sie für detaillierte kartographische Informationen die dort angegebene Seite auf. Die gelb unterlegten Seitenzahlen führen Sie zu den Großraumkarten im Maßstab 1 : 15 000 (Seite 16-169), orangefarbig unterlegte Seitenzahlen zu den Cityplänen (Seite 11-15).

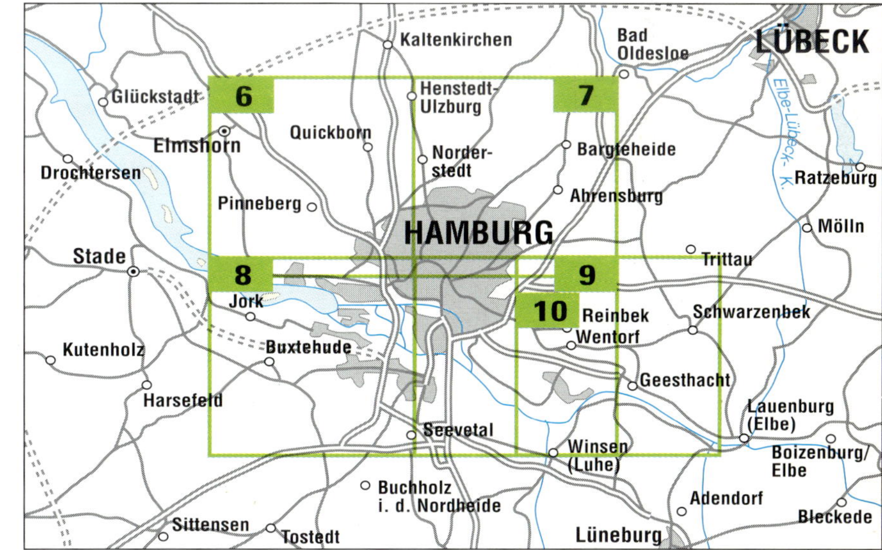

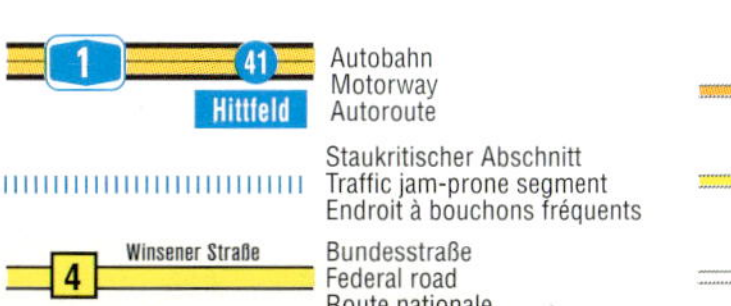

Autobahn
Motorway
Autoroute

Staukritischer Abschnitt
Traffic jam-prone segment
Endroit à bouchons fréquents

Bundesstraße
Federal road
Route nationale

Hauptverbindungsstraßen
Main connecting roads
Route principales

Durchgangsstraßen
Main through road
Grande route

Sonstige Straßen
Other roads
D´ autres routes

1 : 15 000

Seitenübersicht Großraumkarten
Survey of pages area map
Index des planes des aglomération

Seitenübersicht Citypläne
Survey of pages city map
Index des plans des centre-villes

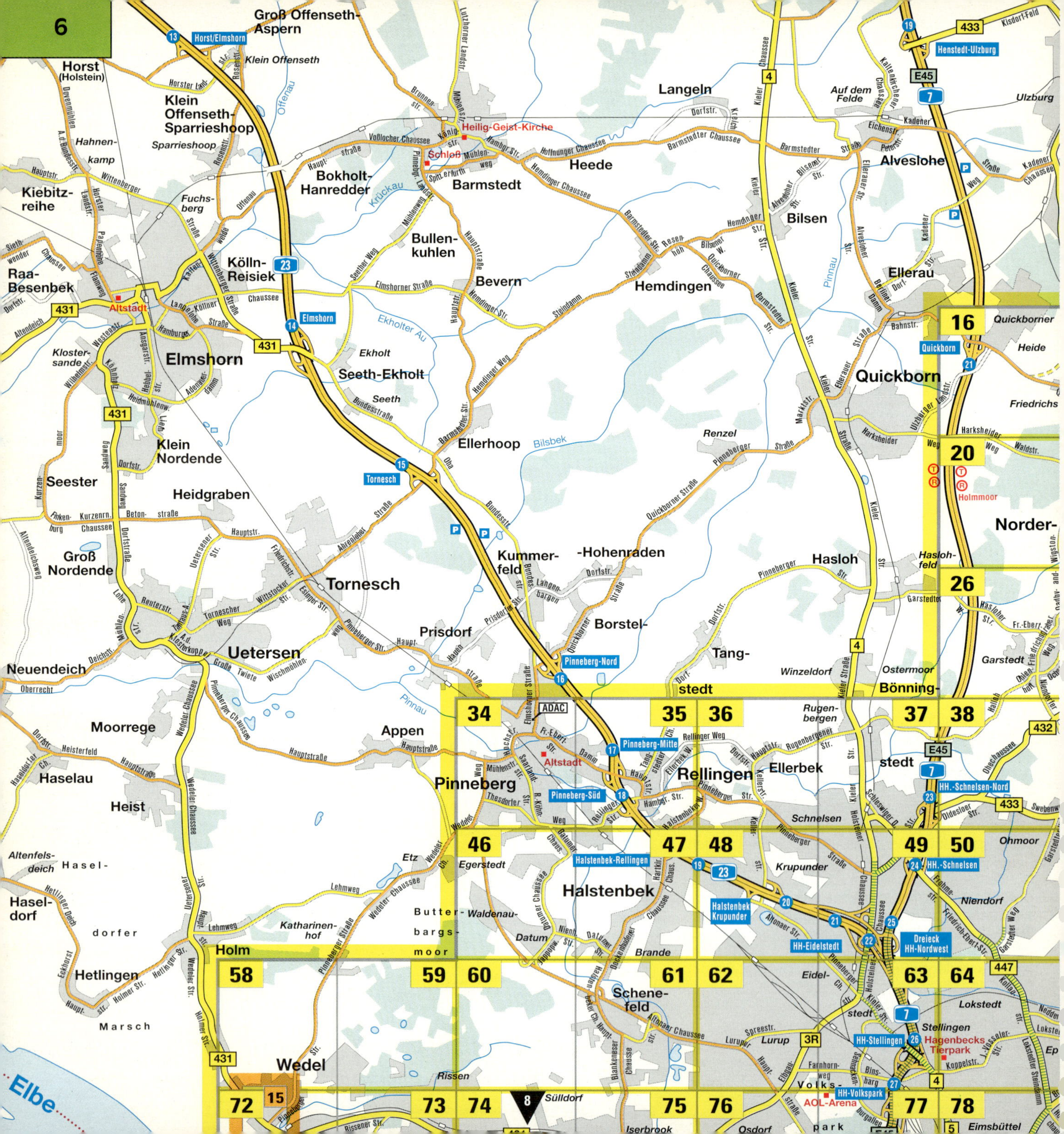
Groß Offenseth-
Aspern
Horst/Elmshorn
Klein Offenseth
Horst
(Holstein)
Klein
Offenseth-
Sparrieshoop
Sparrieshoop
Hahnen-
kamp
Kiebitz-
reihe
Fuchs-
berg
Offenau
Heilig-Geist-Kirche
Schloß
Bokholt-
Hanredder
Barmstedt
Krückau
Langeln
Heede
Auf dem
Felde
Henstedt-Ulzburg
Ulzburg
Alveslohe
Bilsen
Bullen-
kuhlen
Bevern
Hemdingen
Pinnau
Ellerau
Kölln-
Reisiek
Raa-
Besenbek
Altstadt
Elmshorn
Kloster-
sande
Elmshorn
Ekholter Au
Ekholt
Seeth-Ekholt
Seeth
16
Quickborner
Heide
Quickborn
Quickborn
Friedrichs
Klein
Nordende
Ellerhoop
Bilsbek
Renzel
20
Holmmoor
Seester
Tornesch
Heidgraben
Norder-
Groß
Nordende
Kummer-
feld
-Hohenraden
Hasloh
Hasloh-
feld
26
Tornesch
Prisdorf
Borstel-
Tang-
Winzeldorf
Ostermoor
Garstedt
Neuendeich
Uetersen
Pinneberg-Nord
stedt
Bönning-
Pinnau
Moorrege
Appen
34
ADAC
35
36
Rugen-
bergen
37
38
Pinneberg-Mitte
Altstadt
Rellingen
Ellerbek
stedt
HH.-Schnelsen-Nord
Haselau
Heist
Pinneberg
Pinneberg-Süd
Schnelsen
Altenfels-
deich
Hasel-
Etz
46
Egerstedt
Halstenbek-Rellingen
47
48
Krupunder
49
50
Ohmoor
HH.-Schnelsen
Hasel-
dorf
dorfer
Halstenbek
Halstenbek
Krupunder
Niendorf
Butter-
bargs-
moor
Waldenau-
Katharinen-
hof
Datum
Brande
HH-Eidelstedt
Dreieck
HH-Nordwest
Holm
58
59
60
61
62
Eidel-
63
64
Hetlingen
Schene-
feld
Lokstedt
stedt
Stellingen
Marsch
Lurup
HH-Stellingen
Hagenbecks
Tierpark
Wedel
Elbe
Rissen
Volks-
HH-Volkspark
AOL-Arena
72
15
73
74
8
Sülldorf
75
76
77
78
Iserbrook
Osdorf
park
Eimsbüttel

Kisdorf
Kisdorferwohld
Itzstedt
Sülfeld
Tönningstedt
Grabau
Grabauer See
Bad Oldesloe-Süd
Nahe
Henstedt
Henstedt-Ulzburg
Wakendorf II
Nienwohld
Petersfelde
Floggensee
Neritz
Rümpel
Höltenklinken
Ulzburg-Süd
Alster
Kayhude
Stegen
Bargfeld
Bargfeld-Stegen
Elmenhorst
Fischbek
Rhen
Mühlenbach
Sattenfelde
Mönkenbrook
Lasbek
Jersbek
Ehlersberg
Pfingsthorst
Tremsbüttel
Automuseum
Hasloh-fürt
Wilstedt
Tangstedt
Siedlung Wilstedt
Rade
Wiemerskamp
Langereihe
Vorburg
Bargteheide
Klein Hansdorf
Kreuz Bargteheide
Harksheide
Duvenstedt
Wulksfelde
Wohldorf-
Brunsbach
Timmerhorn
Rehhagen
Hammoor
Delingsdorf
Todendorf
Buddikate
Parkberg
Ohlstedt
Lehmkuhlen
Steenhoop
Bünningstedt
Glashütte
Hoisbüttel
Ammersbek
Lemsahl-Mellingstedt
Siedlung Daheim
Schloss
Siedlung Heimgarten
Lottbek
Ahrensburg
Gölmbach
Oetjendorf
Großhansdorf
Hoisdorf
Heidberg
Heimgarten
Bergstedt
Siedlung Langenhorn
Poppenbüttel
Volksdorf
Waldgut Hagen
Schmalenbeck
Schierenplack
Sasel
Hummelsbüttel
Ahrensfelde
Sieck
Fuhlsbüttel
Flughafen Hamburg
Wellingsbüttel
Berne
Am Hagen
Meilsdorf
HAMBURG
Ohlsdorf
Rahlstedt
Meiendorf
Steinzeitfunde
Stapelfeld
Großensee
Groß-Borstel
Steilshoop
Bramfeld
Farmsen
Braak
Alsterdorf
Bismarckshöhe
Siedlung Großlohe
Tonndorf
Altrahlstedt
Langelohe
Winterhude
Barmbek
Brunsbek
Rausdorf
Stellau
Kronshorst
Harvestehude
Uhlenhorst
Wandsbek
Jenfeld
Barsbüttel
17 18 19 21 22 23 24 25 27 28 29 30 31 32 33 39 40 41 42 43 44 45 51 52 53 54 55 56 57 65 66 67 68 69 70 71 79 80 81 82 83 84 85
14
9
10

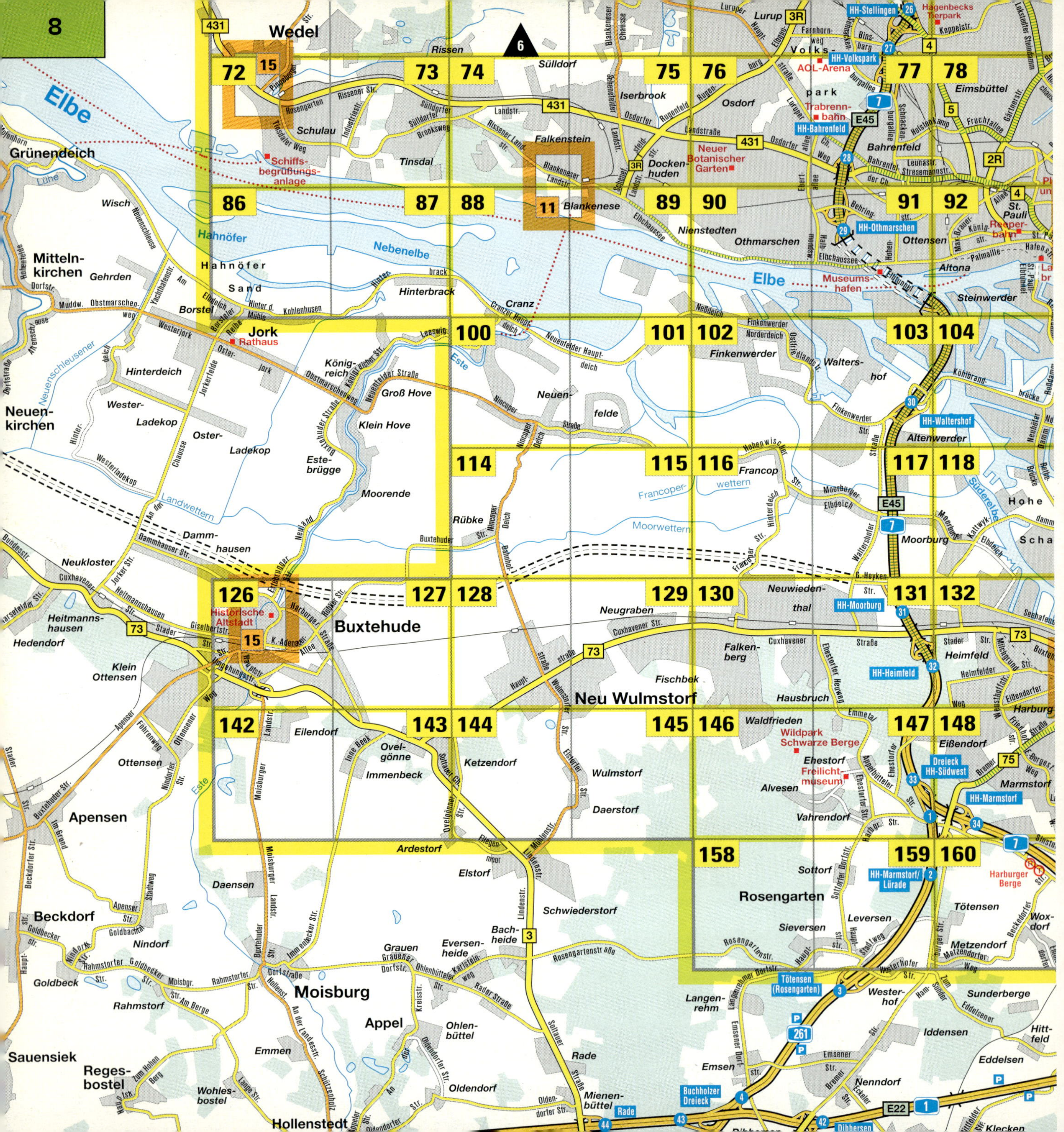
Wedel
Elbe
Grünendeich
Schulau
Rissen
Sülldorf
Tinsdal
Falkenstein
Blankenese
Iserbrook
Osdorf
Dockenhuden
Nienstedten
Othmarschen
Bahrenfeld
Eimsbüttel
Ottensen
Altona
St. Pauli
Lurup
Steinwerder
Hahnöfer Sand
Nebenelbe
Mittelnkirchen
Gehrden
Borstel
Jork
Hinterbrack
Cranz
Neuenfelde
Finkenwerder
Waltershof
Altenwerder
Neuenkirchen
Hinterdeich
Königreich
Groß Hove
Klein Hove
Wester-Ladekop
Oster-Ladekop
Estebrügge
Moorende
Rübke
Francop
Moorburg
Dammhausen
Neukloster
Buxtehude
Neugraben
Neuwiedenthal
Heitmannshausen
Hedendorf
Klein Ottensen
Falkenberg
Fischbek
Hausbruch
Heimfeld
Harburg
Neu Wulmstorf
Eilendorf
Ovelgönne
Immenbeck
Ketzendorf
Wulmstorf
Daerstorf
Waldfrieden
Wildpark Schwarze Berge
Ehestorf
Alvesen
Vahrendorf
Eißendorf
Marmstorf
Apensen
Ottensen
Ardestorf
Elstorf
Daensen
Beckdorf
Nindorf
Goldbeck
Schwiederstorf
Bachheide
Grauen
Eversenheide
Rosengarten
Sottorf
Sieversen
Leversen
Tötensen
Metzendorf
Woxdorf
Moisburg
Appel
Rahmstorf
Langenrehm
Westerhof
Sunderberge
Ohlenbüttel
Emmen
Iddensen
Sauensiek
Regesbostel
Wohlesbostel
Hollenstedt
Oldendorf
Rade
Mienenbüttel
Emsen
Nenndorf
Eddelsen
Hittfeld
Klecken

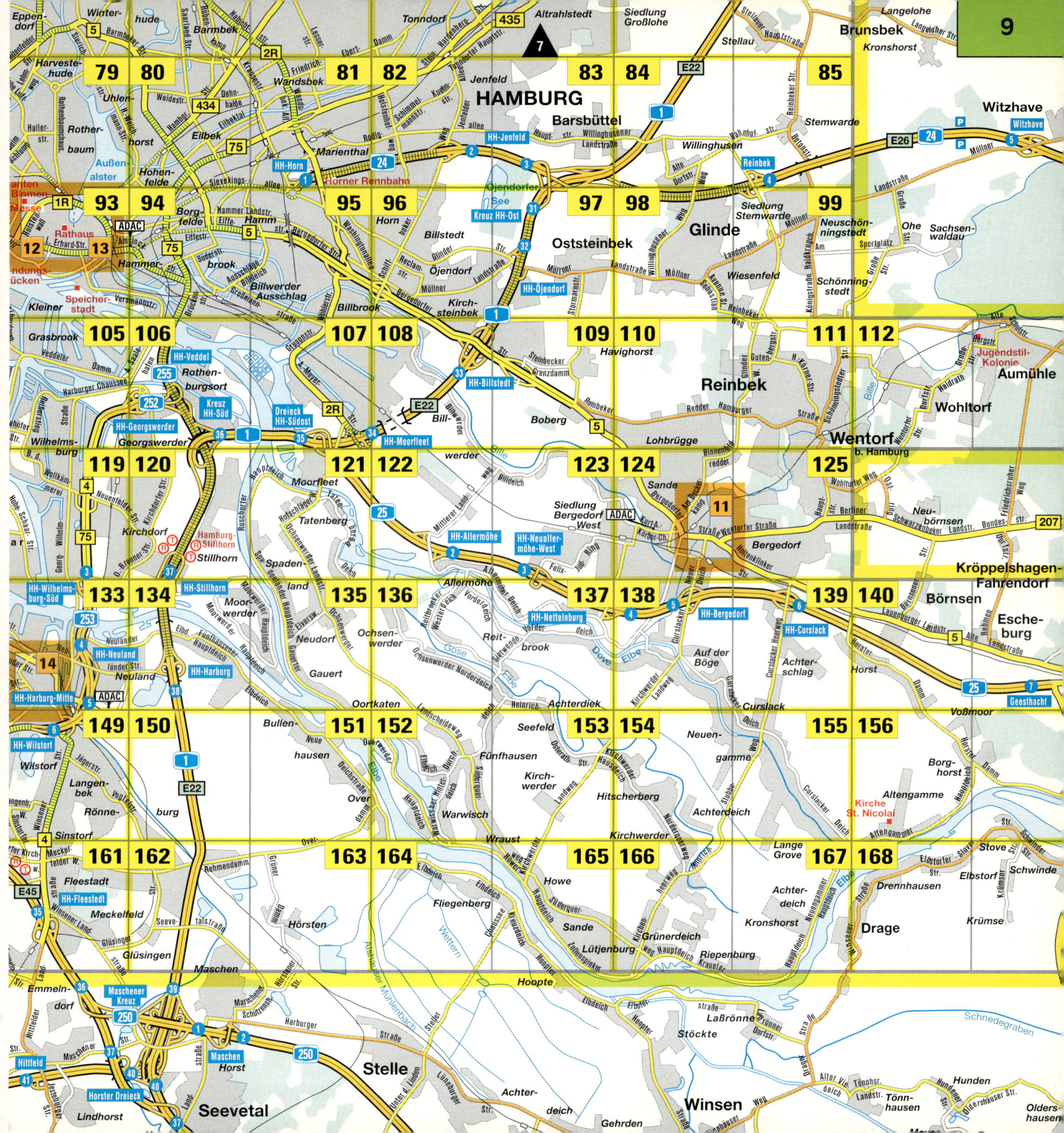

HAMBURG
Eppendorf
Winterhude
Barmbek
Tonndorf
Altrahlstedt
Siedlung Großlohe
Stellau
Brunsbek
Langelohe
Kronshorst
Harvestehude
Wandsbek
Jenfeld
Barsbüttel
Stemwarde
Witzhave
Rotherbaum
Uhlenhorst
Eilbek
Marienthal
Willinghusen
Außenalster
Hohenfelde
Hörner Rennbahn
Öjendorfer See
Messe
Rathaus
Borgfelde
Hamm
Horn
Billstedt
Oststeinbek
Glinde
Siedlung Stemwarde
Neuschönningstedt
Ohe
Sachsenwald
Hammerbrook
Öjendorf
Wiesenfeld
Schönningstedt
Kleiner Grasbrook
Speicherstadt
Billwerder Ausschlag
Billbrook
Kirchsteinbek
Havighorst
Reinbek
Jugendstil-Kolonie
Aumühle
Wohltorf
Rothenburgsort
Georgswerder
Wilhelmsburg
Boberg
Bill-werder
Lohbrügge
Wentorf b. Hamburg
Moorfleet
Tatenberg
Sande
Siedlung Bergedorf West
Bergedorf
Neubörnsen
Kirchdorf
Hamburg-Stillhorn
Stillhorn
Spadenland
Allermöhe
Kröppelshagen-Fahrendorf
Börnsen
Escheburg
Moorwerder
Neudorf
Ochsenwerder
Reitbrook
Auf der Böge
Achterschlag
Horst
Neuland
Gauert
Oortkaten
Achterdiek
Curslack
Voßmoor
Wilstorf
Bullenhausen
Seefeld
Neuengamme
Langenbek
Fünfhausen
Kirchwerder
Borghorst
Altengamme
Kirche St. Nicolai
Rönneburg
Over
Warwisch
Hitscherberg
Achterdeich
Sinstorf
Wraust
Kirchwerder
Lange Grove
Stove
Schwinde
Fleestadt
Fliegenberg
Howe
Elbstorf
Drennhausen
Meckelfeld
Hörsten
Sande
Achterdeich
Kronshorst
Drage
Krümse
Glüsingen
Lütjenburg
Grünerdeich
Riepenburg
Maschen
Hoopte
Emmelndorf
Maschener Kreuz
Laßrönne
Stöckte
Schnedegraben
Hittfeld
Maschen Horst
Stelle
Horster Dreieck
Seevetal
Lindhorst
Achterdeich
Gehrden
Winsen
Hunden
Tönnhausen
Oldershausen
Elbe
Dove Elbe
Gose Elbe
Bille
Wettern
HH-Jenfeld
HH-Horn
Kreuz HH-Ost
HH-Öjendorf
Reinbek
HH-Veddel
Kreuz HH-Süd
Dreieck HH-Südost
HH-Georgswerder
HH-Billstedt
HH-Moorfleet
HH-Allermöhe
HH-Neuallermöhe-West
HH-Wilhelmsburg-Süd
HH-Stillhorn
HH-Nettelnburg
HH-Bergedorf
HH-Curslack
HH-Neuland
HH-Harburg
HH-Harburg-Mitte
HH-Wilstorf
HH-Fleestadt
Geesthacht
ADAC
79 80 81 82 83 84 85
93 94 95 96 97 98 99
105 106 107 108 109 110 111 112
119 120 121 122 123 124 125
133 134 135 136 137 138 139 140
149 150 151 152 153 154 155 156
161 162 163 164 165 166 167 168
11 12 13 14

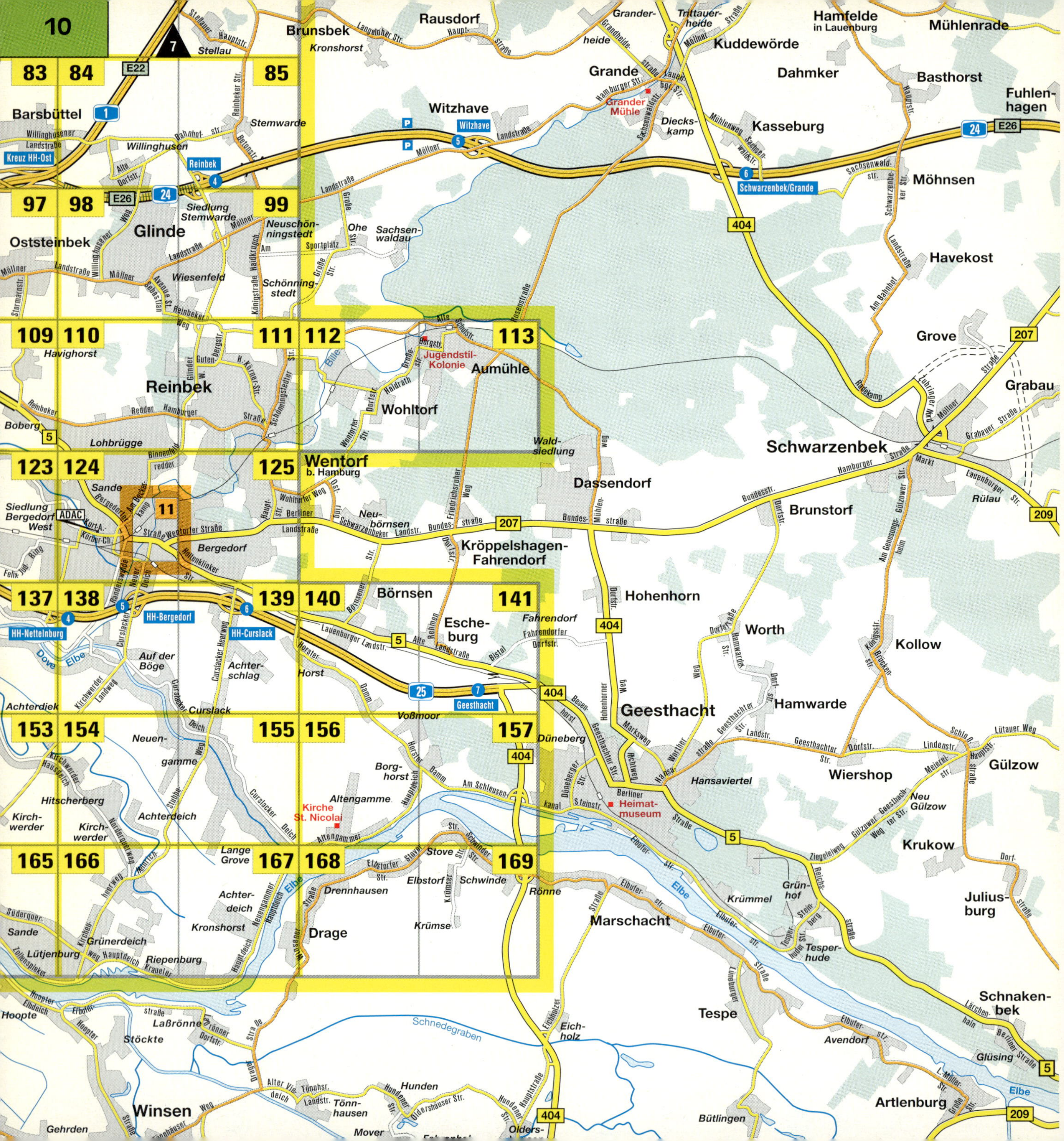

Brunsbek
Kronshorst
Rausdorf
Stellau
Hamfelde
in Lauenburg
Mühlenrade
Kuddewörde
Grande
Dahmker
Basthorst
Grander Mühle
Fuhlen-
hagen
Barsbüttel
Stemwarde
Witzhave
Dieckskamp
Kasseburg
Willinghusen
Kreuz HH-Ost
Reinbek
Schwarzenbek/Grande
Möhnsen
Siedlung Stemwarde
Glinde
Neuschönningstedt
Sachsenwaldau
Oststeinbek
Wiesenfeld
Schönningstedt
Havekost
Havighorst
Jugendstil-
Kolonie
Aumühle
Grove
Reinbek
Wohltorf
Grabau
Boberg
Lohbrügge
Waldsiedlung
Schwarzenbek
Wentorf
b. Hamburg
Sande
Dassendorf
Siedlung Bergedorf West
Neu-
börnsen
Brunstorf
Rülau
Bergedorf
Kröppelshagen-
Fahrendorf
Börnsen
Hohenhorn
Escheburg
Fahrendorf
Worth
Kollow
HH-Bergedorf
HH-Nettelnburg
HH-Curslack
Auf der Böge
Achterschlag
Horst
Geesthacht
Achterdiek
Curslack
Voßmoor
Hamwarde
Neuengamme
Düneberg
Hansaviertel
Wiershop
Gülzow
Borghorst
Altengamme
Hitscherberg
Kirchwerder
Achterdeich
Kirche
St. Nicolai
Heimat-
museum
Neu Gülzow
Krukow
Lange Grove
Stove
Schwinde
Rönne
Elbstorf
Drennhausen
Juliusburg
Krümmel
Grünhof
Achterdeich
Krümse
Marschacht
Sande
Kronshorst
Drage
Tesperhude
Grünerdeich
Lütjenburg
Riepenburg
Elbe
Schnakenbek
Tespe
Hoopte
Laßrönne
Stöckte
Schnedegraben
Eichholz
Avendorf
Glüsing
Hunden
Tönnhausen
Artlenburg
Winsen
Bütlingen
Gehrden
Mover
Olders-
E22
E26
24
1
5
25
207
209
404

Hamburg-Bergedorf

Hamburg-Blankenese

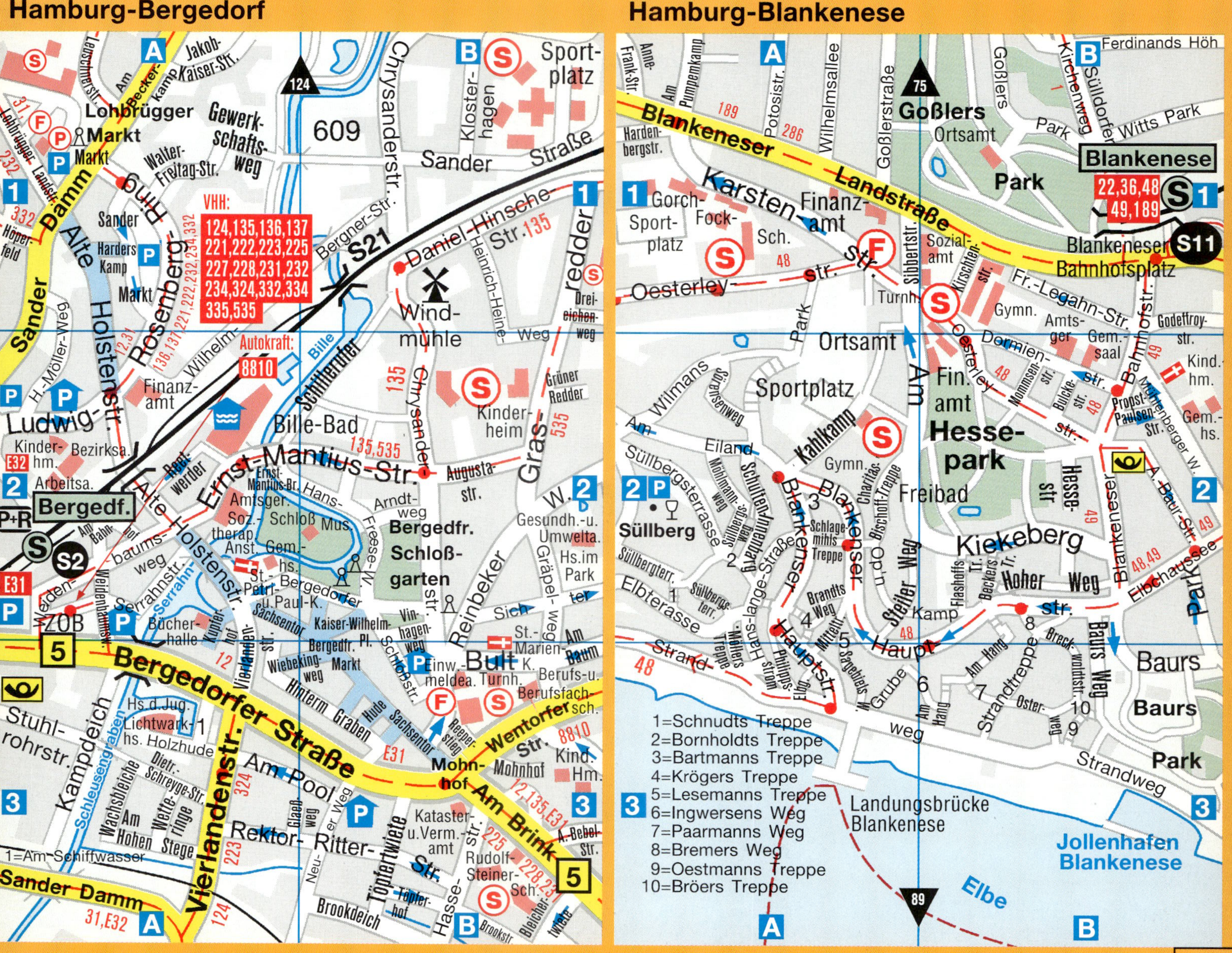

Fleischzentrum (Schlachthof)
Messegelände
Messehallen
Planten un Blomen
Dammtor
Stephanspl.
Alter Botanischer Garten
Botan. Inst.
Univ. Inst.f. Physik
Untersuchungsgefängnis
Kleine Wallanlagen
Strafjustizgebäude
Gorch-Fock-Wall
Postmus
Zollamt
Finanzbeh.
Amtsgericht
Drehbahn
Gänsemarkt
Valentinskp.
Feldstraße
Feldstr.
Neuer Kamp
Ölmühle
Marktstr.
Karolinenstr.
Holstenglacis
Sievekingplatz
Zivil-justizgebäude
Oberlandesger.
Heiligengeistfeld "Hamburger Dom"
Glacischaussee
Große Wallanlagen
Holstenwall
1R
Neustadt
Kaiser-Wilhelm-Str.
Axel-Springer-Pl.
Großneumarkt
Alter Steinweg
Wexstr.
Stadthausbr.
St. Pauli
Budapester Str.
Millerntorpl.
Millerntordm.
Ludwig-Erhard-Str.
Helgoländer A.
Alter Elbpark
Zeughausmarkt
Michaelisstr.
Herrengrabenbr.
Rödingsmarkt
Alt-
Admiralitätstr.
Venusberg
Seewartenstr.
Landungsbrücken
St. Pauli-Hafenstr.
Johannisbollwerk
Vorsetzen
Baumwall
Binnenhafen
Kajen
Zollämter
Norderelbe
Niederhafen
St.Pauli-Landungsbrücken

6 = Kleine Theaterstraße
7 = An der Stadthausbrücke
8 = Steinwegpassage
9 = Michaelispassage
10 = Graskellerbrücke
11 = Altenwallbrücke
12 = Brandsende
13 = Hinter der Markthalle
14 = Kleine Rosenstraße
15 = Barkhof
16 = Jakobikirchhof
17 = Kreuslerstraße
18 = Bei der Petrikirche
19 = Schmiedestraße
20 = Knochenhauertwiete
21 = Kleine Johannisstraße
22 = Pelzerstraße
23 = Rolandsbrücke
24 = Görttwiete
25 = Kleine Burstah
26 = Hahntrapp
27 = Neue Burg
28 = Wölberstieg
29 = Bei der Alten Börse
30 = Zollenbrücke
31 = Kattrepelsbrücke
32 = Depenau
33 = Fischertwiete
34 = Klingberg
35 = Meßberg
1 = Borgesch
2 = Brockestr.
3 = Stadelhörn
4 = Katharinenkirchhof
5 = Kannengießerort
6 = Altländer Straße
7 = Oberhafenstraße
Schweden
Alsterglacis
Kennedybrücke
Esplanade
Lombardsbr.
Binnen-
alster
Jungfernstieg
Alster-
pavillon
Jungfernstieg
G.-Mahler-Park
Gurlitt-
Insel
An der Alster
St. Georg
Holzdamm
Ferdinandstor
Kunsthalle
Glockengießerwall
Hbf. Nord
Hauptbhf.
Steintorbr.
Hbf.Süd
Mönckebergstr.
Spitalerstr.
Rathaus
Rathausmarkt
Steinstraße
Speersort
Domstraße
Brandstwiete
Meßberg
Ost-West-Straße
Altstadt
Dovenfleet
Alter Wandrahm
Brooktorkai
Oberbaumbr.
Oberhafen
Zollspitze
Ericusgr.
Brooktorh.
Hauptzollamt
Lohseplatz
Am Sandtorkai
Bei St.Annen
Brook
Zollkanal
Mühren
B.d. Mühren
Zippelhs.
Steinstr.
Altmannbr.
Deichtorhallen
Oberhafenbrücke
Stadtdeich
ZOB: 4,5
109,120,124
KVG: 1901
1920
AK: 4540

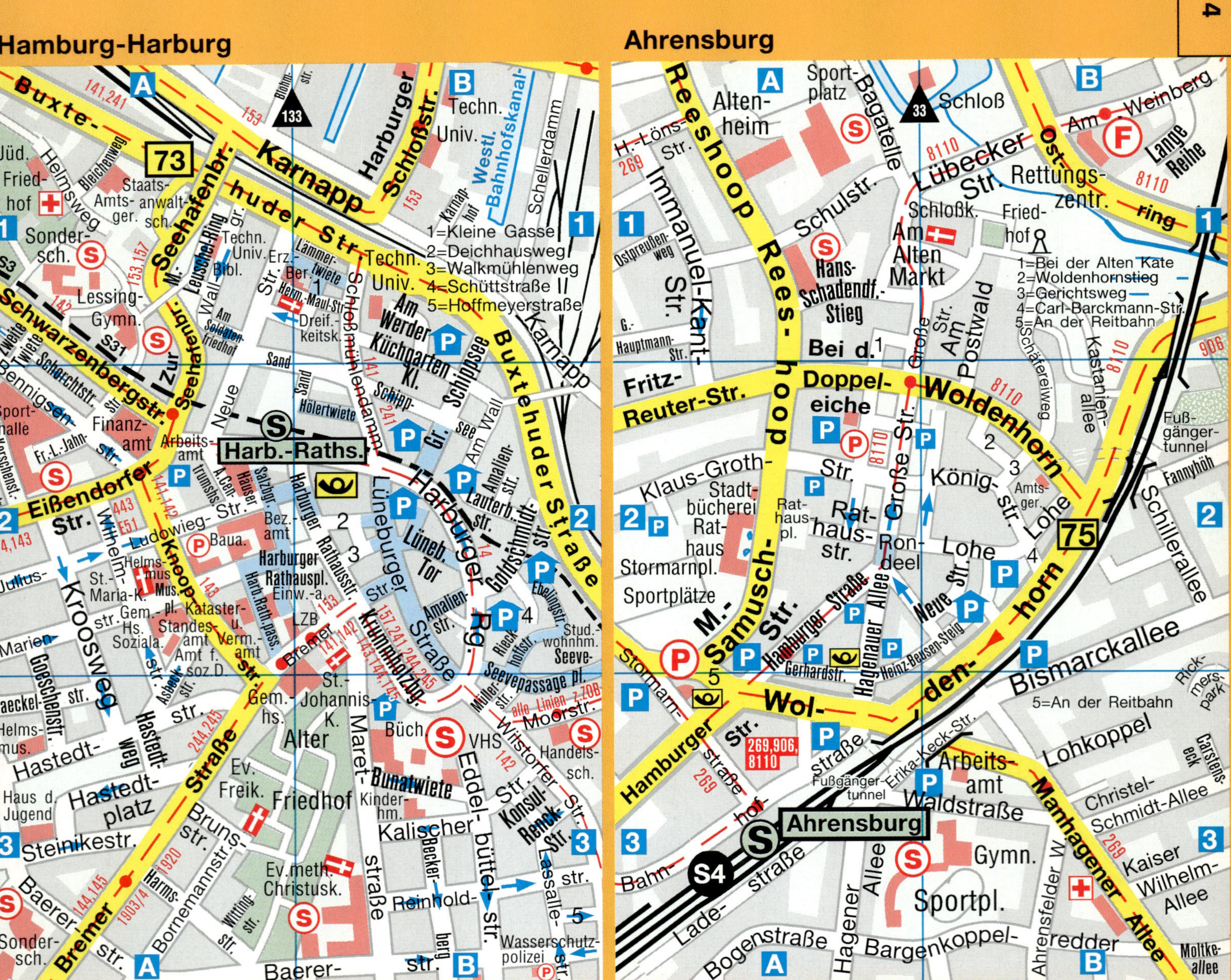
Hamburg-Harburg
1=Kleine Gasse
2=Deichhausweg
3=Walkmühlenweg
4=Schüttstraße II
5=Hoffmeyerstraße
Ahrensburg
1=Bei der Alten Kate
2=Woldenhornstieg
3=Gerichtsweg
4=Carl-Barckmann-Str.
5=An der Reitbahn

Buxtehude

Wedel

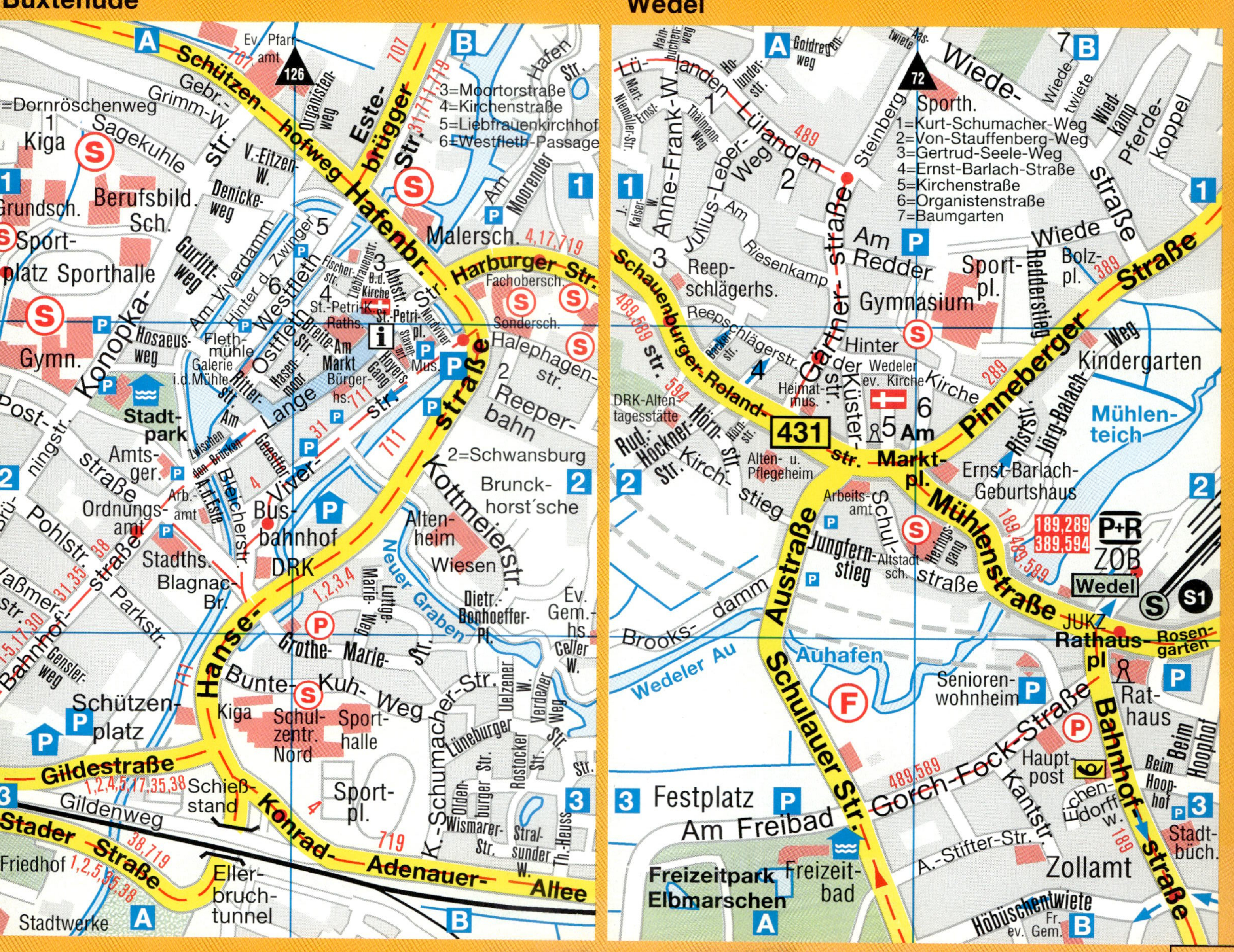

Quickborn
AS Quickborn
Stadtteil Quickborn-Heide
(zu Quickborn)
Gewerbegebiet Nord
Gewerbegebiet Ost
Friedrichsgaber Straße
1 = Sperberweg
2 = Bernstorffstraße
3 = Reventlowkehre
4 = Dahlmannstraße
5 = Hildegard-Burgdorf-Straße
Fritz-Reuter-Straße
Hermann-Löns-Str.
Hermann-Löns-Straße
Theodor-Storm-Str.
Kindergarten
Altentagesstätte
Habichtstraße
Habichtshorst
Adlerstraße
Falkengrund
Grandweg
Lerchenweg
Finkenweg
Max-Weber-Straße
Max-Weber-Str.
Carl-Zeiss-Str.
R.-Bosch-Str.
Borsigkehre
Pascalkehre
Pascalstr.
Technologie- u. Tagungszentr.
Umspannwerk
Autobahnmeisterei
Schwartmoorallee
Schwartmoorweg
Beim Schwartmoor
Wacholdertwiete
Ginstertwiete
Ulzburger Landstraße
Lornsenstr.
Droysenkehre
Beselerstr.
Falckstr.
Steertmoorweg
Am Berg
Feldweg
Kampmoorstr.
Gorch-Fock-Kehre
Gustav-Falke-Str.
Rudolf-Kinau-Str.
Heidew.
Breedenmoor
Breedenmoorweg
Ohlmöhlenweg
Eichenhof
Gronau
Halenberg
Schmalmoor
Talstraße
Friedhof
Kapelle
Holstenstadion
Tennisplatz
Stadion
Dreibekenweg
Dreibeekenmoorweg
Dreibeken
Ginsterkamp
Harksheider Weg
Große Heide
Trimm
Kleingärten
Kampmoor
Quickborner Straße
25451
E45
7
21
20
24
5956
5954
562
564
4540
194
594

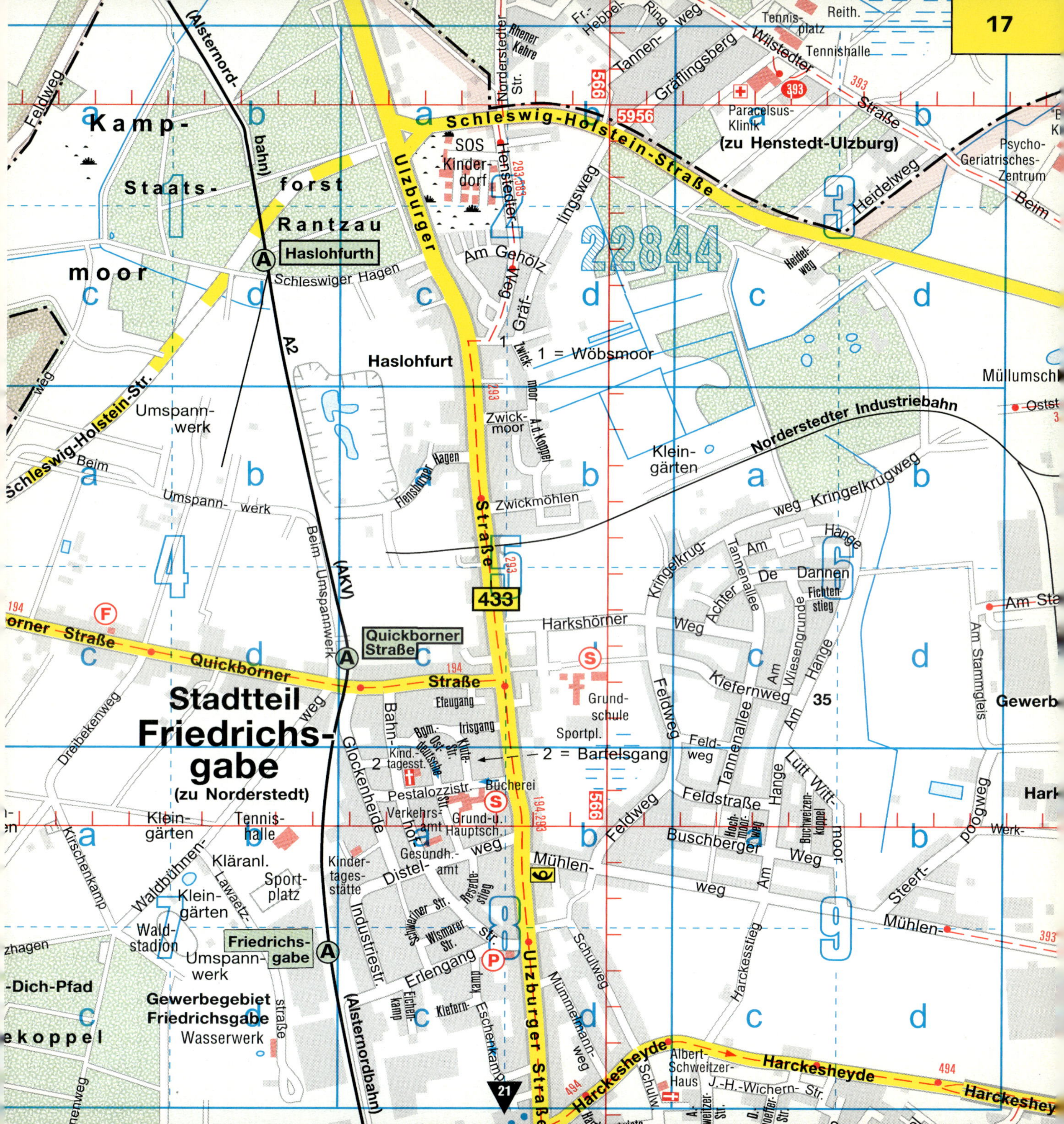

Kamp-
Staats-
forst
Rantzau
moor
Haslohfurth
Schleswiger Hagen
Schleswig-Holstein-Straße
Ulzburger Straße
SOS Kinderdorf
Am Gehölz
Paracelsus-Klinik
(zu Henstedt-Ulzburg)
Psycho-Geriatrisches-Zentrum
Heidelweg
22844
Haslohfurt
1 = Wöbsmoor
Umspannwerk
Norderstedter Industriebahn
Kleingärten
Kringelkrugweg
Zwickmöhlen
Harkshörner Weg
Quickborner Straße
Stadtteil Friedrichsgabe
(zu Norderstedt)
Grundschule
Sportpl.
2 = Bartelsgang
Bücherei
Grund-u. Hauptsch.
Feldstraße
Buschberger Weg
Mühlenweg
Kläranl.
Sportplatz
Waldstadion
Friedrichsgabe
Gewerbegebiet Friedrichsgabe
Wasserwerk
Harckesheyde
Albert-Schweitzer-Haus
J.-H.-Wichern-Str.
(Alsternordbahn)
Müllumschl
Gewerb
21

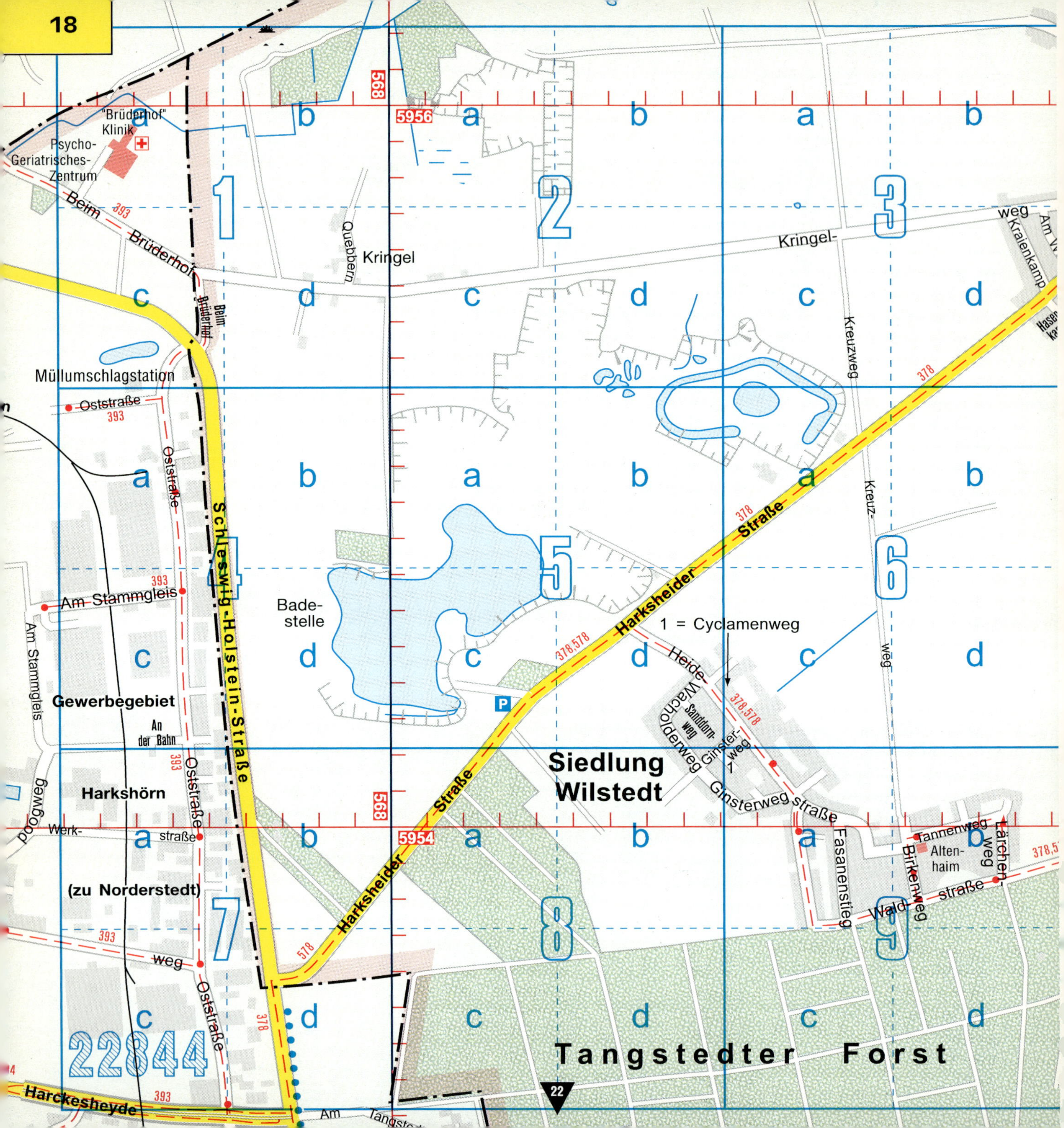

"Brüderhof" Klinik
Psycho-Geriatrisches-Zentrum
Beim Brüderhof
Quebbern
Kringel
Kringel-weg
Kraienkamp
Müllumschlagstation
Oststraße
Kreuzweg
Schleswig-Holstein-Straße
Harksheider Straße
Am Stammgleis
Badestelle
1 = Cyclamenweg
Heide-
Wacholderweg
Sanddornweg
Ginsterweg
Gewerbegebiet
An der Bahn
Siedlung Wilstedt
Harkshörn
Werkstraße
Fasanenstieg
Tannenweg
Altenhaim
Birkenweg
Lärchenweg
Waldstraße
(zu Norderstedt)
22844
Harckesheyde
Tangstedter Forst
22

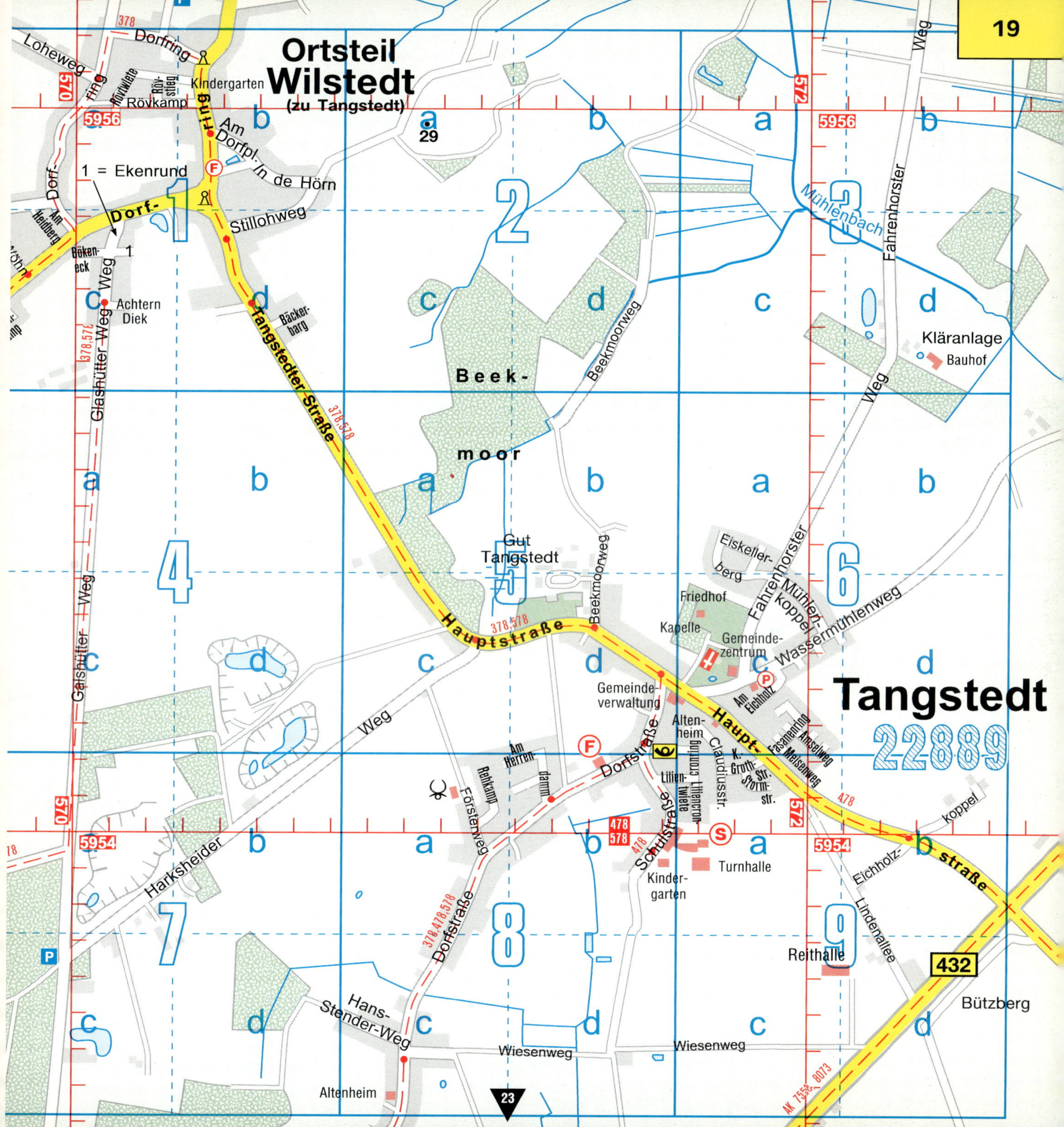

Ortsteil Wilstedt
(zu Tangstedt)
Dorfring
Loheweg
Rövkamp
Kindergarten
Am Dorfpl.
In de Hörn
Stillohweg
1 = Ekenrund
Böken-eck
Achtern Diek
Bäcker-barg
Glashütter Weg
Tangstedter Straße
Beek-moor
Beekmoorweg
Mühlenbach
Fahrenhorster Weg
Kläranlage
Bauhof
Gut Tangstedt
Eiskeller-berg
Friedhof
Kapelle
Mühlen-koppel
Gemeinde-zentrum
Wassermühlenweg
Hauptstraße
Gemeinde-verwaltung
Alten-heim
Am Eichholz
Fasanenring
Amselweg
Meisenweg
Claudiusstr.
K.-Groth-Str.
Storm-str.
Lilien-twiete
Liliencron-ring
Dorfstraße
Am Herren-damm
Rehkamp
Försterweg
Harksheider Weg
Schulstraße
Kinder-garten
Turnhalle
Tangstedt
22889
Eichholz-koppel
Lindenallee
Reithalle
432
Bützberg
Hans-Stender-Weg
Wiesenweg
Altenheim
23

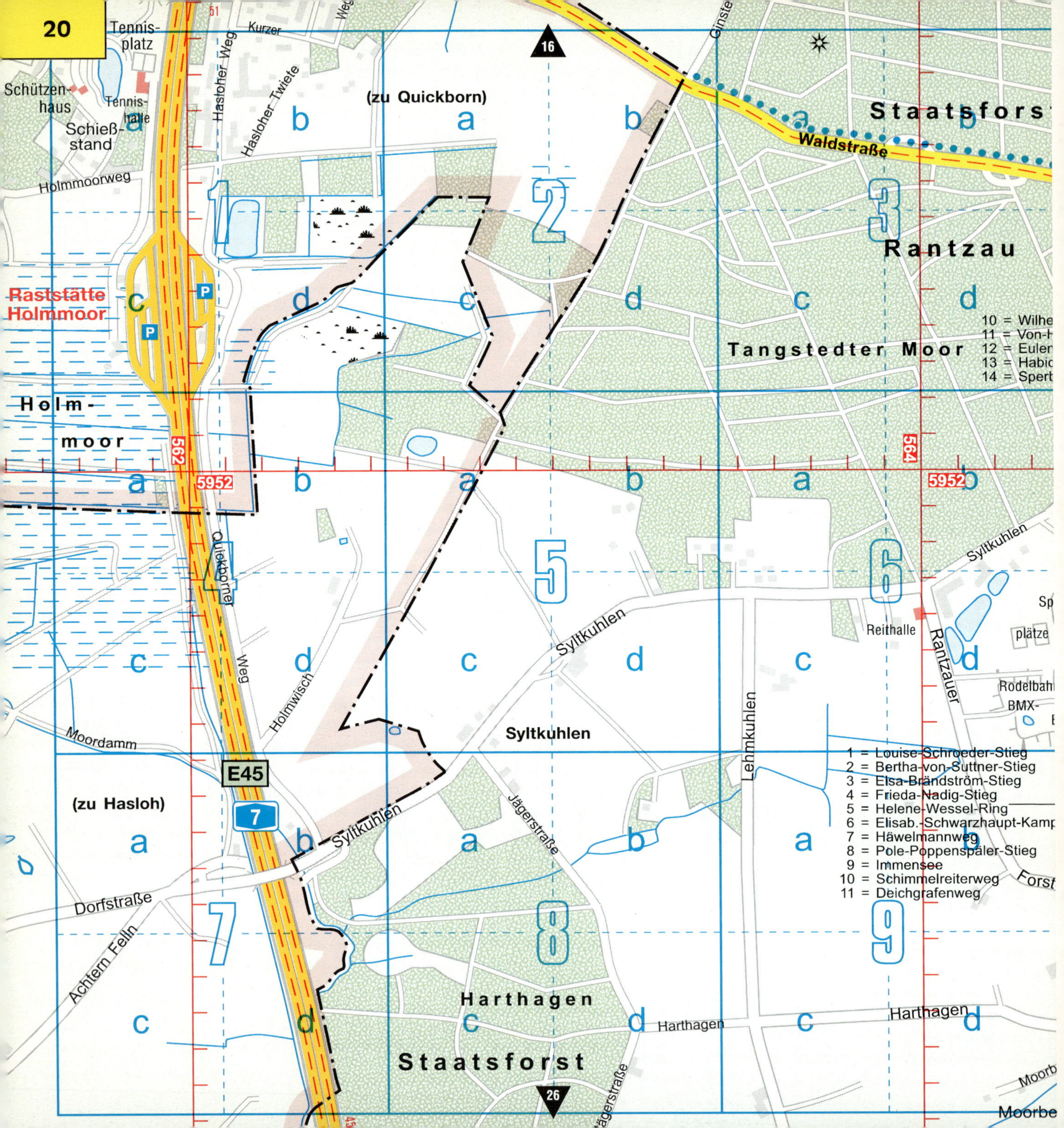
Tennis-
platz
Schützen-
haus
Tennis-
halle
Schieß-
stand
Kurzer
Haslohor Weg
Hasloher Twiete
(zu Quickborn)
16
Staatsforst
Waldstraße
Holmmoorweg
Raststätte
Holmmoor
Rantzau
Tangstedter Moor
10 = Wilhe
11 = Von-H
12 = Euler
13 = Habic
14 = Sperb
Holm-
moor
562
564
5952
Quickborner
Weg
Holmwisch
Syltkuhlen
Reithalle
Rantzauer
Sp
plätze
Rodelbah
BMX-
Moordamm
E45
7
(zu Hasloh)
Lehmkuhlen
Jägerstraße
1 = Louise-Schroeder-Stieg
2 = Bertha-von-Suttner-Stieg
3 = Elsa-Brändström-Stieg
4 = Frieda-Nadig-Stieg
5 = Helene-Wessel-Ring
6 = Elisab.-Schwarzhaupt-Kamp
7 = Häwelmannweg
8 = Pole-Poppenspäler-Stieg
9 = Immensee
10 = Schimmelreiterweg
11 = Deichgrafenweg
Forst
Dorfstraße
Achtern Felln
Harthagen
Staatsforst
26
Moorb
Moorbe

4 = Daimlerstieg
5 = Dieselstieg
6 = Rudolf-Virchow-Stieg
7 = Sauerbruchring
8 = Röntgengang
9 = Max-Planck-Stieg
1 = Emil-von-Behring-Stieg
2 = Otto-Hahn-Stieg
3 = Johannes-Kepler-Ring
12 = Beamtenlaufbahn
13 = Rudolf-Schülke-Straße
14 = Lerchenwinkel
Stadtteil
Harksheide
(zu Norderstedt)
22844
22846
22850
Norderstedt Mitte
Moorbekhalle (Schulzentr. N.)
Heidbergpark
Moorbekpark
Waldstraße
Friedrichsgaber Weg
Reiherhagen
Steindamm
Poolstraße
Langenharmer Weg
Rathausallee
Ulzburger Straße
Alter Kirchenweg
Stonsdorfer Weg
Buchenweg
Richtweg
Grootkoppelstraße
Weg am Denkmal
Glashütter Weg
Fritz-Schumacher-Str.
Falkenberg-straße
Kulturzentrum
Friedhof
Freizeitgelände
433
5952
566
17
27

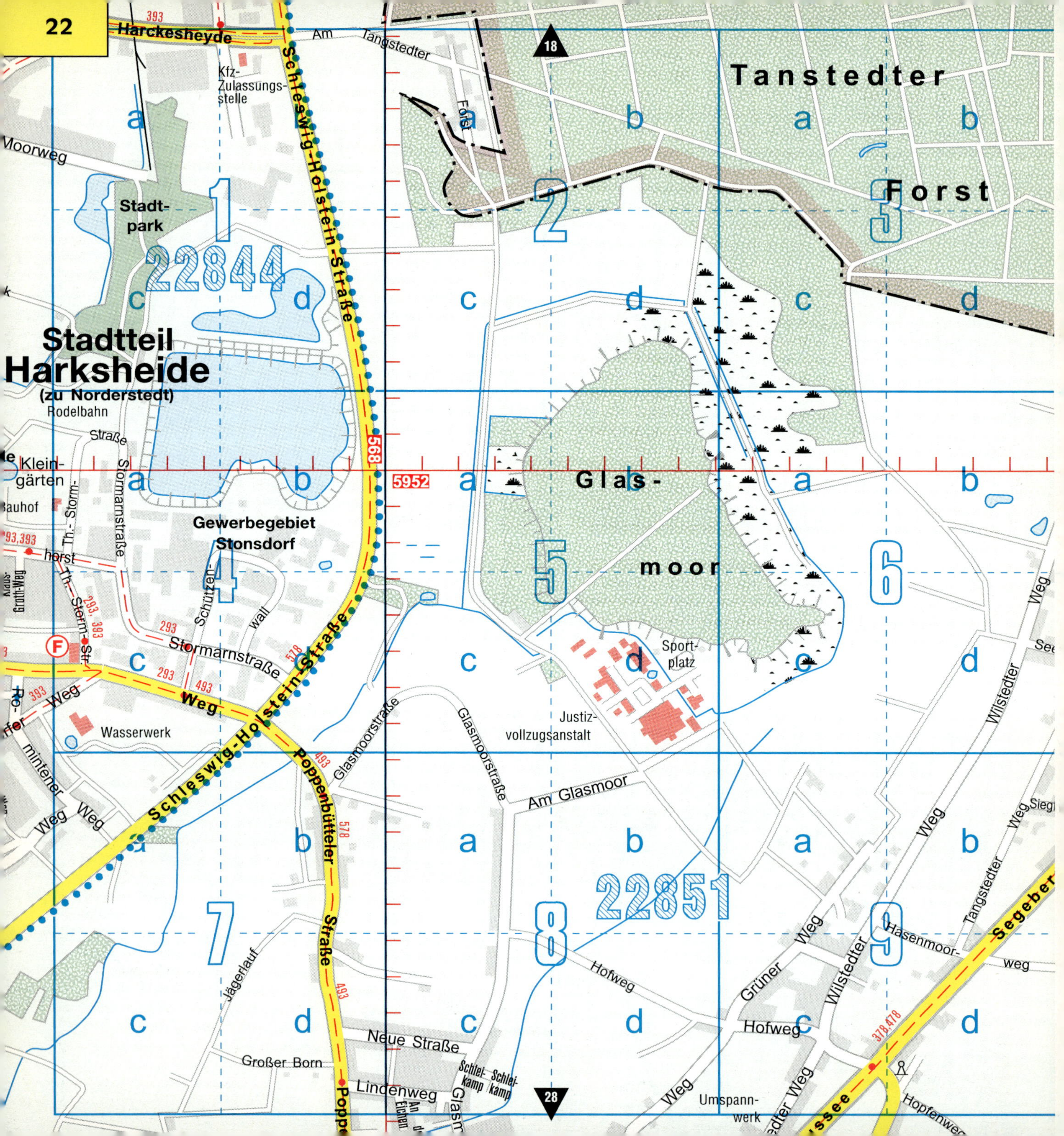
Harckesheyde
Am Tangstedter
Forst
Kfz-Zulassungsstelle
Schleswig-Holstein-Straße
Tanstedter
Forst
Moorweg
Stadtpark
22844
Stadtteil
Harksheide
(zu Norderstedt)
Rodelbahn
Straße
Klein-gärten
Bauhof
Stormarnstraße
Th.-Storm-Str.
Gewerbegebiet
Stonsdorf
Schützen-wall
Stormarnstraße
Weg
Wasserwerk
Poppenbütteler Straße
Glasmoorstraße
Am Glasmoor
Glas-
moor
Sport-platz
Justiz-vollzugsanstalt
Wilstedter Weg
22851
Jägerlauf
Hofweg
Grüner Weg
Hasenmoor-weg
Tangstedter Weg
Neue Straße
Großer Born
Lindenweg
Schleikamp
Umspann-werk
Hopfenweg
5952
18
28

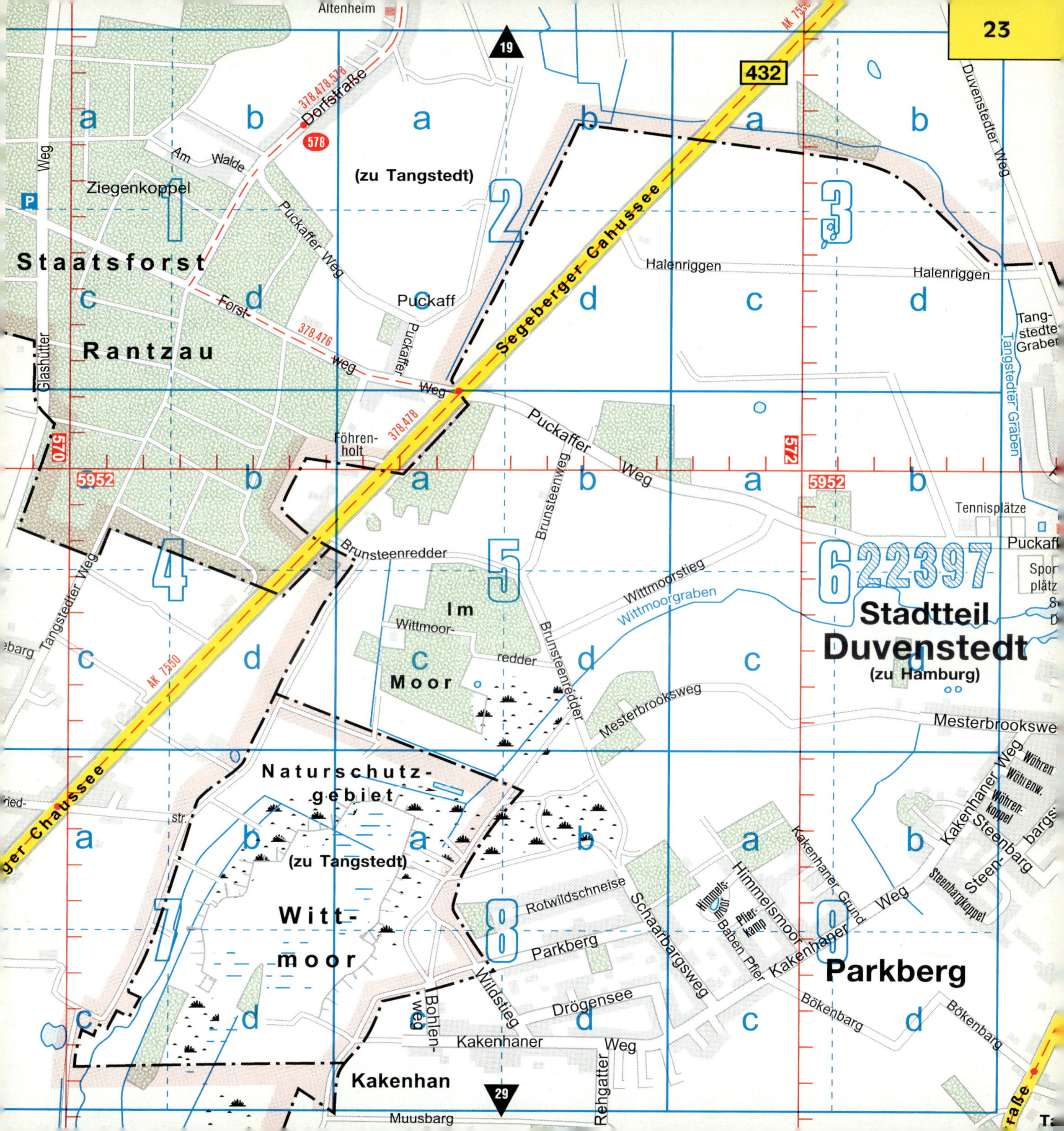
Altenheim
19
432
Dorfstraße
378,478,578
578
Am Walde
Weg
Ziegenkoppel
(zu Tangstedt)
Puckaffer Weg
Staatsforst
Rantzau
Forstweg
378,476
Puckaff
Puckaffer Weg
Segeberger Chaussee
Halenriggen
Halenriggen
Duvenstedter Weg
Tangstedter Graben
Tangstedter Graben
Glashütter
570
Föhrenholt
378,478
Puckaffer Weg
572
5952
5952
Tennisplätze
Puckaff
Brunsteenweg
Brunsteenredder
Wittmoorstieg
Wittmoorgraben
Im Moor
Wittmoorredder
Brunsteenredder
Stadtteil Duvenstedt
(zu Hamburg)
22397
Tangstedter Weg
AK 7550
Mesterbrooksweg
Mesterbrooksweg
Naturschutzgebiet
(zu Tangstedt)
Wittmoor
Rotwildschneise
Schaarbargsweg
Himmelsmoor
Himmelsleiter
Pfierkamp
Baben Pfier
Kakenhaner Grund
Kakenhaner Weg
Steenbarg
Steenbargkoppel
Wöhren
Wöhrenkoppel
Parkberg
Parkberg
Wildstieg
Bohlenweg
Drögensee
Bökenbarg
Bökenbarg
Kakenhaner Weg
Kakenhan
Rehgatter
Muusbarg
29

Wulksfelde
(zu Tangstedt)
Wulksfelder Dorfstr.
Wulksfelder Weg
Schleuse
Kinder-spielplatz
Gut Wulksfelde
Wulksfelder Damm
Wohldorfer Graben
Wiemerskamper
22397
Triftweg
Tangstedter Graben
Tangstedter Knick
Hoop-wischen
Hoopredder
Seden-kamp
Lohe
Diekbek
Sürwisch
Todtenredder
574
5952
Schäferkoppel
Herrenhausallee
Staatsgut Wohldorfer Hof
Herren-haus
Mühle
Schleuse
Mühlen-teich
Holländer-berg
Auewanderweg
Pirolkamp
Wagekamp
Tennisplätze
Reithalle
Tangstedter Stieg
Puckaffer Weg
Sport-plätze
Sommerbad Duvenstedt
1 = Farkenwisch
Op'n Möhlnrad
Achter-barg
Duvenstedter Damm
Chaussee
Ellernbusch
Babendörp
Trilluper Weg
Duvenstedter Berg
Schleusenredder
Timmermannbr.
Torfhuder Stieg
Schleusenredder
Mühlenredder
Wohldorf
Wohldorfer Wald
Westerbrooksweg
Im Duvenst. Markt
Op'n Iden-kamp
Cantate-K.
Haus der Jugend
Haeckswisch
Schleusenstieg
Wohld. Schleuse
Wöhren
Wöhrenw.
Wöhrenkoppel
Kakenhaner Weg
Steenbargsweg
Steenbarg
Poppenbütteler
Saalkamp
Specksaalredder
Alsterallee
Rögenoort
Steenrögen
Leemrackeln
Beim Ziegelhof
Alster-blick
1 = Schlickböge
Reye
Alsterhöhe
Melhopweg
Vöm Voßbarg
Abelskamp
Rapsfeld
Roggengabel
Op'n Heselblick
Trilluper Stieg
Stadtteil Duvenstedt
(zu Hamburg)
Bökenbarg
Tannenbaum
Bredenbekstraße
Freiluftschule Waldhaus
Timms Hege
Kupferredder
Schule am Walde
Gem.-Hs.
M.-Claudius-K.
Kinderheim
Am der Drosselbek
Jäger
Alte
Dorfgrund
30
176
276

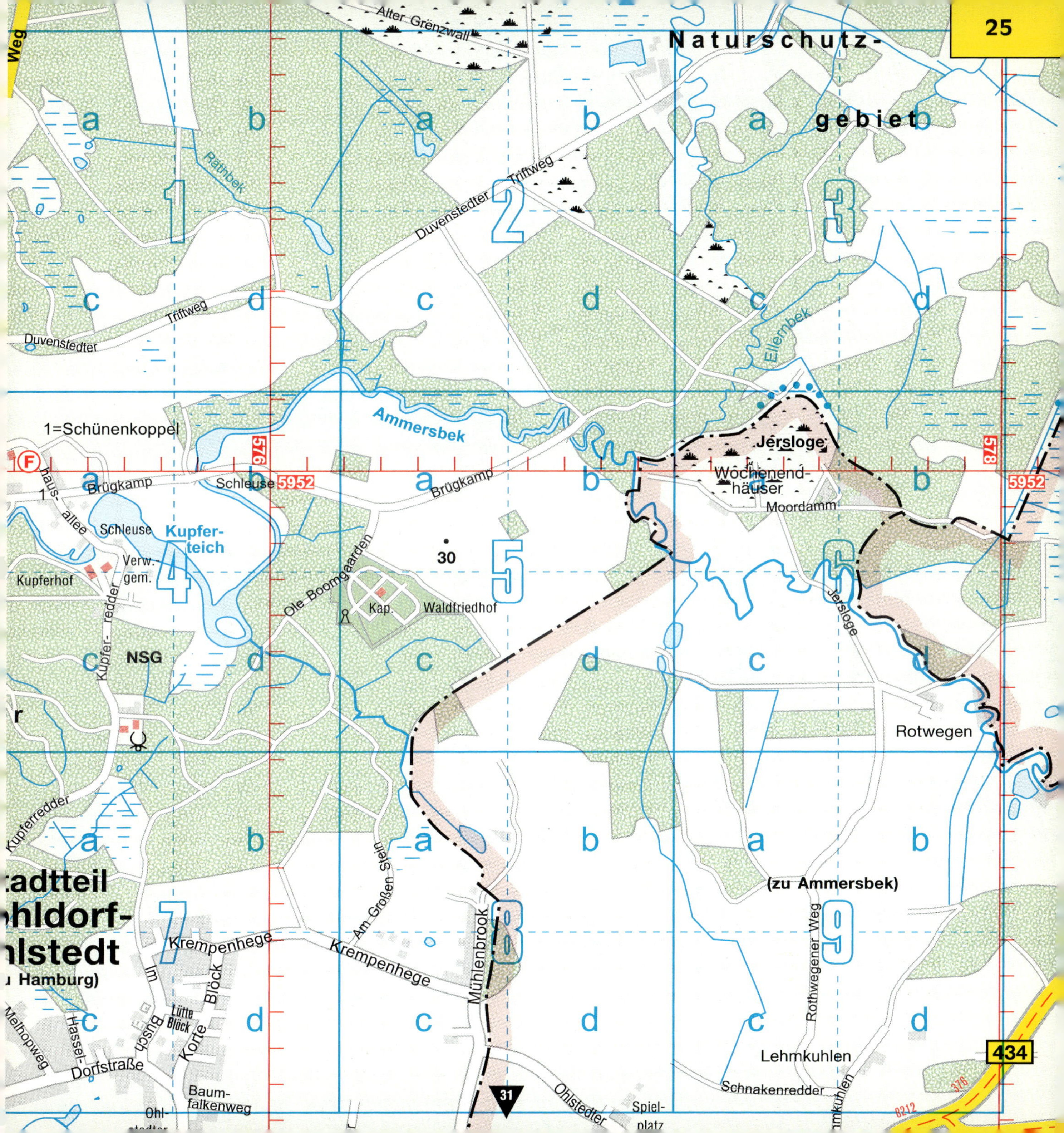

Naturschutz-
gebiet
Alter Grenzwall
Weg
Räthbek
Duvenstedter Triftweg
Duvenstedter
Triftweg
Ellernbek
Ammersbek
1=Schünenkoppel
Jersloge
Wochenend-
häuser
Moordamm
Brügkamp
Schleuse
5952
576
578
Kupfer-
teich
Schleuse
Verw.-
gem.
Kupferhof
Kupfer-
redder
Ole Boomgaarden
Kap.
Waldfriedhof
30
NSG
Jersloge
Rotwegen
Kupferredder
Stadtteil
Wohldorf-
Ohlstedt
(zu Hamburg)
Krempenhege
Am Großen Stein
Mühlenbrook
(zu Ammersbek)
Rothwegener Weg
Lehmkuhlen
Schnakenredder
Melhopweg
Hassel-
Im
Busch
Lütte
Bröck
Korte
Bröck
Dorfstraße
Baum-
falkenweg
Ohlstedter
Spiel-
platz
31
434

20
38
Josefinen-
hof
Mühlenau
Jägerstr.
Moorbe
Alter Kirchweg
Rotdornweg
Fasanenweg
Garstedter
Weg
Langenbergen
(zu Hasloh)
Rantzau
Styhagen
Waldweg
Styhagen
Buck-
horn
Styhagen
Am
Wehlenhold
Moorbek
Norderstec
Hasloher
Weg
Schieß-
Schierkamp
Umspannwerk
Styhagen
22846
ehem.
Klär-
werk
E45
7
23
Bauhof
Friedrich-
Ebert-
Weg
1 = Lärchenstieg
2 = Düsterntwiete
3 = Windmöhlenstieg
Schierkamp
Bültenkamp
Büttenkamp
Hasloher Weg
Eckernkamp
Kornhoop
Meyertwiete
Möhlen-
Soz
barg
Butterbrock
Schierkamp
Schierkamp
Lohe
Klein-
gärten
Hökertwiete
Friedrichsgaber
Schmiede-
gang
Ev. Christus-
Kirchengem.
Kirchen-
Friedhof
Alte Dorfstraße
Grund-
schule
Bäckerstieg
Alte Dorfstr.
Spann
Spann
Spann
Reit-
halle
1 = Wischhof
2 = Teichstraße
Stöckertwiete
Stöckertwiete
Ochsen
Schwarzer Weg
Niendorfer
Ohlenhoff
Heuberg
Theodor-
Fontane-
Str.
Kahlen-
kamp
Halloh
Paulsort
22848
Straße
Klein-
gärten
5950
5948
562
564
4540

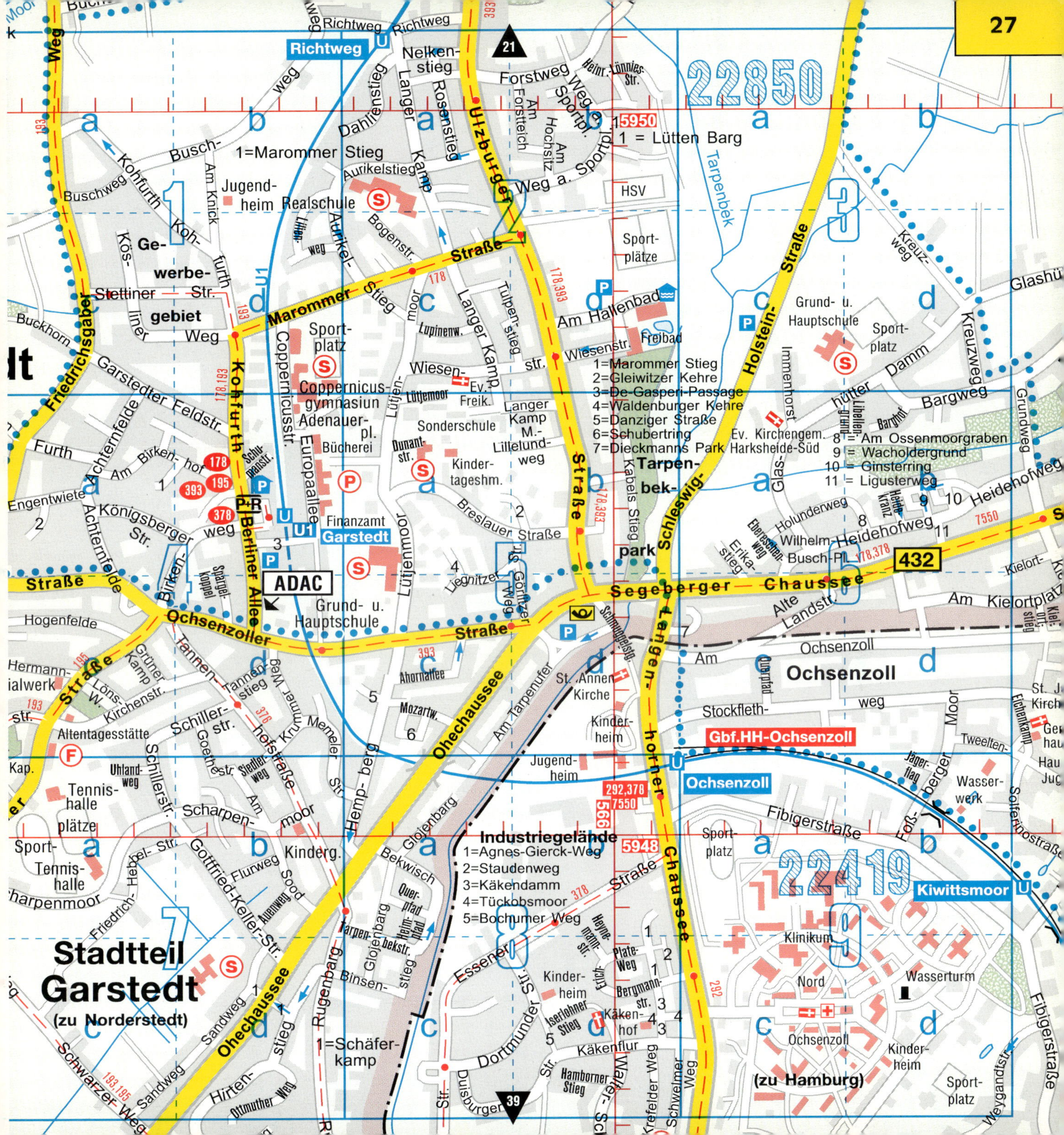

Richtweg
Nelkenstieg
Forstweg
Heinr.-Lönnies-Str.
22850
Langer Kamp
Rosenstieg
Dahlienstieg
Ulzburger Straße
Am Forstteich
Am Hochsitz
Weg a. Sportpl.
5950
1 = Lütten Barg
Tarpenbek
Buschweg
Kohfurth
1=Marommer Stieg
Aurikelstieg
Jugendheim
Realschule
Am Knick
HSV
Sportplätze
Gewerbegebiet
Stettiner Str.
Bogenstr.
Marommer Stieg
Holstein-Straße
Schleswig-Holstein-Straße
Kreuzweg
Glashütter Damm
Grund- u. Hauptschule
Sportplatz
Friedrichsgaber Weg
Buckhorn
Garstedter Feldstr.
Coppernicusstr.
Coppernicus-gymnasium
Adenauer-pl.
Bücherei
Europaallee
Lupinenw.
Tulpenstieg
Am Hallenbad
Freibad
Wiesenstr.
Lüttjenmoor
Ev. Freik.
Sonderschule
Langer Kamp
M.-Lillelund-weg
Kindertageshm.
1=Marommer Stieg
2=Gleiwitzer Kehre
3=De-Gasperi-Passage
4=Waldenburger Kehre
5=Danziger Straße
6=Schubertring
7=Dieckmanns Park
Immenhorst
Ev. Kirchengem. Harksheide-Süd
Bargweg
Grundweg
8 = Am Ossenmoorgraben
9 = Wacholdergrund
10 = Ginsterring
11 = Ligusterweg
Heidehofweg
Tarpenbekpark
Kabels Stieg
Furth
Am Birkenhof
Achternfelde
Engentwiete
Königsberger Str.
Berliner Allee
Finanzamt
Garstedt
Breslauer Straße
Liegnitzer
Görlitzer Weg
Holunderweg
Wilhelm-Heidehofweg
Busch-Pl.
Erika-stieg
432
Kielortplatz
Straße
Birkenkoppel
ADAC
Grund- u. Hauptschule
Segeberger Chaussee
Alte Landstr.
Am Kielortplatz
Hogenfelde
Ochsenzoller Straße
Langenhorner Chaussee
Am Ochsenzoll
Ochsenzoll
Stockflethweg
Moor
Hermann-Löns-W.
Tannenstieg
Kirchenstr.
Ahornallee
Mozartw.
St. Annen Kirche
Kinderheim
Ohechaussee
Am Tarpenufer
Gbf.HH-Ochsenzoll
Altentagesstätte
Schillerstr.
Goethestr.
Tannenhofstraße
Krummer Weg
Memeler Str.
Jugendheim
Ochsenzoll
Tweelten
Uhlandweg
Tennishalle
Siedlerweg
Hempberg
Jägerflag
Foßberger
Wasserwerk
292,378
7550
Fibigerstraße
Sportplätze
Scharpenmoor
Gojenbarg
Industriegelände
1=Agnes-Gierck-Weg
2=Staudenweg
3=Käkendamm
4=Tückobsmoor
5=Bochumer Weg
5948
Sportplatz
22419
Kiwittsmoor
Sport-Tennishalle
Friedrich-Hebbel-Str.
Gottfried-Keller-Str.
Flurweg
Kinderg.
Sood
Bekwisch
Querpfad
Heimpfad
Tarpenbekstr.
Essener Straße
Heymannstr.
Plate-Weg
Klinikum Nord
Wasserturm
Stadtteil Garstedt (zu Norderstedt)
Ohechaussee
Sandweg
Rugenbarg
Binsenstieg
Kinderheim
Bergmannstr.
Käkenhof
Ochsenzoll
Kinderheim
Iserlohner Stieg
Käkenflur
Dortmunder Str.
Schwarzer Weg
Hirtenstieg
Ottmuther Weg
1=Schäferkamp
Duisburger
Hamborner Stieg
Walter-Sc
Krefelder Weg
Schwelmer Weg
(zu Hamburg)
Sportplatz
Fibigerstraße
Weygandstr.
21
39

Stadtteil
Glashütte
(zu Norderstedt)
22
40
22851
22417
Ossenmoor-park
Schutzentrum Süd
Sportplatz
Segeberger Chaussee
Poppenbütteler Str.
Poppenbütteler Straße
Tangstedter Landstr.
Hummelsbütteler Steindamm
Glashütter Landstraße
Glashütter Damm
Glashütter Kirchenw.
Harksheider Straße
Gewerbegebiet
Verwaltungs-Außenstelle
Thomask.
Bücherei
ZOB
Glashütter Markt
Kurzer Kamp
Grund- u. Hauptschule
Kiga
Kleingärten
Tennisplätze
Friedhof Glashütte
Müllberg
53
Müllberge
Hummelsee
Heidberg
31
Klinikum Nord Heidberg
THW
Schule am Heidberg
Gymn.
Sportpl.
Kinderheim
Altenheim
Spielplatz
Rückh.-becken
Freibad
St. Jürgen Kirche
Gem.-haus
Haus d. Jugend
Bornbach
Am Ochsenzoll
Stockflether Weg
Wakendorfer Weg
Götzberger W.
Holitzberg
Kiwittsmoor
Tweeltenmoor
Fibigerstraße
Hopfenweg
Robert-Koch-Straße
Hans-Böckler-Ring
TÜV
Schosterredde
Wilstedter W.
Umspannwerk
Störkamp
Jägerlauf
Treeneweg
Fasanenweg
Pinnauweg
Heidehofweg
Kielortplatz
Kielort-ring
Parallelstraße
Am Böhmerwald
Detlev-von-Liliencron-Str.
Gilcher-weg
Heußweg
Ahrensweg
Böttgerstraße
Mittelstraße
Lemsahler Weg
Glashütter Stieg
Wildes Moor
Kiwittredder
Pannsweg
Leezener Weg
Wilstedter Weg
Mözener Weg
Kayhuder Weg
Jersbeker Weg
Sülfelder Weg
Grabauer
Schmalfelder Weg
Bargfelder Weg
Wulksfelder Weg
Hasloher Kehre
Henstedter Weg
Anita-Sellenschlo-Ring
Lerchensporn
Naturdenkmal
Park
Hattsmoor
Kinderhm.
1=Bornbachstieg
2=Kisdorfer Weg
7 = Sumpfcallastieg
8 = Kreuzblumenweg
5 = Moorlilientwiete
6 = Rosmarinheide
1 = Königsfarn
2 = Im Sonnentau
3 = Sumpfveilchenweg
4 = Gagelstrauchweg
432

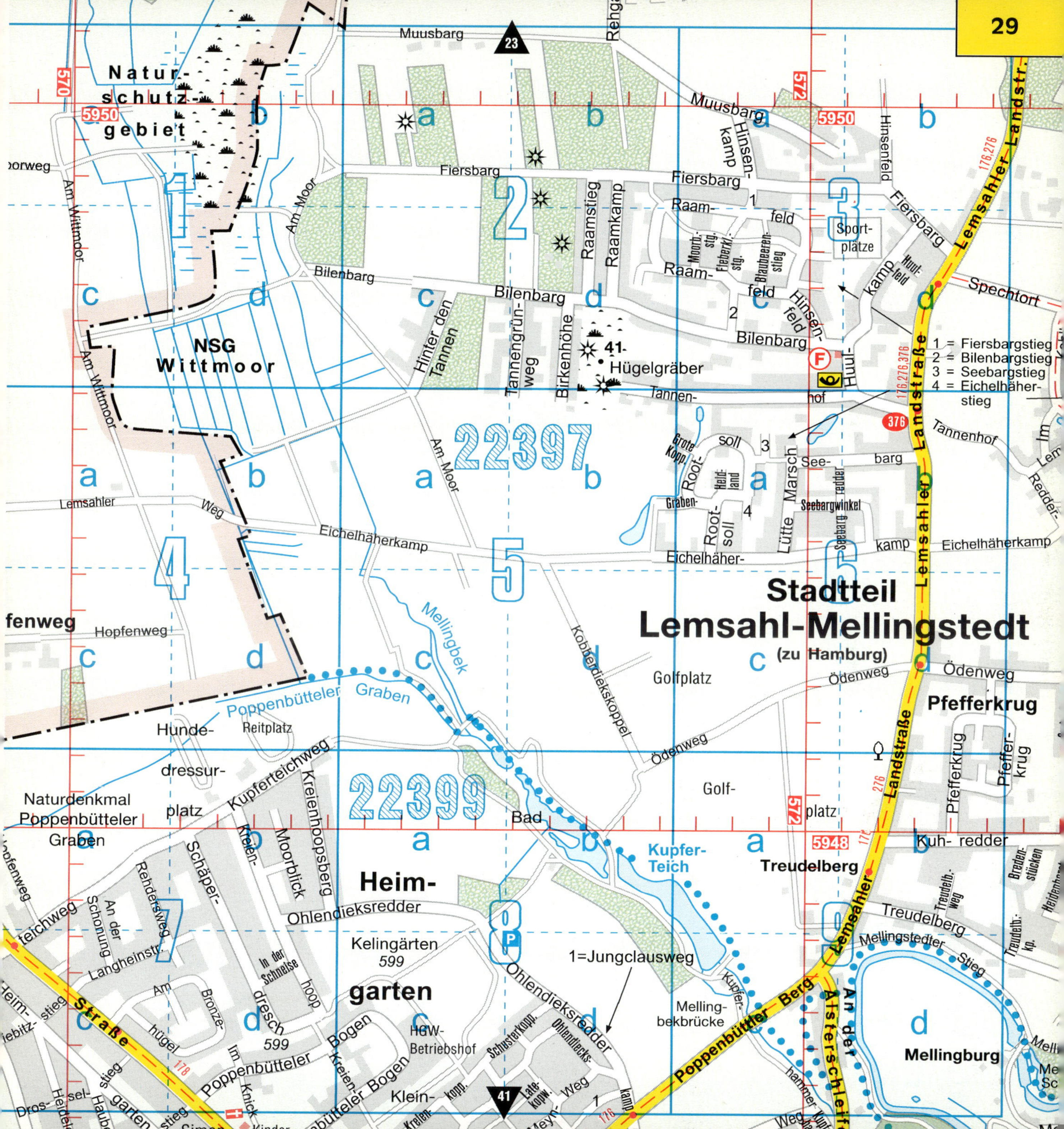
Naturschutzgebiet
NSG Wittmoor
Muusbarg
Fiersbarg
Bilenbarg
Am Moor
Am Wittmoor
Raamstieg
Raamkamp
Raamfeld
Hinsenkamp
Hinsenfeld
Hügelgräber
Tannenhof
Sportplätze
Spechtort
Lemsahler Landstraße
Lemsahler Landstr.
1 = Fiersbargstieg
2 = Bilenbargstieg
3 = Seebargstieg
4 = Eichelhäherstieg
22397
22399
Lemsahler Weg
Eichelhäherkamp
Seebarg
Lütte Marsch
Seebargwinkel
Rootsoll
Stadtteil Lemsahl-Mellingstedt
(zu Hamburg)
Golfplatz
Ödenweg
Pfefferkrug
Kobbendieckskoppel
Mellingbek
Poppenbütteler Graben
Hopfenweg
Hundedressurplatz
Reitplatz
Naturdenkmal Poppenbütteler Graben
Kupferteichweg
Kreienhoopsberg
Moorblick
Bad
Kupfer-Teich
Treudelberg
Kuhredder
Heimgarten
Ohlendieksredder
Kelingärten
1=Jungclausweg
Mellingbekbrücke
Poppenbütteler Berg
An der Alsterschleife
Mellingburg
Mellingstedter Stieg
HGW-Betriebshof
Poppenbütteler Bogen
Langheinstr.
Rehderswег
An der Schonung
Heimgarten Straße
Im Knick
Wittmoor
Hinter den Tannen
Tannengrünweg
Birkenhöhe

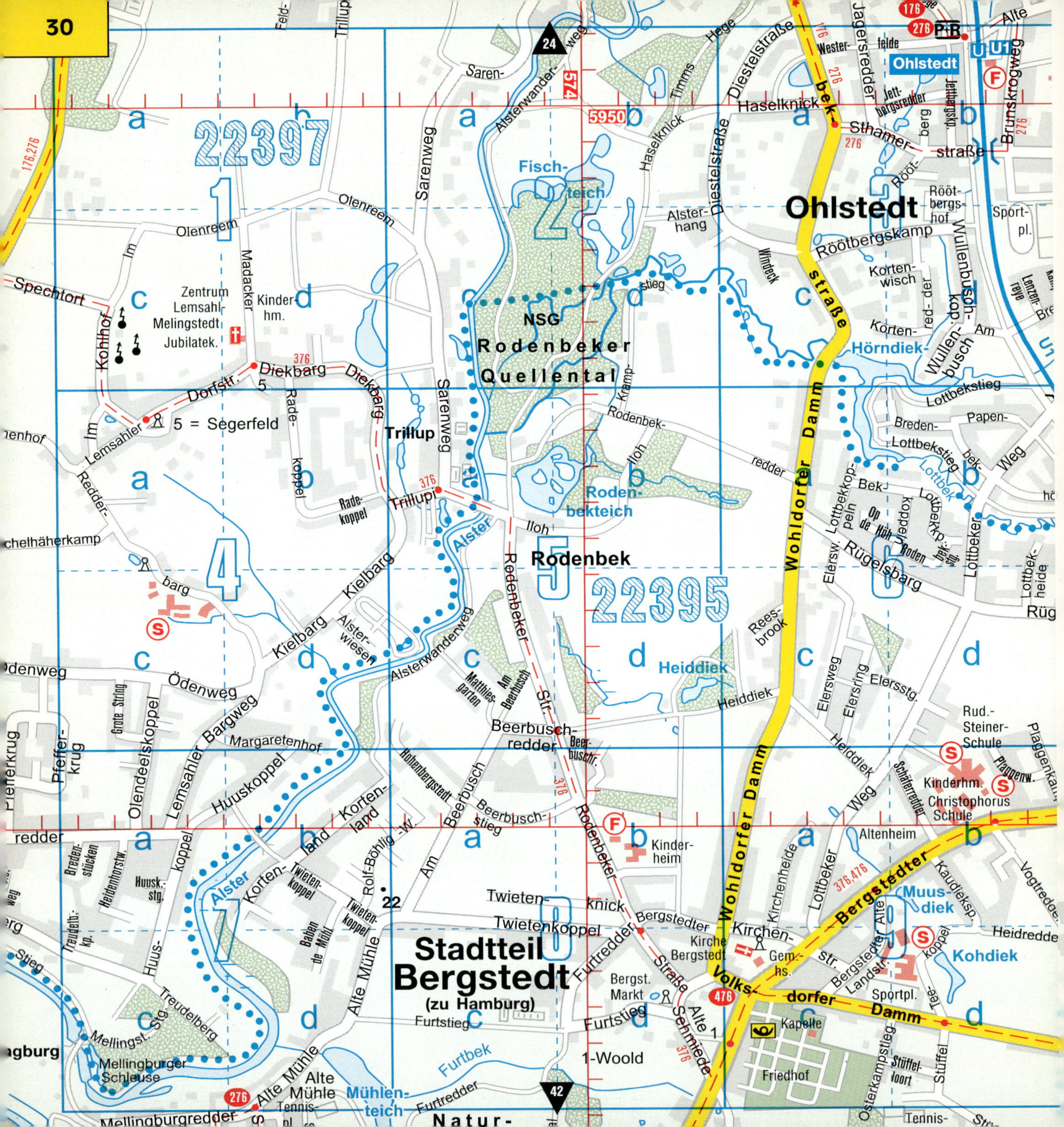

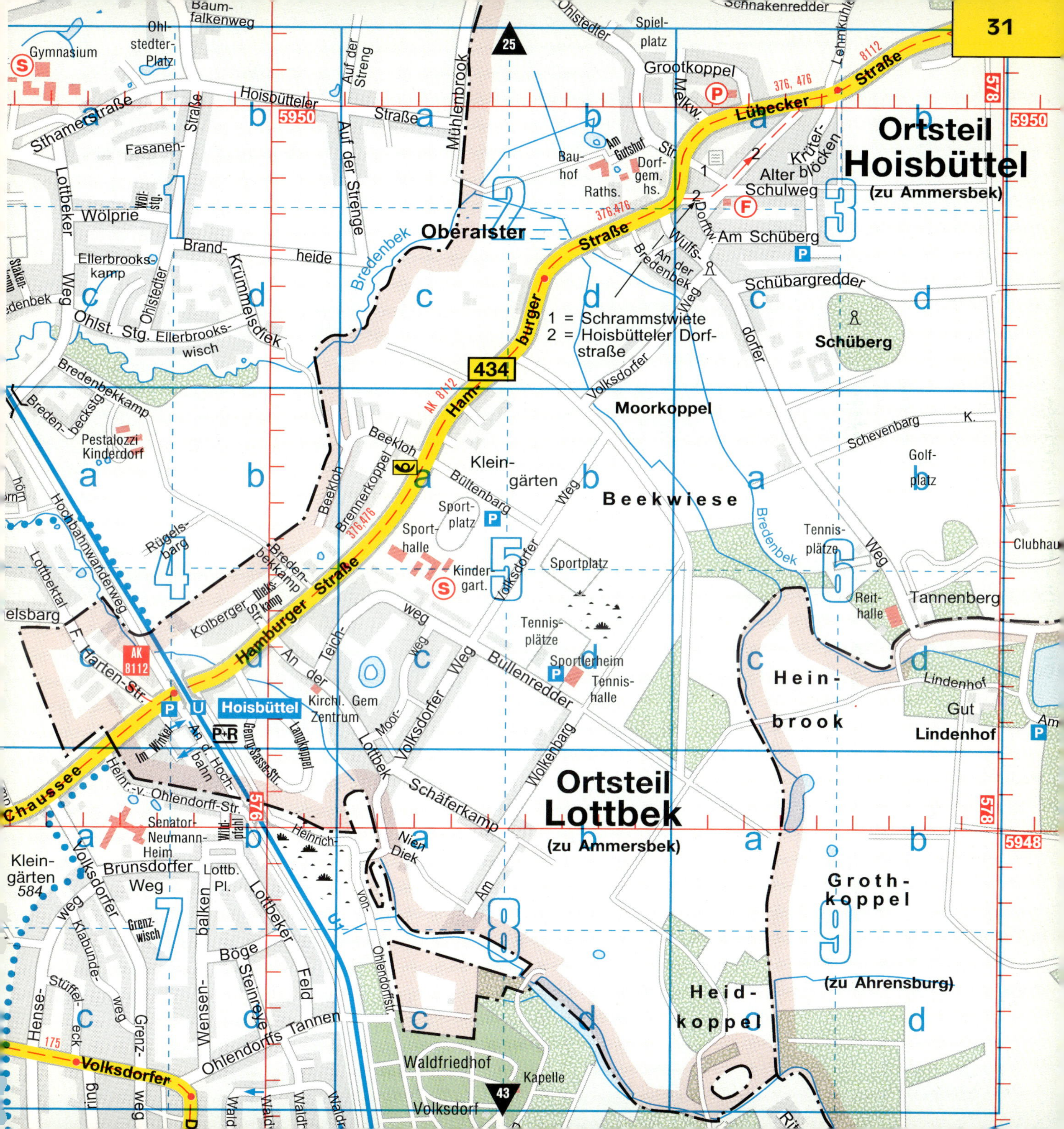
Ortsteil
Hoisbüttel
(zu Ammersbek)
Ortsteil
Lottbek
(zu Ammersbek)
Oberalster
Schüberg
Moorkoppel
Beekwiese
Heinbrook
Grothkoppel
(zu Ahrensburg)
Heidkoppel
Lindenhof
Gut
Tannenberg
Waldfriedhof
Kapelle
Volksdorf
Hoisbüttel
Gymnasium
Pestalozzi Kinderdorf
Senator-Neumann-Heim
Kirchl. Gem. Zentrum
Sportplatz
Sporthalle
Tennisplätze
Sportlerheim
Tennishalle
Reithalle
Golfplatz
Kleingärten
Kindergart.
Raths.
Bauhof
Dorfgem.hs.
Spielplatz
1 = Schrammstwiete
2 = Hoisbütteler Dorfstraße
Lübecker Straße
Hamburger Straße
Hoisbütteler Straße
Volksdorfer Weg
Bullenredder
Schäferkamp
Wolkenbarg
Schübargredder
Schevenbarg
Alter Schulweg
Am Schüberg
Krüterblöcken
Grootkoppel
Sthamerstraße
Fasanenweg
Wölprie
Brandheide
Krümmelsdiek
Ellerbrookskamp
Ellerbrookswisch
Ohlstedter Stieg
Bredenbekkamp
Bredenbeckstieg
Hochbahnwanderweg
Lottbektal
Rügelsbarg
Kolberger Str.
F.-Harten-Str.
Heinr.-v.-Ohlendorff-Str.
Brunsdorfer Weg
Klabundeweg
Grenzwisch
Böge
Steinreye
Ohlendorffs Tannen
Volksdorfer
Auf der Strenge
Mühlenbrook
Beekloh
Brennerkoppel
Bültenbarg
Teichweg
Moorweg
Lottbeker Weg
Niendiek
Bredenbek
434
25
43
5950
5948
578
576
AK 8112
376, 476
8112
175
584
Chaussee

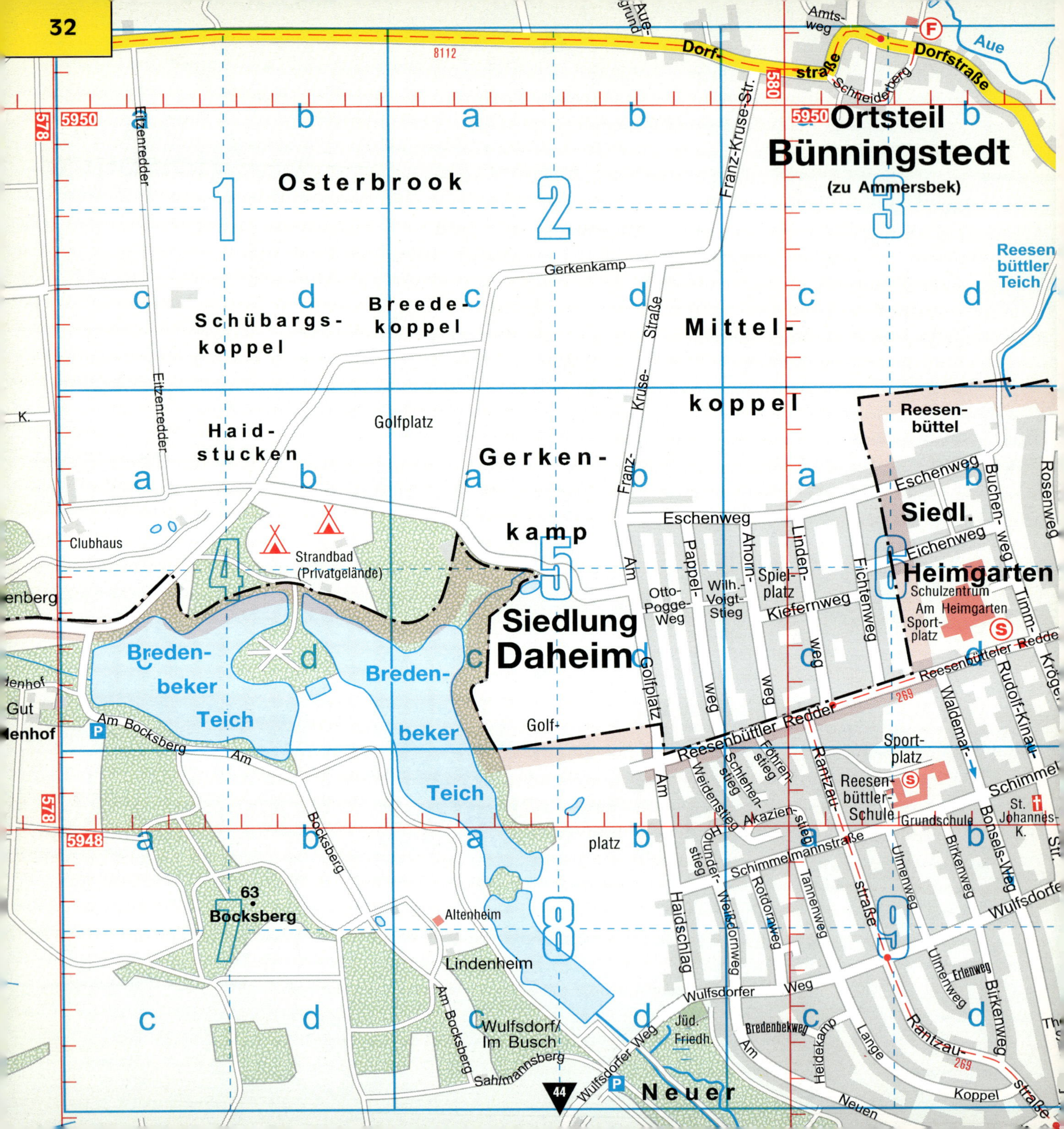
Ortsteil Bünningstedt
(zu Ammersbek)
Osterbrook
Schübargskoppel
Breedekoppel
Mittelkoppel
Haidstucken
Golfplatz
Gerkenkamp
Siedlung Daheim
Siedl. Heimgarten
Reesenbüttel
Reesenbüttler Teich
Bredenbeker Teich
Strandbad (Privatgelände)
Clubhaus
Bocksberg
Altenheim
Lindenheim
Wulfsdorf/Im Busch
Jüd. Friedh.
Reesenbüttler Schule
Grundschule
Schulzentrum Am Heimgarten
Sportplatz
St. Johannes-K.
Dorfstraße
Franz-Kruse-Str.
Eitzenredder
Am Bocksberg
Reesenbüttler Redder
Rantzaustraße
Schimmelmannstraße
Wulfsdorfer Weg
Neuer
Aue
8112
269
5950
5948
578
580
44

Kremer-
berg
(zu Delingsdorf)
582
5950
Alter Postweg
Bookkoppel
Kurt-Fischer-Str.
An der Strusbek
Aue
Erlenhof
Lübecker Straße
Gartenholz
Syltring
Olandstieg
Helgolandring
Amrumstieg
Nordstrandring
Norderoogstieg
Alter Postweg
Kornkamp
Ewige
Weide
906
Straße
Gewerbegebiet
Nord
1 = Grödestieg
2 = Süderoogstieg
3 = Langeneßweg
4 = Hoogestieg
5 = Ellenbogen
6 = Am Marstall
7 = Am Gutshof
Kläranlage
Altenwohnanlage
Rosenhof
8110
Niebüllweg
Husumweg
Tönningweg
Behindertenheim
Pellwormstieg
Umspannwerk
Bauhof
Kurt-Fischer-Straße
Siedl.
Gustav-
Steinkamp
Delle-Str.
Steinkamp
Jungborn
Bünningstedter Str.
75
Am Tiergarten
Otto-Schumann-Str.
Hasselmannsweg
Reeshoop
Badlantic
Wellenbad
Mühlenredder
Schloßgarten
Hörnumweg
Keitumweg
Westerlandstieg
Stiege
Otto-
Ev. Freik.
Beimoorweg
Beimoor
Astern-
weg
allee
Lilien-
Berufsschule
Mühlenredder
Altenheim
Sportplatz
Bagatelle
Schloß
Am Weinberg
Lange Reihe
Gänseberg
Rosenweg
Lilienweg
Friedens-
Löns-Straße
Pommernweg
269
Immanuel-Kant-Str.
Schulstr.
Lübecker Str.
Rettungszentr.
Ost-ring
Ahrensburg
22926
Hermann-
Ostpreußenweg
Hans-Schadendf.-Stieg
Am Alten Markt
Schloßkirche
Friedh.
Kastanienallee
Schäferweg
Am Postwald
Gr. Str.
Stormarnstr.
Gerhart-Hauptmann-Str.
Bei der Doppeleiche
Woldenhorn
Tennispl.
Sportpl.
Aue
Hockeyplatz
Friedrich-Hebbel-Str.
Fritz-Reuter-Straße
Stadtbücherei
Rathaus
Rathauspl.
Rathausstr.
Amtsger.
König-str.
Lohe
Fannyhöh
Schillerallee
Wiesengrund
Am
Schießstand
Schule für Lernbehinderte
Große Str.
Adolf-
Fritz-Reuter-Str.
Stormarnpl.
Sportpl.
Rondeel
Neue Str.
Hagener Allee
Hamburger Straße
Samusch-Str.
Woldenhorn
Bismarckallee
Parkaue
Sommerterrasse
Rickmerspark
Parkallee
Sommerpark
Hopfenbach
Ostring
Piepershorst
(zu Großhansdorf)
Integrierte Gesamtsch.
Wulfsdorfer
Gorch-Fock-Str.
Klaus-
Neuap. K.
St. Marien Kriche
Ella-Hensel-weg
Th.-Storm-Str.
Dahlkamp
Dehmel-Straße
Weg
Stormarnstraße
Wol-den-horn
Arbeitsamt
Lohkoppel
Christel-Schmidt-Allee
Kaiser-Wilhelm-Allee
Gronepark
Parkallee
An der Eilshorst
Eilshorst
Ahrensburg
Bahnhofstr.
S4
Ladestraße
Waldstraße
Gymn.
Sportpl.
Manhagener Allee
Moltkeallee
Roonallee
Theodor-Storm-Stieg
Richard-
P+R
Cityplan S.14
45

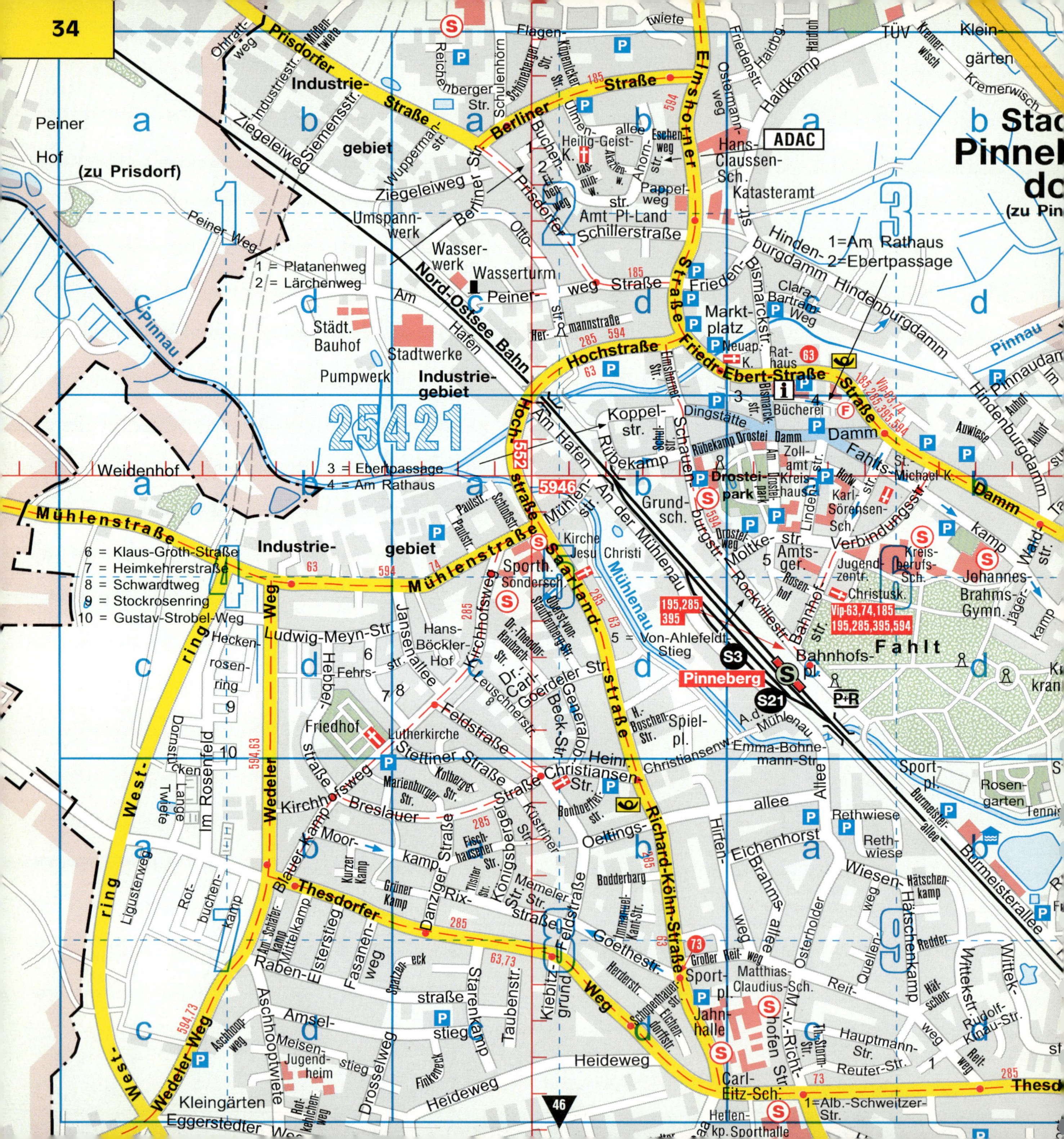
Prisdorfer Straße
Industrie-gebiet
Siemensstr.
Ziegeleiweg
Peiner Hof
(zu Prisdorf)
Peiner Weg
1 = Platanenweg
2 = Lärchenweg
Pinnau
Wuppermanstr.
Umspannwerk
Wasserwerk
Wasserturm
Berliner Straße
Berliner Str.
Prisdorfer Str.
Reichenberger Str.
Schulenhorn
Flagentwiete
Ulmenallee
Heilig-Geist-K.
Eschenweg
Pappelweg
Amt Pl-Land
Schillerstraße
Elmshorner Straße
Friedenstr.
Ostermannweg
Haidkamp
ADAC
Hans-Claussen-Sch.
Katasteramt
TÜV
Kremerwisch
Kleingärten
Stadt Pinneberg
(zu Pin
1=Am Rathaus
2=Ebertpassage
Hindenburgdamm
Bismarckstr.
Friedenstr.
Marktplatz
Neuap. K.
Rathaus
Clara-Bartram-Weg
Peiner Weg
Nord-Ostsee Bahn
Städt. Bauhof
Stadtwerke
Am Hafen
Pumpwerk
Industriegebiet
Hochstraße
Friedr.-Ebert-Straße
Dingstätte
Bücherei
Damm
Fahltskamp
Koppelstr.
Rübekamp
Drostei
Zollamt
Kreishaus
Drosteipark
St.-Michael-K.
25421
Weidenhof
3 = Ebertpassage
4 = Am Rathaus
Am Hafen
Hochstraße
5946
Mühlenstraße
6 = Klaus-Groth-Straße
7 = Heimkehrerstraße
8 = Schwartdweg
9 = Stockrosenring
10 = Gustav-Strobel-Weg
Industriegebiet
Paulstr.
Schloßstr.
Sporth.
Sondersch.
Saarlandstraße
Kirche Jesu Christi
Mühlenau
An der Mühlenau
Grundsch.
Schauenburgerstr.
Drosteiweg
Moltkestr.
Amtsger.
Karl-Sörensen-Sch.
Verbindungsstr.
Jugendzentr.
Christusk.
Kreisberufs-Sch.
Johannes-Brahms-Gymn.
Fahlt
Jägerkamp
Waldstr.
Ludwig-Meyn-Str.
Westring
Heckenrosenring
Hans-Böckler-Hof
Fehrsstr.
Jansenallee
Kirchhofsweg
Dr.-Theodor-Haubach-Str.
Dr.-Carl-Goerdeler-Str.
Leuschnerstr.
Beck-Str.
Generalob.
Rockvillestr.
Bahnhofstr.
Bahnhofspl.
5 = Von-Ahlefeldt-Stieg
S3
Pinneberg
S21
P+R
Vip-63,74,185
195,285,395,594
Feldstraße
Friedhof
Lutherkirche
Stettiner Straße
Marienburger Str.
Kolberger Str.
Christiansenstr.
H.-Boschen-Str.
Spielpl.
Christiansenweg
Emma-Bohne-mann-Str.
A. d. Mühlenau
Sportpl.
Burmeisterallee
Rosengarten
Tennis
Dornstücken
Lange Twiete
Im Rosenfeld
Wedeler Weg
Hebbelstraße
Kirchhofsweg
Breslauer Straße
Moorkamp
Blauer Kamp
Danziger Straße
Königsberger Str.
Küstriner Str.
Bonhoefferstr.
Oeltingsallee
Richard-Köhn-Straße
Bodderbarg
Immanuel-Kant-Str.
Hirtenweg
Brahmsallee
Eichenhorst
Osterholder Allee
Rethwiese
Wiesenweg
Hätschenkamp
Redder
Ligusterweg
Rotbuchenkamp
Thesdorfer Weg
Am Schäferkamp
Mittelkamp
Elsterstieg
Fasanenweg
Rabenweg
Rixstraße
Memeler Str.
Tilsiter Str.
Kurzer Kamp
Grüner Kamp
Fischhausener Str.
Spatzeneck
Stareneck
Starenkamp
Taubenstr.
Feldstraße
Kiebitzgrund
Goethestr.
Herderstr.
Schopenhauerstr.
Eichendorffstr.
Großer Reitweg
Sportpl.
Matthias-Claudius-Sch.
Jahnhalle
Quellenweg
Reitweg
Wittekstr.
Rudolf-Knaus-Str.
Th.-Storm-Str.
Hauptmann-Str.
Reuter-Str.
M.-v.-Richthofen-Str.
Aschhooptwiete
Aschhoopweg
Meisenstieg
Amselstieg
Jugendheim
Drosselweg
Finkeneck
Heideweg
Kleingärten
Rotkehlchenweg
Eggerstedter Weg
Carl-Eitz-Sch.
Hellen-kp. Sporthalle
1=Alb.-Schweitzer-Str.
Thesdorfer
46

(zu Tangstedt)
25462
Rellingen
Pinneberg
Hall
Anschlussstelle Pinneberg-Mitte
Anschlussstelle Pinneberg-Süd
1 = Ernst-Behrens-Straße
2 = Hebbelstraße
3 = Nienkamp
4=Rellauwiesen
1 = Thesdorfer Straße
2 = Birkengrund
3 = Bergstraße
Tangstedter Chaussee
Dorfstraße
Pinneberger Straße
Hamburger Straße
Hauptstraße
Eichenstraße
Rellinger Str.
Halstenbeker Weg
Winzeldorfer Weg
Ellerbeker Weg
Heidehofweg
Battelsweg
Kirchenweg
Baumschulenweg
Borsteler
Voßmoorweg
Am Schippels
Tangstedter
Holstenstraße
Fahltskamp
Oberer
Ehmschen
Uhlengrund
Mühlenau
Rehmen
Thesdorf
Diesterweg-
Gewerbe-
gebiet
Mühlenstraße
Schäferweg
Klär-
anlage
Gemeinde-
bauhof
Rückhalte-
becken
Friedhof
Kap.
Wiesenweg
Staweder
Pflanzen-
schutzamt
Waldorf-
Kindergarten
Turnhalle
DRK
Alten-u.
Pflege-
heim
Alten-
heim
Kindergarten
Heinrich-
Eckmann-
Sch.
Appelkamp
Rathaus.
Sportpl.
Spielpl.
Turn-
halle
Post-
str.
Kirchen-
str.
Am
Rath.-
pl.
Am
Markt
Schmiede-
Dorfstraße
Mühlenau
Jacob-Ahrens-Str.
Gaselhorn
Plantenkamp
Lohe
Schmidt-
Vogt-
Str.
Dahlien-
hof
Rosenhof
Grüner
Weg
Hohle
Jahnstraße
Frieden-
str.
Gärtner-
str.
Gärtnerhof
Eichen-
pl.
Linden-
hof
Stadion
Rehmen
Bogen-
straße
Gärtnerstr.
Düpenwisch
Wiesen-
weg
Moorkampsweg
Heidkoppel
Am Gedenk-
stein
Kirche
Grüne Twiete
Redwisch
Zur Rellau
An der Rellau
Königs-
berger
Str.
Th.-Storm-
K.-Groth-
Str.
Jebben-
Gössel-
In de Wischen
Autal
Pinneberger Weg
Rellin
Mühlenstraße

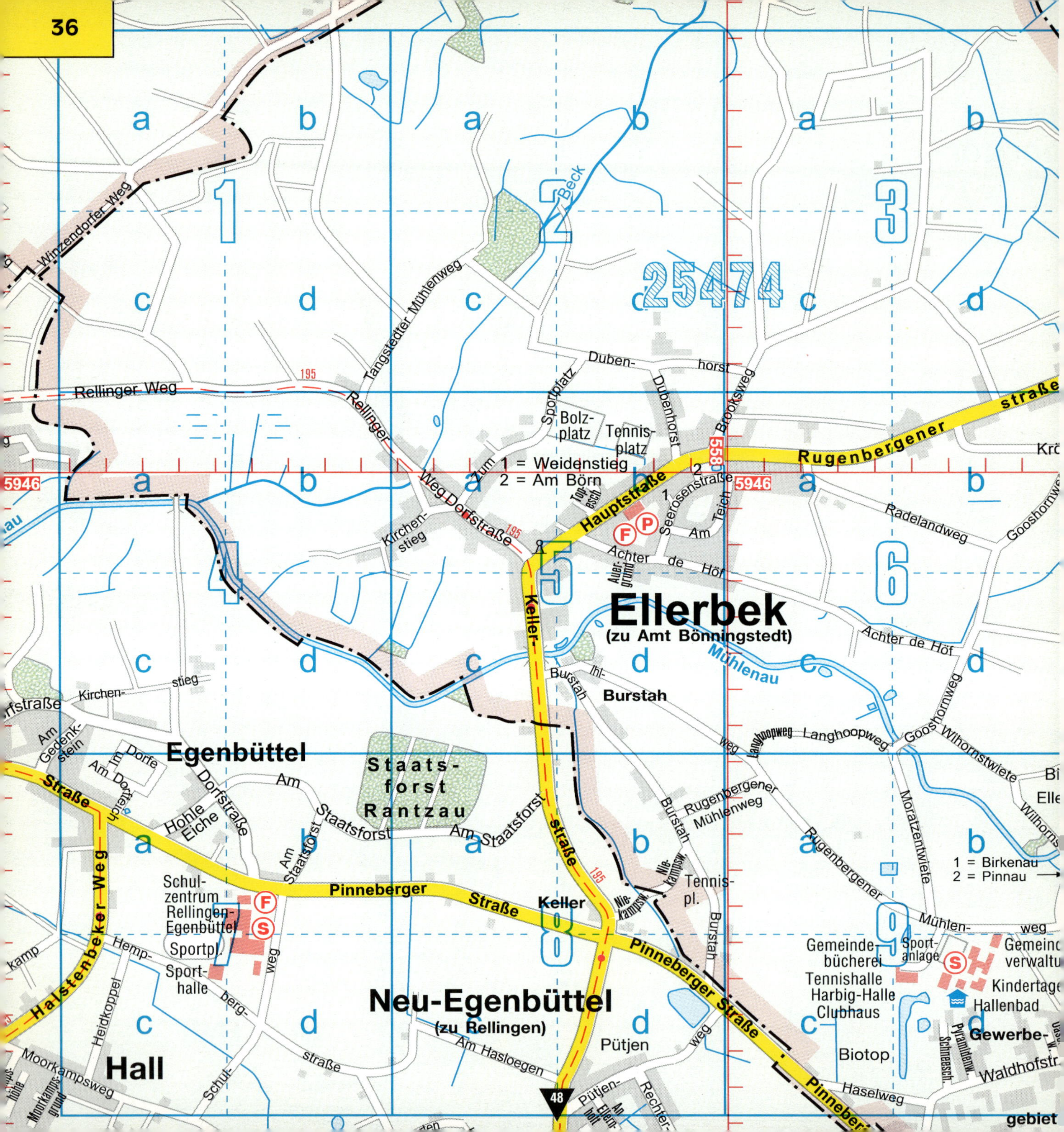
25474
Ellerbek
(zu Amt Bönningstedt)
Egenbüttel
Neu-Egenbüttel
(zu Rellingen)
Hall
Burstah
Keller
Staatsforst Rantzau
Rellinger Weg
Rellinger Weg
Winzendorfer Weg
Tangstedter Mühlenweg
Beck
Dubenhorst
Brooksweg
Sportplatz
Bolzplatz
Tennisplatz
Rugenbergener Straße
Hauptstraße
Dorfstraße
Kirchenstieg
Zum Töpfersteg
1 = Weidenstieg
2 = Am Börn
Seerosenstraße
Am Teich
Achter de Höf
Auergrund
Radelandweg
Gooshornweg
Kellerstraße
Mühlenau
Ihlweg
Langhoopweg
Wihornstwiete
Rugenbergener Mühlenweg
Moratzentwiete
Niekampsweg
Tennispl.
Am Gedenkstein
Im Dorfe
Am Dorfteich
Hohle Eiche
Am Staatsforst
Pinneberger Straße
Halstenbeker Weg
Schulzentrum Rellingen-Egenbüttel
Sportpl.
Sporthalle
Hempberg
Bergstraße
Schulweg
Heidkoppel
Moorkampsweg
Am Hasloegen
Pütjen
Pütjenweg
Haselweg
Waldhofstr.
Gemeindebücherei
Tennishalle
Harbig-Halle
Clubhaus
Sportanlage
Gemeindeverwaltung
Kindertagesstätte
Hallenbad
Gewerbegebiet
Biotop
1 = Birkenau
2 = Pinnau
195
558
5946
48

Bönningstedt
Rugenbergen
Kindergarten
Turnhalle
Tennispl.
Gemeinde-Bücherei
Ellerbeker Straße
Bahnhofstr.
Norderstedter Straße
Kieler Straße
Bauhof
Haupt- und Realschule
Vereins- u. Jugendräume
Sport- und Freizeitgelände
Reithalle
Tennispl.
Tennish.
1 = Hörnerfeld
2 = Rachoniweg
3 = Crivitzstieg
Kläranlage
Bolzplatz
Dammfelder Weg
Hinterm Damm
Hohenloher Ring
Gewerbegebiet
Heidkampsweg
Almsweg
25474
1=Eduard-Reichenbaum-Weg
2=Sergio-de-Simone-Stieg
3=Riwka-Herszberg-Stieg
4=Marek-Steinbaum-Weg
Tennisplätze
Tennis- u. Squashcenter
Burgwedel
(zu Hamburg)
22457
Kinderheim
5=Zylberbergstr.
6=Zylberbergstieg
7=Manina-Altmann-Str.
8=Jacquelin-Morgenstern-Weg
Schleswiger Damm
Röpenkampsweg
Königsberger Straße
Sportplatz
Wasserwerk
AS HH-Schnelsen-Nord
Christophorus-Haus Kinderheim

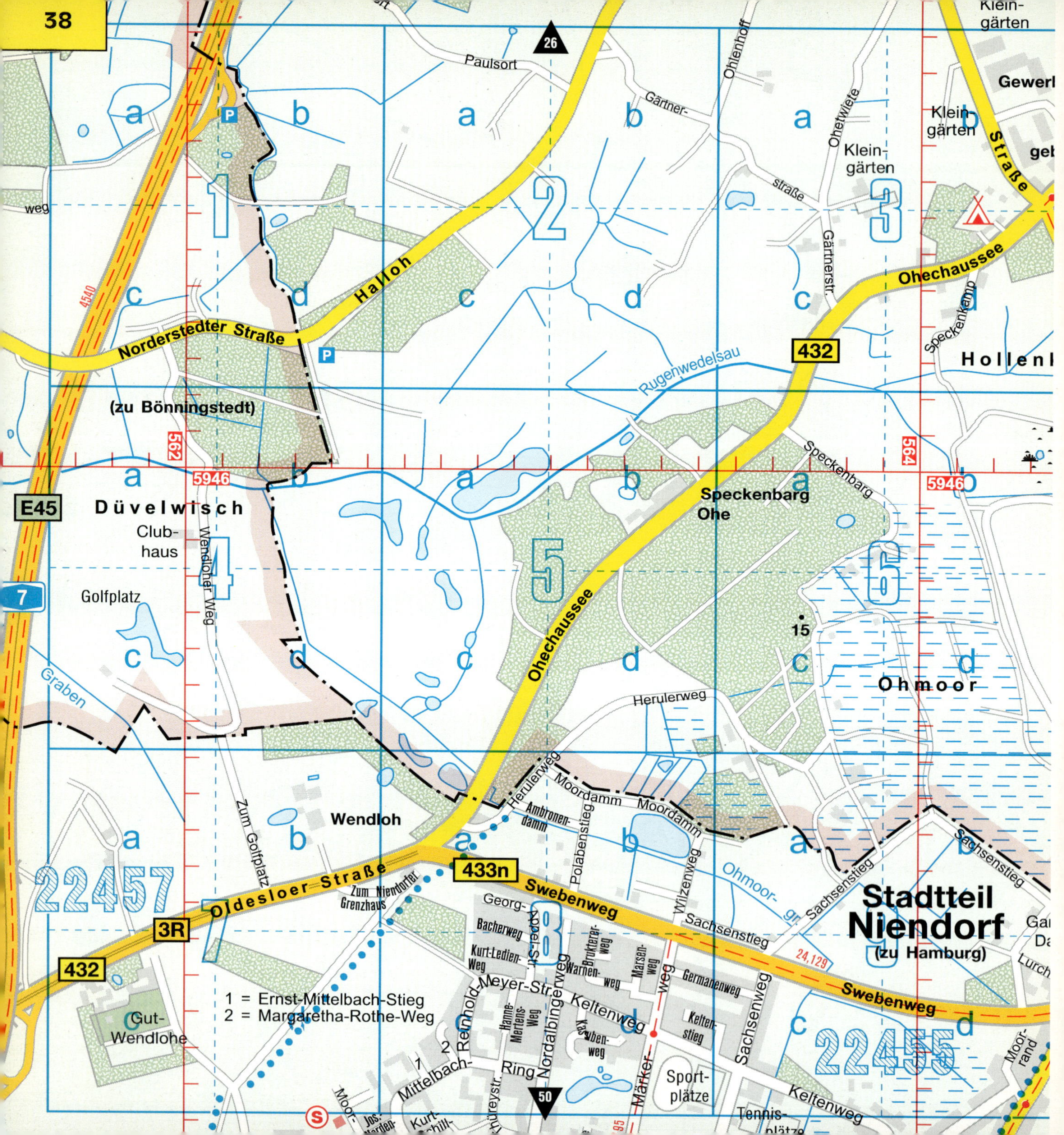
26
Paulsort
Gärtner-
Ohlenhoff
Ohetwiete
Klein-
gärten
straße
Gärtnerstr.
Gewerb
geb
Straße
Ohechaussee
Speckenkamp
Hollenk
weg
Halloh
Norderstedter Straße
4540
Rugenwedelsau
432
(zu Bönningstedt)
562
564
5946
Speckenbarg
Speckenbarg
Ohe
E45
Düvelwisch
Club-
haus
Wendloher Weg
7
Golfplatz
Ohechaussee
15
Ohmoor
Graben
Herulerweg
Herulerweg
Moordamm
Moordamm
Ambronen-
damm
Polabenstieg
Wendloh
Zum Golfplatz
22457
Oldesloer Straße
Zum Niendorfer
Grenzhaus
433n
Swebenweg
Georg-
Bacherweg
Appel-Str.
Brukterer-
weg
Marsen-
weg
Wilzenweg
Ohmoor-gr.
Sachsenstieg
Sachsenstieg
Sachsenstieg
Stadtteil
Niendorf
(zu Hamburg)
3R
432
Kurt-Ledien-
Weg
Warnen-
weg
Germanenweg
24,129
Swebenweg
1 = Ernst-Mittelbach-Stieg
2 = Margaretha-Rothe-Weg
Reinhold-Meyer-Str.
Nordalbingerweg
Keltenweg
Hanne-
Mertens-
Weg
Kasuben-
weg
Kelten-
stieg
Sachsenweg
Gut-
Wendlohe
Mittelbach-
Ring
Märker-
weg
Sport-
plätze
22455
Moor-
rand
50
Keltenweg
Tennis-
plätze

22419
Stadtteil
Langenhorn
(zu Hamburg)
Stadtteil
Garstedt
(zu Norderstedt)
22848
22415
Langenhorner Chaussee
Niendorfer Straße
Krohnstieg
Krohnstieg-Tunnel
Tarpen
Tarpenring
Neubergerweg
Theodor-Fahr-Straße
Oehleckerring
Foorthkamp
Wördenmoorweg
Rodenkampweg
Cordesweg
Gutenbergring
Nettelkrögen
Industrie-
gebiet
GIP-
Gewerbe-
park
2=Robert-Schumann-Straße
1=Westedestieg
2=Grellkampkehre
3=Silberpappelstieg
1 = Melahnweg
2 = Haferstück
Start- und
Landebahn 2
Spielwiese
Jugendpark
Langenhorn
Stau-
becken
Bornbach
Taperbek
433
433n
3R
5946
566
191
27
51

Siedlung
Langenhorn
NSG
22417
Raak-
moor
Raak-
moor
Rückhaltebecken
22339
Stadtteil
Hummelsbüttel
(zu Hamburg)
Langenhorn Nord
Langenhorn Markt
Langenhorner Markt
1 = Enderskehre
2 = Am Ohlmoorgraben
Tangstedter Landstraße
Langenhorner Landstraße
Glashütter Landstraße
Poppenbütteler Weg
Gehlengraben
Am Schulwald
Hummelsbüttler Hauptstr.
Hohe Liedt
Heidberg
Kinderheim
Haftsmoor
Wildes Moor
Dweermoor
Hüsermoor
Rehagen
Naturdenkmal Hüsemoor
Naturdenkmal Ohlkuhlermoor
Park
Bornbach
Kleingärten
Ladkamp
Herzmoortwiete
Herzmoorwende
Schwenw.
Sonnenwende
Wattkorn
Harnacksweg
Altenmoor
Raakmoorgraben
Hartmannsau
Herzmoor
Immenhöven
Immenbarg
Turnhalle
Timmerloh
Kinderheim
Sportplatz
Fritz-Schumacher-Schule
Wördenmoorweg
Bibliothek
Ohlmoor
Kleingärten
Moosbruch
Fehnweg
Olenland
Raaksheide
Grote Raak
Lütte Raak
Weg Nr. 651
Weg Nr. 396
Högenbarg
Tennisplätze
Tennisanlage
Reithalle
Rehagen
Kishorst
Ziegeleiweg
Wüsthofweg
Schregenhof
Susebekweg
HHA-Bus-Depot
Gewerbe-
Gewerbegebiet
Lademannbogen
Gymnasium
Kinderheim
Sportplatz
Grützmühlenweg
Lohstücken
Stiegstück
Am Backofen
Dorfstr.
Hummelsbüttler Markt
Brillkamp
Kulenwisch
Hauwisch
Christophorusk.
Kinderhm.
Eirenkirche
Wildermuthring
Höpen
Tannenwegbrücke
Sportplatz
Dobenstück
Dobenplatz
Schäferhof
Schäferhofbrücke
Moorreye
Immenredder
Heilige-Bürger Kinderhm.
Tennispl.
VHS
Bürgerhaus
Kirche-Jesu-Chr.
Neuap. K.
Börner
Diekmoorweg
Röweland
Neukoppel
Georg-Clasen-Weg
Kortenkamp
Wulfsdorfer Weg
28
52
5946
568
3R
192
193
174
24

Hohenbuchen
Hohenbuchenpark
Kinderhm.
Alsterwanderweg
DGB Bundesschule
Saselberg
Stadtteil
Poppenbüttel
(zu Hamburg)
22399
22391
2=Gödersenweg
3=Wagnerstieg
4=Rudolph-Schloo-Stieg
5=Poppenbüttler Hauptstraße
Bibliothek
1 = Quarzweg
2 = Kieselweg
3 = Granitweg
1 = Schleusentwiete
Schleuse
6=Wentzelplatz
7=Walter-Koppel-Weg
8=Hellwisch
9=Tennigkeitweg
2=Rehmkoppelstieg
2=Eichenhorst
Simon-Petrus-Kirche
Gymnasium
Gymn.
Sportplätze
Sporthalle
Carl-v.-Ossietzky-Gym.
Sonder-sch. Hs.d.Jug.
Philemon-Kirchen-zentr.
Ludw.-Frahm-Sch.
Minsbeker Gehege
Klinik Poppenbüttel
Altenheime
Alstertal-Einkaufs-Zentrum
St. Bernard Kinderhm.
Poppenbüttel
Stormarnpatz
Hügelgrab
Alstertalmuseum im Torhaus
Altenheim
Gewerbegebiet
Kleingärten
Harksheider Straße
Poppenbüttler Berg
Poppenbüttler Hauptstraße
Saseler Damm
Alte Landstraße
Ulzburger Straße
Poppenbüttler Weg
Landstraße
Sandkuhlenkoppel
Langenhorner Str.-West
Langenhorner Str.-Ost
Sumpfmeisenweg
Rehmbrook
Müssenredder
Hinsbeker Berg
Achter Billing
Rönkrei
Vörstekoppel
Ohlendieck
Tegelsbarg
Windröschenweg
Goldröschenweg
Heublink
Kritenbarg
Stadtbahnstraße
Hohenbuchen
Alster
S11
S1

Stadtteil Bergstedt
(zu Hamburg)
22395
Natur-
schutz
gebiet
Hainesch-
lland
Hohensasel
Saselberg
Saselbek
Stadtteil Sasel
(zu Hamburg)
22393
1=Saseler Parkweg
4 = Katerstieg
5 = Karl-Ahrens-Weg
1 = Renettenstieg
2 = Boskopstieg
Saseler Chaussee
Bergstedter Chaussee
Saselaer Chaussee
Saseler Damm
Stadtbahnstr.
Waldweg
Berner Weg
Meiendorfer Mühlenweg
Volksdorfer Weg
Frahmredder
Mellingburgredder
Immenhorstweg
Saselbek-straße
Depenwisch
Fischkamp
Recycling-Hof
Stadtrein.
Gewerbe-gebiet
Tennis-plätze
Schieß-stand
Rückhalte-becken
Jugendzentrum
Lukas-Kirche
Deutscher Wetterdienst
Saseler Markt
Saseler Park
Kinderhm.
Kinder-heime
Vicelin-Oberalster
Gymn. Oberalster
Sport-platz
Freibad Saselbek
434
3R
30
54

Stadtteil Volksdorf
(zu Hamburg)
22359
Volksdorf
Greelkamp
Buckhorn
Volksdorfer Damm
Halenreie
Saseler Weg
Landstraße
Eulenkrugstraße
Farmsener
Waldweg
Volksdorfer Teichwiesen
NSG
3 = An den Teichwiesen
4 = Weiße Rose
1=Hültkoppelstieg
2=Holzreie
Naturdenkmal Timmermoor
Gemeindezentrum St. Johannes
Timmermoor
Wasserwerk
Sportplatz
Gymn.
Kinderhm.
Katthorstpark
Kinderheim
Lukask.
Gem.-Hs.
Heilig Kreuz
Rockenhof
Museumsdorf
Ohlendorffs Park
Ortsamt
Bücherei
Groten Hoff
Sch. an den Teichwiesen
Schule im Klöpperpark
Kinderheim
Hs. d. Jugend
Walddörfer Gym.
Allhorndiek
Reithalle
Freibad Volksdorf
Rodelbahn
St. Gabriel
Moorbek
Saselbek
Volksdorfer Wald
Richard-Remé-Haus
Klinik f. Geriatrie
Amalie-Sieveking-Krankenhaus
Klein-gärten 592 508
Stüffel
Rittmeisterkoppel
Im Ulenbusch
Duvenstall
Regestall
Kurzenremen
Schmalenremen
G.-Weihrauch-W.
Joh.-Schult-W.
Buckhornstieg
Krampengrund
Duvenwischen
Kohmannweg
Am Buckhornwald
Frankring
Scheidereye
Wietreie
Horstlooge
Rögenweg
Rögenfeld
Reisenbrook
Rögeneck
Gussau
Lerchenberg
Lerchenhöhe
Sorenfeld
Im Sorenfelde
Sorenremen
Langenwiesen
Auf den Moorwiesen
Farenkoppel
Birkenstieg
Birkenredder
Ahrensburger Weg
Ahrensburger Stg.
Ahrensburger Pl.
Wulfsdorfer Weg
Alverslowweg
Barkholt
Vörn
Im Allhorn
Heiderosenweg
Allhornweg
Allhornring
Allhornstieg
Pastorenstieg
Eulenkrugpfad
Wiesenhöfen
Uppenhof
Im Alten Dorfe
Kattjahren
Saseler Weg
Klöpperstg.
Kinderheim
Klosterwisch
Schemmannstr.
Weidewiese
Haselkamp
Diekkoppel
Heckenrund
Hirtenkoppel
Heidloge
Holthusenstr.
Hoisberg
Heinsonweg
Begel
Fossredder
Huusbarg
Cornehlsweg
Immenweg
Mellenbergweg
Reh-Hagen
Beerenwinkel
Achtern Hoff
Im Hain
Tannenweg
Volksdorfer Damm
U1
31
55
175
375
24
576
578
579
5946
48
Stüfel

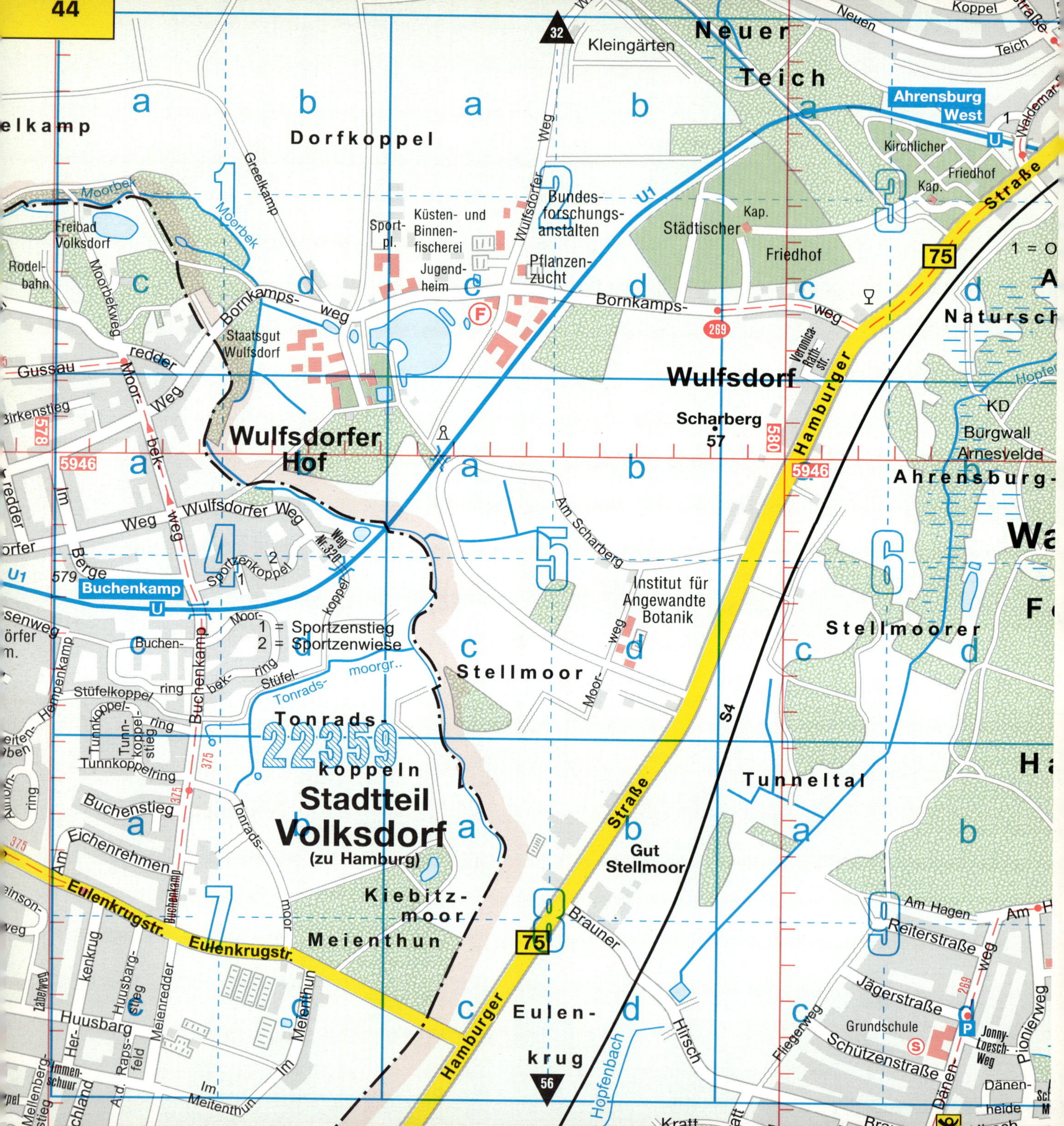

32
Kleingärten
Neuer Teich
Dorfkoppel
Ahrensburg West
Kirchlicher Friedhof
Kap.
Städtischer Friedhof
Bundes-forschungs-anstalten
Küsten- und Binnen-fischerei
Sport-pl.
Jugend-heim
Pflanzen-zucht
Freibad Volksdorf
Rodel-bahn
Moorbek
Greelkamp
Wulfsdorfer Weg
Bornkamps-weg
Staatsgut Wulfsdorf
Gussau
Birkenstieg
Moorbekweg
Wulfsdorf
Scharberg 57
Hamburger Straße
75
269
Veronica-Rath-Str.
Natursch
Hopfen
KD
Burgwall Arnesvelde
Ahrensburg-
Wulfsdorfer Hof
5946
578
580
579
Buchenkamp
U1
Sportzenkoppel
Weg Nr. 320
Am Scharberg
Institut für Angewandte Botanik
1 = Sportzenstieg
2 = Sportzenwiese
Stellmoor
Stellmoorer
Tonrads-moorgr.
Stüfelkoppel
Stüfelring
Buchenbek
Hempenkamp
Tunnkoppelring
Tunnkoppelstieg
Tonradskoppeln
22359
Stadtteil Volksdorf (zu Hamburg)
Tunneltal
S4
Gut Stellmoor
Buchenstieg
Am Eichenrehmen
Eulenkrugstr.
Kiebitz-moor
Meienthun
Brauner Hirsch
Am Hagen
Reiterstraße
Jägerstraße
Grundschule
Schützenstraße
Jonny-Loesch-Weg
Pionierweg
Dänenweg
Dänenheide
Fliegerweg
Eulenkrug
56
Hopfenbach
Huusbarg
Huusbargstieg
Meienredder
Im Meitenthun
Rapsfeld
Zabelweg
Mellenbergstieg
Immenschuur

Hamburger Str.
S4
Gewerbegebiet
West
Bogenstraße
Kuhlenmoorweg
U1
Ahrensfelder Teich
Pinnberg
43
Ahrensburg Ost
Hagener Allee
Hochbahnstieg
Fasanenweg
Voßberg
Ev. Freik.
Ahrensfelder Weg
Hansdorfer Str.
Manhagener Allee
Parkallee
Grundschule
Am Aalfang
Vierbergen
Verlängerter Ostring
Ostring
Lurup
Institut für Umwelt-Carcinogene
Sieker Landstr.
Hansdorfer Landstr.
Manhagen Teich
Park-Klinik Manhagen
Institut für Forstgenetik und Forstpflanzenzucht
Park
Manhagen
Ortsteil Schmalenbeck
(zu Großhansdorf)
Vierbergen
Alte Landstraße
1 = Stiller Winkel
2 = Roggenstieg
3 = Welfenstieg
Schmalenbeck
Starweg
Am Rehm
Siedlung
Waldgut Hagen
(zu Ahrensburg)
Burgweg
Scheunenkoppel
Elsterweg
Vogelsang
Vogelherd
Finkenweg
582
5946
2 = Elsterstieg
Am Birkenhain
Wartenberge
Hinterm
Nachtigallenweg
Ahrensburger Redder
Elchweg
Ostlandstr.
Looge
Pommernweg
Ahrensfelder
Neuer Achterkamp
Haberkamp
Ahrensburger Kamp
Ludwigslustring
Feldkirchenring
Wetenkamp
Dorfstraße
Ahrensfelde
Meisenweg
Spechtweg
269
Altenheim
Kita
Sportplatz
Naturschutzgebiet
Brauner Hirsch
Tennisplätze
Reithalle
Querweg
Up'nBarg
Teichstraße
Schusterredder
Sieker
Lohweg
33
57

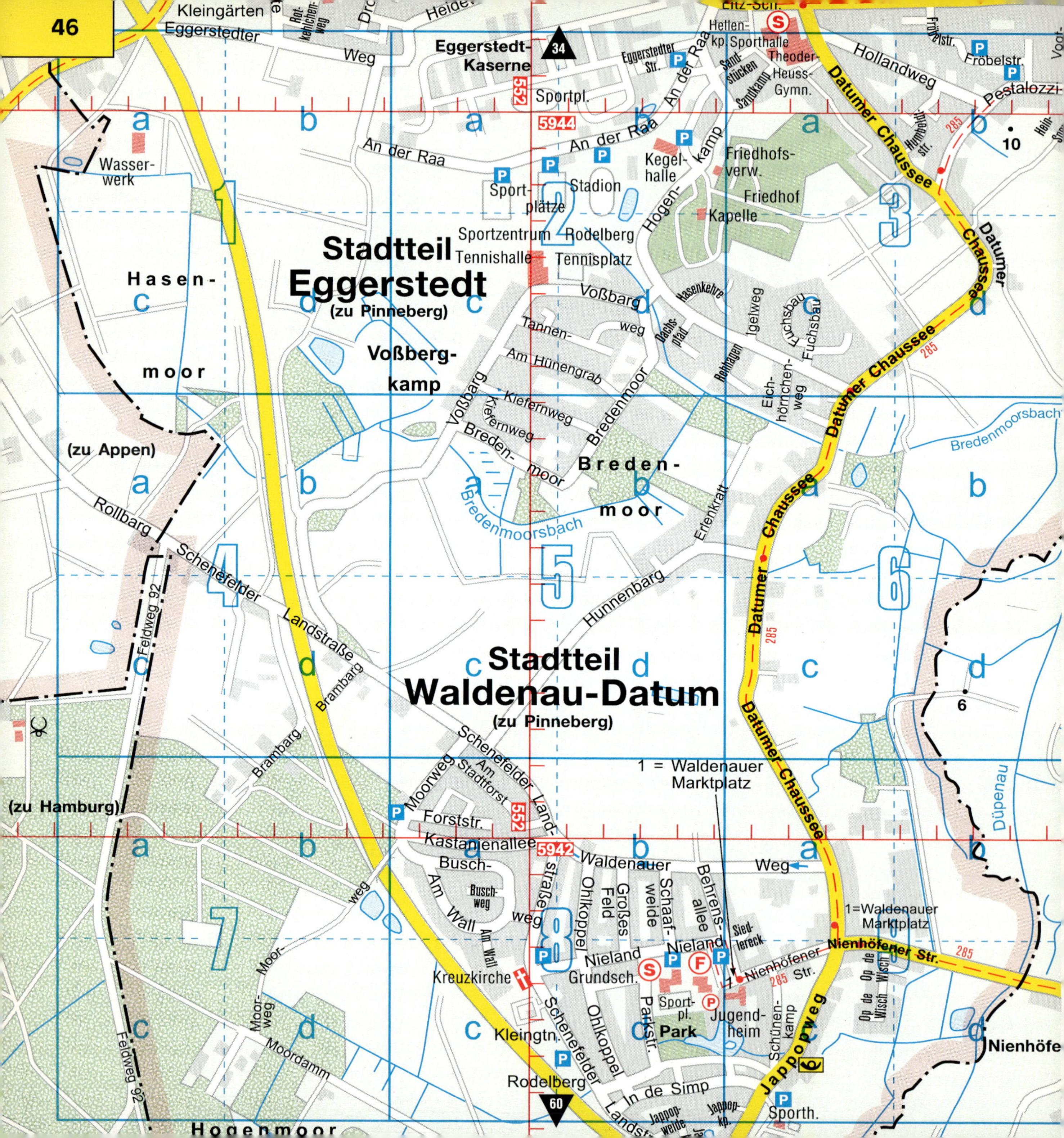

Stadtteil Eggerstedt
(zu Pinneberg)
Stadtteil Waldenau-Datum
(zu Pinneberg)
Hasen-moor
Voßberg-kamp
Breden-moor
(zu Appen)
(zu Hamburg)
Hogenmoor
Eggerstedt-Kaserne
Kleingärten
Eggerstedter Weg
Heide
An der Raa
Sportpl.
Sport-plätze
Stadion
Sportzentrum
Rodelberg
Tennishalle
Tennisplatz
Kegel-halle
Friedhofs-verw.
Friedhof
Kapelle
Hogenkamp
Voßbarg
Tannenweg
Am Hünengrab
Kiefernweg
Bredenmoor
Bredenmoorsbach
Hasenkehre
Igelweg
Fuchsbau
Dachsplatz
Rehhagen
Eichhörnchenweg
Datumer Chaussee
Hollandweg
Fröbelstr.
Pestalozzi
Theodor-Heuss-Gymn.
Sporthalle
Sandkamp
Wasser-werk
Rollbarg
Schenefelder Landstraße
Feldweg 92
Brambarg
Hunnenbarg
Erlenkraft
Düpenau
1 = Waldenauer Marktplatz
Moorweg
Am Stadtforst
Forststr.
Kastanienallee
Busch-weg
Am Wall
Waldenauer Weg
Ohlkoppel
Großes Feld
Schaafweide
Behrensallee
Siedlereck
Nieland
Nienhöfener Str.
Kreuzkirche
Grundsch.
Sportpl.
Park
Jugend-heim
Parkstr.
Schünenkamp
Jappopweg
Kleingtn.
Rodelberg
In de Simp
Sporth.
Moorweg
Moordamm
Op de Wisch
Nienhöfe
34
60
552
5944
5942
285

Stadtteil
Thesdorf
(zu Pinneberg)
Thesdorf
Anschlussstelle
Halstenbek/Rellingen
19
23
35
61
Halstenbek
25469
Halstenbek
Brande
Bickbar
Gewerbegebiet
Hall
Düpenau
Ballerbek
Kläranlage
Bauhof
Rückh.-becken
Tennisanlage
Jugendzentr.
Sportpl.
Thesdorfer Weg
Halstenbeker Str.
Halstenbecker Str.
Hartkirchener Chaussee
Halsbeker
Dockenhudener Chaussee
Datumer Straße
Langkoppelweg
Eichenstraße
Am Hollen
Hollen
Bartelskamp
Bartelskamptwiete
Bartelstr.
Bartelstraße
Brandheideweg
Am Redder
Im Höschen
Grüne Twiete
Twiete
Heidkampsweg
Eielkampsweg
Eielkamps-weg
Holstenstraße
Holsten-straße
Hagenwisch
Hagenkamp
Hagentwiete
Luruper W.
Luruper Weg
Neuer Weg
Friedrichshulder Weg
Am Hollhorn
Birkenallee
Gustav-Schwab-Str.
Feldstraße
Gärtnerstraße
Königstraße
Bäckerstr.
Poststr.
Friedenstr.
Ahornstr.
Pappelstraße
Heidkampsweg
Eidelstedter
Ostereschweg
Osterbrookweg
Schulstieg
Wilhelm-Magdalenen-allee
Schwarzer Weg
Bogenweg
Am Schützenpl.
Bahnhofstr.
Gemeindewerke
Kap.
Friedhof
Schießstand
Kleingärten
Herz-Jesu-K.
Real-schule
Bücherei
Turnhalle
Altentagesst.
Gem.-verw.
Japanische Schule
Turnh. Sportpl.
Kiga
Gestüt Reitschule
Grund.-u. Hauptsch. Süd
Turnhalle
Häubargsweg
Häubargskoppeltwiete
1=Gärtnerstieg
2=Königstieg
3=Hans-Christian-Möller-Straße
4=Friedrichstraße
5 = Lüdermannscher Stieg
S3.S5.S21
S21
P+R
Sporth.
Realsch.
Grund-Sch.
Diesterwegstr.
Neue Straße
Staweddder
Hallstraße
5944
5942
554
556
585
185
285

Ortsteil Krupunder
(zu Rellingen)
Waldhof
Gewerbegebiet
Wasserwerk
Kita
Trönt-moor
Hemp-berg
Kellerstraße
Sportlerheim
Sport-plätze
Tennis-halle
Tennis-plätze
Sportplatz
1 = Rehwinkel
2 = Fuchsbau
3 = Wildbret
4 = Hasenmoor
Schwalbenstraße
Heidkampsweg
Moorkampsweg
Hempbergstraße
An der Blockhütte
Kurten
Kamp
Rechteralle
Pinneberger Straße
2 = Karl-Bunje-Straße
Hans-Reumann-Str.
Erlenweg
Linden-weg
Hermann-Löns-Weg
Lerchenstraße
Rabenstraße
Amselstraße
Adlerstraße
Siemensstraße
Rellingen-Ost
Gewerbegebiet
Heidestraße
Wacholderweg
Kindergarten
Turnhalle
Krupunder Ring
Industriestraße
Gärtnerstraße
6=Nedderfeld
Eidelstedter Weg
Osterbrookweg
Rückhalte-becken
Anschlussstelle Halstenbek-Krupunder
Seemoorweg
Gewerbering
Lübzer Straße
(zu Halstenbek)
Burbek
Bickbargen
Am Roschort
Krupunder See
Krupunder Park
Altonaer Str.
Kiefernw.
Buchenstr.
Wachtelstraße
Finkeneck
Schnelsener
Grenzstraße
Wolfgang-Borchert-Gym.
Sport-platz
Turnh.
Grund-sch.
Moortwiete
Papenmoorweg
Neue Weiden-str.
Weidenstraße
See-Weg
1=Krupunder Stieg
Burbekstraße
Halstenbeker
Bickbargen
Kiga
1=Linden-hof
Squash-u. Tennis-Gemeinde-zentrum
Verbindungsweg
Bahnhofs-vorpl.
Kinder-garten
Rehwinkel
Grillenweg
Immenweide
Ameisenweg
Goldkäferweg
Krupunder Weg
5944
5942
558
185
281
23
20
36
62

Heidkoppel
Stadtteil Schnelsen
(zu Hamburg)
(zu Ellerbek
Anschlussstelle Hamburg-Schnelsen
Anschlussst. HH-Eidelstedt
Dr.HH Nordwest
Schnelsen
Holsteiner Chaussee
Pinneberger Straße
Oldesloer Straße
Schleswiger Damm
Frohmestraße
Wählingsallee
Heidlohstraße
Halstenbeker Straße
Hogenfelder Straße
Sandkrugweg
Süntelstraße
Burgwedelkamp
Peter-Timm-Str.
Flagentwiet
Kollauteich
Kollau
Regenrückhaltebecken
Brookgraben
Albertinen Krkhs.
Albertinen-Haus
Med.-Geriatr. Klinik
Julius-Leber-Schule
Christophorus-Haus Kinderheim
Messeh. Modezentr.
22459
22523

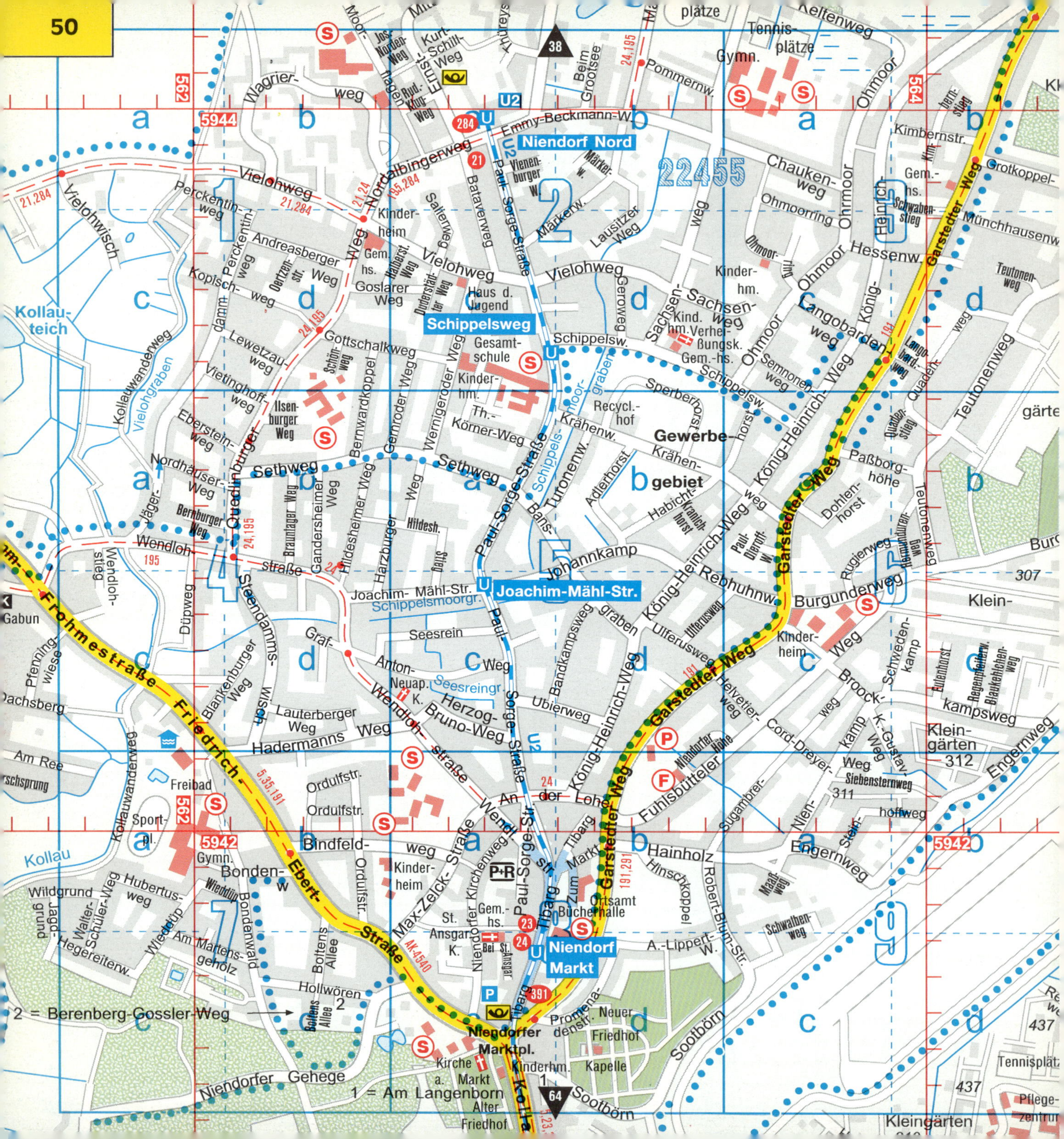

Niendorf Nord
Schippelsweg
Joachim-Mähl-Str.
Niendorf Markt
22455
Emmy-Beckmann-W.
Nordalbingerweg
Vielohweg
Wagrierweg
Perckentinweg
Vielohwisch
Kollauteich
Kollauwanderweg
Vielohgraben
Andreasberger Weg
Kopischweg
Oertzenstr.
Goslarer Weg
Haus d. Jugend
Gottschalkweg
Lewetzauweg
Vietinghoffweg
Ebersteinweg
Ilsenburger Weg
Bernwardkoppel
Gernroder Weg
Wernigeroder Weg
Gesamtschule
Kinderhm.
Th.-Körner-Weg
Paul-Sorge-Straße
Batavenweg
Saalfelder Weg
Märkerweg
Lausitzer Weg
Chaukenweg
Ohmoorring
Ohmoor
Hessenweg
Garstedter Weg
Kimbernstr.
Grotkoppelweg
Münchhausenweg
Teutonenweg
Sachsenweg
Kind. hm.
Verheißungsk.
Gem.-hs.
Langobardenweg
König-Heinrich-Weg
Semnonenweg
Sperberhorst
Recycl.-hof
Krähenweg
Turonenweg
Schippelsmoorgraben
Gewerbegebiet
Krähenhorst
Adlerhorst
Habichthorst
Kranichhorst
Paßborghöhe
Dohlenhorst
Sethweg
Nordhäuser Weg
Jägerweg
Bernburger Weg
Quedlinburger Weg
Braunlager Weg
Gandersheimer Weg
Hildesheimer Weg
Harzburger Weg
Hildesh. Stieg
Wendlohstraße
Wendlohstieg
Dübweg
Steendammswisch
Johannkamp
Rebhuhnweg
Ulferusweg
Burgunderweg
Kinderheim
Klein-
Frohmestraße
Friedrich-Ebert-Straße
Gabun
Pfenningwiese
Dachsberg
Am Ree
Seesrein
Graf-Anton-Weg
Neuap. K.
Seesreingr.
Herzog-Bruno-Weg
Ubierweg
Bandkampsweg
Helvetierweg
Cord-Dreyer-Weg
Brookkamp
Schwedenkamp
Kleingärten
Lauterberger Weg
Blankenburger Weg
Hadermanns Weg
Freibad
Sportpl.
Ordulfstr.
An der Lohe
Fuhlsbüttelerweg
Sugambrerweg
Siebensternweg
Engernweg
Kollau
Gymn.
Bindfeldweg
Bondenwald
Hubertusweg
Wildgrund
Jagdgrund
Walter-Schüler-Weg
Hegereiterw.
Am Martensgehölz
Boltens Allee
Hollwören
Max-Zelck-Straße
Kinderheim
P+R
Kirchenweg
Tibarg
Zum Markt
Ortsamt
Bücherhalle
Hainholz
Hinschkoppel
Robert-Blum-Str.
A.-Lippert-W.
St. Ansgar K.
Gem.-hs.
Niendorfer Marktpl.
Kirche a. Markt
Alter Friedhof
Kinderhm.
Promenadenst.
Neuer Friedhof
Kapelle
Sootbörn
Niendorfer Gehege
2 = Berenberg-Gossler-Weg
1 = Am Langenborn
Tennisplätze
Kleingärten
Tennisplätze
Gymn.
Pommernw.
Beim Grootsee
Wendlohweg
Kollaustraße

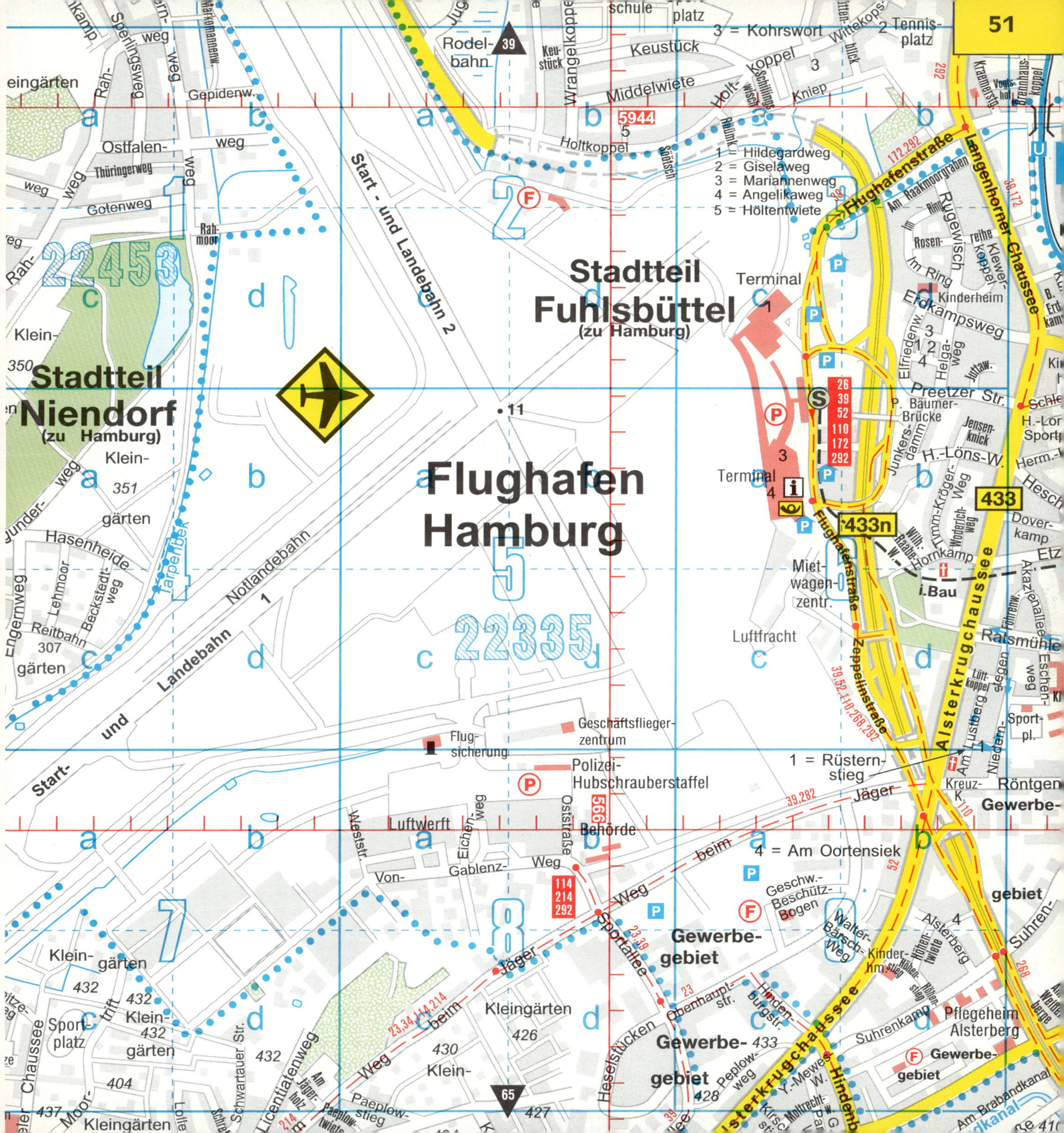
Stadtteil
Fuhlsbüttel
(zu Hamburg)
Stadtteil
Niendorf
(zu Hamburg)
Flughafen
Hamburg
22453
22335
1 = Hildegardweg
2 = Giselaweg
3 = Mariannenweg
4 = Angelikaweg
5 = Höltentwiete
3 = Kohrswort
1 = Rüstern-
stieg
4 = Am Oortensiek
Rodel-
bahn
Keustück
Middelwiete
Holtkoppel
Kniep
Wittekops-
Tennis-
platz
Ostfalen-
weg
Thüringerweg
Gotenweg
Gepidenw.
Start - und Landebahn 2
Start-
und
Landebahn
Notlandebahn
Terminal
Terminal
Flughafenstraße
Langenhorner Chaussee
Alsterkrugchaussee
Zeppelinstraße
Mietwagen-
zentr.
Luftfracht
Geschäftsflieger-
zentrum
Flug-
sicherung
Polizei-
Hubschrauberstaffel
Luftwerft
Behörde
Oststraße
Weststr.
Von-
Gablenz-
Weg
Jäger
beim
Weg
Sportallee
Gewerbe-
gebiet
Kleingärten
Klein-
gärten
Sport-
platz
Tarpenbek
Hasenheide
Lehmoor
Beckstedtweg
Reitbahn
Preetzer Str.
Erdkampsweg
Kinderheim
Im Ring
Rugenwisch
H.-Löns-W.
Hornkamp
Röntgen
Ratsmühle
Alsterberg
Pflegeheim
Alsterberg
Suhrenkamp
Hindenburgstr.
Obenhaupt-
str.
Heselstücken
Peplowweg
Paeplow-
stieg
Licentiatenweg
Schwartauer Str.
Geschw.-
Beschütz-
Bogen
Walter-
Bärsch-
Weg
433
433n
5944
i.Bau

Schäferhof
Ahl-
Moorreye
Kielstück
Kleekamp-
weg
501
Klein-
gärten
568
5944
Kirchenredder
Immen-
redder
40
Immenkoppel
Hummelsbüttler
Hauptstr.
Hummelsbüttler
Weg
Alsterweg
Uhlenbütteler
Kamp
Reembroden
Dorchgang
Münzka
Fuhlsbüttel-
Nord
Gerckens-
platz
Lentersweg
Ohkamp
Heister-
kamp
Kirchenweg
Klein-
gärten
501
Turnh.
Zgn.
Jehovas
Am
Gradenberg
Am Karpfen-
teich
Susebek
Josthöhe
Distel-
weg
Jost-
weg
Distelkoppel
Timmkoppel
Etzneweg
Joachim-Wells-Weg
Landstraße
Trondelwisch
Am Gehöckel
Sportp
Klein-
502
449
Klein-
Onkamp
Alten-
hm.
Ohkamp
Kurzer
Kamp
Heinrich-
Traun-
Gradenbergw.
Kinder-
hm.
Sport-
pl.
1=Fuhlsbüttler Passage
2=Schanzenberg
3=Struckholtwiete
22339
Klein-
gärten
447
Kurveneck
Erdkamp
Langenhorner Chaussee
Hummelsbüttler
Kirchenweg
Nuss-
Sport-
pl.
Buschkamp
Hummelsbüttler Landstr.
Primelweg
Heinr-
Traun-
Pl.
Teetzparkweg
Teetzpark
Alte
Illiesbr.
Alster
Kornweg
Stübe-
kamp
Stübeheide
Lukask.
Gem.-hs.
Kinder-
hm.
Schlehdorn-
weg
H.-Lons-
Sportpl.
Gymn.
Alstertal
Herm.-Löns-W.
174
Fuhlsbüttel
Lupinen-
kamp
Brombeer-
Brombeerw.
Reiter-
br.
Alsterwanderweg
Kühn-
br.
Klein-
411
gtn.
Schlucht-
weg
Albert-
Schweitzer-
Sch.
Kornweg
Land-
Farn-
straße
Weg
Wacholderweg
Flieder-
Trift
Ortsamt
406
Albert-
Schweitzer-
Gymn.
Sportpl.
Wellingsbütteler
Stübe-
heide
S1,S11
411
Horst
Klein-
gtn.
Kl.
Horst
Kleine
Horst
Klein Borstel
Wasserturm
Soden-
Drachenstieg
Tornberg
Vor dem B
433
Hesch-
Fehrsweg
Erdkampsweg
Dover-
kamp
Etze-
straße
i.Bau
Kinderheim
Akazienallee
Am Blumenacker
Alster-
park
Mühlen-
teich
Klein
Borstel
Westring
Nordring
Kapelle 7
Kap. 8
Kape
Hauptfriedhof Ohlsdorf
Ratsmühlen-
Eibenweg
Redder
Kinderhm.
Hum
damm
Landstr.
Putterwiete
Brombeerweg
holt
Struck-
Fuhls-
büttler
Wasser-
kp.
Stadt
rein
Talstraße
Norder-
straße
Westring
Waldstraße
Stadtteil
Ohlsdorf
(zu Hamburg)
Ostring
Olen-
Ipern-
weg
Fuhlsbütteler Damm
Kohl-
garten
Ratsmühlen-
dammbrücke
Bücher-
halle
Alster
Justus-Strandes-
Weg
Kiefern-
weg
Sport-
pl.
Soltstücken
Eschenweg
Lüttkoppel
Am Lustberg
Niedernstegen
Ahorn-
Rübenhof-
kamp
Woermannsw
Krematorium
Nebenallee
Kapelle 2
Neben-
allee
Teichstraße
Röntgenstraße
Am Hasenberge
Binsenweg
Schleuse
Am Hasenberge
Im Grünen Grunde
Kapellenstraße
Kap.1
Kapellen-
straße
Kapellenstraße
Gewerbe-
gebiet
2=Birnweg
3=Auf dem Kamp
4=Am Oortensiek
1=Woermannstieg
Marienk.
Freibad
Fuhls-
büttler Str.
110
170
270
Friedh.-
Verw.
Ringstraße
Waldstraße
22337
Justizvoll-
zugsanstalt
Fuhlsbüttel
410
Klein-
Ohlsdorf
Wasserturm
Südallee
Cordesallee
Kapelle 10
Suhren-
Nessel-
str.
Maienweg
433
gärten
Am
Weiher
Berge
Rathenaustraße
Alsterdorfer
Str.
Bahn-
betriebs-
werk
Sommer-
kp.
565
Ringstr.
Oberstraße
Kapelle 3
Bergstraße
552
Fiekendorfweg
Klein-
gärten
561
565
Hauptsch.
Pflegeheim
Alsterberg
404
Jugend-
heim
W.-Otto-
Inst.
Rübenkamp
Redder-
pl.
Kapelle
Sport-
plätze
66
Ilandkoppel

Stadtteil Wellingsbüttel
(zu Hamburg)
22391
Wellingsbüttel
Hoheneichen
Wellingsbüttler Weg
Rolfinckstraße
Saseler Chaussee
Bramfelder Chaussee
Berner Chaussee
Farmsener
Dr.-H.-Thieleke-Park
Pröckelmoorteich
Bramfelder See
Alter Teiche
Mittelallee
Sorbusallee
Lärchenallee
Kirschenallee
Eichenallee
Ehrengruft d. Bombenopfer
Kapelle 9
Kapelle 11
Kapelle 12
Kapelle 13
Lutherkirche
Gem.-hs.
Kinderhm.
Kinderheim
Strenge
Sportplätze
Kleingärten
1 = Huswedelweg
4=Johannisburger Stieg
5=Ortelsburger Stieg
1=Rominter Weg
2=Wehlauer Weg
3=Lötzener Stieg
4=Osteroder Weg
5=Rastenburger Weg
2=Rehmkoppelstieg
1 = Lindeneck
1 = Schurekstraße
6 = Havermannstieg
Rabenhorst
Altenhm.
Classenweg
Grootmoor
Königsberger Str.
Nüßlerkamp
Habichtshofring
Anne-Frank-Sch.
Sportplatz
Hohnerredder
Anderheitsallee
Seehofstraße
Seehofallee
Seekamp
Sondersch.
Gesamtschule
Friedhof
Kapelle
St. Wilhelm
Spielplatz
S1,S11
434

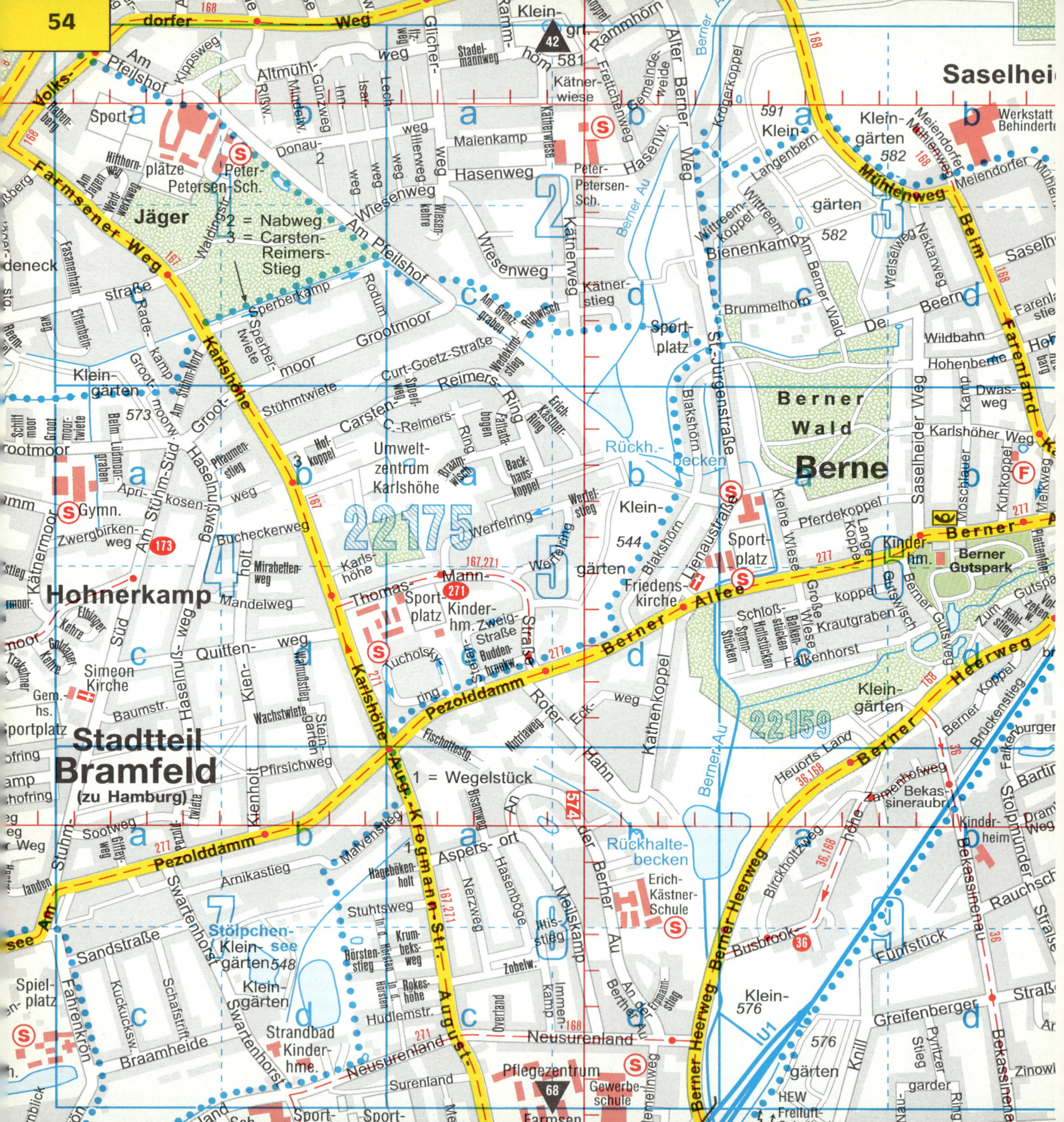

Saselheide
Berner Wald
Berne
Jäger
Hohnerkamp
Stadtteil
Bramfeld
(zu Hamburg)
22175
22159
Farmsener Weg
Karlshöhe
Pezolddamm
Berner Allee
Berner Heerweg
Aug.-Krogmann-Str.
August-
Mühlenweg
Meiendorfer Mühlenweg
Farenland
Saselheider Weg
St.-Jürgensstraße
Lienaustraße
Hasenweg
Wiesenweg
Am Pfeilshof
Grootmoor
Carsten-Reimers-Ring
Curt-Goetz-Straße
Stühmtwiete
Umwelt-
zentrum
Karlshöhe
Thomas-Mann-Straße
Tucholskyring
Roter Hahn
Kathenkoppel
Blakshörn
Friedens-
kirche
Simeon
Kirche
Gymn.
Peter-
Petersen-Sch.
2 = Nabweg
3 = Carsten-
Reimers-
Stieg
1 = Wegelstück
Rückh.-
becken
Rückhalte-
becken
Erich-
Kästner-
Schule
Stölpchen-
see
Strandbad
Pflegezentrum
Gewerbe-
schule
Berner
Gutspark
Neusurenland
Surenland
Busbrook
Fünfstück
Greifenberger Straße
Bekassinenau
Bekassinenaubr.
Stolpmünder Straße
Rauchstraße
Pfefferkoppel
Krautgraben
Falkenhorst
Heuorts Land
Ameisenweg
Birckholtzweg
Meilskamp
Nerzweg
Hasenböge
Stuhtsweg
Arnikastieg
Swartenhorst
Sandstraße
Kuckucksw.
Schafstrift
Braamheide
Fahrenkrön
Klein-
gärten
Sportplatz
Farmsen
HEW
Freiluft-
Kinder-
heim

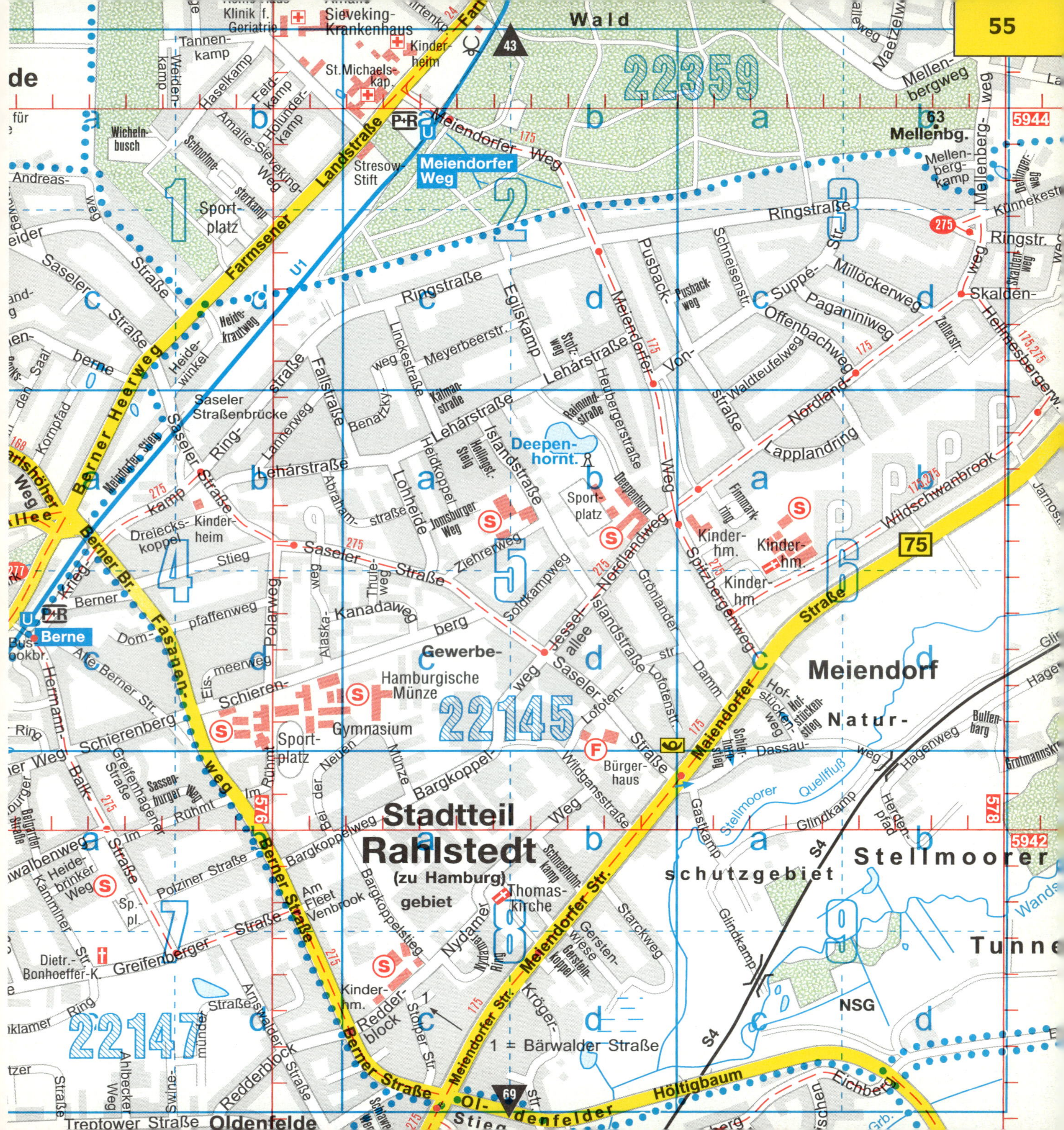
Wald
22359
Sieveking-Krankenhaus
Klinik f. Geriatrie
Kinderheim
St. Michaels-kap.
Tannenkamp
Weidenkamp
Haselkamp
Feldkamp
Holunderkamp
Amalie-Sieveking-Weg
Schoolme-
Sterkamp
Wichelnbusch
Sportplatz
Andreas-
Farmsener Landstraße
Meiendorfer Weg
Stresow-Stift
U1
43
Mellenbergweg
Maetzelweg
Mellenbg.
63
5944
Mellenbergkamp
Mellenbergweg
Kunnekestr.
Ringstraße
Ringstr.
275
Schneisenstr.
Pusbackweg
Pusback-
Suppé-Str.
Millöckerweg
Paganiniweg
Offenbachweg
Skalden-
Zellerstr.
Hellmesbergerw.
Saseler Straße
Berner Heerweg
Heidekrautweg
Heidewinkel
Ringstraße
Meyerbeerstr.
Linckestraße
Egilskamp
Stolzweg
Leharstraße
Meiendorfer
Von-
Waldteufelweg
Nordland-
Fallstraße
Benatzky-
Kalmanstraße
Raimundstraße
Heubergerstraße
Lapplandring
Saseler Straßenbrücke
Ring-
Lannerweg
Leharstraße
Heidkoppel
Hollingst. Steig
Islandstraße
Deepenhornt.
Weg
Finnmarkring
Wildschwanbrook
Jarnostr.
Meiendorfer Stieg
Abraham-straße
Lohheide
Jomsburger Weg
Sportplatz
Deepenhorn
Nordlandweg
Spitzbergenweg
Kinderhm.
Kinder-hm.
Straße
75
Dreieckskoppel
Kinderheim
Stieg
Saseler Straße
Thule-weg
Ziehrerweg
Soldkampweg
Jessel-allee
Islandstraße
Grönlander Damm
Lofotenstr.
Berner Br.
Fasanen-
Berner
pfaffenweg
Dom-
Polarweg
Alaska-weg
Kanadaweg
berg
Gewerbe-
Hamburgische Münze
22145
Saseler
Lofoten-
Straße
Meiendorf
Meiendorfer
Hofstückenweg
Hofstückenstieg
Natur-
Bultenbarg
Hagenweg
Grotmannskre
Berne
Alte Berner Str.
Hermann-
Eis-meerweg
Schieren-
Schierenberg
Gymnasium
Sportplatz
Bargkoppelweg
Münze
Bei der Neuen
Bürgerhaus
Wildgansstraße
6
Schierhornstieg
Dassau-weg
Quellfluß
Stellmoorer
Glindkamp
Herdenpfad
578
5942
Ring
Weg
Greifenhagener Straße
Sassenburger Weg
Rühmt
576
Berner Straße
Stadtteil Rahlstedt (zu Hamburg)
gebiet
Gastkamp
schutzgebiet
Stellmoorer
S4
Tunnel
Schwalbenweg
Heidebrinker Weg
Kamminer Str.
Sp.-pl.
Polziner Straße
Am Fleet
Venbrook
Bargkoppelstieg
Nydamer Ring
Thomaskirche
Meiendorfer Str.
Starckweg
Gerstenwiese
Gersteinkoppel
Glindkamp
Dietr.-Bonhoeffer-K.
Greifenberger Straße
Arnswalder
Kinder-hm.
Redderblock
Stolper Str.
Kröger-
NSG
22147
Straße
Ahlbecker Weg
Swinemünder Straße
Redderblock
Berner Straße
Oldenfelder Stieg
69
Höltigbaum
Eichberg
Treptower Straße
Oldenfelde
1 = Bärwalder Straße

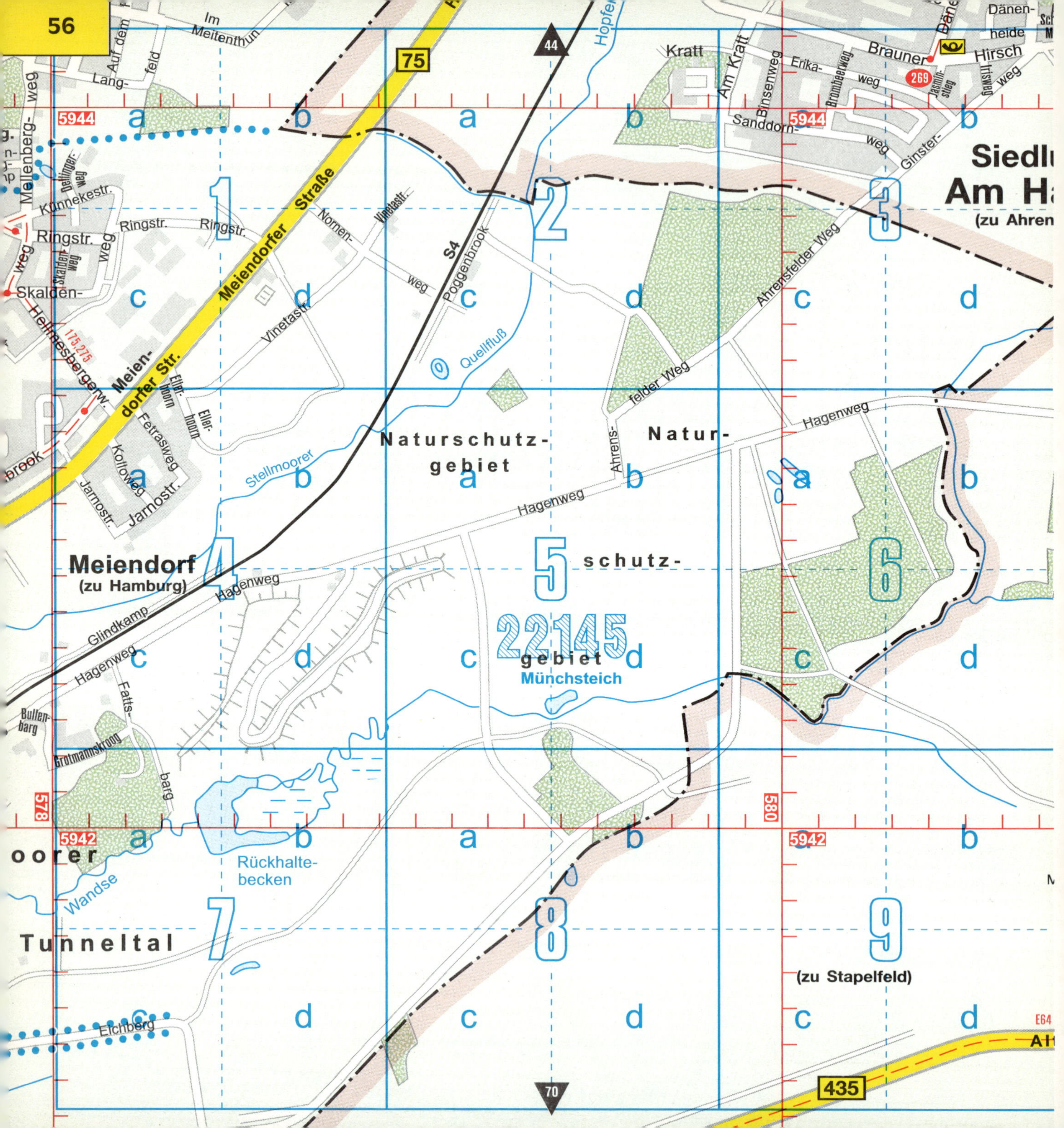

Meiendorf
(zu Hamburg)
Siedl
Am H
(zu Ahren
(zu Stapelfeld)
Naturschutz-
gebiet
Natur-
schutz-
gebiet
Münchsteich
22145
Tunneltal
oorer
Meiendorfer Straße
Meien-
dorfer Str.
Hagenweg
Glindkamp
Ahrensfelder Weg
Ahrens-
felder Weg
Poggenbrook
Vinetastr.
Nornen-
weg
Ringstr.
Künnekestr.
Mellenberg-
weg
Skalden-
Hellmesberger-w.
Kolloweg
Jarnostr.
Fetrasweg
Eller-
horn
Fatts-
barg
Bullen-
barg
Grotmannskroog
Eichberg
Im
Meitenthun
Auf dem
Lang-
feld
Kratt
Am Kratt
Binsenweg
Erika-
weg
Brombeerweg
Sanddorn-
weg
Ginster-
Brauner
Hirsch
Dänen-
heide
Irisweg
Jasmin-
stieg
Stellmoorer
Quellfluß
Hopfen
Wandse
Rückhalte-
becken
S4
75
44
70
435
269
E64
5944
5942
578
580
175,275
1 2 3 4 5 6 7 8 9

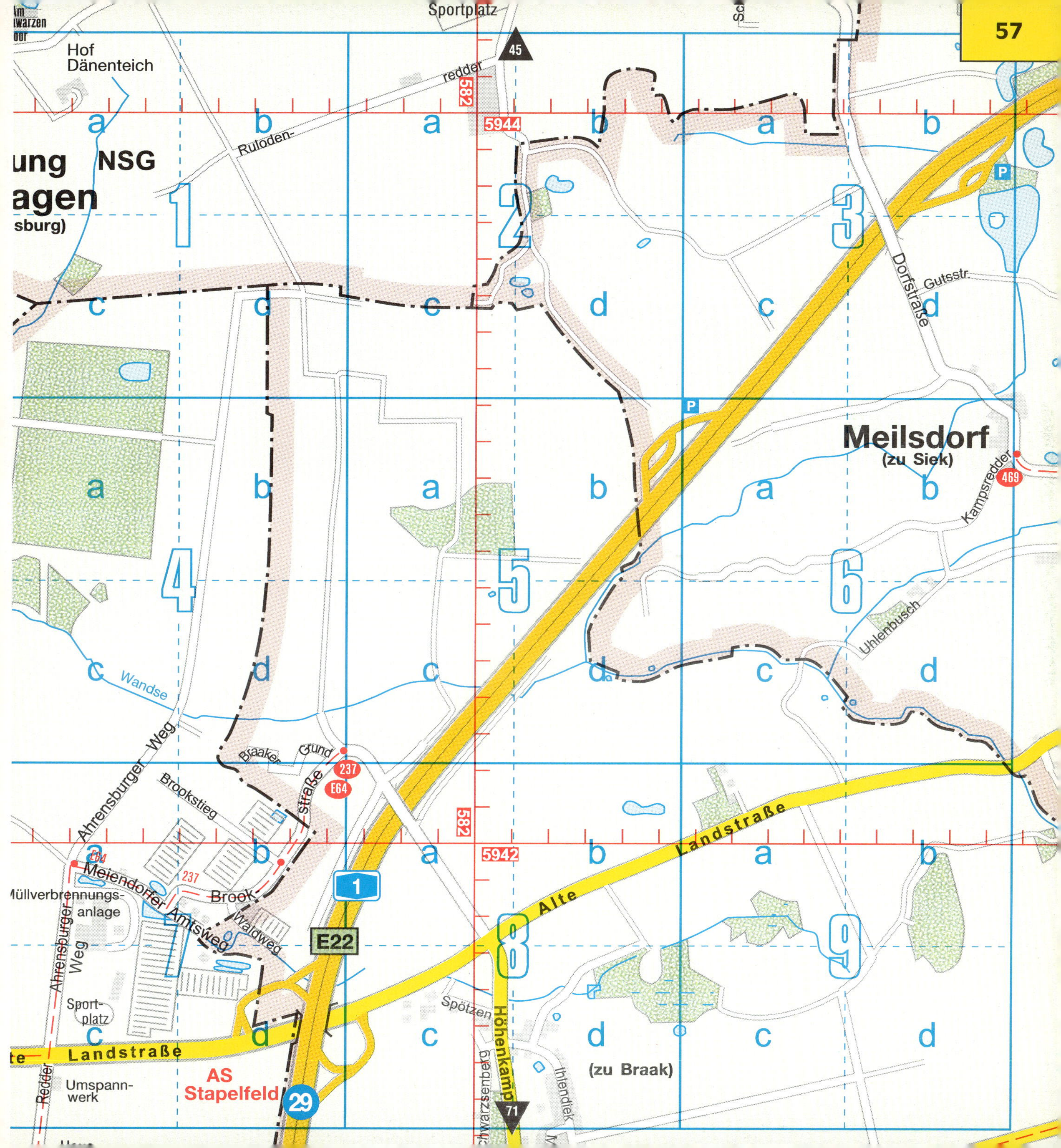
Sportplatz
Hof Dänenteich
Ruloden-
redder
582
5944
45
NSG
Dorfstraße
Gutsstr.
Meilsdorf
(zu Siek)
Kampsredder
469
Uhlenbusch
Wandse
Ahrensburger Weg
Brookstieg
Braaker Grund
straße
237
E64
Meiendorfer Amtsweg
Brook
Waldweg
Müllverbrennungs-
anlage
Ahrensburger Weg
Sport-
platz
1
E22
Alte Landstraße
Landstraße
Spötzen
Höhenkamp
Schwarzenberg
Ihlendiek
(zu Braak)
5942
AS
Stapelfeld
29
71
Umspann-
werk
Redder

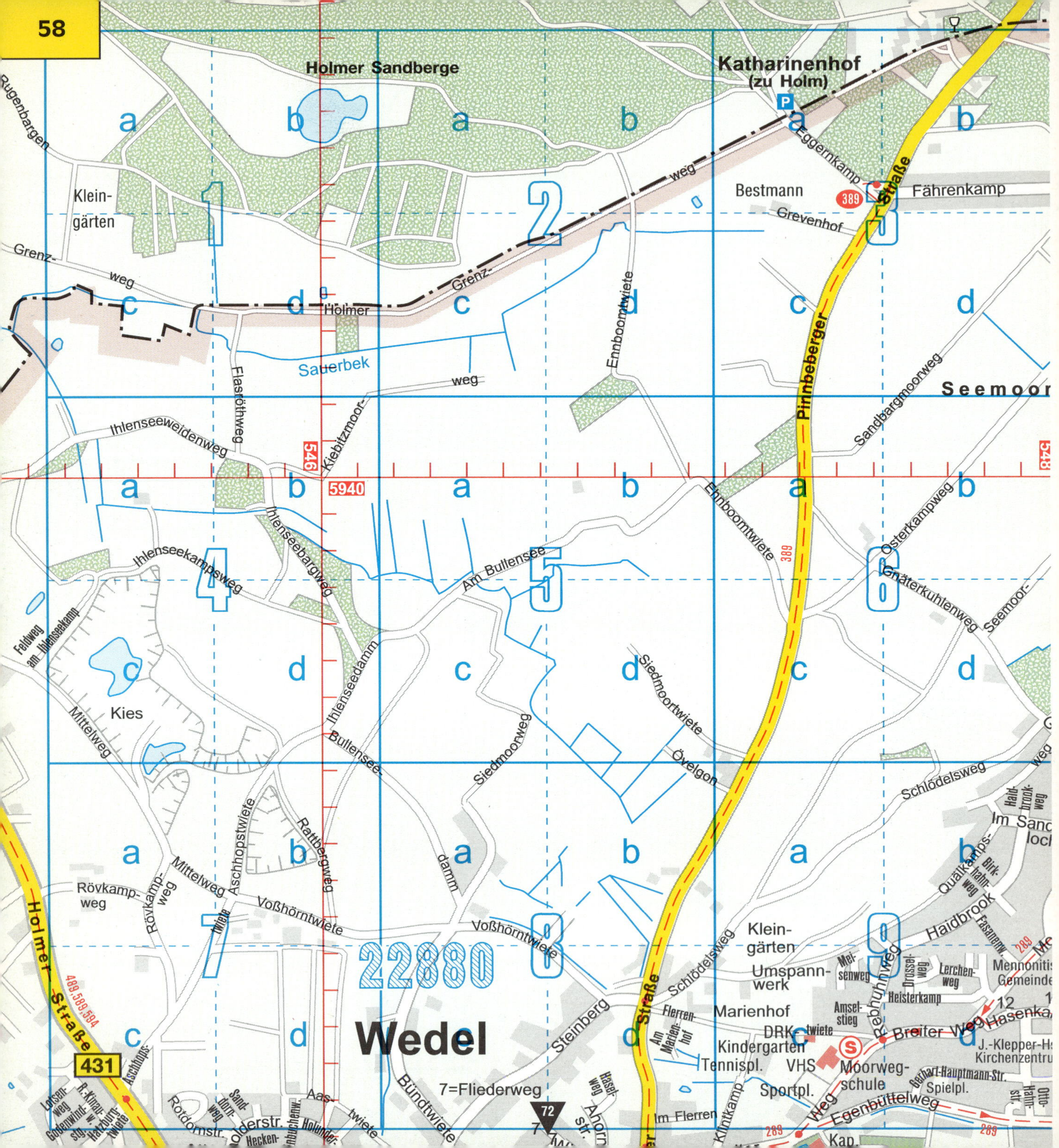

Holmer Sandberge
Katharinenhof
(zu Holm)
Rugenbargen
Klein-
gärten
Grenz-
weg
Holmer
Grenz-
weg
Eggernkamp
Bestmann
Fährenkamp
Grevenhof
Straße
Pinneberger
Ennboomtwiete
Sauerbek
Flasröthweg
Kiebitzmoor-
weg
Sandbargmoorweg
Seemoor
Ihlenseeweidenweg
546
5940
548
Ihlenseekampsweg
Ihlenseebargweg
Am Bullensee
Ennboomtwiete
389
Osterkampweg
Gnäterkuhlenweg
Seemoor-
weg
Feldweg
am Ihlenseekamp
Kies
Mittelweg
Ihlenseedamm
Bullensee-
damm
Siedmoorweg
Siedmoortwiete
Övelgön
Schlödelsweg
Im Sand
loch
Haid-
brook-
weg
Rattbergweg
Aschhopstwiete
Rövkamp-
weg
Rövkamp-
weg
Mittelweg
Twiete
Voßhörntwiete
Voßhörntwiete
Qualkamps-
weg
Birk-
hahn-
weg
Haidbrook
Fasanenw.
Klein-
gärten
Umspann-
werk
Schlödelsweg
Mei-
senweg
Drossel-
weg
Lerchen-
weg
Mennonitis
Gemeinde
Rebhuhnweg
Heisterkamp
22880
Wedel
Steinberg
Straße
Flerren-
Am
Marien-
hof
Marienhof
DRK-
Kindergarten
Amsel-
stieg
twiete
Breiter Weg
Hasenka
J.-Klepper-H
Kirchenzentr
Tennispl.
VHS
Moorweg-
schule
Gerhart-Hauptmann-Str.
Spielpl.
Otto-
Hahn-
str.
7=Fliederweg
Holmer Straße
489,589,594
431
Aschhops-
Rotdornstr.
Sand-
dorn-
weg
Hecken-
Holunder-
Aas-
twiete
Bündtwiete
72
Hasel-
weg
Ahorn
str.
Im Flerren
Klintkamp
Sportpl.
Weg
Egenbüttelweg
289
Kap.
Lessen-
weg
R.-Kinau-
Goldenwind-
stg.
Hatzburg-
twiete

Butterbargsmoor
Butterbargsmoorweg
Fährenkamp
Magdalenenhof
Hügelgrab
Sandbargsmoor
Laufgraben
Feldweg 92
Babenwischenweg
Groten Moor
Feldweg 87
Feldweg 88
Klövensteenweg
Feldweg
Sandmoorweg
5940
550
Haidehof
Waldfriedhof
Naturschutzgebiet
Schnaakenmoor
Schneiderloch
Schnaakenmoorweg
18
Feldweg 86
Feldweg 85
Sandmoorweg
Gewerbegebiet
9=Schwartenseekamp
Kuhlenweg
Kleinsiedlerweg
Moorweg
Wespenstieg
Wildgehege
Feldweg 84
Rüdigerteich
Stadtteil Rissen
(zu Hamburg)
Wedeler Au
Rüdigerau
Kleiner Fischteich
Heinestr.
Th.-Mann-Str.
Kleingartenkolonie Corsland
Hummelstieg
Großer Fischteich
Schützenkamp
Robert-Koch-Str.
10 = Von-Ossietzky-Straße
11 = Tucholskystraße
12 = Hasenknick
13 = Menno-Simons-Weg
14 = Von-Suttner-Str.
Egenbüttelweg
Von-Siemens-
Hanna-Reemtsma-Stiftung (Altenheim)
Brunhildstr.
Gernotstr.
Gudrunstraße
Kriemhildstraße
Am Beedenkamp
73

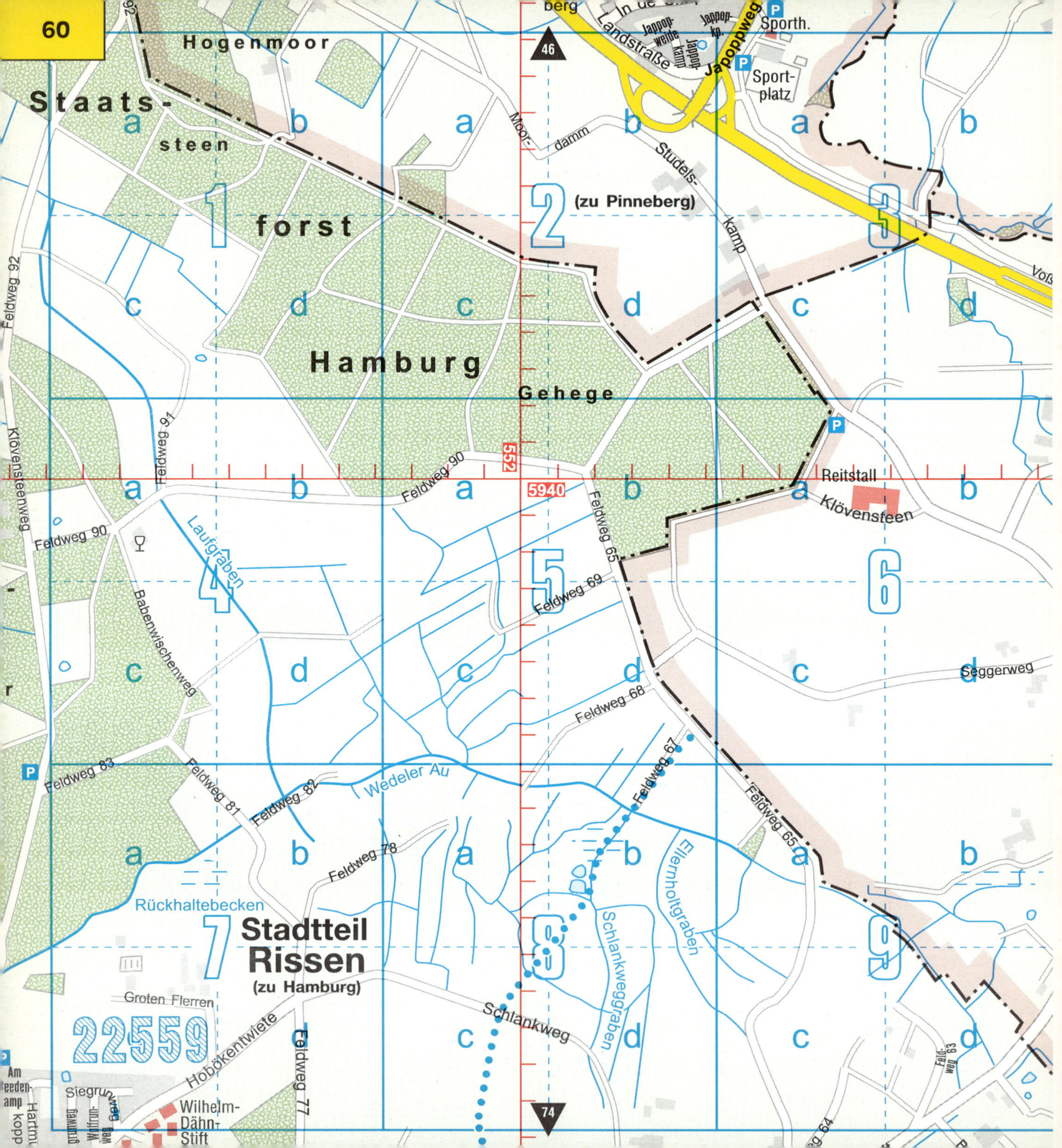

Hogenmoor
Staats-
steen
forst
Hamburg
Gehege
Moor-
damm
Studels-
kamp
(zu Pinneberg)
Landstraße
Jappopweg
Sporth.
Sport-
platz
Reitstall
Klövensteen
Feldweg 92
Feldweg 91
Feldweg 90
Klövensteenweg
Laufgraben
Babenwischenweg
Feldweg 65
Feldweg 69
Feldweg 68
Seggerweg
Feldweg 67
Feldweg 83
Feldweg 81
Feldweg 82
Wedeler Au
Feldweg 78
Ellernholtgraben
Schlankweggraben
Rückhaltebecken
Stadtteil
Rissen
(zu Hamburg)
Groten Flerren
22559
Hobökentwiete
Feldweg 77
Schlankweg
Siegrunweg
Wilhelm-
Dähn-
Stift
46
74
552
5940

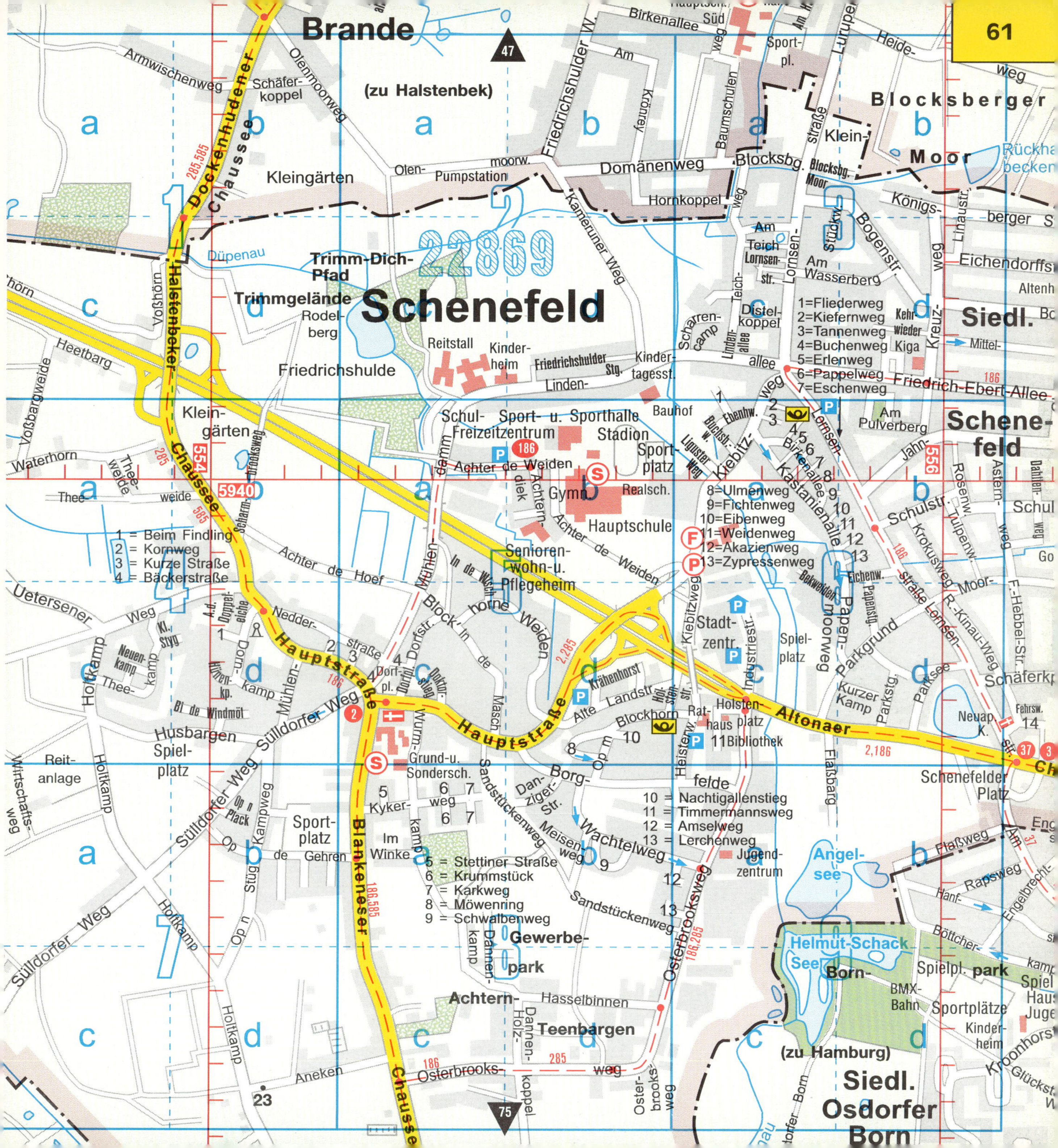

Brande
(zu Halstenbek)
Schenefeld
22869
Trimm-Dich-Pfad
Trimmgelände
Rodelberg
Friedrichshulde
Reitstall
Kinderheim
Pumpstation
Kleingärten
Dückenhudener Chaussee
Halstenbeker Chaussee
Düpenau
Armwischenweg
Schäferkoppel
Olenmoorweg
Friedrichshulder W.
Birkenallee
Domänenweg
Hornkoppel
Kameruner Weg
Blocksberger Moor
Klein-
Königsberger S
Eichendorffs
Siedl.
Schenefeld
Schul-Freizeitzentrum
Sport- u. Sporthalle
Stadion
Sportplatz
Bauhof
Achter de Weiden
Gymn.
Realsch.
Hauptschule
Senioren-wohn-u. Pflegeheim
Achter de Hoef
Uetersener Weg
Nedderstraße
Hauptstraße
Sülldorfer Weg
Husbargen
Spielplatz
Reitanlage
Grund-u. Sondersch.
Kyker-weg
Sportplatz
Im Winke
Blankeneser Chaussee
Borgfelde
Wachtelweg
Sandstückenweg
Gewerbepark
Achtern-
Hasselbinnen
Teenbargen
Osterbrooksweg
Stadt-zentr.
Rathaus
Holstenplatz
Bibliothek
Altonaer Chaussee
Krähenhorst
Landstr.
Blockhorn
Jugendzentrum
Angelsee
Helmut-Schack-See
Born-park
Spielpl.
BMX-Bahn
Sportplätze
(zu Hamburg)
Siedl. Osdorfer Born
Schenefelder Platz
Neuap. K.
Parkgrund
Papenmoorweg
Kurzer Kamp
Kastanienallee
Lornsenstraße
Kiebitzweg
1 = Beim Findling
2 = Kornweg
3 = Kurze Straße
4 = Bäckerstraße
1=Fliederweg
2=Kiefernweg
3=Tannenweg
4=Buchenweg
5=Erlenweg
6=Pappelweg
7=Eschenweg
8=Ulmenweg
9=Fichtenweg
10=Eibenweg
11=Weidenweg
12=Akazienweg
13=Zypressenweg
5 = Stettiner Straße
6 = Krummstück
7 = Karkweg
8 = Möwenring
9 = Schwalbenweg
10 = Nachtigallenstieg
11 = Timmermannsweg
12 = Amselweg
13 = Lerchenweg
Friedrich-Ebert-Allee
Am Pulverberg
Schulstr.
Heidenweg
47
75

(zu Halstenbek)
Rückhaltebecken
Siedl.
Schenefeld
(zu Schenefeld)
Krupunder
Hauptgüterbahnhof Eidelstedt
Stadtteil Lurup
(zu Hamburg)
22547
22549
Lübzer
Haselweg
Tannenweg
Lindenweg
Akazienweg
Ulmenweg
Ginsterstieg
Am Bahndamm
Mittelsteig
Heideweg
Ahornweg
Buchenweg
Eschenweg
Erlenweg
Kastanienweg
Kiefern-weg
Weißdornstg.
Liguster-stg.
Holunderweg
Wacholderw.
Lohkampstr.
Lohkampstraße
Syringenweg
Goldregenweg
Astweg
Wiesenacker
Torfweg
Jasmin-
Halstenbeker Stg.
Christuskirche
Gesamtschule
Sportpl.
Feldrosenweg
Goldnesselw.
Alpenrosen-
Hilpertweg
Edelweißw.
Kleingärten
Friedrichshulder Weg
Bachstelzenweg
Limosenweg
Am Sumpfgraben
Sumpfweg
Brander W.
Sportplatz
Kinderheim
S3, S21
S5
ICE-Betriebswerk
Eichendorffstraße
Altenheim
Kindergarten
1=Knöterichstieg
Bogenstraße
Mittelstraße
Chemnitzer Str.
Baumschulenw.
Efeuweg
Bogenstr.
Gartenstraße
FKK-Gel.
Eidelstedter Weg
Friedrich-Ebert-Allee
Kirchenstraße
Oderstraße
Goldhähnchenstg.
Franzosenkoppel
Randowstraße
Sportplatz
Schulstraße
Gorch-Fock-Schule
Moorweg
Swatten
Neißestraße
Warthestraße
Netzestraße
Ohlestraße
Buntspechtweg
Grünspechtweg
Kleiberweg
Baumläuferweg
Dahmew.
Ueckerstraße
Katzbach-
Kleingärten
Kleingärten
Emmaus-K.
Fridtjof-Nansen-Schule
Jevenstedter
Dossew.
Spreestraße
Fahrenort
Kinderheim
Kirche "Zu den 12 Aposteln"
Boberstr.
Lüttkamp
Schäferkp.
Fritz-Reuter-Platz
K.-Groth-Str.
14=Timm-Kröger-Straße
Herm.-Löns-
Trebelstraße
Peenestraße
Recknitzstr.
Sudestr.
Zeugen Jehovas
Luruper Chaussee
Hauptstraße
Am Pfützmoorgraben
Sprützwiese
Gem.-zentr.
St. Jakobus K.
Kinderheim
Haus d. Jugend
Sprützkamp
Sommerw.
Elbgaustraße
Lüdersring
Langbarg
Entenweg
Gänsestieg
Puterweg
Ziegenpfad
Brookheide
Flaßbarg
Altenheim
Gockelstieg
Engelbrechtweg
Rapsweg
Bruder Konrad K.
Spielpl.
Haus d. Jugend
Seniorenzentrum
Hs.d Jugend
Sondersch.
Kleingärten
Böttcherkamp
Kroonhorst
Glückstädter Weg
Geschw.-Scholl-Gesamtsch.
Flurstraße
Kleing.
Auferstehungskirche
Eckhoff-Pl.
Ortsdienstst.
Bücherei
Kinderheim
Elbgaustraße
Vorhornweg
Feldweg
Kleingtn.
Farnhorn
3R

Stadtteil Eidelstedt
(zu Hamburg)
Dreieck Hamburg-Nordwest
Anschlussstelle Hamburg-Stellingen
22523
22525
Eidelstedt Ost
Eidelstedt
Elbgaustr.
Stellingen
Pinneberger Chaussee
Holsteiner Chaussee
Kieler Straße
Elbgaustraße
Reichsbahnstraße
Schnackenburgallee
Farnhornstieg
Binsbarg
Volksparkstraße
Niendorfer Gehege
Eidelstedter Pl.
Sola-Bona-Park
Freibad
Kleingärten
Industriegebiet
Goethe-Gymnasium
Berufsbildungswerk
1=Steinwiesenweg
2=Mühlenaustieg
3=Wendrichstraße
4=Mühlenauweg
5=An der Mühlenau
1=Antilopenstieg
1 = Netthörn
Mühlenau
Kollau
Düngelau
Telekom Niederl.
Color-Line Arena
Krkhs. Alten Eichen
Al.-Thaer Gymn.

Niendorfer
Gehege
Wildgehege
Bondenwald
Alter Friedhof
1=Am Langenborn
Kollaustraße
50
Sportpl.
309
Vogt-Cordes-Damm
Tennis-pl.
Kleingärten
Gewerbe-gebiet
Papenreye
Halden-stieg
Kleingärten 310
Gewerbe-gebiet
455
22453
Lokstedter Holt
Borndeel
Schmiedekoppel
447
Sportplätze
Langenhorst
Niendorfer Str.
Groß Borsteler Straße
Niendorfer W.
Stavenhagenstr.
Warnckesweg
Bücherhalle
Kleingärten
Schmiedekoppel
1=Wolfdietrichweg
Brandfurt
Lütt Kollau
Kollau
Kollauwanderweg
Betriebs-pl.
Bau-abt.
Schalt-anlage
Bullenredder
Alte Kollau
Kleingärten
Hildburgweg
Baarkamp
Hagendeel
Wehmerweg
Wullwisch
Steding-weg
Döringw.
Hinter der Lleth
Heckenrosenweg
Kinder-heim
Lycee Franc.
Hartsprung
Von-Eicken-Park
Kollauer Hof
Bei der Pulvermühle
Tarpenbek
Geesmoor
Brödermanns-weg
Groß
Güterbahnhof Lokstedt
Nedderfeld
Wasserwerk
5940
562
Geelebek
Niewisch
Deelwisch
Hagendeel
Stadtteil Stellingen (zu Hamburg)
Amsinck-park
Hinter der Lieth
Stellinger Chaussee
Grelckstr.
Stadtt. Lokstedt (zu Hamburg)
Feld-hoop-stücken
Ahornallee
Lembek-str.
Jägerlauf
Stadt-reinigung
Offakamp
Universitäts-gebäude Fb. Informatik
Kinderheim
1 = Antilopenstieg
Gazellenkamp
NDR-Fernsehstudio
Altenheim
Oddernskamp
Vogt-Wells-Str.
Siemers-platz
Osterfeldstr.
22529
22527
THW
Spritzen-haus
DRK
Kinderhm.
Christ-König-K.
Erlenstr.
Bei der Lutherbuche
Meyermannweg
Emil-Andresen-Str.
Grandweg
Sottorfallee
Siebenschön
Brunsberg
Behrkampsweg
Platanenallee
Lokstedter Steindamm
Hagenbecks Tierpark
Hagenbeckallee
Grenzstraße
Kleingärten
Vosseler-Straße
Schillingsbach
Julius-Vosseler-Straße
Sportplatzring
Koppelstraße
Sportpl.
Kinder-hm.
Jugendstr.
Basselweg
Spannskamp
Bukampsmoor
Tennis-plätze
Radrennbahn
Hagenbecks Tierpark
Pflegezentr.
Lohkoppelweg
Lohbekstieg
Lohbek
Rimbertw.
Stresemannallee
Henning-Wulf-Weg
Sportplätze
Sportplätze
Tennis-pl.
Wasserturm
Buchenallee
Süderfeld-str.
Gymn.
1 = Lütt Süder
447
78
Gem.-hs.
Vizelinstr.
4/5

Kleingärten
Eberkamp
Nirrnheimweg
Spreenende
Beerboomstücken
Lottenkoppel
Licentiatenberg
Paeplowweg
Paeplowstieg
Tennispl.
1=Am Licentiatenberg
Sportplatz
Stutzenkamp
Klotzenmoorstieg
Werkstatt f. Behinderte
Klotzenmoor
Kath.-Jacob-Weg
Kleingärten
NSG
Rathbusch Weg
Wigandweg
Köppenstr.
Georgi-W.
Wolters-str.
Borsteler Chaussee
Herbst-scher Park
Kinderheim
Turnh.
Eppendorfer Moor
Alsterkrugchaussee
Kugelfang
Wilhelm-Metzger-Str.
Israelitisches Krankenhaus
Orchideenstieg
Enzianstr.
Inselstraße
Alsterwanderweg
Alster
Rathenaustraße
Skagerrakkanal
Wolffsonweg
Alsterdorfer Damm
Maienweg
Alsterkrugchaussee
Sportallee
Brabandstraße
5 = Robert-Finnern-Weg
6 = Elsa-Bauer-Weg
Dammbr.
Rathenaustraße
22297
Brabandkanal
Hindenburgstraße
Alsterdorfer Str.
Heilholtkamp
Bebelallee
Stadtt. Alsterdorf
(zu Hamburg)
Heubergredder
Carl-Cohn-Str.
Bilser Straße
Sportpl.
Alsterdorf
Heilwig-Gym.
Kleingärten
Bruno-Georges-Pl.
Polizeipräs.
Landesbereitschaftspolizei
Landespolizeischule
Sporth. Hamburg
Fachhochsch. öffentl. Verw. Fachber.
Krochmannstraße
Ohlsdorfer Str.
Henry-Budge-Str.
Sydneystr.
Möringbogen
Stadtt. Borstel
(zu Hamburg)
Gewerbe-Sport-pl.
Gewerbegebiet
Kollau-Kleingärten
Tarpenbek
Wanderweg
Rosenbrook
Deelböge
Nedderfeld
Im Winkel
Köster-str.
Erikastraße
Gewerbegebiet
Stiftung Anscharhöhe
Gewerbegebiet
Salomon-Heine-Weg
Armin-Clasen-Stieg
Meenkwiese
Hs. d. Jugend
Eppendorfer Mühlenteich
Lattenkamp
Braamkamp
Efeuweg
Baumkamp
Bussestr.
Himmelstr.
Jahnring
Sportplatz
Jahnkampfbahn
Planetarium Wasserturm
Stadtteil Winterhude
(zu Hamburg)
Ohlsdorfer Straße
Winterhuder Marktpl.
22299
Barmbeker Straße
Grasweg
Polen
Heinr.-Hertz-Sch.
Sportpl.
Südring
Blinden-Sehbah. zentr.
Borgweg
Johaneum
Opitzstr.
Sierichstr.
Hudtwalckerstr.
7=Fährhausbr.
Leinpfadkanal
Seelemannpark
Kellinghusenstr.
2=Gaedechensw.
3=Lichtwarkstr.
4=Faaßweg
5=Greflinger Str.
Lokstedter Weg
Tarpenbekstraße
433
2R
E.-Thälmann-Pl.
Wendloher W.
Kegelhofstr.
Geschwister-Scholl-Str.
Schedestraße
Universitäts-Krankenhaus Eppendorf
Krankenhs. Bethanien
2 = Robert-Koch-Stieg
Martinistraße
Stadtteil Eppendorf
(zu Hamburg)
Eppendorfer Park
Eppendorfer Marktpl.
Ludolfstr.
Schottmüllerstraße
Heinickestr.
Eppendorfer Landstraße
Hayns Park
Winterhuder Kai
Theater
Schrammsweg
Kellinghusenstr.
Goernestraße

Gesamtschule
Hs. d. Jug.
Bücherhalle
Erich-Ziegel-Ring
Leeschenblick
Gropiusring
Gründgensstraße
Klein-gärten
Krügers Redder
Fabriciusstraße
Fabriciusstieg
Osterkirchstieg
Bramfelder Dorfplatz
Höhnkoppel
Mützendorpsteed
Amtsweg
Ziegelei
Reembusch
Fahrenkrön
Gymnasium
22179
Heukoppel
Ortsamt Bramfeld
Hs. d. Jug.
Bibl.
Zeug. Jeh.
Sportplatz
Jahnkeweg
Fahrenkrönstieg
Mispelweg
Mispelstieg
Schlagboom
Osterbek
Kleingärten
M.-Luther-K.
St. Johannis-K.
Gem.-hs.
Seebiek
Klein-Altenheim
Gustav-Seitz-Weg
Glindwiese
Osterkirche
Kinderhm.
Lohkoppel
Ellernreihe
Steilshooper Allee
Appelhoff
Owiesen
Scheidingweg
Heuerweg
Hegholt
Haldesdorfer Straße
Weidkoppel
22177
Olewisch
Maimoorweg
Rahnstraße
Bramfelder Chaussee
Carl-Bremer-Ring
Rückhaltebecken
HEW-Industrie-Betriebspl.-gelände
Karl-Müller-Ring
Nissen-Ring
Gem.-Zentr.
Barmwisch
Barenbleek
Sportplatz
Gymn. Osterbek
Turnierstieg
Stadtteil
Barmbek-Nord
(Hamburg)
8=Buschkoppel
9=Plathweg
4=Middendorfstraße
Fabriciusstraße
Teerosenweg
Buschrosenweg
Kletterrosenweg
Moosrosenweg
Wandsbeker Straße
Bannwarthstr.
Tennisplätze
Rückh.-becken
Industriegelände
Gem.-hs.
Kinderhm.
Hellbrookkamp
Haldesdorfer Str.
Thomaskirche
Moorgrund
An der Osterbek
Kinderhm.
Bengelsdorfstraße
Hufnerstraße
Heinrich-Helbing-Str.
Saueramfperweg
Stockrosenweg
Hülsdornweg
Osterbek
Bundeswehr-Krankenhaus
Rauschener Ring
Schützenhof
Eckerkoppel
Bullenkoppel
Pillauer Straße
Wandsbeker Str.
Lesserstraße
Bramfelder Chaussee
Wiedehopfstieg
Hellbrook
Wandsbek-Gartenstadt
Pregelweg
Ostpreußenplatz
Wandsbek-Gartenstadt
St.-Stephan-Kirche
Eydtkuhnenweg
Tilsiter Straße
Anemonenweg
Angerburger Straße
Industriegelände
22047
Schntbau-Versuchsanstalt
5 = Am Bramfelder Zoll
6 = Arnemannweg
7 = Amalie-Schoppe-Weg
Habichtstraße
Meisenstr.
Rudolphi-
Inst. f. Schiffbau
Tondernstraße
Braunsberger Weg
Kiefhörn
1 = Treuburger Weg
2 = Ragniter Stieg
Teichweg
Olympia
Stephanstraße
Goldlackweg
Asternstr.
Trabrennbahn

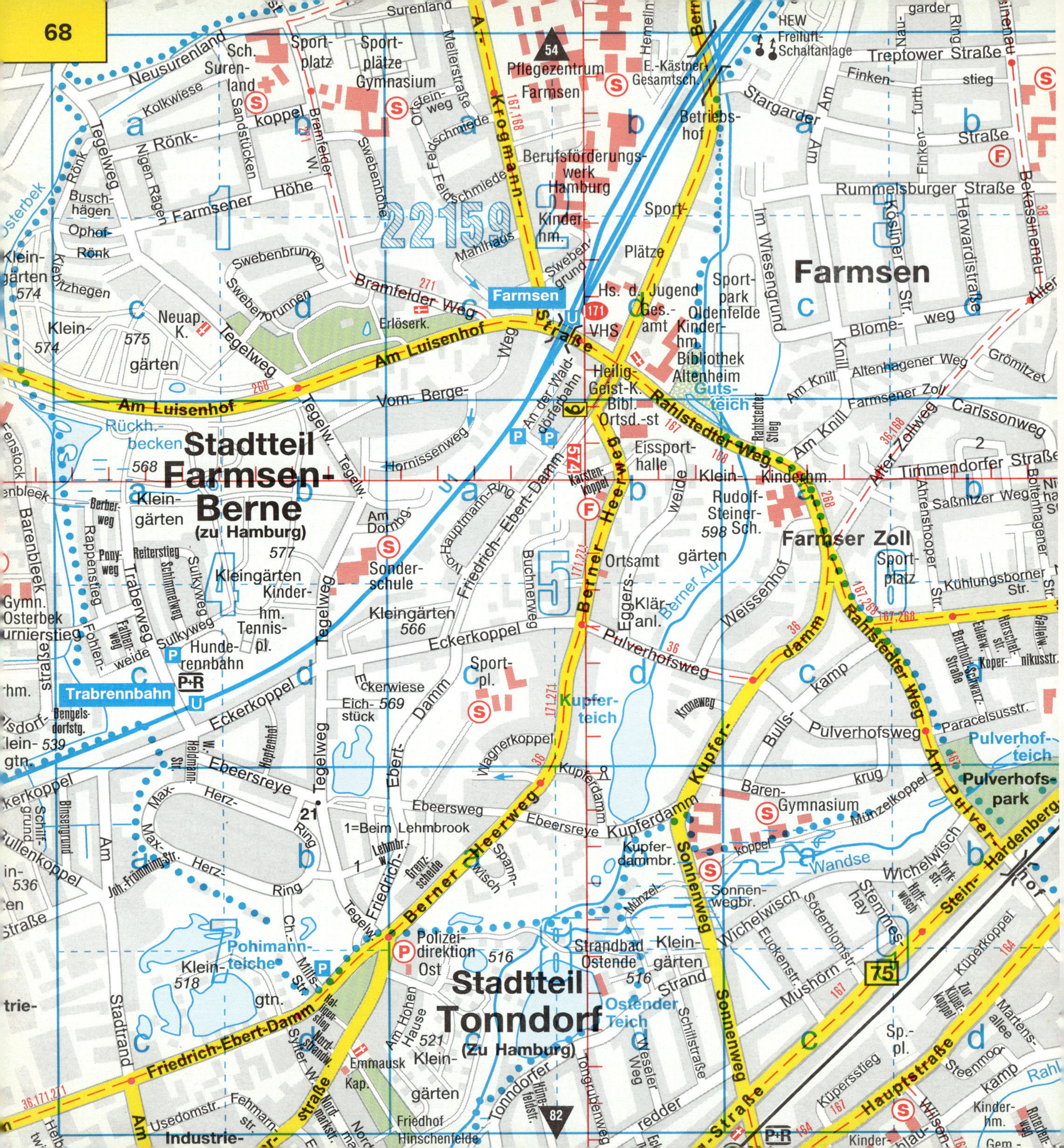
Stadtteil Farmsen-Berne (zu Hamburg)
Stadtteil Tonndorf (Zu Hamburg)
Farmsen
Farmser Zoll
22159
Am Luisenhof
Rahlstedter Weg
Berner Heerweg
Friedrich-Ebert-Damm
Eckerkoppel
Tegelweg
Bramfelder Weg
Farmsener Höhe
Pulverhofsweg
Kupferdamm
Sonnenweg
Stein-Hardenberg-Straße
Hauptstraße
Pflegezentrum Farmsen
Berufsförderungswerk Hamburg
Trabrennbahn
Hunderennbahn
Kleingärten
Eissporthalle
Ortsamt
Polizeidirektion Ost
Strandbad Ostende
Ostender Teich
Pohlmannteiche
Kupferteich
Pulverhofsteich
Pulverhofspark
Gutsteich
Wandse
Berner Au
Rückhaltebecken
Sonderschule
Gymnasium
Sportplatz
Rudolf-Steiner-Sch.
Bibliothek
Altenheim
Treptower Straße
Rummelsburger Straße
Stargarder Straße
Timmendorfer Straße
Carlssonweg
Ebeersreye
Neusurenland
Surenland
Krogmann-Straße
Bekassinenau
Am Knill
Blomeweg
Kühlungsborner Str.
Paracelsusstr.
Münzelkoppel
Wichelwisch
Emmausk.
Friedhof Hinschenfelde
Usedomstr.
Industriestraße
Stadtrand
Barenbleek
Rönkhagen
Kolkwiese
Sandstücken
Swebenhöhe
Swebenbrunnen
Hornissenweg
Vom-Berge-Weg
Buchnerweg
Eckerwiese
Wagnerkoppel
Max-Herz-Ring
Ahrenshooper Str.
Farmsener Zoll
Alter Zollweg
Im Wiesengrund

Oldenfelde
Treptower Straße
Oldenfelder Str.
Höltigbaum
Delingsdorfer Weg
Eichberg
Boltwischen
Eichwischen
Neurahlstedter Grb.
Reetwischendamm
Rasch-weg
Alter Zollweg
Bargteheider Straße
Schul-pfad
Eggers-kamp
Gymn.
Birrenkovenallee
Warnemünder Weg
Moräneneg
Geidel-berg
Wiesen-hof
Bei den Boltwiesen
Neurahlstedter Graben
Wiesen
1=Krohnsheide
Massower Weg
Stoppel-feld
Haffkruger Weg
Kinder-hm.
Wolliner Str.
Wolliner Straße
22143
Pallhöckenstieg
Rahlstedter Kamp
ZFA Hamburg
Waterblöcken
Sportplatz
Babenstieg
Sandkule
Grund-herrenstr.
Hinsch-allee
Fehsenfeldstraße
Maria Himmelfahrt
Ebersmoorweg
Martins-kirche
Hohwachter Weg
Eutiner Str.
Bordesholmer Str.
Travemünder Stieg
Parchimer Str.
Sieker Landstraße
Hoher Berg
Pfeffer-str.
Rügenwalder Str.
Lasbeker Straße
Grubesallee
Güstrower Weg
Sonder-sch.
Heckende
Nieritz-weg
Mehlandsredder
Hohen-kamp
Boytinstraße
Doberaner Weg
Schweriner Str.
Rahlstedt
Rahlstedter Straße
Stapelfelder
Timmendorfer Straße
2 = Timmendorfer Stieg
3 = Altrahlstedter Redder
Busbf.
Mecklenb. Str.
Remstedtstr.
Klettenstieg
Rahlst. Dorfpl.
Apostelweg
Amtsstraße
Bibl.
Ortsamt
Gymn.
1 = Schrankenweg
2 = Hagenower Straße
3 = Boizenburger Weg
4 = Wariner Weg
5 = Bruhnsallee
6 = Merowingerweg
7 = Helmut-Steidl-Platz
Am Waldesrand
Großlohering
Kinder-heim
Am Lehmberg
Scharbeutzer Straße
Park-stieg
Liliencron-park
Wesenbergallee
Wehlbrook
Birkenallee
Sportplätze
Rahlstedter Bahnhofstr.
Buchwaldstraße
Sport-pl.
Kinder-hm.
Altrahlstedt
Eggersstr.
Heidegängerweg
Runghoilt
Liliencronstraße
Kinder-hm.
Stellau-stieg
Stellau
Kirchenstieg
Kirche
Alt-Rahlstedt-Gem.-hs.
Wandseredder
Blinck-mannweg
Paalende
Am Ohlendorffturm
Buchwald-stieg
Wiesenredder
Brockdorffstraße
Pfarrstr.
Pellwormweg
Jasper-Pentz-Str.
Freibad Rahlstedt
1=Altrahlstedter Stieg
2=Anny-Tollens-Weg
Loher Str.
Tonndorfer Weg
Sport-platz
Am Sooren
Soren-stieg
Falen-bek
Am Hegen
Kapelle
Fried-hof
Weddinger Weg
Pidder-Lüng-Weg
Radolfstieg
Wittigstieg
Veltheimstraße
Hüllenkamp
Theodor-Storm-Str.
Immenseeweg
Poppenspälerweg
Lisei-stieg
Rahlstedter Straße
22149
Poggfreedweg
Sport-platz
Hegen
Erlöser-kirche
Neu-köllner Ring
Kiekoppel
Kittelweg
Hauke-Haien-Weg
Heidenfleetweg
Pogwischrund
Wilmers-dorfer Str.
Reinickendorfer Str.
Friedhof
Kinder-hm
Kiekoppelstraße
Kinder-heim
Kinder-krankenhaus Wilhelmsstift
Düpheid
Trinitatis-kirche
Rehwinkel
Geesthachter Kehre
Baben de Heid
Sied
Groß

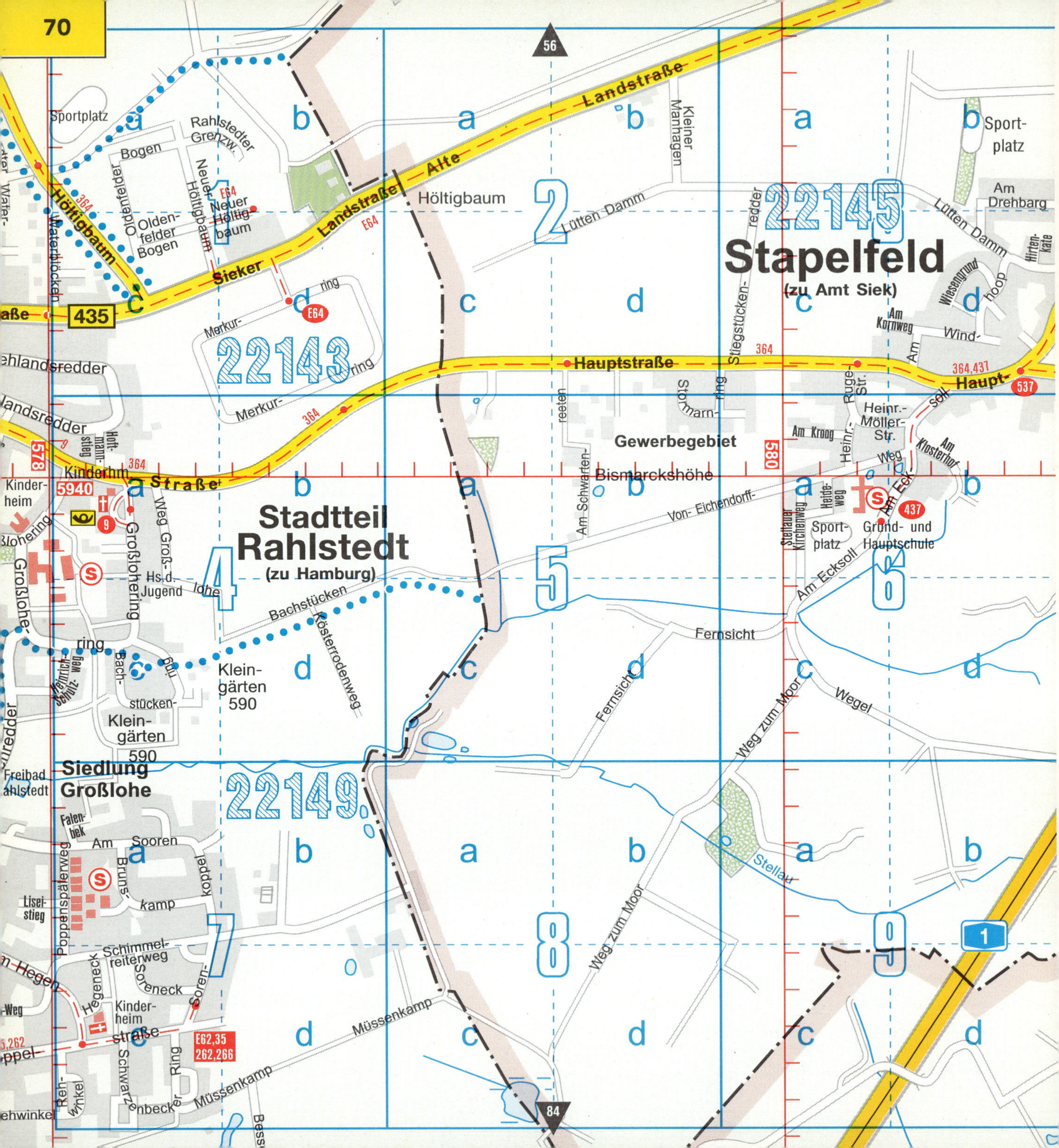
56
Landstraße
Alte Landstraße
Sportplatz
Rahlstedter Grenzw.
Bogen
Oldenfelder Bogen
Neuer Höltigbaum
Höltigbaum
Sieker Landstraße
Waterblöcken
435
Kleiner Manhagen
Lütten Damm
22145
Stapelfeld
(zu Amt Siek)
Am Drehbarg
Sportplatz
Hirtenkate
Wiesengrund
hoop
Am Kornweg
Windhoop
Stiegstückenredder
Merkurring
22143
E64
Hauptstraße
364
364,437
537
Stormarnring
Ruge-Str.
Heinr.-Möller-Str.
Am Kroog
Am Klosterhof
Gewerbegebiet
Bismarckshöhe
Am Schwarten-reeten
Von-Eichendorff-Weg
580
578
5940
Kinderheim
Stadtteil
Rahlstedt
(zu Hamburg)
Großlohering
Weg Großlohe
Hs.d. Jugend
Bachstücken
Kösterrodenweg
Kleingärten 590
Stellauer Kirchenweg
Heideweg
Sportplatz
Grund- und Hauptschule
Am Eck
437
Am Ecksoll
Fernsicht
Wegel
Weg zum Moor
Siedlung Großlohe
Freibad Rahlstedt
22149
Falenbek
Am Sooren
Brunskamp
koppel
Liseistieg
Poppenspälerweg
Schimmelreiterweg
Soreneck
Hegeneck
Kinderheim
E62,35 262,266
Müssenkamp
Schwarzenbecker Ring
Renwinkel
Stellau
1
84

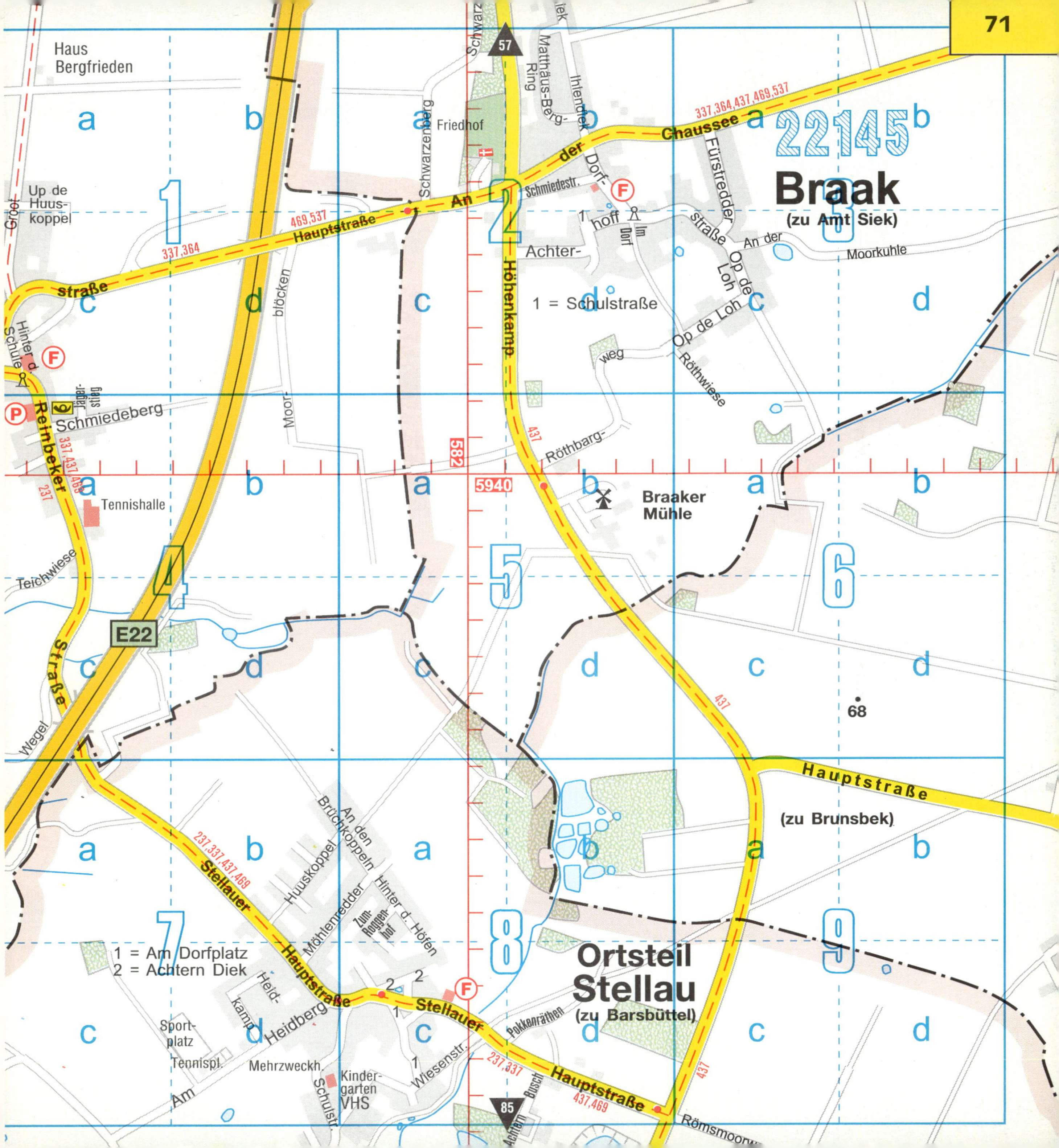
Haus Bergfrieden
Up de Huus-koppel
22145
Braak
(zu Amt Siek)
Chaussee
An der Chaussee
Hauptstraße
Fürstredder
Schmiedestr.
Matthäus-Berg-Ring
Ihlendiek
Dorf-straße
Im Dorf
Achter-hoff
1 = Schulstraße
Op de Loh
An der Moorkuhle
Röthwiese
Röthbarg-weg
Höhenkamp
Schwarzenberg
Friedhof
Moor-blöcken
Hinter d. Schule
Jäger-stieg
Schmiedeberg
Reinbeker Straße
Tennishalle
Teichwiese
Wegel
E22
Braaker Mühle
68
(zu Brunsbek)
Ortsteil Stellau
(zu Barsbüttel)
Stellauer Hauptstraße
An den Brüchkoppeln
Huuskoppel
Möhlenredder
Zum Roggenhof
Hinter d. Höfen
1 = Am Dorfplatz
2 = Achtern Diek
Heid-kamp
Heidberg
Sport-platz
Tennispl.
Mehrzweckh.
Am
Schulstr.
Kinder-garten VHS
Wiesenstr.
Pokkenräthen
Busch
Römsmoor
582
5940
57
85

Wedel
22880
Elbe
Wedeler Au
Mühlenteich
Tonnenhafen
Cityplan S.15
58
86
431
1 = Gödicke-Michels-Stieg
2 = Klabautermannweg
3 = Störtebekerweg
4 = Scharhörnstraße
5 = Neuwerkstraße
6 = Trischenstraße
7 = Wilhelm-Leuschner-Weg
7 = Fliederweg
8 = Rosenweg
15 = Theaterstraße
16 = Mühlenstieg
17 = An der Windmühle
18 = De Husch
Schauenburgerstr.
Rolandstr.
Pinneberger Straße
Mühlenstraße
Rosengarten
Rissener Straße
Bahnhofstraße
Rollberg
Tinsdaler Weg
Schulauer Straße
Austr.
Strandweg
Parnaßstraße
Feldstraße
Galgenberg
Elbstraße
Deichstraße
Bürgerpark
Freizeitpark Elbmarschen
Sportplätze
Festplatz
Am Freibad
Freibad
Auhafen
Brooksdamm
Lüttsandsdamm
Marinedamm
Strandbaddamm
Standbad
Spielplatz
Elbe-Stadion
Rathaus
Rathausplatz
Stadtbücherei
Zollamt
Gymnasium
Sporthalle
Sportpl.
Kindergarten
Pestalozzi-Sch.
Friedhof
Kleingärten
Bauhof
Tennispl.
Integrierte Gesamtsch.
Gesundheitsamt
Kreisberufsschule
Adventkirche
Riedemannpark
Barlach-Sch.
VHS
Bauhof des Wasser- und Schiffahrtsamtes
Schulauer Fährhaus
Willkommenhöft anlage
Schiffsbegrüßungsanlage
Bolzplatz
Graf-Luckner-Heim
Wedeler ev.Kirche
Ernst-Barlach-Geburtshaus
Alters- u. Pflegeheim
"Helga"
Wedel S1
ZOB
P+R
Altentagesst.
Haus d. Jugend
Sonderkindergarten
10033 Lühe-Schulau-Fähre

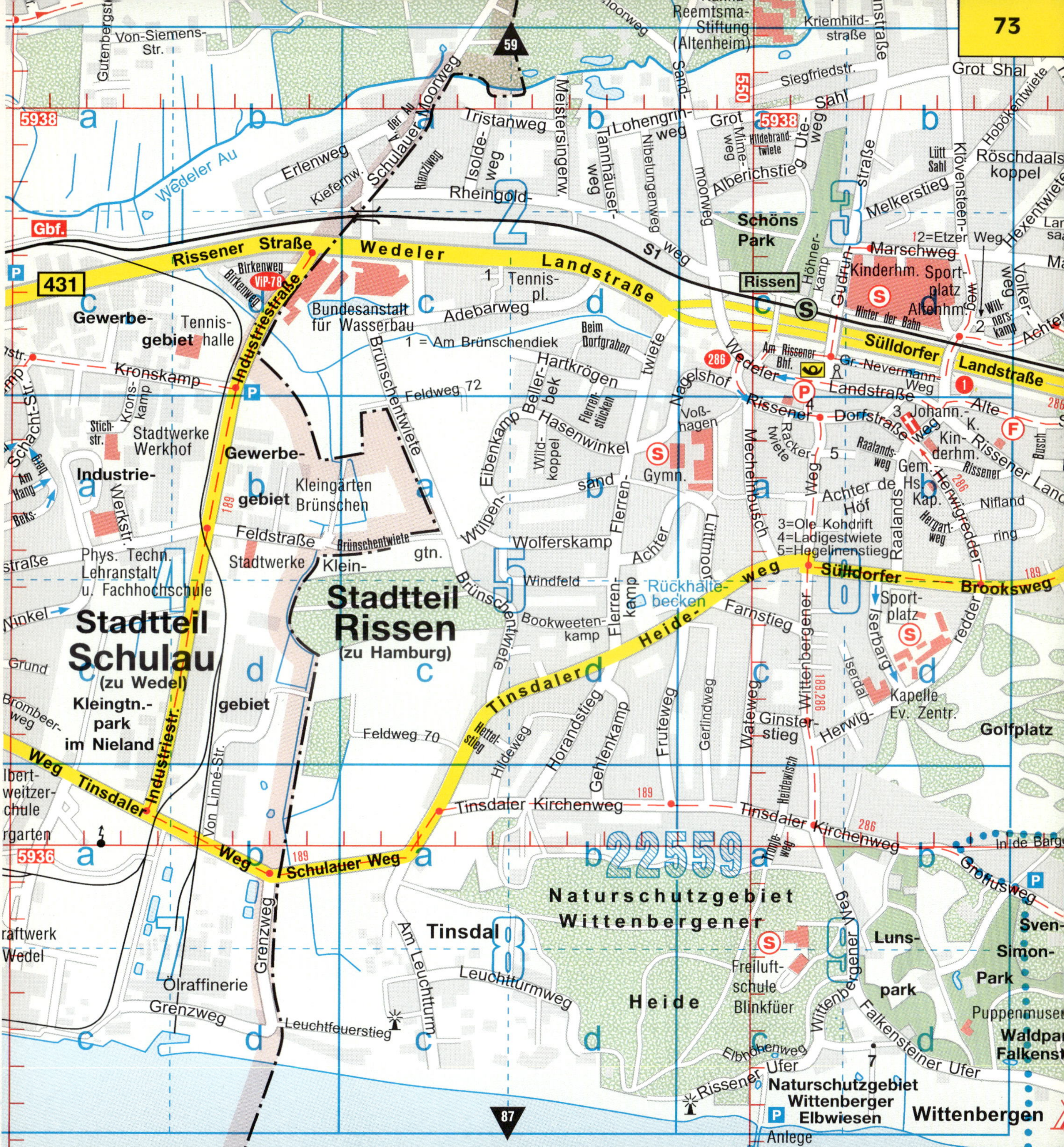
Von-Siemens-Str.
Gutenbergstr.
Reemtsma-Stiftung (Altenheim)
Kriemhildstraße
Siegfriedstr.
Grot Shal
Tristanweg
Isoldeweg
Lohengrinweg
Meistersingerw.
Tannhäuserweg
Nibelungenweg
Grot Sahl
Erlenweg
Kiefernw.
Schulauer Moorweg
Rheingoldweg
Wedeler Au
Alberichstieg
Melkerstieg
Klövensteenweg
Röschdaalskoppel
Schöns Park
Gbf.
Rissener Straße
Wedeler Landstraße
Birkenweg
Bundesanstalt für Wasserbau
Adebarweg
Tennispl.
1 = Am Brünschendiek
Rissen
Kinderhm.
Sportplatz
Altenhm.
1 2=Etzer Weg
Sülldorfer Landstraße
Gewerbegebiet
Tennishalle
Industriestraße
Kronskamp
Hartkrögen
Nagelshof
Feldweg 72
Stadtwerke Werkhof
Gewerbegebiet
Kleingärten Brünschen
Industriegebiet
Hasenwinkel
Gymn.
Rissener Dorfstraße
Alte Rissener Landstraße
Wüpen sand
Achter de Höf
3=Ole Kohdrift
4=Ladigestwiete
5=Hegelinenstieg
Feldstraße
Stadtwerke
Phys. Techn. Lehranstalt u. Fachhochschule
Wolferskamp
Windfeld
Rückhaltebecken
Sülldorfer Brooksweg
Stadtteil Schulau (zu Wedel)
Stadtteil Rissen (zu Hamburg)
Bookweetenkamp
Heideweg
Farnstieg
Tinsdaler Heideweg
Kleingtn.-park im Nieland
Feldweg 70
Tinsdaler Weg
Tinsdaler Kirchenweg
Schulauer Weg
22559
Naturschutzgebiet Wittenbergener Heide
Tinsdal
Leuchtturmweg
Ölraffinerie
Grenzweg
Leuchtfeuerstieg
Freiluftschule Blinkfüer
Lunspark
Sven-Simon-Park
Falkensteiner Ufer
Rissener Ufer
Naturschutzgebiet Wittenberger Elbwiesen
Wittenbergen
Golfplatz
Anlege
Kraftwerk Wedel
59
87

Stadtteil
Rissen
(zu Hamburg)
Wilhelm-
Dähn-
Stift
(Altenheim)
Hexenwiete
Hexen-
stieg
Feldweg 79
Röschdaalskoppel
Feldweg 77
Hexentwiete
Langen-
saal
Tennis-
pl.
Sport-
plätze
Sport-
halle
Am Lilienberg
Marschweg
Marschweg
Volker-
weg
Achtern Sand
Parsifalweg
Suurheid
Krankenhaus
Rissen
Sieversstücken
Landstraße
Alte
Sülldorfer
Landstraße
Rissener Landstraße
Busch
Buschredder
Ortwin-
stieg
Sülldorfer Brooksweg
Nifland
Brooksweg
Storchenheimweg
Haus
Rissen
In de Bargen
Golfplatz
22587
In de Bargen
Falkenstein
Grotiusweg
Garrels-
weg
In de Bargen
Sven-
Simon-
Park
Tafel-
berg
Grotiusweg
Falkenstein
Puppenmuseum
Waldpark Tafelberg
Falkenstein
Stadtteil
Blankenese
(zu Hamburg)
Elbhöhenweg
Falken-
schlucht
Sibbenweg
Falkensteiner Weg
Inst. f.
Friedens-
forschung
60
552
5938
Schlank-
weg
Ohln-
hof
Lehmkuhlenweg
Feldw. 61
Feldw. 60
Turn-
halle
Sülldorfer Kirchenweg
Heer-
hof
Ellernholt
Ellernholt
Feldweg 64
Bullnwisch
Stadtteil
Sülldorf
(zu Hamburg)
Sülldorfer
Op'n Hainholt
Fuhlendorfweg
1 = Sternmoosweg
2 = Leimkrautweg
3 = Weißkleeweg
4 = Hirtentäschelweg
S1
Sülldorf
Konservat.
S1
431
Sülldorfer Landstraße
Sülldorfer
Bundesamt für
Seeschiffahrt
u. Hydrographie
25
Am
wald-
park
Wüstland
Wittland
Hempbarg
Mühlenweg
Ehrenpreisst
Sülldorfer Kirchenweg
St.-
Michaels-K.
Am
Sorgfeld
Baumweg
Bramweg
Blütenweg
22589
Kap.
Verw.
Geb.
Sportpl.
Hahnenfußw.
Rotklee-
weg
Heidhofs-
weg
Ramckeweg
Luzerneweg
Friedhof
Blankenese
Waldpark
Sülldorfer Mühlenweg
Freibad
Marienhöh
Marienhöhe
Tennis-
plätze
Gymn.
Sportpl.
Eichengrund
Sieben-
552
Anne-Frank-Str.
Anne-Frank-
Straße
Rissener Landstraße
Marienhöhe
Anna-
Hollmann-
Weg
Kuulsbarg
Babendiek-
weg
Guldt-
Blick
Strind-
berg
Ibsenweg
Holberg-
weg
bergweg
Björnsonweg
Krähenhorst
Röttgers
Mühle
Frank-
Str.
Babendiekstr.
Schöner
Blick
Am
Poto-
sistraße
Wilhelmsallee
Goßlerstraße
Notenbarg
Brink-
stücken
Lichtheim-
weg
Baurs Berg
92
Anst.
f. Hyg.
Wasserwerk
Kösterbergstraße
Kösterbergstraße
Schinckels
Park
Blankeneser
Landstr.
Blankeneser Landstr.
Hardenbergstr.
Karsten-
str.
Finanz-
amt
Krankenhaus
Tabea
Elsa-
Brändström-
Hs.
88
Polterberg
Falkentaler Weg
Richard-
Dehmel-
Str.
Oesterley-
str.
Oesterleystr.

Stadtteil
Iserbrook
(zu Hamburg)
Siedl.
Osdorfer
Born
22549
Schenefeld
Kläranlage
Tennis-anl.
Tennisanl.
Kleingärten
Iserbrooker Weg
Frapanweg
Güllweg
Wisserweg
Pieperweg
Musäusstraße
Sportpl.
Kinderhm.
Kinder-heim
Schenefelder Landstraße
Osdorfer Landstraße
Vörloh
Windloh
Holtbarg
Rückhalte becken
Steenrehm
Osterloh
Am Botterbarg
Brookwisch
Martin-Luther-Kirche
Stadtreinig. Recycl.-Hof
Bibliothek
Pumpwerk
Borndiek
Düpenau
Am Osdorfer Born
Katerwohrd
Freibad
Rugenfeld
Rugenbarg
Isfeldstraße
Kleingärten
Iserbrook
Heidrehmen
Strohredder
1=Danielsenstieg
Strauchweg
Willhöden
Hilgendorfweg
Wulfsdal
Caprivistraße
Bargfredestr.
Hasenhöhe
Bredkamp
Simrockstr.
Lachmannweg
Holtkamp
Rugenbohm
Sportplätze
Grotefendweg
Bockhorst
Kronprinzenstraße
Tietzestraße
Meyerhofstraße
Hochkamp
Friedensweg
Joachimstraße
Dörpfeldstraße
Reichskanzlerstraße
Königgrätzstraße
St.-Simeon-Kirche
Tönninger Weg
Goßlers Park
Blankenese
Cityplan S.11
Sozialamt
Blankenesen Bahnhofsplatz
Führungs-akademie der Bundeswehr
Gesamtschule
Frahmstraße
Avenariusstr.
Allee
Sportpl.
Sondersch. Gesamtsch.
Costa Rica
Kuhgraben
Pferdeweide
Wientapperweg
Düpenautal
Am Isfeld
Feldweg 50
Orts-dienststelle
Blomkamp
Achtern Born
Kinderhm.
Gemeinde-zentr.
Krahenberg
Dockenhuden
431
3R
S11
S1
61
89
5936
5938

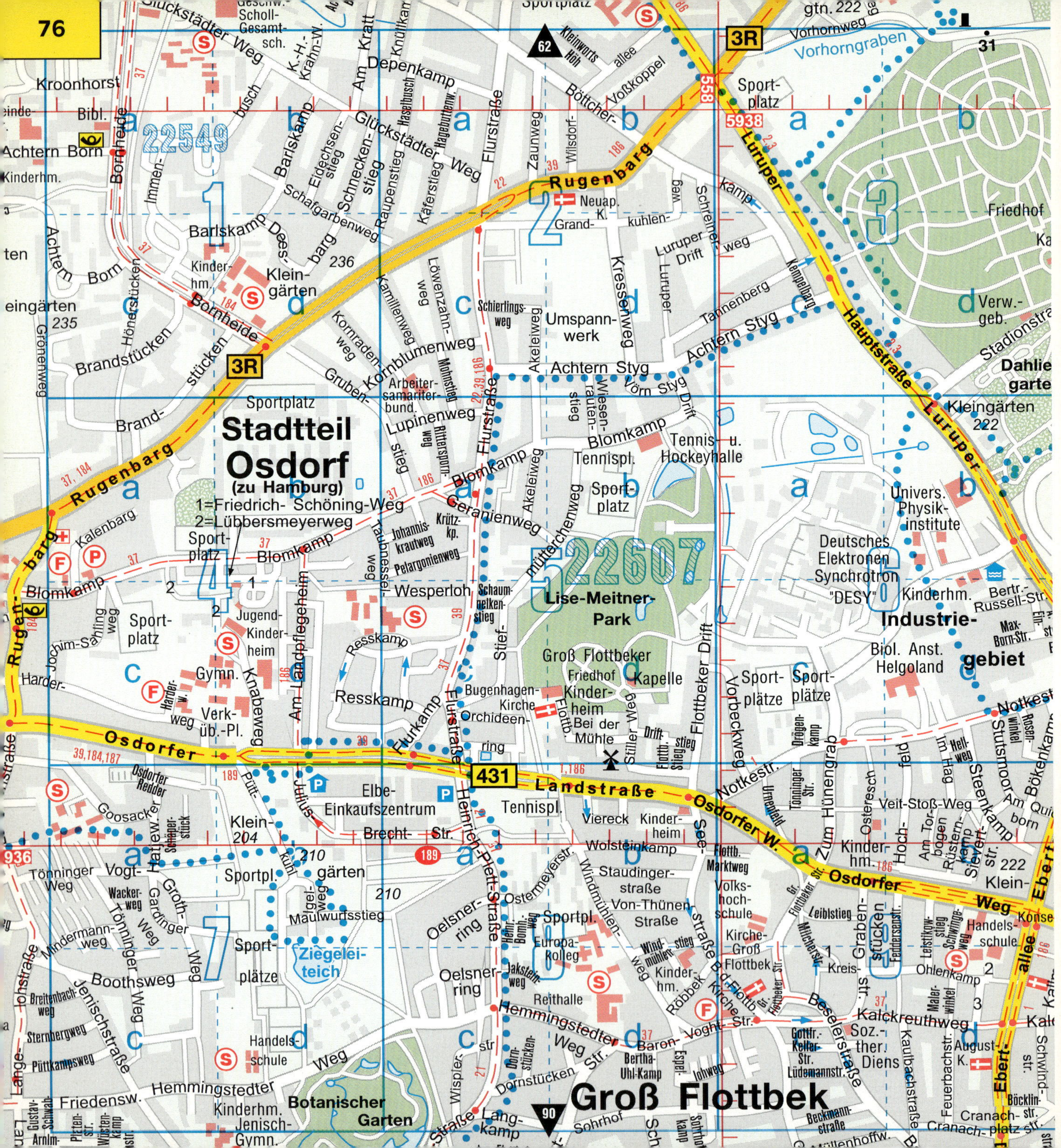
Stadtteil
Osdorf
(zu Hamburg)
1=Friedrich- Schöning-Weg
2=Lübbersmeyerweg
Groß Flottbek
Lise-Meitner-Park
Industrie-gebiet
Deutsches Elektronen Synchrotron "DESY"
Univers. Physik-institute
Elbe-Einkaufszentrum
Botanischer Garten
Ziegeleiteich
Rugenbarg
Osdorfer Landstraße
Luruper Hauptstraße
Achtern Styg
Blomkamp
Flurstraße
Heinrich-Plett-Straße
Hemmingstedter Weg
Osdorfer Weg
Kalckreuthweg
Friedhof
Biol. Anst. Helgoland
Tennis- u. Hockeyhalle
Umspann-werk
Vorhorngraben
22549
22607
3R
431
558
5938
936
62
90

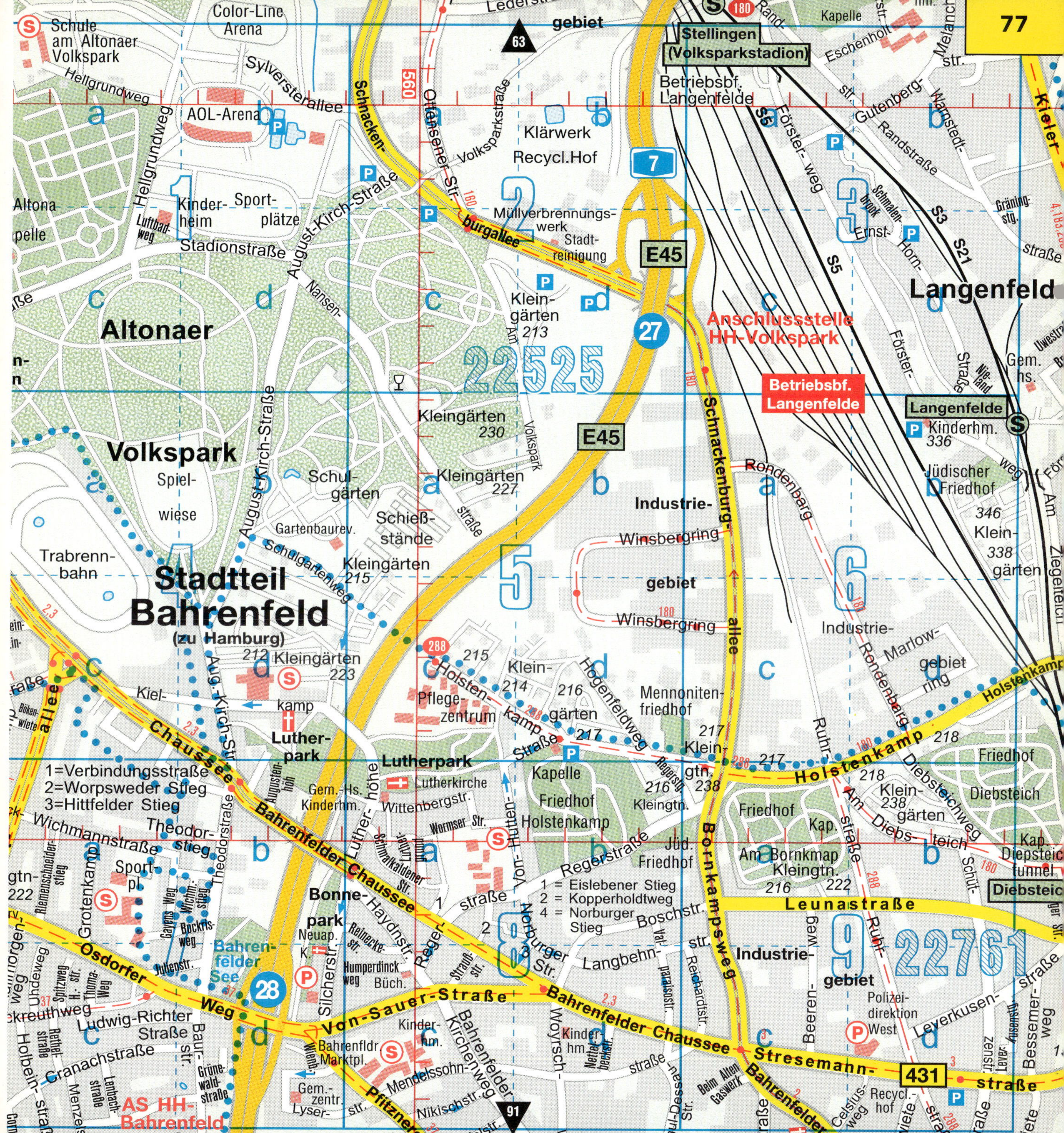
Schule am Altonaer Volkspark
Color-Line Arena
Sylversterallee
Hellgrundweg
AOL-Arena
Lederstraße
gebiet
63
Stellingen (Volksparkstadion)
Betriebsbf. Langenfelde
Kapelle
Eschenhol
Melanchthonstr.
Gutenbergstr.
Randstraße
Schnackenburgallee
Ottensener Str.
Volksparkstraße
Klärwerk
Recycl.Hof
7
Müllverbrennungswerk
Stadtreinigung
E45
Kinderheim
Sportplätze
Stadionstraße
August-Kirch-Straße
Nansenstr.
Altona
Luftbadweg
Försterweg
Schmalenbrook
Ernst-Horn-Str.
S3
S21
S5
Gräningstg.
Langenfeld
Altonaer
Kleingärten 213
27
Anschlussstelle HH-Volkspark
22525
Betriebsbf. Langenfelde
Langenfelde
Kinderhm. 336
Kleingärten 230
Volkspark
Spielwiese
Schulgärten
Kleingärten 227
Industriegebiet
Rondenbarg
Jüdischer Friedhof
346
Klein-338gärten
Trabrennbahn
Gartenbaurev.
Schießstände
Schulgartenweg
Kleingärten 215
Winsbergring
Stadtteil Bahrenfeld (zu Hamburg)
Kleingärten 223
288
Holstenkamp
Pflegezentrum
Hogenfeldweg
Mennonitenfriedhof
Marlowring
Industriegebiet
Kielkamp
Lutherpark
Lutherkirche
Gem.-Hs. Kinderhm.
Wittenbergstr.
Kapelle
Friedhof Holstenkamp
Jüd. Friedhof
Friedhof
Diebsteich
Kleingärten 238
1=Verbindungsstraße
2=Worpsweder Stieg
3=Hittfelder Stieg
Theodorstieg
Wichmannstraße
Bahrenfelder Chaussee
Regerstraße
Bornkampsweg
Am Bornkamp Kleingtn. 216
Diebsteichweg
Diebsteichtunnel
Diebsteich
Leunastraße
1 = Eislebener Stieg
2 = Kopperholdtweg
4 = Norburger Stieg
Boschstr.
Langbehnstr.
Bonnepark
Bahrenfelder See
28
Osdorfer Weg
Von-Sauer-Straße
Industriegebiet
22761
Polizeidirektion West
Leverkusenstraße
Stresemannstraße
431
Ludwig-Richter-Straße
Granachstraße
Bahrenfeldr. Marktpl.
Mendelssohnstr.
Bahrenfelder Kirchenweg
Pfitznerstr.
91
AS HH-Bahrenfeld

Langen-
felde
Stadtt.
Hoheluft-West
(zu Hamburg)
Stadtt.
Eimsbüttel
(zu Hamburg)
Stadtt.
Altona-Nord
(zu Hamburg)
22529
20257
20255
20253
20259
22769
Industrie-
gebiet
Kieler Straße
Spannskamp
Holstenkamp
Holstenkampbr.
Stresemannstraße
Fruchtallee
Osterstr.
Lutterrothstr.
Emilienstr.
Christuskirche
Schlump
Sternschanze
Diebsteich
Friedhof Diebsteich
Eimsbütteler Park
Unna-park
H.-Vahl-Park
Wehbers Park
Ziegelteich
Gärtnerstraße
Schulweg
Im Gehölz
Weidenallee
Altonaer Str.
Alsenstraße
Dormannsweg
Bahrenfelder
Plöner Straße
Waidmannstraße
Memellandallee
Eidelstedter Weg
Stellinger Weg
Müggenkampstraße
Lappenbergsallee
Sophienallee
Langenfelder Str.
Eimsbütteler Chaussee
Margaretenstr.
Schäferkampsallee
Kl. Schäferkamp
Brehmweg
Troplowitz-
Lokstedter Steindamm
Sportplatze
Tennis-pl.
1=Thusnelda-straße
2=Cherusker-weg
1=Beethoven-allee
1=Bei der Christusk.
2=Bei der Paulskirche
3=Mennonitenstr.
Wasser-turm
Gesamt-schule
Inst.f. Meeres-Kunde
Apostel-kriche
Kinderhm.
Sport-platz
Klein-gärten
Freibad
Holthusenbad
Deut. Post Briefpost HH Zentr.
Kalten-kircher Platz
Floratheater
Guatemala
Jerusalem
Krkh. Elim
VHS
Autoverladest.
Amt f. Ernähr. Landw.
4/5
5
2R
4
64
92
5938

Stadtt. Hoheluft-Ost (zu Hamburg)
Stadtt. Harvestehude (zu Hamburg)
Rotherbaum
Außen-alster
Kellingshusens Park
Eppendorfer Landstraße
Eppendorfer Baum
Klosterstern
Hoheluftbr.
Hallerstr.
St.-Benedictstraße
Maria-Louisen-
Sierichstraße
Isebekkanal
Isestraße
Rondeelteich
Eichenpark
Innocentiapark
Rothenbaumchaussee
Grindelberg
Grindelallee
Hallerstraße
Mittelweg
Harvestehuder Weg
Alsterchaussee
Alstervorland
Hansastraße
Oberstraße
Hagedornstr.
Schlump
Rentzelstraße
Verbindungsbahn
Planten
Moorweide
Universität Hamburg
Von-Melle-Park
Museum Zoolog. Inst.
NDR Funkhaus Hamburg
Tennisanl. Rothenbaum
Hochsch. f. Musik u. Theater Hamburg
Feenteich
Moschee d. Iran
Schöne Aussicht
Personenfähre
Wasserschutzpol. Anlaegestelle
Fernsicht
Krugkoppelbr.
Langer Zug
Leinpfad
Rondeel
Gellertstraße
Mühlenkamp
Goldbek
Heilwigstraße
Frauenthal
Jungfrauenthal
Bez. A. Eimsbüttel
Bibl.
Bez.amt
20249
20251
20144
20149
20146
20148
22301
22085
20355
1 = Sudeckstraße
2 = Gaedechensweg
3 = Roepersweg
4 = Kaempsweg
1 = Grindelw.
2 = Fröbelstr.

Wiesendamm
Drossel-
straße
Barmbek
Bramfelder
Krausestr.
Goldbekufer
Semper-
str.
Hanssensweg
Novalis-
weg
Großheidestraße
Jarrestraße
5938
6=Maacksgasse
7=Meuronstieg
8=Martin-Haller-Ring
6=Lorenzeng.
7=Jollassestg.
8=Rambatzweg
9=H.-Feiner-
Asmus-
stg.
1 = Hufnertwiete
2 = Roggenkamp
Pestalozzi-
str.
Osterbekweg
434
Lämmer-
Osterbekkanal
Tonga
Gym.
Intern.
Kulturfabrik
Stadtt.
Barmbek-
Süd
(zu Hamburg)
Landes-
arb.-
ger.
Land-
unf.-
Kasse
Bruckner-
straße
Lohkoppelstr.
Hufner-
str.
Hs. d.
Jugend
Flachsland
Alter
Teichweg
5 = Fersenfeldts-
weg
Osterbekstr.
Weidestraße
Schleidenstraße
Biedermannplatz
Reesestr.
Barmbeker
Markt
Gerstein-
str.
Reyesweg
Kinderheim
Kraepelinweg
22081
Dehnhaide
Togo
H.-Henny-Jahnn-Weg
8=Martens-
weg
9=Lindnersweg
Imstedt
Ortsa.
Weidestraße
St.-Sophien-
K. HHA
Betriebs-
bahnhof
Berthastr.
Adolph-Schönfelder-Straße
Grillparzer-
str.
Heilandsk.
Winterhuder W.
Herderstraße
Mozart-
Beethoven-
straße
22083
Bartholomäus-
bad
Mesterkamp
Elsastraße
Feßlerstr.
Schmalenb.
Str.
Hamburger
Straße
Wohlwill-
str.
Volksdorfer
Str.
Allgemeines
Krankenhaus
Eilbek
Friedrich
Friedrichsberger Straße
Von-Essen-Str.
Steinischer Kamp
Zeisigstr.
Amselstr.
Hansdorfer
Str.
Kreuzk.
Schenkendorfstr.
10
Richterstr.
10=Voßweg
Zimmerstraße
Fährbrücke
Hofweg
Fach-
sch.
Uhlenhorster Kanal
Humboldtstraße
Winterhuder
Weg
5
Sozialbeh.
434
Mus.
Richardstr.
3=Marschnerstieg
Marschnerstr.
Hamburger
Str.
Heinskamp
Lortzing-
str.
Versöh-
nungsk.
Eilbektal
Max-
Str.
Von-
Essen-
Straßenbrücke
Albanien
Straße
Landesbetrieb
Pflegen u.
Wohnen
Heinrich-
Hertz-
Str.
Humboldt-
brücke
Oberaltenallee
U2
Pflegezentr.
Oberaltenallee
Frauenklinik
Finkenau
Gluck-
str.
Wagnerstr.
Eilbekkanal
Auenstr.
22089
Kinderheim
Averhoff-
str.
Mundsburg
Gymn.
Finkenau
Hochsch.
bildende
Künste
Richardstr.
Blumenau
Stadtt.
Eilbek
(zu HH)
Wandsbeker Chaussee
Uhlenhorst
Uhlenhorster
Weg
Schöne Aussicht
Literaturhaus
Schwanenwik
Mundsburger
Damm
Kuhmühle
Wartenau-
brücke
Wartenau
Eilenau
Kuhmühlenteich
Ritterstr.
Eilbek
Bürgerpk.
75
Friedensstraße
1=Kiebitzstraße
2=Sandkrug
Hasselbrook
Schwanenwik-
brücke
22087
Hart-
Arm-
gartstraße
Mundsb.-k.
Uhland-
Uhlandstr.
Fach-
hochsch.
Lessingstr.
Wartenau
Papenstraße
Kiebitzstr.
Conventstr.
Güntherstraße
Graumannsweg
Hohenfelde
Lübecker Straße
Landwehr
Hasselbrookstr.
Ritterstr.
Gem.-
zentr.
Ifflandstr.
Mühlend.
94
Sievekingsallee
Landwehr
Rießerstr.
Griesstr.
S4 S11
S1
Sechslingspforte
Ackermannstr.
Eckhofstr.

Stadtt.
Dulsberg
(zu HH)
Stadtt.
Wandsbek
(zu HH)
Stadtt.
Marienthal
(zu Hamburg)
Alter Teichweg
Straßburger Str.
Wandsb. Mkt.
Wandsbek
Wandsb. Chaus.
Güterbahnhof Wandsb.
22043
22041
Friedrich-Ebert-Damm
Walddörferstraße
Ahrensburger Str.
Wandsbeker Zollstr.
Wandsbeker Allee
Wandsbeker Marktstr.
Robert-Schuman-Brücke
Rüterstr.
Jüthornstraße
Stormarner Straße
Eichtalpark
Eichtalteich
Holzmühlenteich
Mühlenteich
Wandse
Wandsbeker Gehölz
Industriegebiet
Kleingärten
Rembahnstraße
E26
24
572
570
5938
5936
2R
75
S4
AS HH-Horn
1=Tonderstieg
2=Eupener Stg.
3=Kirchhofstwiete
1=Witthöfftstraße
2 = Moojerstraße
Bahngärten
Schimmelmannstraße
Kielmannseggstraße
Claudiusstraße
Pappelallee
Hammer Straße
Böhmestr.
Neumann-Str.
Am Neumarkt
Bovestr.
Derbyweg
Stoltenbrücke
Helbingstraße

Industrie-
gelände
Walddörfer-str.
Am Stadtrand
Friedhof
Hinschenfelde
Wandse
Nordmarkteich
Tonndorfer
Friedhof
Kapelle
Ostende
Sonnen-
redder
Stein-Hardenberg-Straße
Büch.
Hauptstr.
Wandsbek Ost (Tonndorf)
435
Kinder-
hm.
Rahlau
Wilson-
straße
Sport-
plätze
Ölmühlenweg
Willöper
Tonndorfer
Stadtentw-
u.Stadtrein.
Recycl.-Hof
St.Agnes-
Kap.
Lohe
Kuehnstraße
Schöneberger
22045
Botanischer
Sondergarten
1=Wandsetwiete
2=Schweinfurthweg
Ahrensburger Str.
Dorau-
stieg
Dammwiesen
Industrie-
gebiet
Singelmannsweg
Schweitzer-
Ring
Kuehnstraße
Jenfelder Allee
Sportplatz
Otto-
Hahn-
Sch.
Straße
Holstenhofweg
Jenfelder
Rahlau
Kroon-
stücken
Albert-
Kreuz-
burger
Straße
Kellogstr.
Kramerkoppel
Wißmannstr.
Zietenstraße
Kuehnstraße
Jenfelder
Moor
Stadtteil
Jenfeld
(zu Hamburg)
Hs.d.Jugend
Neumarkt
Industrie-
gebiet
Schimmelmannstraße
Dellestraße
Jenfelder Straße
Neubertbogen
Jenfelder Tannenweg
Hirschberger Weg
Öjendorfer
Umspannwerk
Rauchstraße
Wuthenowstr.
Hasen-
stieg
Feld
Bunzlauer Str.
koppel
Stemwarder Str.
Bei den Höfen
Osterkamp
Ossietzkystr.
Tycho-
Brahe-Weg
Kind.-
hm.
Marius-
weg
"Der Gute Hirte"
Rodigallee
Rodigallee
22043
1 = Dominikweg
Bohlens
Allee
Gehrdenweg
Universität
der
Bundeswehr
Am
Schieß-
stand
Elfsaal
Borgstücken
Kinder-
heim
Rodigallee
Zikadenweg
Turn-
halle
Elsa-Brändström-Str.
Pflegezentrum
Holstenhof
Schiffbeker Weg
Gehölz
Husarenweg
Sport-
platz
Oktaviostraße
Sch.
Holstenhof
Gymn.
Marienthal
Sportplatz
Sport-
platz
Aus-u. Fortb.-
zentr.
2
24
Kleingärten
Anschlussstelle
HH-Jenfeld
Sportplatz
Gemeinde-
haus
Zirpenweg
Aladinweg
Aladinweg
Rübezahlstraße
Stolten-
brücke
Zwischen den Hecken
Zwischen den
Hecken
Rautendeleinweg
Bärenhäuterweg
Aschenputtelstr.
Rotkäppchenweg
Jenfelder Bach
Rubbert-Str.
Haferblöcken
Derbyweg
Klein-Böcklerstraße
Spliedt-
ring
Geiß-
leinweg
Sultanstr.
Gemeinde-
haus
Fuchsberg-
weg
Hanseaten
Kaserne
Universität
d. Bundes-
wehr
Georg-Blume-
Kinderhrn.
Schneewitt-
chenweg
Drings-
Rispen-
Dannerallee
Klein-
gärten
Kleingärten
Kinder-
hm.
Rosen-
rotweg
Fuchsberg
Stern-
taler
2 = Pompelstieg
3 = Zittergrasweg
68
96

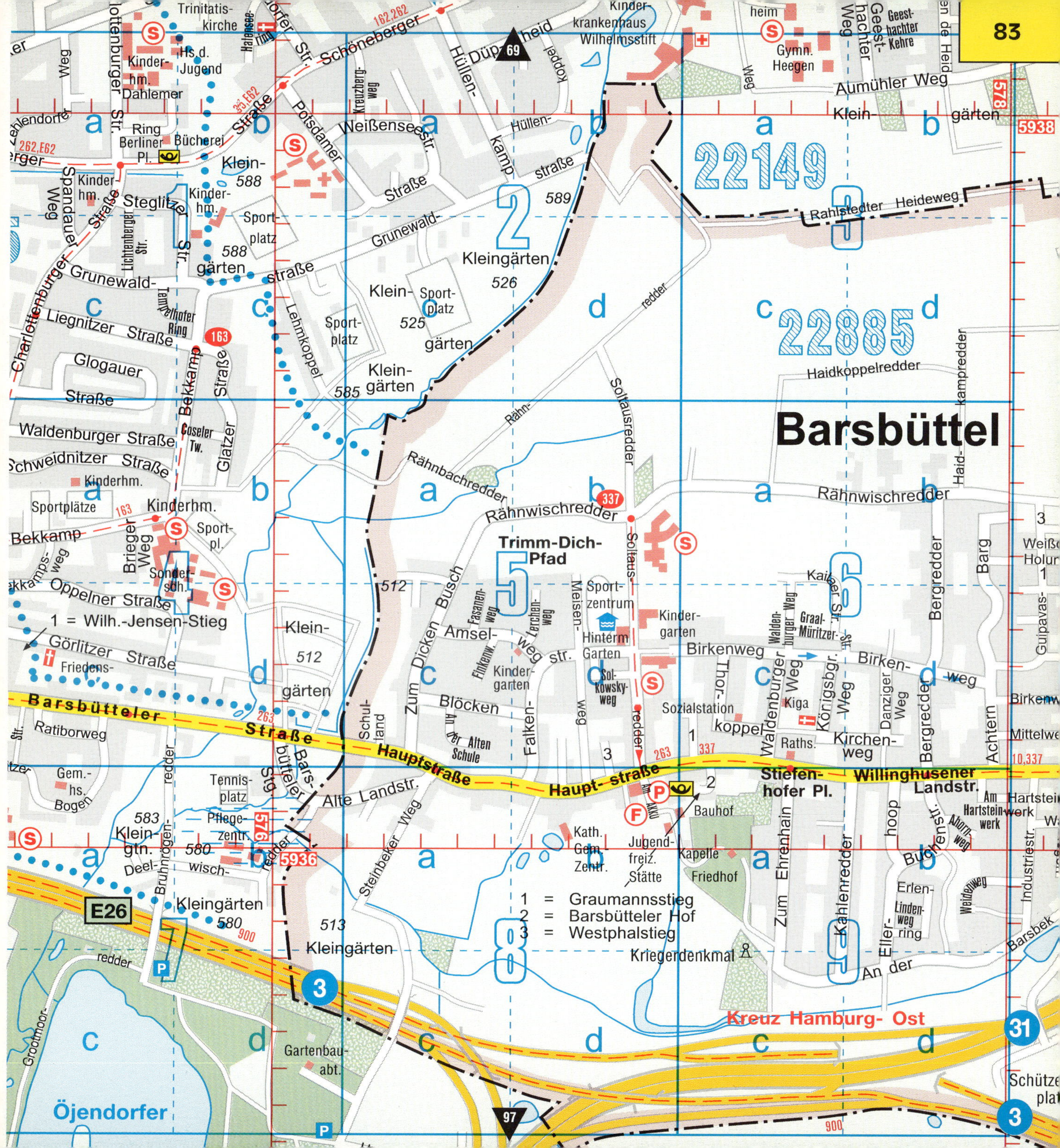
83
Barsbüttel
22149
22885
Trinitatis-kirche
Kinder-krankenhaus Wilhelmsstift
Gymn. Heegen
Geesthachter Kehre
Aumühler Weg
Kleingärten
Rahlstedter Heideweg
Haidkoppelredder
Haidkampredder
Schöneberger Straße
Potsdamer Straße
Weißenseestr.
Hüllenkamp
Hüllenstraße
Grunewaldstraße
Kinderhm. Dahlemer Ring
Berliner Pl.
Bücherei
Hs.d. Jugend
Spandauer Weg
Steglitzer Str.
Lichtenberger Str.
Charlottenburger Straße
Liegnitzer Straße
Tempelhofer Ring
Glogauer Straße
Waldenburger Straße
Schweidnitzer Straße
Bekkamp
Coseler Tw.
Glatzer Straße
Lehmkoppel
Sportplatz
Sportplätze
Kinderhm.
Brieger Weg
Sonder-sch.
Oppelner Straße
1 = Wilh.-Jensen-Stieg
Görlitzer Straße
Friedens-
Barsbütteler Straße
Ratiborweg
Gem.-hs. Bogen
Tennisplatz
Pflege-zentr.
Barsbütteler Stg.
Alte Landstr.
Bruhnrögenredder
Deelwisch
Kleingärten
E26
Öjendorfer
Grootmoor
Gartenbau-abt.
Rähnbachredder
Rähnwischredder
Trimm-Dich-Pfad
Zum Dicken Busch
Amselweg
Fasanenweg
Lerchenweg
Finkenw.
Kindergarten
Blöcken
An der Alten Schule
Falkenweg
Meisenweg
Sportzentrum
Hinterm Garten
Solkowsky-weg
Soltausredder
Kindergarten
Birkenweg
Sozialstation
Thorkoppel
Waldenburger Weg
Graal-Müritzer-Str.
Kaiser Str.
Kiga
Königsbgr. Weg
Danziger Weg
Kirchenweg
Raths.
Bergredder
Barg
Achtern
Hauptstraße
Schulland
Steinbeker Weg
Kath. Gem.-Zentr.
Jugend-freiz.-Stätte
Bauhof
Kapelle
Friedhof
Stiefenhofer Pl.
Willinghusener Landstr.
Zum Ehrenhain
Kahlenredder
Hoop
Buchenstr.
Erlenring
Lindenweg
Ellerring
Weidenweg
Ahornweg
Am Hartsteinwerk
Industriestr.
Barsbek
Kriegerdenkmal
An der
1 = Graumannsstieg
2 = Barsbütteler Hof
3 = Westphalstieg
Kreuz Hamburg-Ost
Schütze
Weißenhol
Guipavas-
Mittelweg

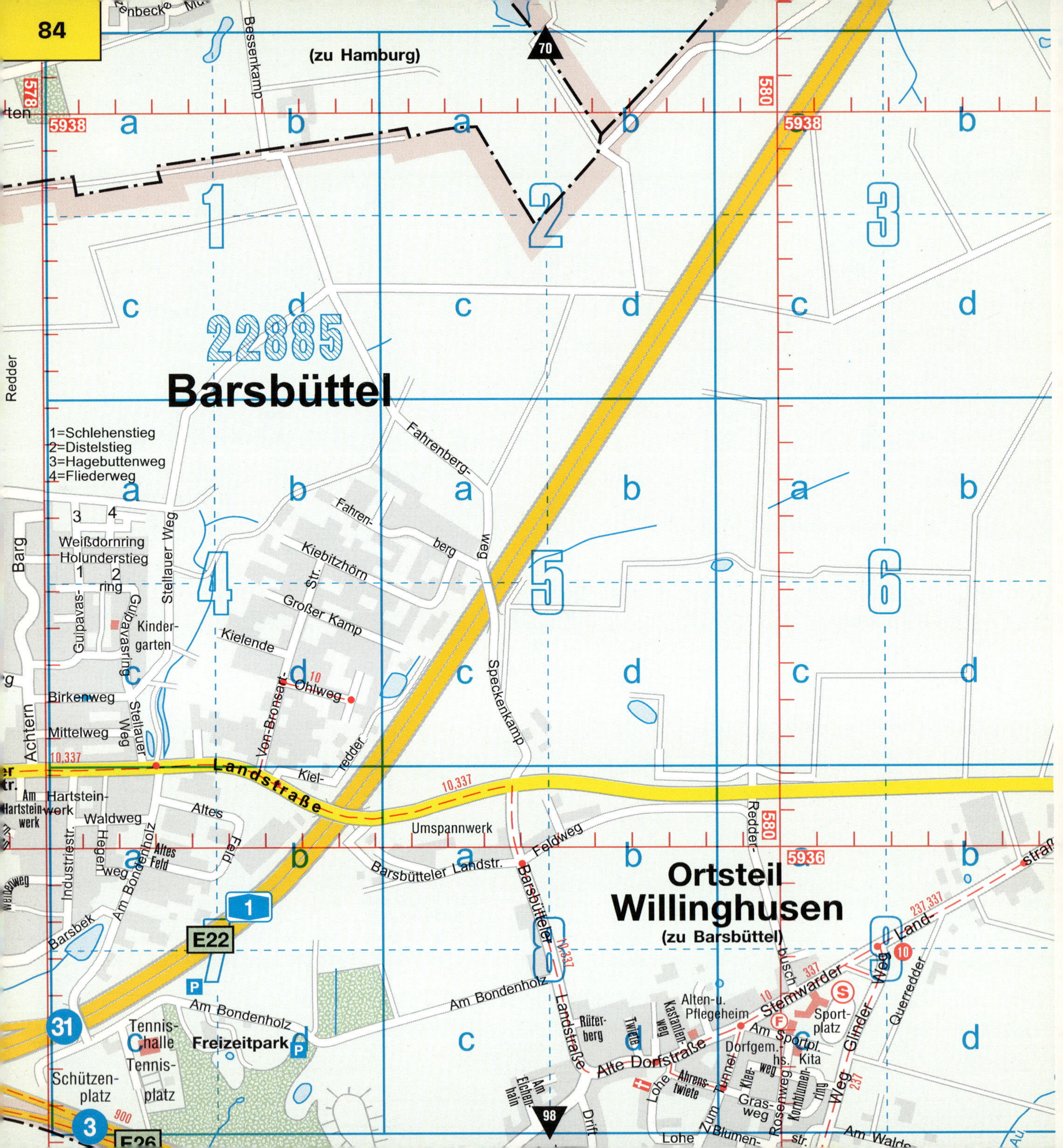
(zu Hamburg)
70
22885
Barsbüttel
1=Schlehenstieg
2=Distelstieg
3=Hagebuttenweg
4=Fliederweg
Bessenkamp
Redder
Barg
Weißdornring
Holunderstieg
Guipavasring
Stellauer Weg
Kindergarten
Birkenweg
Mittelweg
Achtern
Fahrenberg-weg
Fahrenberg
Kiebitzhörn
Großer Kamp
Kielende
Ohlweg
Von-Bronsart-Str.
Kielredder
Speckenkamp
Landstraße
Am Hartsteinwerk
Waldweg
Hegenweg
Altes Feld
Industriestr.
Am Bondenholz
Barsbek
Umspannwerk
Feldweg
Barsbütteler Landstr.
Barsbütteler Landstraße
Ortsteil Willinghusen
(zu Barsbüttel)
E22
Freizeitpark
Tennishalle
Tennisplatz
Schützenplatz
E26
Rüterberg
Twiete
Kastanienweg
Alten-u. Pflegeheim
Stemwarder Landstraße
Sportplatz
Am Sportpl.
Dorfgem.-hs.
Kita
Alte Dorfstraße
Lohe
Ahrenstwiete
Kleeweg
Grasweg
Rosenweg
Kornblumenring
Glinder Weg
Querredder
Am Eichenhain
Drift
Zum Tunnel
Blumenstr.
Am Walde
Redder
98
5938
5936
578
580

Ortsteil
Stemwarde
(zu Barsbüttel)
Rein-beker Straße
Römsmoorweg
Schulstraße
VHS
Bachstraße
Dorfring
Am Hainholz
Kronshorster Weg
Dorf-ring
Bergweg
Dornenweg
Lüttkoppel
Bahnhofstraße
Betonstraße
Dorfstraße
Stemwarder Brücke
Langeloher Weg
Feldstraße
Stemwarder Str.
(zu Reinbek)
Anschlussstelle
Reinbek
E26
24
4
5938
5936
582
71
99

Hans-
kalbsand
Hahnöfer Nebenelbe
546
5934
548
72
Jugend- u. Frauen-
vollzugsanstalt
Hahnöfersand
Sportplatz
Friedhof
Hahnöfer
Hahnöfersand
Ortsteil
Borstel
(zu Jork)
Borsteler
Binnenelbe
Naturschutzgebiet
Am Elbdeich
Am Elbdeich
Königs-
marckweg
Struckweg
Kl.
Seite
Hafen
Hinter der Mühle
Hinter der Mühle
Große Seite
Appelhoff
Morellenweg
Wiesengrund
Spreen-
kamp
Dros-
selstg.
Heister
weg
Kohlenhusen
704,708
84
30

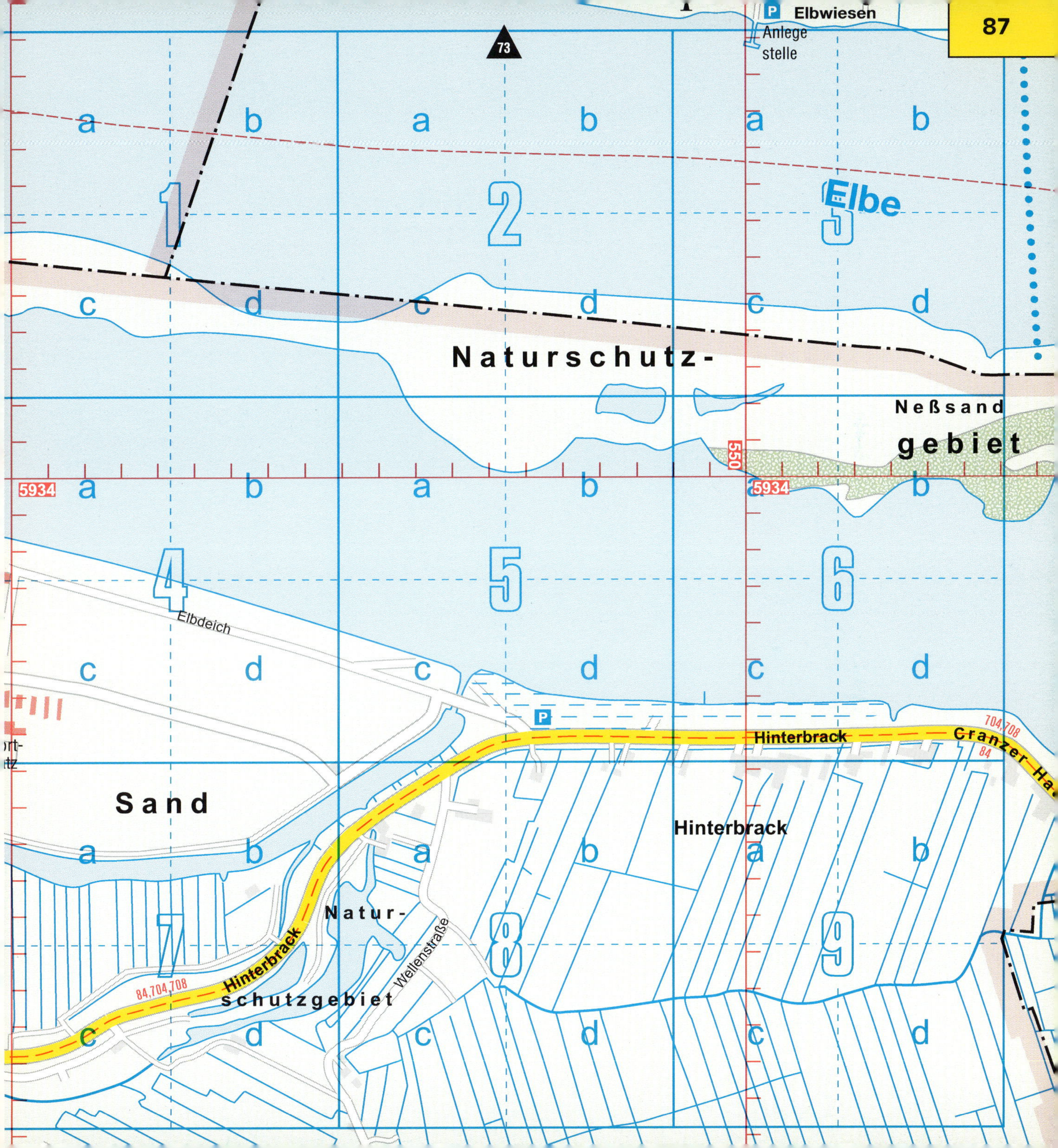
Elbwiesen
Anlege
stelle
73
Elbe
Naturschutz-
Neßsand
gebiet
550
5934
5934
Elbdeich
Sand
Hinterbrack
Hinterbrack
Cranzer Ha
704,708
84
Natur-
schutzgebiet
Wellenstraße
Hinterbrack
84,704,708

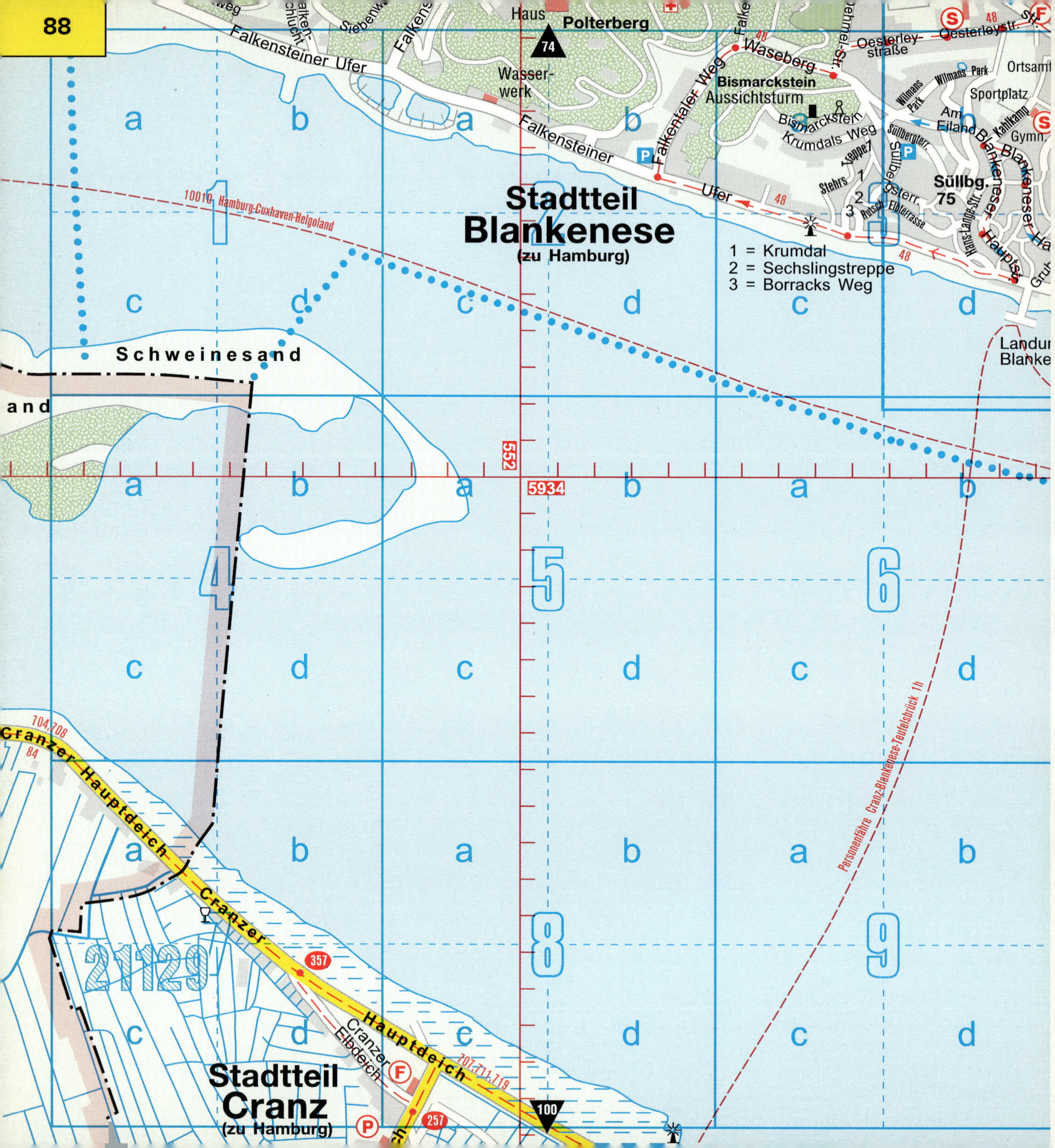
Polterberg
74
Haus
Wasser-
werk
Falkensteiner Ufer
Schweinesand
Stadtteil
Blankenese
(zu Hamburg)
1 = Krumdal
2 = Sechslingstreppe
3 = Borracks Weg
Waseberg
Bismarckstein
Aussichtsturm
Krumdals Weg
Falkentaler Weg
Oesterley-
straße
Oesterleystr.
Sportplatz
Wilmans Park
Am
Eiland
Blankeneser
Hauptst.
Süllbg.
75
Süllbergterr.
Elbterrasse
Hans-Lange-Str.
Gymn.
Landur
Blanke
10010 Hamburg-Cuxhaven-Helgoland
552
5934
Personenfähre Cranz-Blankenese-Teufelsbrück 1h
Cranzer Hauptdeich
Cranzer
Hauptdeich
Cranzer
Elbdeich
21129
357
257
100
Stadtteil
Cranz
(zu Hamburg)

Docken-
huden
Hirsch-
park
Mühlenberg
Naturdenkmal
Wildgehege
Stadtteil
Nienstedten
(zu Hamburg)
Hesse-
park
Baurs-
park
Hochkamp
22587
22609
Jollenhafen
Jollenhafen
Mühlenberg
Cityplan S.11
1 = Hirschparktreppe
1 = Jacobs Treppe
Elbe
Elbchaussee
Dockenhudener Straße
Elbuferweg
Strandweg
Sport-
pl.
akademie
der Bundeswehr
Kirche
Nienstedten
Friedhof
Nienstedten
Flugzeugwerft
Deutsche Aerospace
Airbus
Airbus Gelände
Flugzeugwerft
(in Bau)
Personenfähre Cranz-Blankenese-Teufelsbrück
Stade (elbe-city-jet)
10010 v. Hamburg n. Cuxhaven u. Helgoland

Klein Flottbek
Stadtt. Othmarschen
(zu Hamburg)
Teufelsbrück
Elbe
Elbchaussee
Jenisch-park
Wesselhoeftpark
Reemtsma-park
Hindenburgs-park
Gorch-Fock-Park
Garten
Institut f. Allgem. Botanik
Polo-platz
Golfplatz
22609
22605
21129
1 = Bettinastieg
2 = Elbschloßtreppe
3 = Am Wesselhoeftpark
4 = Am Internationalen Seegerichtshof
4 = Poppenpriel
5 = Reetstremel
6 = Feekstreek
7 = Besenreeg
1 = Külpersweg
2 = Ellernstieg
gepl. Werks-erweiterung
Rüschkanal
Steendiekkanal
Köhlfleet-hafen
Seemannshöft
Nautisches Zentrum
Lotsenhaus
Technologie-zentrum
Sportboot-anlage
Landungsbrücke Teufelsbrück
Teufelsbrück Hafen
Personenfähre 64
Personenfähre 62
Stade (elbe-city-jet)
Baron-Voght-Str.
Jürgensallee
Hochrad
Waitzstraße
Müllenhoffweg
Ohnhorststr.
Wilhelmistraße
Elbuferweg
Droysenstr.
Parkstraße
Bernadottestraße
Jenisch-Haus
Barlach-Haus Mus.
Gymn.
Christineum
76
102

Bahrenfeld
Industriestraße
Industriegebiet
gebiet
AS HH-Othmarschen
Othmarschen
Rosennhagenstr.
Walderseestraße
Behringstraße
Friedensallee
Steindamm
Bahrenfelder Str.
Gaußstraße
Ottensen
(zu Hamburg)
Alma-Wartenberg-Pl.
Theater
Barnerstraße
Röhrigstr.
Allgemeines Krankenhaus Altona
Kleingärten
Roosens Park
Christusk.
Gem.-Hs.
E45
Hohenzollernring
Liszt-Str.
Bülowstr.
Bleickenallee
Altonaer Frauen-Klinik
Kinderkrkhs.
Rud.-Steiner-Sch.
Rathenaupark
Philosophenweg
Bernadottestraße
Elbtunnel
Elbchaussee
Schröders Elbpark
Övelgönne
Neumühlen
Rosengarten
Donners Park
Neumühler Kai
Museumshafen
Westkai
3 = Piependreiherweg
4 = Bei der Reitbahn
5 = Klein Brunnenstraße
6 = Mottenburger Twiete
Elbe
Tunnel im Bau
Elbtunnel
Personenfähre 62
Zoll- und Freihafengrenze
Anlegestelle
Athabaskakai
Athabaskahöft
Parkhafen
Burchardkai
Waltershofer Höft
Tankschiffhafen
Tankweg
Petroleumhafen
Parkhöft
Maakenwerder Höft
Container-
Fischereihafen
Fachhochsch. f. Seef.
Holländische Reihe
Halbmondsweg
Ventlowstraße
Hohenzollernring
Griegstraße
Grünebergstr.
Stresemannstr.

Altona-Altstadt
St.Pauli
Holstenstr.
Reeperbahn
Königstr.
Altona
Fischereihafen
Norderelbe
Werfthafen
Südkai
Vorhafen
Köhlbrandhöft
Toller Ort
Maakenwerder Höft
Kuhwerder Höft
Kaiser-Wilhelm-Höft
Hauptklärwerk
Ausrüstungskai
Antigua/Barbuda
Fischmarkt
Zoll- und Freihafengrenze
Neues Metropol Musical-theater
Heiligengeist-feld
"Hamburger Dom"
Jüd. Friedhf.
Stresemannstraße
Max-Brauer-Allee
Holstenstraße
Budapester Str.
Palmaille
Breite Straße
St. Pauli-Hafenstraße
Königstraße
Julius-Leber-Str.
Pepermölenbek
22765
22767
20359
15 = Helenenstieg
16 = Warnholtzstr.
17 = Stuhlmannstr.
18 = Lahrmannstr.
19 = Lamp'lweg
2 = Zeißtwiete
4 = Bei der Reitbahn
5 = Klein Brunnenstr.
6 = Lammstr.
4 = Lerchenstieg
7 = Stangestraße
8 = Beetsweg
9 = Braunschweiger Straße
11 = Arnemannstraße
13 = Rainvilleterrasse
14 = Klopstockterrasse
20 = Grotjahnstr.
21 = Elmenhorststr.
22 = Schmidts Passage
23 = Hoheschulstr.
24 = Komödienstieg
25 = Sägemühlenstr.
26 = Baumanns Treppe
27 = Hutmacherhof
28 = Am Nobisteich
29 = Herrenweide
30 = Bertha-Keyer-Weg
31 = Querstraße
32 = Silbersacktwiete
33 = Gerhardstraße
34 = Herbertstraße
35 = Heidritterstr.
36 = Hafentreppe
37 = Balduintreppe
38 = Davidstreppe
Werft
1 = Schanzenweg
2 = Beim Kraftwerk

20354
20099
20095
20459
Messegelände
Messehallen
Congress Centrum Hamburg
Dag-Hammarskjöld-Pl.
Dammtor
Stephanspl.
Planten un Blomen
Alter Botanischer Garten
Kennedybrücke
Alsterglacis
Gurlitt-Insel
2 = Zimmerpforte
3 = Stralsunder Straße
4 = Besenbinderhof
St. Georg
An der Alster
Lombardsbr.
Binnenalster
Jungfernstieg
Gänsemarkt
Stephans-Esplanade
Gorch-Fock-Wall
Sievekingplatz
Justizgebäude
Große Wallanlagen
Holstenwall
Glockengießerwall
Ernst-Merck-Str.
Hbf. Nord
Hauptbhf.
Hauptbhf.-Süd
Steintordamm
ZOB
Adenauerallee
Carl-Legien-Pl.
Kurt-Schumacher-Allee
Mönckebergstr.
Spitalerstr.
Rathaus
Rathausstr.
Börse
Steinstraße
Altstädter Str.
Klosterwall
Nordkanalbrücke
ADAC
5 = Woltmannstr.
Deichtorstraße
Ludwig-Erhard-Straße
Ost-West-Straße
Rödingsmarkt
Domstraße
Brandstw.
Meßberg
Steinstr.
Ericusspitze
Zoll
Ericusgr.
Dovenfleet
Brooktorkai
Oberbaumbr.
Willy-Brandt-Straße
Hammerbrook
Erste Banksbr.
Cityplan S.12,13
Hmbg. Hauptgüterbf.
Veterinäramt
Landungsbr.
Johannisbollwerk
Vorsetzen
Baumwall
Niederhafen
Zollkomm. Zollschiffst.
Hanseatic Trade Center (in Bau)
Am Sandtorkai
Sandtorhafen
Kaiserkai
Dalmannkai
Grasbrookhfn.
Hübnerkai
Strom-u. Hafenbau
Brooktor
Magdeburger Str.
Baakenbr.
Versmannkai
Versmannstr.
Petersenkai
Baakenhöft
Cap San Diego
Brandenbg. Hfn.
Kaiserhöft
Schiffbauerhfn.
Strandhöft
Strandhafen
Strandkai
Kraftwerk
Hafentheater
Guanofleetbr.
Arningkai
Reiherstieg
Reiherstr.
Personenfähre
Hamburg
Norderelbe
Veddelhöft
Holthusenkai
Amerikahöft
Afrikahöft
Krahnhöft
Segelschiffhafen
Melniker
Asiak.
Neuer Wall
Alter Wall
Schauenburgerstr.
Bleichen
Kaiser-Wilhelm-Str.
Wexstr.
Großneumarkt
Michel
Schaarsteinweg
Herrengraben
Admiralitätsstr.
Katharinenfleet
Neß
Bei den Mühren
Zippelhaus
St. Annen
Holländischer Brook
Speersort
Burchardpl.
Kontorhausviertel
Hopfenmarkt
Zeughausmarkt
Böhmkenstr.
Ditm.-Koel-Str.
Neustädter Neuer Weg
Brenner Str.
Danziger Str.
Lange Reihe
Koppel
Hansaplatz
Steindamm
Kreuzweg
Holzdamm
Glacischaussee
1R
4
79
105

Borgfelde
Hammerbrook
Klostertor
Hamm-S
Sechslingspforte
Lübecker Str.
Landwehr
Sievekingsallee
Bürgerweide
Burgstraße
Burgstr.
Hammer Landstraße
Lohmühlenstr.
Steindamm
Allgemeines Krankenhs. St. Georg
1 = Wismarer Straße
2 = Zimmerpforte
3 = Stralsunder Straße
Berliner Tor
Borgfelder Str.
Klaus-Groth-Str.
1=Borgfelder Stieg
Strohhause
Adenauerallee
Eiffestraße
Kurt-Schumacher-Allee
Berl. Tor
ZOB
Carl-Legien-Pl.
Nordkanal
Spaldingstraße
4 = Besenbinderhof
5=Woltmannstr.
Heidenkampsweg
Wendenstraße
Hammerbrook
ADAC
Amsinckstraße
Süderstraße
Südkanal
Mittelkanal
Billwerder Steindamm
Grevenweg
Bille
Grüne Brücke
Hochwasserbassin
Stolten-Park
Tansania
2=Bardenw.
3=Cimbernw.
Sorbenstraße
Großmarkthalle Obst, Gemüse u. Blumen
Oberhafen
Baakenhafen
Versmannstraße
Kirchenpauerkai
Billhorner Brückenstr.
Billhorner Br.
Billstraße
Container bahnhof
Rothenburgsort
Güterbf. Rothenburgsort
Marckmannstraße
Großmannstr.
Ausschläger Billdeich
1=Hintzpetersteig
Schwarze Brücke
Bullenhuser Damm
Hammer Deich
Hammer Kirche
Thörls Park
Carl-Petersen-Straße
Simeonkirche
Wandsbeker Stg.
Angerstr.
Bethesda-Krkh.
Marien-krkhs.
80
106
5
4
75
160

Hamm-Nord
Hammer Park
20535
Sievekingsallee
Stadtt. Hamm
(zu Hamburg)
Hammer Landstr.
Rauhes Haus
Anschlussstelle HH-Horn
Horner Rennbahn
Rennbahn
Stadtteil Horn
(zu Hamburg)
1 = Sebastiangasse
2 = Anna-Lühring-Weg
3 = Beim Hirtenkaten
4 = Scheteligsweg
5 = Bömelburgstieg
Manshardtstraße
Hermannstal
Washingtonallee
Rennbahnstraße
Blohms Park
Horner Landstraße
Bergedorfer Straße
Eiffestraße
Diagonalstraße
2 = Wetkesgarten
3 = Howisch
4 = Boomhof
6=Sandkampstg.
7=V.-Elm-Stieg
Horner Park
Horner Rampe
HH-Horner Rampe
Schurzallee-Nord
Schurzallee-Mitte
22111
Kleingärten
Tierheim
Süderstraße
Braune Brücke
Billerhuder Insel
22539
Bullenhuser Kanal
Billekanal
Billhorner Mühlenweg
Billdeich
Billwerder Ausschlag
Großmannstraße
Billufer
Bille
Billbrookdeich
Industriegelände
Blaue Brücke
8 = Grosseweg
9 = Vierbergentwiete
10 = Am Anger
11 = Ilexweg
12 = Ilextwiete
HH-Billstedt
Berzeliusstraße
(AKN)-Güterbahn
Liebigstraße
Poggendorffstr.
Industriegebiet
Gustav-Kunst-Str.

Stadtteil Horn
(zu Hamburg)
Stadtteil Billstedt
(zu Hamburg)
Schiffbek
Öjendorf
Manshardtstraße
Schiffbeker Weg
Hermannstal
Kattensteert
Schiffbeker Höhe
Glinder Straße
Archenholzstraße
Möllner Landstraße
Billstedter Hauptstr.
Reclamstraße
Steinfeldstraße
Horner Moor
Gymnasium St. Georg
Hauptfriedhof
Krematorium
Verwaltung
Kapelle
4=Dinkelkamp
5=Fuchsbergredder
1=Graßmannweg
13=Kreuzkirchenstieg
1 = Maukestieg
Schiffbeker Moor
Legienstr.
Legienbrücke
Billstedt
Merkenstr.
Schleemer Teich
Freibad
Bücherei
Kreuzkirche
Gelbe Brücke
HH-Billstedt-Mitte
Industriegelände
Botsuana
Sonderschule
Gymnasium
Haupt- u. Realschule
Gesamt-Realsch.
Kleingärten
Sportplätze
Jenkelweg
Hasenbanckweg
Mattkamp
Reinskamp
Dudenweg
Tabulatorw.
Pergamentweg
Papyrusweg
Kapellenstraße
Druckerstraße
Teubnerweg
Oststeinbeker Weg
Landjägerstieg
Fuchsbergredder
Haferblöcken
Manshardtstr.
Speckenreye
Horner Redder
Querkamp
Zürnerweg
Grüningweg
Laufkötterw.
Kinderhm.
22119

Öjendorfer
See
Freibad
Öjen-
Rodelberg
dorfer
Park
Strandbad
22117
Haßloredder
Barsbütteler Weg
Klein-
gärten
Umspannwerk
Kreuz
Hamburg-Ost
Regenrück-
haltebecken
22113
Oststeinbek
Hegenredder
Klein-
gärten
Gewerbe-
gebiet
Im Hegen
Gewerbe-Ring
Meessen
Am Knick
Kolbergen
Willinghusener Weg
Grenzweg
Bogenschieß-
anlage
Tennis-
plätze
Sport-
platz
Klein-
gärten
Anschlussstelle
HH-Öjendorf
Glinder
Landstraße
Straße
Möllner
Möllner Landstr.
Koolbarg
Rodeweg
Schlangen-
koppel
Ohlwurt
Breeden-
weg
Kaltenbergen
Walter-Rackert-
Sporth.
Tennishalle
Jug.-
zentr.
Tennis-
pl.
Sportpl.
C-
Anlage
Smaal-
koppel
Kirschenweg
Breedenweg
Hansetor
Hamburger Kamp
Querweg
Grellkamp
Parkweg
Deefenallee
Post-
weg
Kleiner
Postw.
Gerberstraße
Barsbütteler Weg
Wiesenweg
Heidlohe
Zum
Forellen-
bach
Rübekampen
Kinder-
tages
stätte
Zum Osterstein
Anne-
Jennfeldt-Str.
Hoch-
kamp
Geest-
höhe
Kampstraße
Birkenhain
Altenheim
Sozialstation
Rathaus
DRK
Eich-
redder
Bergstr.
Twiete
Ki.-
gart.
Grüner Bogen
Stettiner
Str.
Lägerfeld
Brücken-
str.
Ufer-
Mühlenstr.
Mühlen-
teich
Am Eich
Am Südhang
Stormarn
Glinder Au
Oststeinbeker Weg
Keitumer Weg
Kampener Stieg
Lister Weg
Knivsbergweg
Rantumer Weg
Steinfurther Allee
An der Glinder Au
Waldpark
Kleingärten
Stein-
furth
Steinfurths
Diek
Sport-
plätze
Sonnenland
22115
E22

Ortsteil Willinghusen
(zu Barsbüttel)
(zu Oststeinbek)
Oststeinbeker Weg
Willinghusener Weg
Hügelgrab
Kläranlage
Friedericipark
Mühlenteich
Friedhof
Kapelle
Glinder Mühle
Möllner Landstraße
Blockhorner Allee
Domhorster Mühlenteich
Glinder Au
Gut Domhorst
Avenue St. Sebastien
Rathaus "Marcellin-Verbe-Haus"
Stadtverwaltung
Markt
Papendieker Redder
Kleiner Glinder Berg
Pestalozzistraße
Mühlenstraße
Domhorster Allee
Albert-Ihle-Straße
Grundschule Tannenweg
Kindertagesstätte
Sozialstation
Gemeinsch.-zentr.
Sönke-Nissen-Allee
Saalbergstraße
Sandkamp
An der Au
Haidhorster Weg
Langstücken
Birkenhain
Kampstraße
Hochkamp
Kolberger Str.
Breslauer Str.
Dorfstraße
Schulstraße
Am Sportplatz
Am Bogen
Rödenbrooksweg
Diekkoppelweg
Gartenweg
Am Berge
Bei den Tannen
Gartenstraße
Am Walde
Kupferweg
110

Anschlussstelle
Reinbek
Glinde
21509
Stadtteil
Wiesenfeld
(zu Glinde)
Neuschönning-
stedt
(zu Reinbek)
Schönning-
stedt
Haidkrug
Hügelgräber
Kapelle
Friedhof
Grundschule
Gewerbe-
gebiet
HVV
Betriebs-
hof
Bummerei-
brücke
Wohngebiet
(in Plan.)
1 = Hagebuttenweg
3=Schweriner Weg
4=Allensteiner Weg
1 = Knickrehm
Möllner Landstraße
Stemwader Straße
Haidkrug-
chaussee
Königstraße
Bummereiweg
Oher Weg
Am Sportplatz
Gorch-Fock-
Straße
Haidkoppelweg
Stübenkoppel
Berliner Str.
Beim Zeugamt
Biedenkamp
Feldstr.
Feldstraße
Bredenhorn
Platanen-
weg
Mittelweg
Sandweg
Gartenweg
Am Moor
Erlengrund
Eichen-
allee
Tennishalle
Tennisplatz
Bolzplatz
Schulzentrum
Sporthalle
"Forum"
Sportplätze
Senefelder
Ring
Reinbeker
Weg
85
111

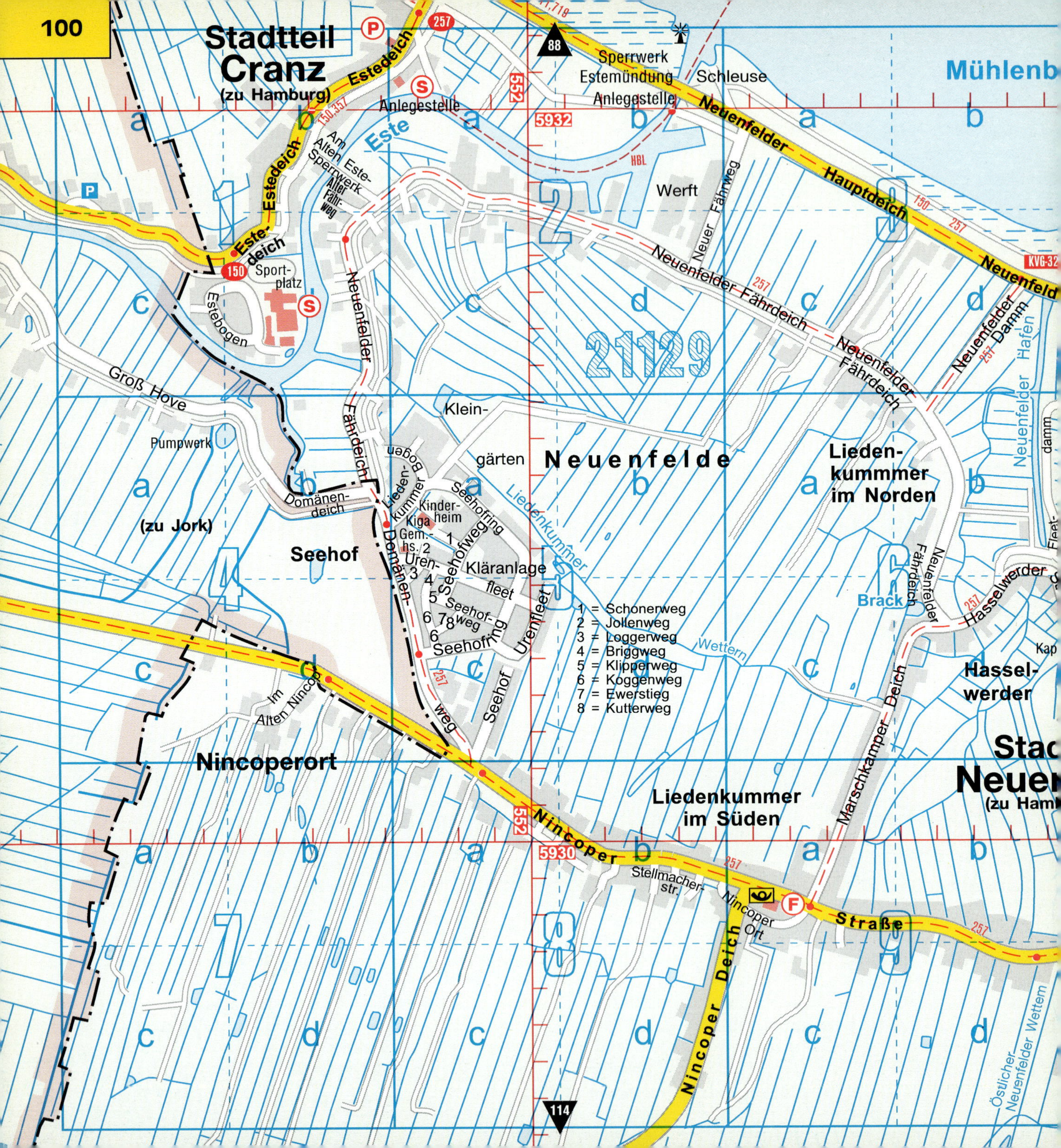
Stadtteil
Cranz
(zu Hamburg)
Estedeich
Anlegestelle
Este
Am Alten Este-Sperrwerk
Alter Fährweg
Sportplatz
Estebogen
Sperrwerk
Estemündung
Anlegestelle
Schleuse
Mühlenb
Neuenfelder Hauptdeich
Werft
Neuer Fährweg
Neuenfelder Fährdeich
21129
Neuenfelder Damm
Neuenfelder Hafen
Groß Hove
Pumpwerk
(zu Jork)
Domänendeich
Seehof
Kleingärten
Neuenfelde
Liedenkummer Bogen
Kinderheim
Kiga
Gem.-hs.
Seehofring
Seehofweg
Kläranlage
Urenfleet
Liedenkummer
Liedenkummer im Norden
Brack
Hasselwerder
Wettern
Domänenweg
Seehofring
Seehof
Im Alten Nincop
Nincoperort
1 = Schonerweg
2 = Jollenweg
3 = Loggerweg
4 = Briggweg
5 = Klipperweg
6 = Koggenweg
7 = Ewerstieg
8 = Kutterweg
Hasselwerder
Stad
Neuer
(zu Ham
Liedenkummer im Süden
Marschkamper Deich
Nincoper Straße
Stellmacherstr.
Nincoper Ort
Nincoper Deich
Östlicher Neuenfelder Wettern
88
114
5932
5930

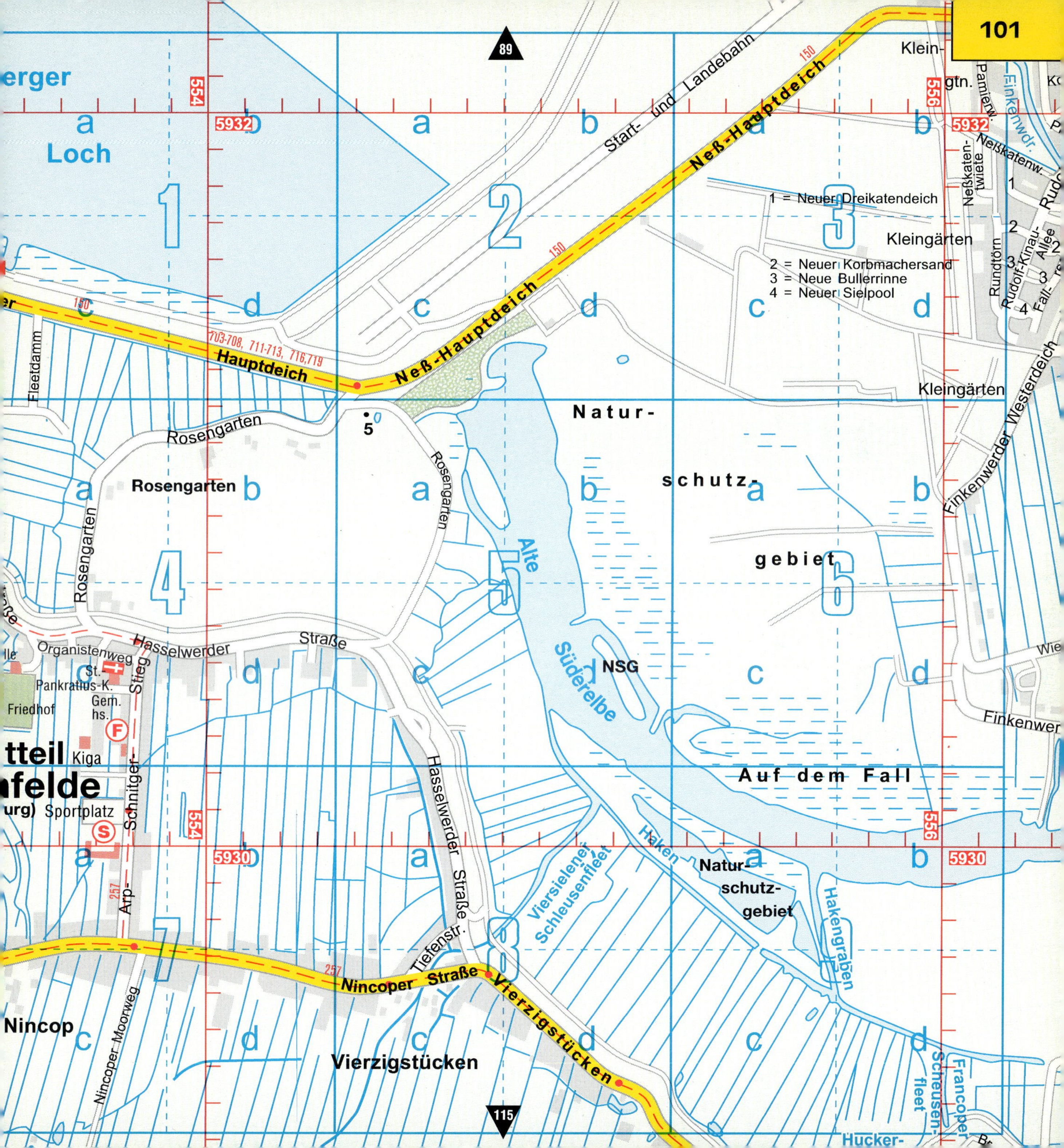
89
Loch
Start- und Landebahn
Neß-Hauptdeich
Hauptdeich
1 = Neuer Dreikatendeich
2 = Neuer Korbmachersand
3 = Neue Bullerrinne
4 = Neuer Sielpool
Kleingärten
Neßkatenw.
Fleetdamm
Rosengarten
Natur-
schutz-
gebiet
Alte
Süderelbe
NSG
Finkenwerder Westerdeich
Organistenweg
Hasselwerder Straße
St.-Pankratius-K.
Friedhof
Gem.-hs.
Kiga
Sportplatz
Schnitger-Steg
Arp-Schnitger-Steg
Auf dem Fall
Haken
Natur-
schutz-
gebiet
Viersielener Schleusenfleet
Hakengraben
Tiefenstr.
Nincoper Straße
Vierzigstücken
Nincop
Nincoper Moorweg
Francoper Schleusenfleet
Hucker-
115

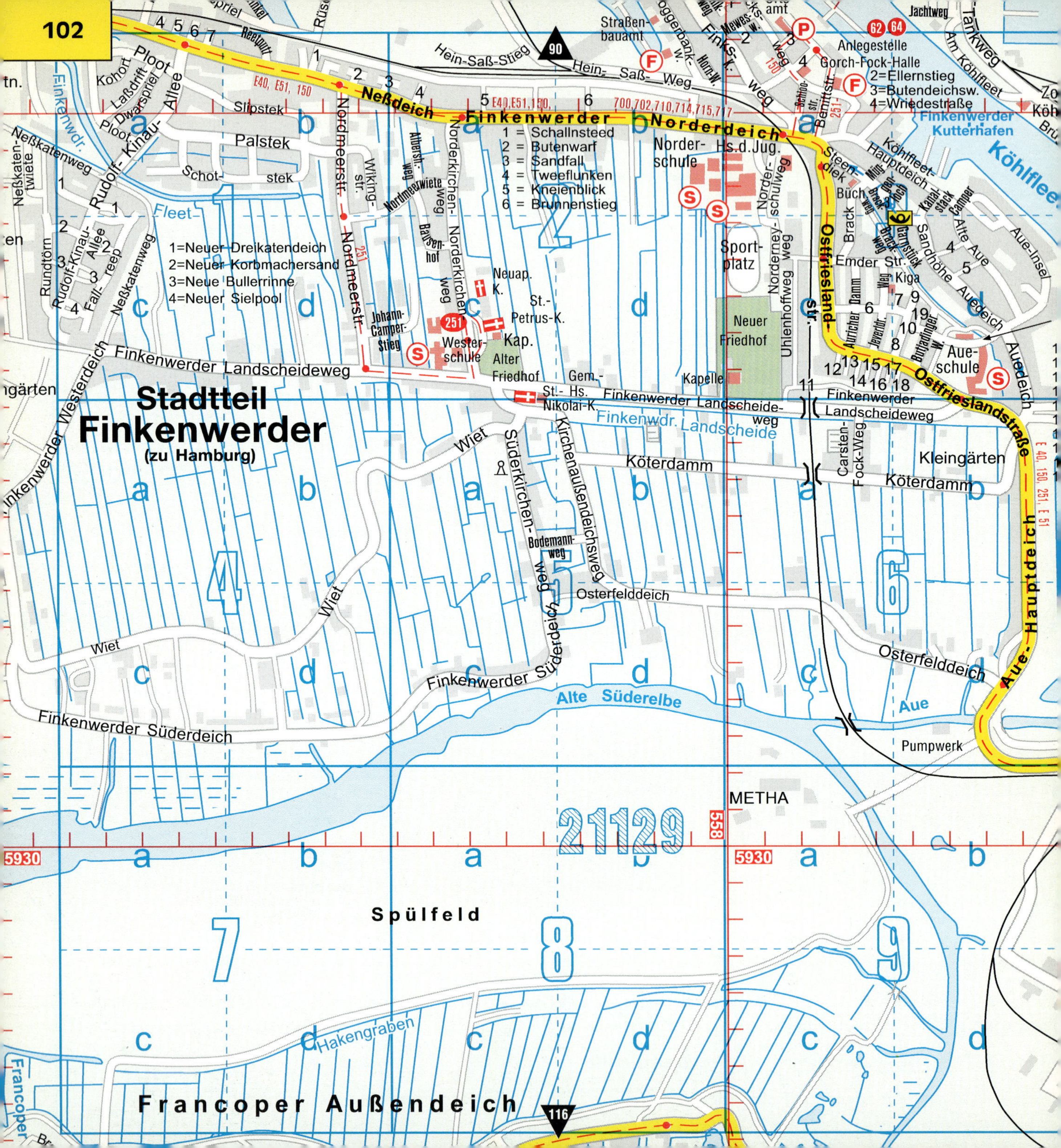
Stadtteil Finkenwerder
(zu Hamburg)
Neßdeich
Finkenwerder Norderdeich
Ostfrieslandstraße
Aue-Hauptdeich
1 = Schallnsteed
2 = Butenwarf
3 = Sandfall
4 = Tweeflunken
5 = Kneienblick
6 = Brunnenstieg
1=Neuer Dreikatendeich
2=Neuer Korbmachersand
3=Neue Bullerrinne
4=Neuer Sielpool
2=Ellernstieg
3=Butendeichsw.
4=Wriedestraße
Anlegestelle
Gorch-Fock-Halle
Finkenwerder Kutterhafen
Köhlfleet
Hein-Saß-Stieg
Hein-Saß-Weg
Straßenbauamt
Finkenwerder Landscheideweg
Finkenwdr. Landscheide
Köterdamm
Osterfelddeich
Finkenwerder Süderdeich
Alte Süderelbe
Aue
Pumpwerk
METHA
21129
Spülfeld
Hakengraben
Francoper Außendeich
Norderschule
Hs.d.Jug.
Sportplatz
Neuer Friedhof
Kapelle
Alter Friedhof
Westerschule
Aueschule
St.-Petrus-K.
St.-Nikolai-K.
Neuap. K.
Kap.
Gem.-Hs.
Kleingärten
Palstek
Slipstek
Schotstek
Fleet
Wiet
Süderkirchenweg
Kirchenaußendeichsweg
Bodemannweg
Nordmeerstr.
Norderkirchenweg
Uhlenhoffweg
Norderneyweg
Norderschulweg
Carsten-Fock-Weg
Emder Str.
Auedeich
Alte Aue
Sandhöhe
Kiga
Rudolf-Kinau-Allee
Neßkatenweg
Neßkatentwiete
Finkenwerder Westerdeich
Johann-Camper-Stieg
Wikingstr.
Ballsenhof
Steendiek
Benittstr.
Finksweg
90
116
5930
558

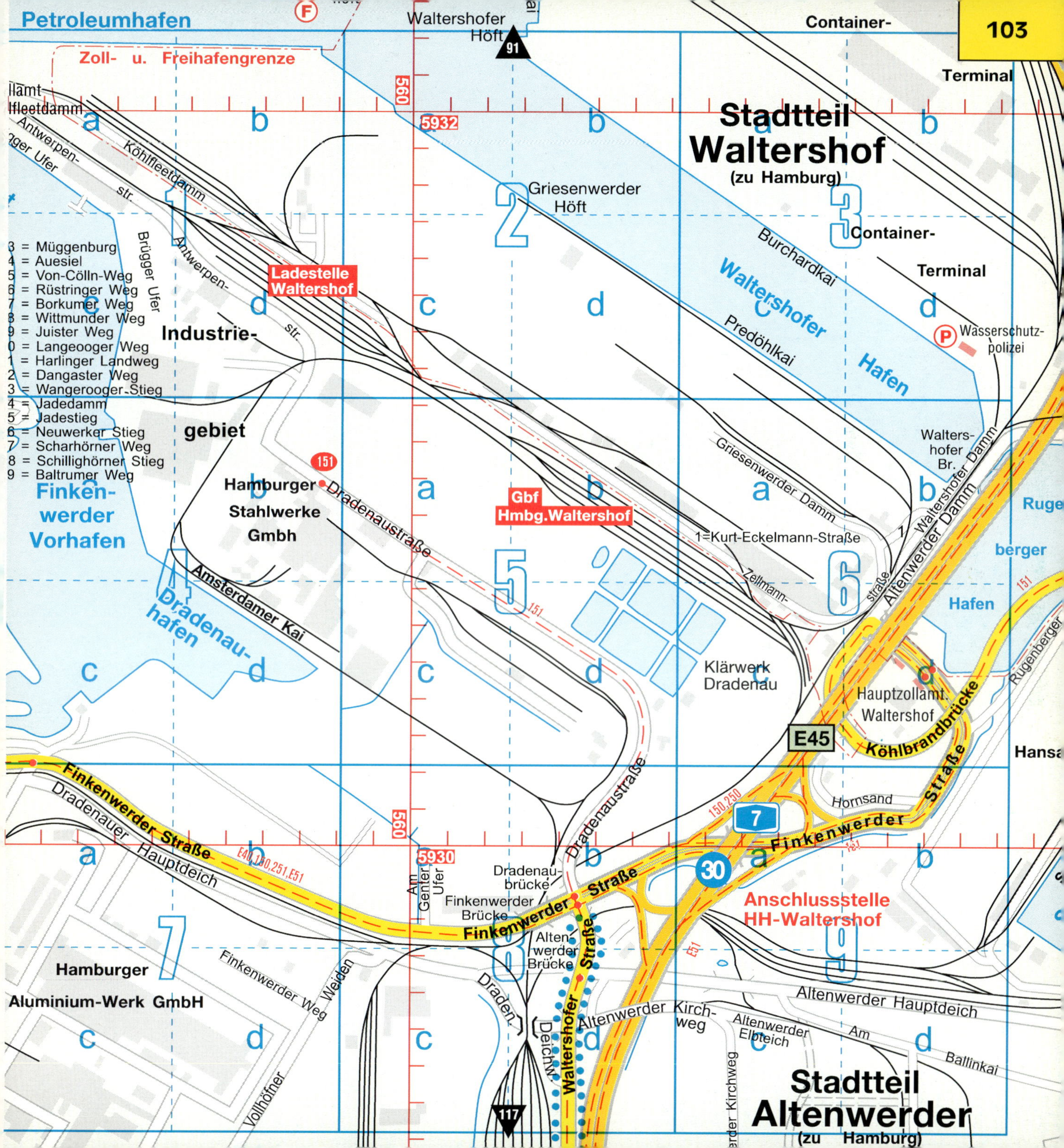

Petroleumhafen
Zoll- u. Freihafengrenze
Waltershofer Höft
91
Container-
Terminal
Stadtteil Waltershof
(zu Hamburg)
Köhlfleetdamm
Antwerpen-str.
Brügger Ufer
Griesenwerder Höft
Container-
Terminal
Burchardkai
Waltershofer Hafen
Predöhlkai
Wasserschutz-polizei
Ladestelle Waltershof
Industrie-
gebiet
3 = Müggenburg
4 = Auesiel
5 = Von-Cölln-Weg
6 = Rüstringer Weg
7 = Borkumer Weg
8 = Wittmunder Weg
9 = Juister Weg
0 = Langeooger Weg
1 = Harlinger Landweg
2 = Dangaster Weg
3 = Wangerooger-Stieg
4 = Jadedamm
5 = Jadestieg
6 = Neuwerker Stieg
7 = Scharhörner Weg
8 = Schillighörner Stieg
9 = Baltrumer Weg
Finken-werder Vorhafen
Hamburger Stahlwerke Gmbh
Dradenaustraße
Gbf Hmbg.Waltershof
Griesenwerder Damm
1=Kurt-Eckelmann-Straße
Zellmann-straße
Waltershofer Damm
Altenwerder Damm
Walters-hofer Br.
Rugeberger Hafen
Amsterdamer Kai
Dradenau-hafen
Klärwerk Dradenau
Hauptzollamt Waltershof
Köhlbrandbrücke
Straße
Rugenberger
Hansa
E45
Hornsand
Finkenwerder
7
30
Finkenwerder Straße
Dradenauer Hauptdeich
Am Genter Ufer
Dradenau-brücke
Finkenwerder Brücke
Alten-werder Brücke
Waltershofer Straße
Anschlussstelle HH-Waltershof
Hamburger Aluminium-Werk GmbH
Finkenwerder Weg
Weiden
Draden
Deichw.
Altenwerder Kirchweg
Altenwerder Elbdeich
Altenwerder Hauptdeich
Am Ballinkai
Vollhöfner
Stadtteil Altenwerder
(zu Hamburg)
117

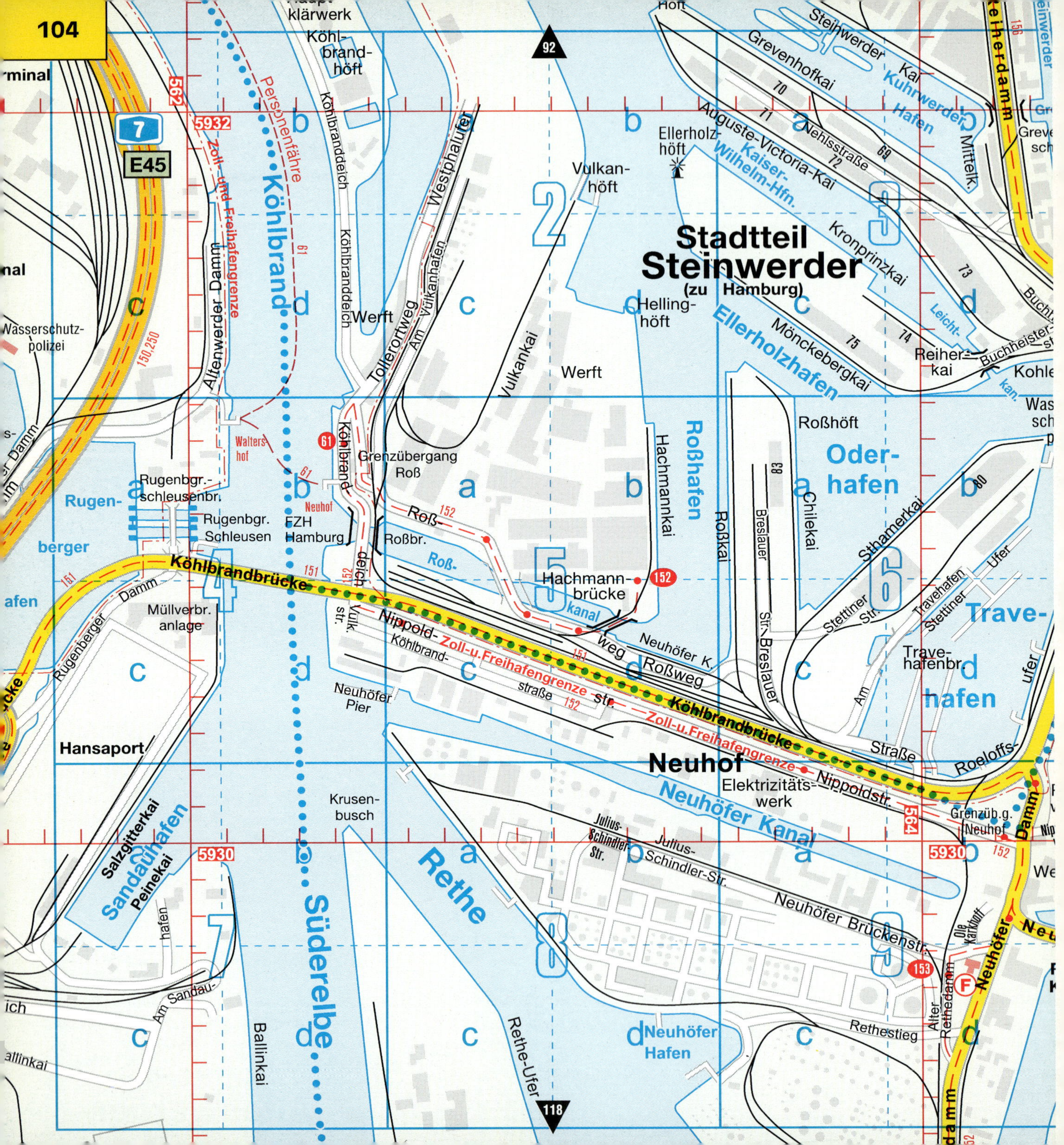

klärwerk
Köhlbrandhöft
Köhlbranddeich
Personenfähre
Zoll- und Freihafengrenze
Köhlbrand
Altenwerder Damm
Wasserschutzpolizei
Westphalenufer
Am Vulkanhafen
Tollerortweg
Werft
Vulkanhöft
Vulkankai
Ellerholzhöft
Stadtteil Steinwerder (zu Hamburg)
Hellinghöft
Grevenhofkai
Steinwerder Kai
Kuhwerder Hafen
Nehlsstraße
Auguste-Victoria-Kai
Kaiser-Wilhelm-Hfn.
Kronprinzkai
Ellerholzhafen
Mönckebergkai
Reiherkai
Buchheisterstr.
Reiherdamm
Mittelk.
Leichtkan.
Roßhöft
Oderhafen
Chilekai
Breslauer Str.
Roßkai
Roßhafen
Hachmannkai
Hachmannbrücke
Roßkanal
Roßbr.
Roßweg
Neuhöfer K.
Grenzübergang Roß
Walters-hof
Neuhof
FZH Hamburg
Rugenbgr.-schleusenbr.
Rugenbgr. Schleusen
Rugenberger Hafen
Rugenberger Damm
Köhlbrandbrücke
Müllverbr. anlage
Hansaport
Vulk. str.
Nippold-str.
Köhlbrandstraße
Zoll-u. Freihafengrenze
Neuhöfer Pier
Sthamerkai
Stettiner Str.
Travehafen
Ufer
Am Travehafenbr.
Trave-hafen
Straße
Roeloffs-
Neuhof
Elektrizitätswerk
Nippoldstr.
Neuhöfer Kanal
Grenzüb.g. Neuhof
Neuhöfer Damm
Julius-Schindler-Str.
Neuhöfer Brückenstr.
Krusenbusch
Rethe
Rethe-Ufer
Salzgitterkai
Sandauhafen
Peinekai
Am Sandau-
Ballinkai
Süderelbe
Neuhöfer Hafen
Rethestieg
Alter Rethedamm
Ole Karkhoff
Neuhöfer
Rethedamm
E45
7
92
118
5932
5930
562
564

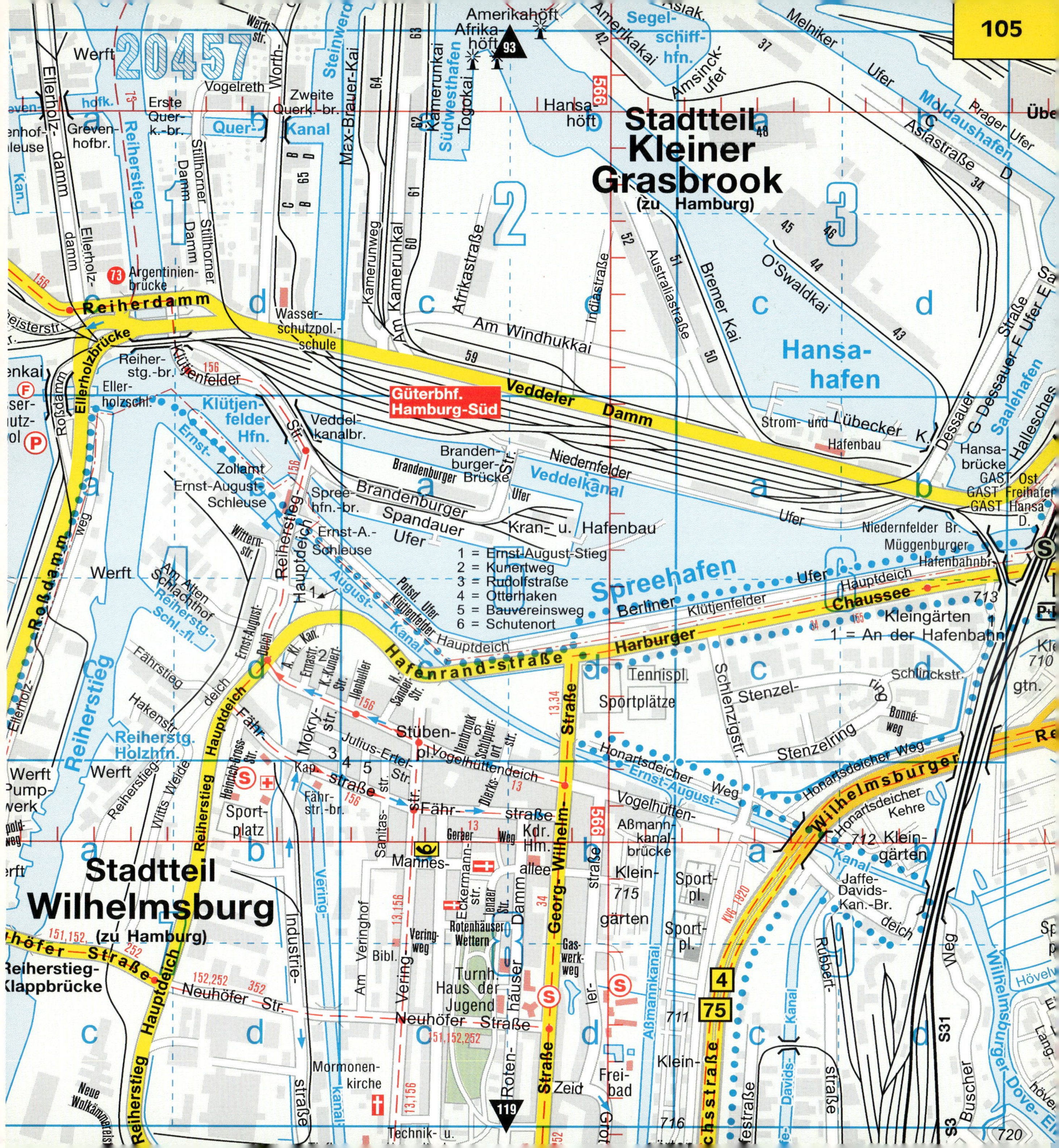
20457
Stadtteil
Kleiner
Grasbrook
(zu Hamburg)
Stadtteil
Wilhelmsburg
(zu Hamburg)
Amerikahöft
Afrikahöft
Hansahöft
Segelschiffhfn.
Amerikakai
Asiastraße
Moldaushafen
Melniker Ufer
Prager Ufer
Amsinckufer
Südwesthafen
Kamerunkai
Togokai
Kamerunweg
Am Kamerunkai
Afrikastraße
Am Windhukkai
Indiastraße
Australiastraße
Bremer Kai
O'Swaldkai
Hansahafen
Max-Brauer-Kai
Steinwerder
Werft
Worthstr.
Vogelreth
Zweite Querk.-br.
Erste Querk.-br.
Querkanal
Grevenhofbr.
Reiherstieg
Ellerholzdamm
Stillhorner Damm
Argentinienbrücke
Reiherdamm
Wasserschutzpol.-schule
Veddeler Damm
Güterbhf. Hamburg-Süd
Strom- und Hafenbau
Lübecker K.
Hafenbau
Dessauer Straße
Dessauer Ufer
Saalehafen
Hansabrücke
GAST Ost
GAST Freihafen
GAST Hansa
Ellerholzbrücke
Reiherstg.-br.
Ellerholzschl.
Klütjenfelder
Klütjenfelder Hfn.
Veddelkanalbr.
Brandenburger Brücke
Brandenburger Str.
Niedernfelder Ufer
Veddelkanal
Brandenburger Ufer
Spandauer Ufer
Kran- u. Hafenbau
Zollamt
Ernst-August-Schleuse
Ernst-August-Kanal
Spreehfn.-br.
Ernst-A.-Schleuse
Wittern-str.
Reiherstieg Hauptdeich
Roßdamm
Werft
Am Alten Schlachthof
Reiherstg.-Schl.-fl.
Fährstieg
Hakenstr.
Reiherstg. Holzhfn.
1 = Ernst-August-Stieg
2 = Kunertweg
3 = Rudolfstraße
4 = Otterhaken
5 = Bauvereinsweg
6 = Schutenort
Spreehafen
Berliner Ufer
Klütjenfelder Hauptdeich
Niedernfelder Br.
Müggenburger Hafenbahnbr.
Harburger Chaussee
Kleingärten
1 = An der Hafenbahn
Hafenrandstraße
Tennispl.
Sportplätze
Schlenzigstr.
Stenzelring
Schlinckstr.
Bonnéweg
Honartsdeicher Weg
Wilhelmsburger
Honartsdeicher Kehre
Kleingärten
Jaffe-Davids-Kan.-Br.
Jaffe-Davids-Kanal
Mokrystr.
Julius-Ertel-Str.
Stübenpl.
Vogelhüttendeich
Georg-Wilhelm-Straße
Fährstraße
Fährstr.-br.
Kdr. Hm.
Mannesallee
Eckermannstr.
Rotenhäuser Wettern
Rotenhäuser Damm
Turnhaus der Jugend
Neuhöfer Straße
Neuhöfer Str.
Veringweg
Veringkanal
Am Veringhof
Bibl.
Industriestraße
Sportplatz
Witts Weide
Reiherstieg-Klappbrücke
Mormonenkirche
Aßmannkanalbrücke
Aßmannkanal
Kleingärten
Sportpl.
Freibad
Gaswerkweg
Zeidlerstraße
Buscher Weg
Wilhelmsburger Dove-Elbe
Rubbertstraße
Technik- u.
Neue Wöhrendamm
119
93
4
75

Stadtteil Rothenburgsort
(zu Hamburg)
Stadtteil Veddel
(zu Hamburg)
Georgswerder
Peute
Übersee-Zentrum
1=Am Moldauhafen
2=Tunnelstraße
3=Meckelburgsweg
4=Slomanstieg
5=Drevesweg
6=Immanuelstieg
7=Katenweide
2=Entenwerder Straße
3=Entenwerder Stieg
1=Thied
2=Zollv
3=Hans
Anschl. HH-Veddel
Anschlussstelle HH-Georgswerder
Kreuz Hamburg-Süd
Müggenburger Zollhafen
Peutehafen
Müggenburger Kanal
Hovekanal
Markkanal
Industriegebiet
Deponie Georgswerder
Sperrwerk Billwerder Bucht
Trauns Park
Wasserwerk
Wasserturm
Reichsstraße
Am Saalehafen
Veddeler Brückenstr.
Hovestraße
Peutestraße
Müggenburger Straße
Georgswerder Damm
Georgswerder Bogen
2=Honartsdeich
Fiskalische Straße
Rahmwerder Str.
Buschweide
Östl. Georgswerder Wettern
Wilhelmsburger Dove-Elbe
Hövelwettern
Kleingärten
Klärianlage
Achterweidenbrücke
Moorkanalbr.
Landesfeuerwehrschule
Veddel
20539
21109

Tiefstack
Stadtteil Billbrook (zu Hamburg)
Stadtteil Moorfleet (zu Hamburg)
22113
Kaltehofe
Billwerder
Insel
Holzhafen
Billwerder Bucht
Borsigstraße
Werner-Siemens-Straße
Liebigstraße
Wöhlerstr.
Moorfleeter Straße
Bergedorfer Heerweg
Ausschläger Allee
Ausschläger Elbdeich
Tiefstack Schleuse
Kraftwerk Tiefstack
Umspann-werk
Gurusonstr.
Bredowstraße
Pinkertweg
Pinkertbr.
Halskestraße
Halskebrücke
Klein-Halskestraße
Andreas-Meyer-Straße
Moorfleeter Kanal
Industriekanal
Tidekanal
Viefstackkanal
Müllverbrennung
Verkehrsübungsplatz
Stadtentwäss.
Landes-feuerw.-schule
Industriegebiet
Kleingärten
Frachtzentrum
Zoll Abfst. Billbrook
Sandwisch
Kirchenwerder
Gem.-hs.
Turnhalle
St. Nikolai-K.
Friedhof
Brennerhofbr.
Unterer Landweg
Neue Feldhofe
AS HH-Moorfleet
Dr. HH-Südost
Holzhafenufer
Alte Dove-Elbe
Hauptdeich
Kaltehofe-Hauptdeich
Hinterdeich
Moorfleeter Deich
Porgesring
Auto-Kino
Werft
Brunnen
E22
2R

Berzeliusstraße
Liebigstraße
Moorfleeter Straße
Werner-Siemens-Str.
Tidekanal
gebiet
Pinkertweg
Porgesring
Kino
straße
Unterer Landweg
Moorfleetgr.
Alter Landweg
Kleingärten
Billwerder-Moorfleet
Feldhofe
Neue Feldhofe
Kleingärten
Anschlussstelle HH-Moorfleet
Verschiebe-Bahnhof Billwerder-Moorfleet
Nördlicher Bahngr.
Billbrookdeich
Rote Brücke
1=Niederschleems
Rotenbrücken-weg
Zinkhüttenweg
Recycl.-hof
Bille
Billwerder Billdeich
NDR
Deutsches Maler- und Lackierer-Museum
Spülfläche
Glinder Au
Glockenhausbrücke
Billwerder Kirchensteg
St. Nikolaikirche
Friedhof
Freibad
Stadtteil Billwerder (zu Hamburg)
22113
Bergedorfer Straße
Billstedter Hauptstraße
Steinbeker Weg
Steinbeker Hauptstr.
Bahnstieg (AKN)
Friedhof Steinbek
Kapellenstraße
Sonnenland
An der Glinder Au
Mühlenteich
Mümmelmannsberg
Steinb. Reihe
Am Vorwerk
An der Steinbek
Anschluss HH-Billstedt
E22
Gbf.

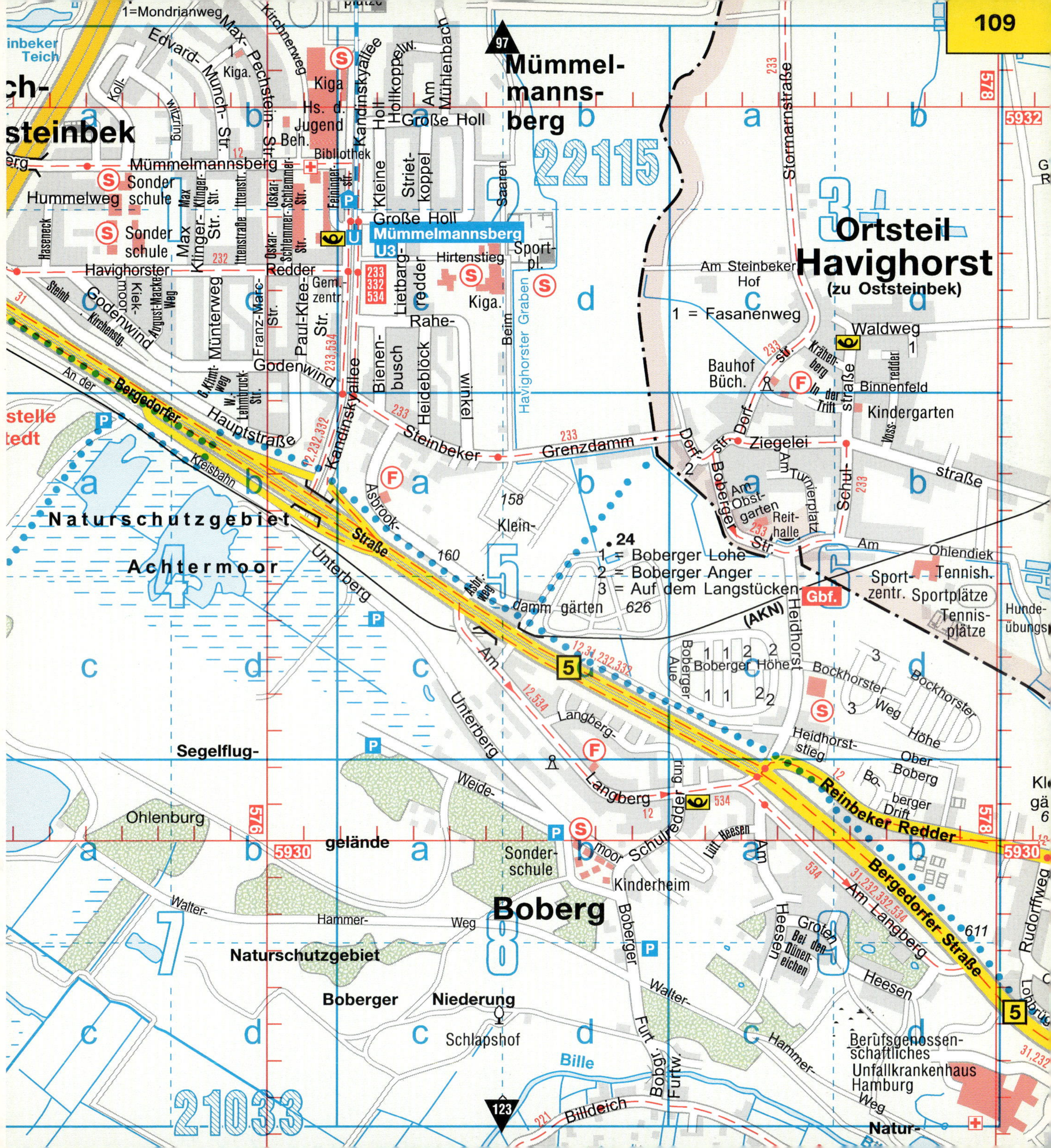
Mümmel-
manns-
berg
22115
Ortsteil
Havighorst
(zu Oststeinbek)
steinbek
Naturschutzgebiet
Achtermoor
Segelflug-
gelände
Ohlenburg
Boberg
Naturschutzgebiet
Boberger
Niederung
Schlapshof
Bille
21033
Mümmelmannsberg
U3
Kandinskyallee
Bergedorfer Straße
Reinbeker Redder
Bergedorfer Hauptstraße
Kreisbahn
Unterberg
Steinbeker Grenzdamm
Havighorster Graben
Havighorster Redder
Godenwind
Stormarnstraße
Schulstraße
Boberger Dorfstraße
Ziegelei
Binnenfeld
Kindergarten
Waldweg
Am Steinbeker Hof
1 = Fasanenweg
Bauhof Büch.
Reithalle
Am Turnierplatz
Am Obstgarten
Am Ohlendiek
Tennish.
Sportzentr.
Sportplätze
Tennisplätze
Hundeübungs
Gbf.
(AKN)
Heidhorst
Boberger Höhe
Bockhorster Weg
Bockhorster Höhe
Heidhorststieg
Ober Boberg
Boberger Drift
Langberg
Langbergring
Schulredder
Lütt Heesen
Am Langberg
Heesen
Groten Heesen
Bei den Dünen-eichen
Kinderheim
Sonderschule
Boberger Furt
Walter-Hammer-Weg
Berufsgenossenschaftliches Unfallkrankenhaus Hamburg
Billdeich
Kleingärten
Klein-damm gärten
1 = Boberger Lohe
2 = Boberger Anger
3 = Auf dem Langstücken
Asbrook
Asbrookweg
Am Langberg
Weide-
Bienenbusch
Heideblöck
Rahewinkel
Beim Saaren
Hirtenstieg
Kiga.
Sportpl.
Große Holl
Kleine Holl
Striekoppel
Hollkoppelw.
Am Mühlenbach
Hs. d. Jugend
Beh.
Bibliothek
Feiningerstr.
Gem.-zentr.
Lietbargredder
Paul-Klee-Str.
Franz-Marc-Str.
Münterweg
Sonderschule
Hummelweg
Haseneck
Max-Klinger-Str.
Ittenstraße
Oskar-Schlemmer-Str.
Edvard-Munch-Str.
Max-Pechstein-Str.
Kirchnerweg
1=Mondrianweg
Kiga.
Steinbeker Teich
Kirchensteig
August-Macke-Weg
Kiekmoor
W.-Lehmbruck-Str.
Rudorffweg
Lohbrügge
97
123
5930
5932
576
578

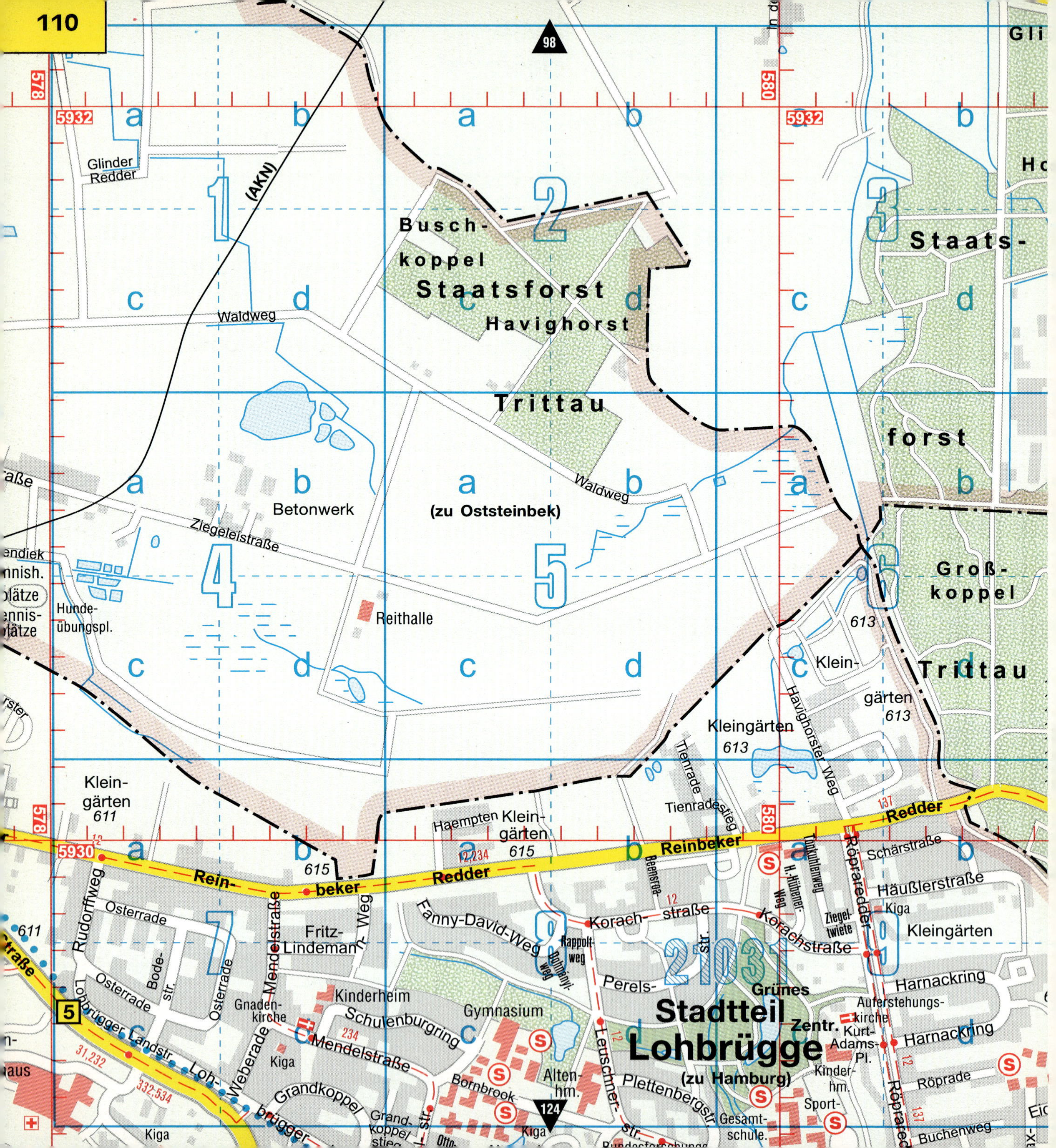

98
Glinder Redder
(AKN)
Busch-koppel
Staatsforst
Havighorst
Trittau
Staats-
forst
Waldweg
Betonwerk
(zu Oststeinbek)
Ziegeleistraße
Reithalle
Hunde-übungspl.
Groß-koppel
Klein-gärten
613
Kleingärten
Havighorster Weg
Tienrade
Tienradestieg
Klein-gärten
611
Haempten
615
Reinbeker Redder
Redder
Schärstraße
Häußlerstraße
Kiga
Kleingärten
Rudorffweg
Osterrade
Fritz-Lindeman-Weg
Mendelstraße
Fanny-David-Weg
Korachstraße
Rappoltweg
Perels-str.
Röpraredder
Ziegeltwiete
Harnackring
Auferstehungs-kirche
Kinderheim
Schulenburgring
Gymnasium
Gnaden-kirche
Kiga
Lohbrügger Landstr.
Weberade
Grandkoppel
Bornbrook
Alten-hm.
Leuschner-str.
Plettenbergstr.
Stadtteil Lohbrügge
(zu Hamburg)
Grünes Zentr.
Kurt-Adams-Pl.
Kinder-hm.
Sport-
Gesamt-schule
Röprade
Buchenweg
21031
124
5
5930
5932
578
580

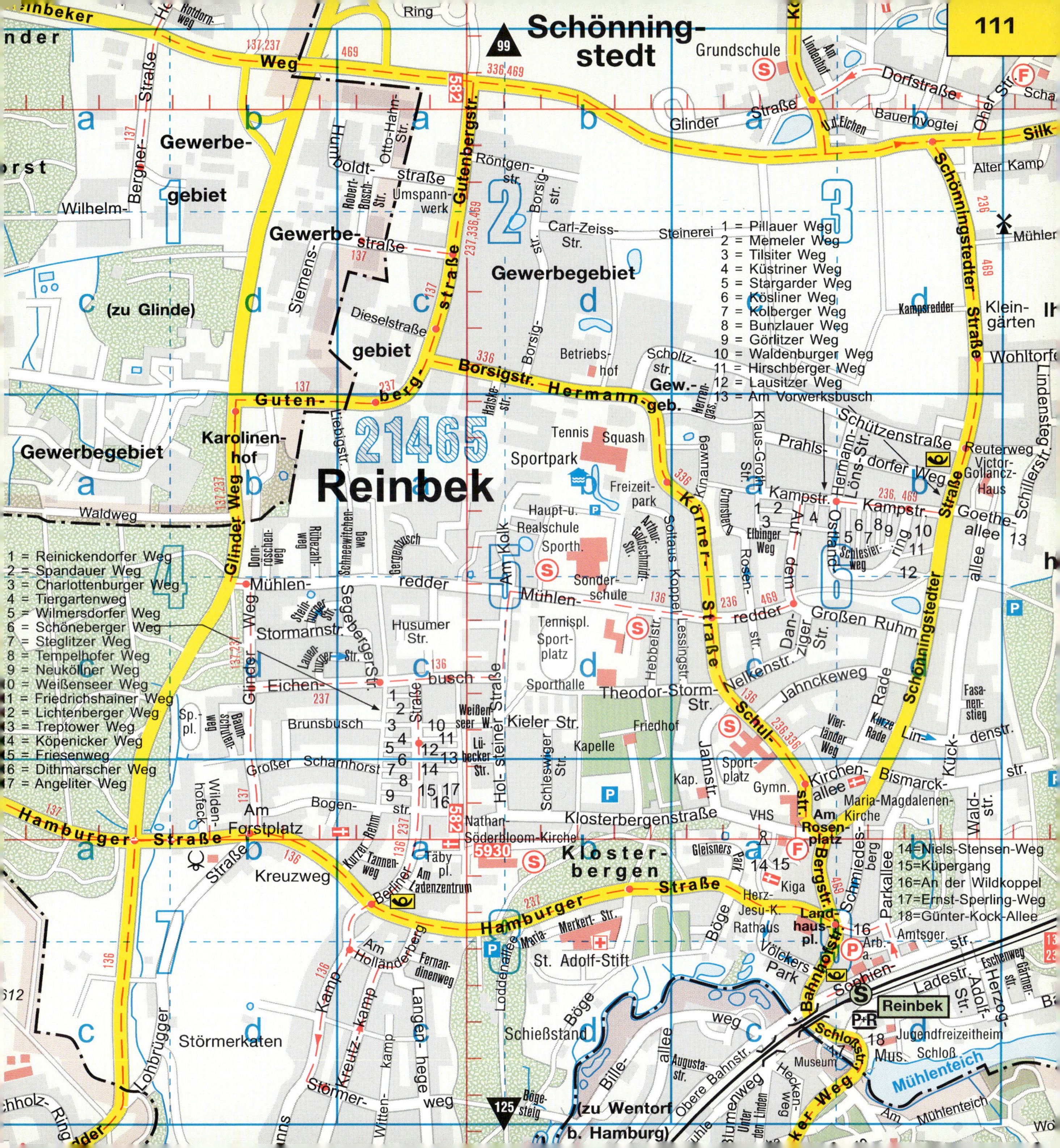
Schönning-
stedt
Reinbek
21465
Gewerbe-
gebiet
Gewerbegebiet
Gewerbe-
gebiet
Gewerbegebiet
Karolinen-
hof
(zu Glinde)
Klosterbergen
Störmerkaten
Schießstand
Völckers Park
Mühlenteich
(zu Wentorf b. Hamburg)
Hamburger Straße
Glinder Weg
Gutenbergstr.
Borsigstr.
Hermann-
Körner-Straße
Schönningstedter Straße
Schul-str.
Bahnhofstr.
Schloßstr.
Mühlenredder
Sachsenwaldstraße
Klosterbergenstraße
Kieler Str.
Holsteiner Straße
Segeberger Str.
Stormarnstr.
Eichenbusch
Brunsbusch
Großer Scharnhorst
Bogenstr.
Am Forstplatz
Kreuzweg
Glinder Straße
Dorfstraße
Bauernvogtei
Silk
Alter Kamp
Kleingärten
Wohltorfer
Lindenstr.
Reuterweg
Goetheallee
Schillerstr.
Schützenstraße
Prahlsdorfer Weg
Kampstr.
Großen Ruhm
Jahnckeweg
Lindenstr.
Bismarck-
Kirchenallee
Am Rosenplatz
Sophienstr.
Ladestr.
Herzog-Adolf-Str.
Reinbek
Jugendfreizeitheim
Schloß
Museum
Obere Bahnstr.
Blumenweg
Bille-
Böge
Wentorfer Weg
1 = Pillauer Weg
2 = Memeler Weg
3 = Tilsiter Weg
4 = Küstriner Weg
5 = Stargarder Weg
6 = Kösliner Weg
7 = Kolberger Weg
8 = Bunzlauer Weg
9 = Görlitzer Weg
10 = Waldenburger Weg
11 = Hirschberger Weg
12 = Lausitzer Weg
13 = Am Vorwerksbusch
1 = Reinickendorfer Weg
2 = Spandauer Weg
3 = Charlottenburger Weg
4 = Tiergartenweg
5 = Wilmersdorfer Weg
6 = Schöneberger Weg
7 = Steglitzer Weg
8 = Tempelhofer Weg
9 = Neuköllner Weg
10 = Weißenseer Weg
11 = Friedrichshainer Weg
12 = Lichtenberger Weg
13 = Treptower Weg
14 = Köpenicker Weg
15 = Friesenweg
16 = Dithmarscher Weg
17 = Angeliter Weg
14=Niels-Stensen-Weg
15=Küpergang
16=An der Wildkoppel
17=Ernst-Sperling-Weg
18=Günter-Kock-Allee
Sportpark
Tennis
Squash
Freizeitpark
Haupt-u. Realschule
Sporth.
Sonderschule
Tennispl.
Sportplatz
Sporthalle
Theodor-Storm-Str.
Friedhof
Kapelle
Gymn.
VHS
Kiga
Herz-Jesu-K.
Rathaus
Landhaus-pl.
St. Adolf-Stift
Täby pl.
Ladenzentrum
Nathan-Söderbloom-Kirche
Maria-Magdalenen-Kirche
Betriebshof
Umspannwerk
Grundschule
99
125
5930

Kindergarten
Schanze
Ohler Str.
Silkerfeld
Bismarcksäule
Silk
5932
336
Alter Kamp
Vorwerk Silk
Silker Steg
NSG
Blockstelle Silk
Ellerholdesteg
Mühlenweg
Möhningstedter Straße
Klein-gärten
Ihnenpark
Blocksberg
Silker Weg
Billtal
Silker Busch
Obere Billtal
Lindenstraße
Krabbensteg
Kindergarten
Krummbögen
Weiche
Hamelskamp
Ellerholde
Krabbenhöhe
Krabbenkamp
Krabben-
Wohltorfer Straße
Gartenweg
Lindensteg
Linden-str.
Ihnen-Straße
Bernhard-
Bill-grund
Zur Wolfsschlucht
Ahornweg
Billgrund
Kastanienallee
P+R
A. d. Pappeln
Parkallee
Grundschule
Knick
Krummwisch
Silker
Reuterweg
Victor-Gollancz-Haus
Schillerstr.
Eichenallee
Rotdornw.
Wohltorf
A. d. Hude
Alter
Waldstraße
Gemeindeverwaltung
Haidrath
Goethe-allee
13
Staatsforst
Libellenweg
Nachtigallenweg
Tonteich
Außenschlag
Eichen-allee
1 = Rosenweg
2 = Fliederweg
Bille
Am Amelungsbach
Amselstieg
Ziegeleiweg
Eschenbruchweg
Kiefernweg
Birkenweg
Kiehns Hof
Am Brink
Dorf-straße
Wohlt
(zu Amt Aumühl
Vorwerksbusch
Trittau
Fasanenstieg
Gutenberg-
Sportplatz
21521
21465
Alte Allee
Reinbek
S21
Tonteichsteg
Eschen-bruch
straße
Perlbergweg
Waldstr.
5930
Sachsenwaldbad
Tonteich
Umspannwerk
Bornbruch
586
584
136,235,236
237,336,469
Eschenweg
Gärtnerstr.
Herzog-Adolf-Str.
Bahnsen-
Buchtallee
Grübben
Wentorfer Straße
Wohltorfer Lohe
Landweg
Kirchenstieg
Wohltorfer
(zu Wentorf bei Hamburg)
Ebenroder
Amelungsbach
Ellerholdekamp

Aumühle
(zu Amt Aumühle-Wohltorf)
Friedrichsruh
Aumühler Grübben
Groß Viert
Sachsen-wald
(gemeindefreies Gebiet)
Krämel
Wohltorfer Zuschlag
Sigrims-berg
Kämpen
Wiedenort
Viertbusch
Garten der Schmetterlinge
Bismarck-Mausoleum
Schloß
Museum
Forstamt
Mühlenteich
Reithalle
Eisenbahn-mus.
Schönningstedter Straße
Alte Schulstraße
Bismarck-br.
Wohnstift Collegium Augustinum
E.-Specht-Allee
Dora-Specht-Allee
1 = Bahnhofstraße
Hügelgrab
Krim
Auberg
Holzhof
Bergstraße
Wasserwerk
Bismarckturm
Berliner Platz
Sport-u. Jugendheim
Grund-u.Realsch.
Kapelle
Waldfriedhof
Sportpl.
Tennispl.
Kindergarten
Hügelgräber
Brüderbuche
Lollybuche
Kiga
Perlbergweg
Pommernweg
Kurzer Kamp
Querkamp
Alte Allee
Börnsener Straße
Börnsener Weg
Flagredder
Vor den Hegen
Schießstand
Lehmberg
Kirchberg
Große Str.
Billeweg
Ellerhorst
Bleicherstraße
Sachsenwaldstr.
Ernst-Anton-Str.
Bürgerstr.
Otternweg
Fasanenweg
Eichhörnchenweg
Kuhkoppel
Müllerkoppel
Auf der Koppel
Am Hünengrab
Eichenweg
Pfingstholzallee
Tannenweg
Oberförsterkoppel
Im Winkel
Lindenstr.
Bismarckallee
Hofriedeall.
Am Museum
Schloßweg
Oedendorfer Weg
Am Bahnhof
A. Sägewerk
Aumühle
S21
P+R
433
8817
5932
588
433(Zerbin)
21521
-orf
-e-Wohltorf)

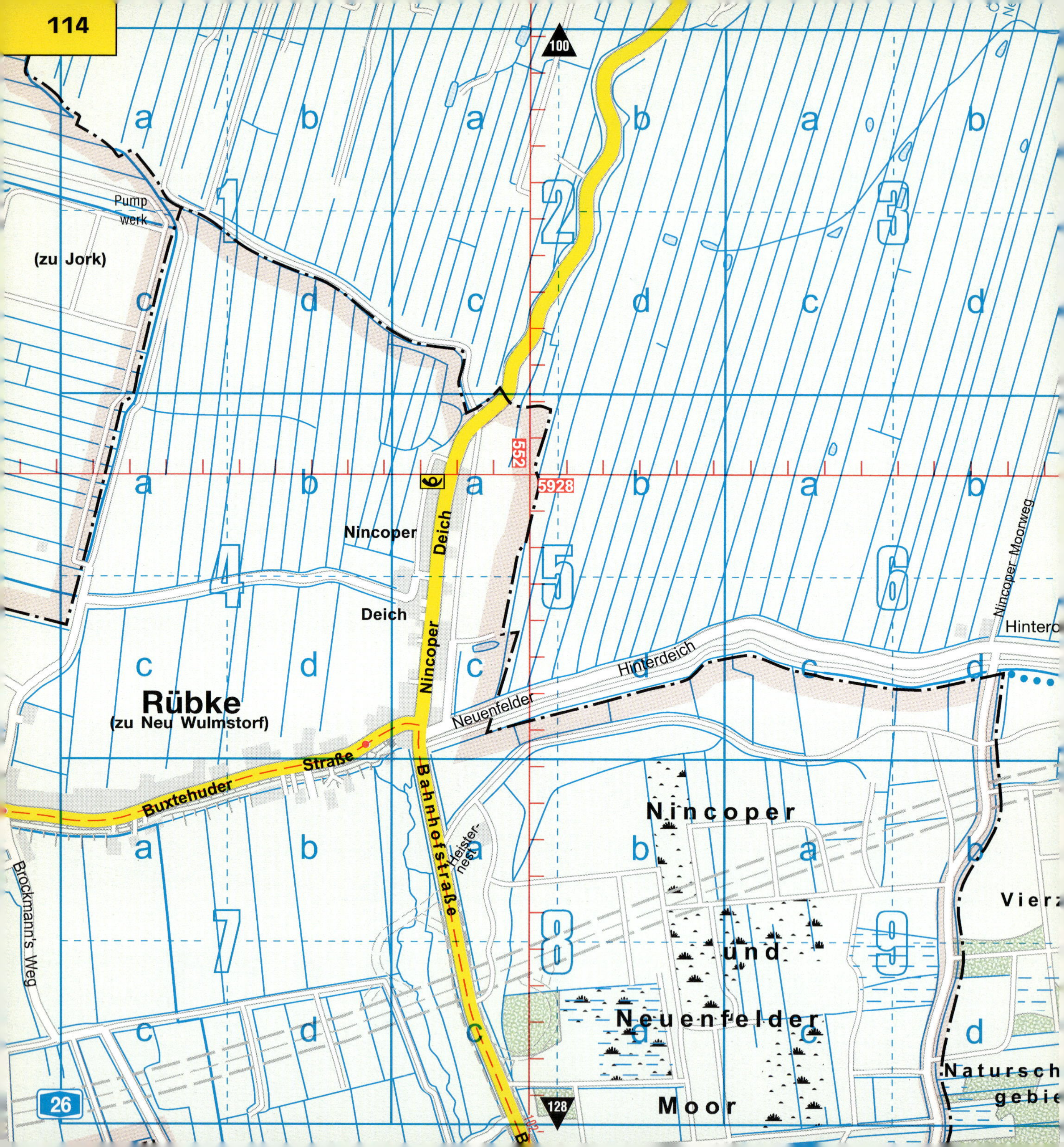

100
Pump werk
(zu Jork)
552
5928
Nincoper
Deich
Nincoper Deich
Rübke
(zu Neu Wulmstorf)
Buxtehuder Straße
Bahnhofstraße
Heister-nest
Neuenfelder Hinterdeich
Nincoper Moorweg
Hinterd
Brockmann's Weg
Nincoper und Neuenfelder Moor
Vierz
Natursch gebie
26
128

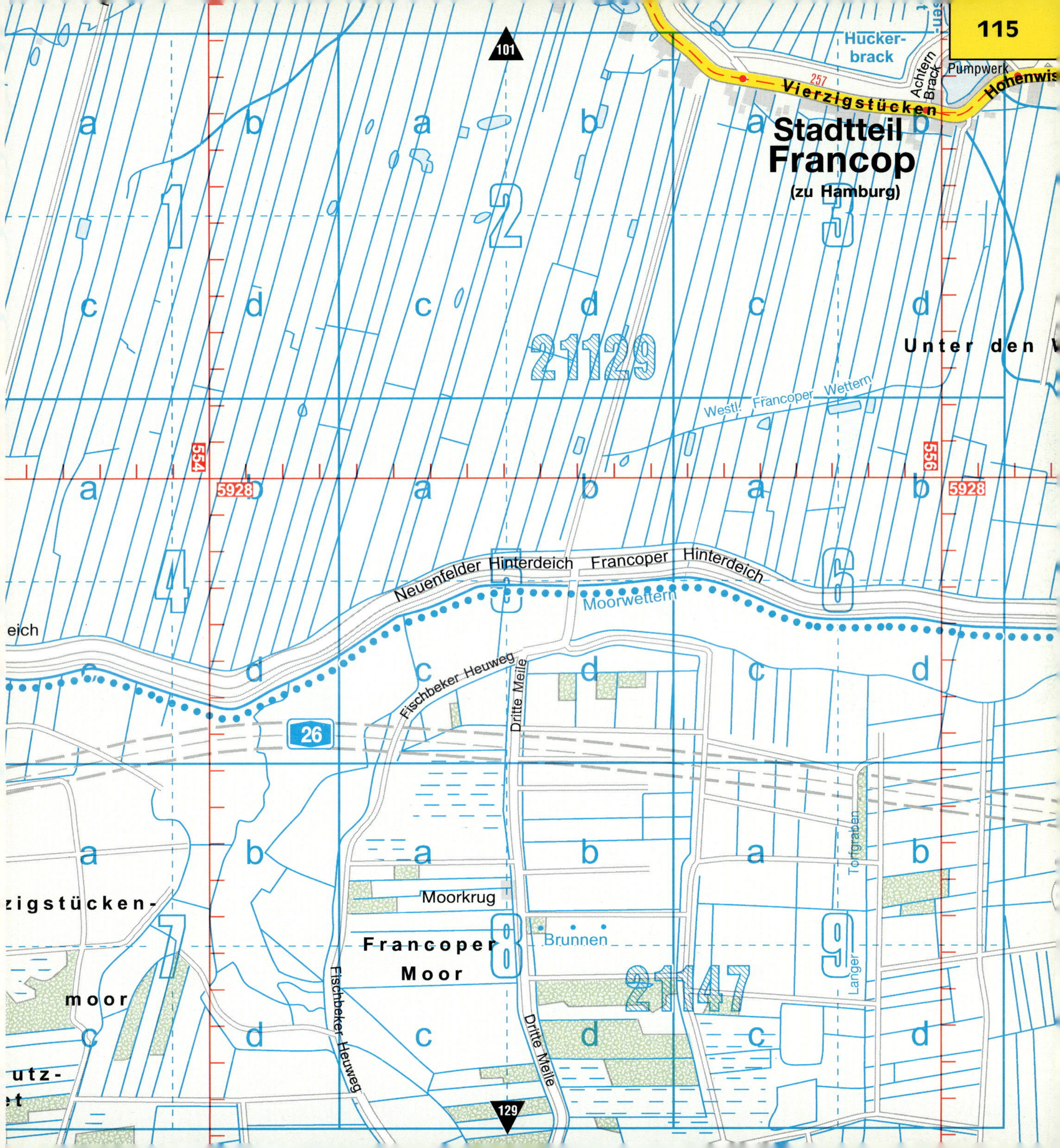
Hucker-
brack
Achtern
Brack
Pumpwerk
Hohenwis
257
Vierzigstücken
Stadtteil
Francop
(zu Hamburg)
101
21129
Unter den V
Westl. Francoper Wettern
554
556
5928
5928
Neuenfelder Hinterdeich
Francoper Hinterdeich
Moorwettern
eich
Fischbeker Heuweg
Dritte Meile
26
Torfgraben
Moorkrug
zigstücken-
Francoper
Moor
Brunnen
21147
moor
Langer
utz-
Fischbeker Heuweg
Dritte Meile
129

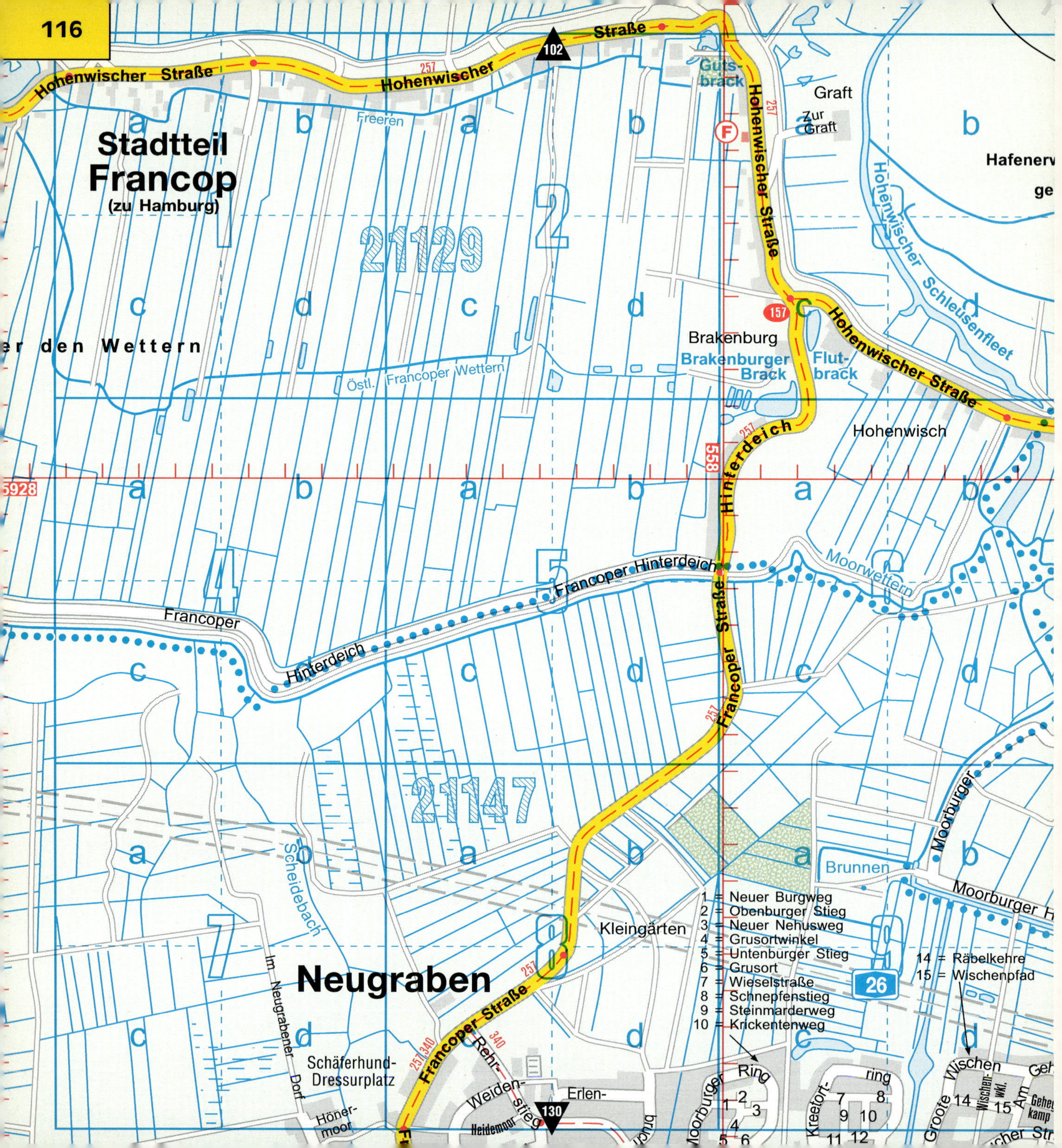

Hohenwischer Straße
Hohenwischer Straße
102
Stadtteil
Francop
(zu Hamburg)
Freeren
Guts-
brack
Hohenwischer Straße
Graft
Zur
Graft
Hafenerw
21129
Brakenburg
Brakenburger
Brack
Flut-
brack
Hohenwischer Straße
Hohenwischer Schleusenfleet
Hohenwisch
Östl. Francoper Wettern
Hinterdeich
Francoper Hinterdeich
Moorwettern
Francoper
Hinterdeich
Francoper Straße
21147
Scheidebach
Brunnen
Moorburger
Moorburger H
Kleingärten
Neugraben
Im Neugrabener Dorf
Francoper Straße
Schäferhund-
Dressurplatz
Rehr-
stieg
Weiden-
stieg
Erlen-
Heidemoor
Höner-
moor
130
26
1 = Neuer Burgweg
2 = Obenburger Stieg
3 = Neuer Nehusweg
4 = Grusortwinkel
5 = Untenburger Stieg
6 = Grusort
7 = Wieselstraße
8 = Schnepfenstieg
9 = Steinmarderweg
10 = Krickentenweg
14 = Räbelkehre
15 = Wischenpfad
Moorburger Ring
Kreetort-
ring
Groote Wischen
Am Geh

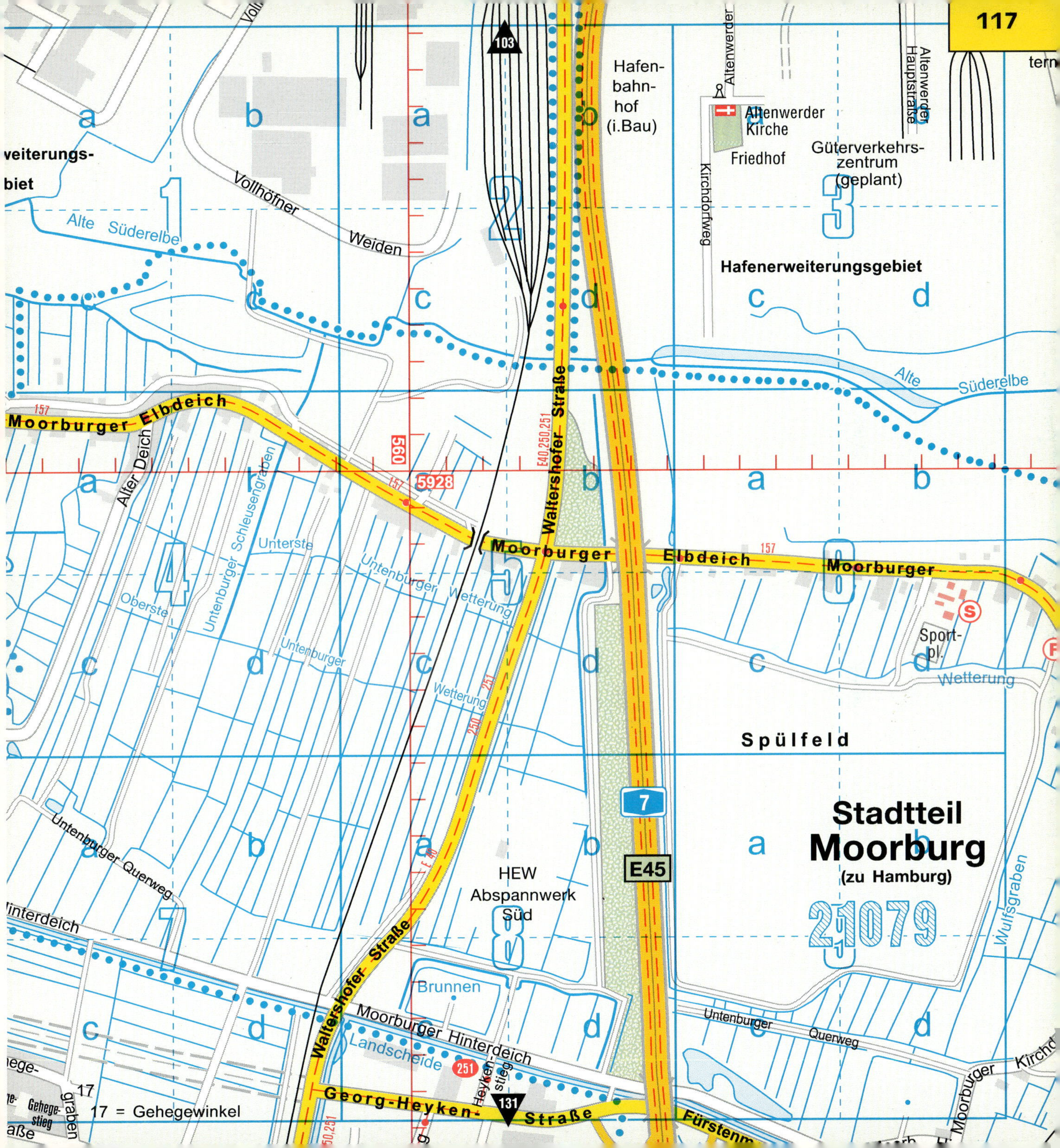
Hafen-
bahn-
hof
(i.Bau)
Altenwerder Kirche
Friedhof
Güterverkehrs-
zentrum
(geplant)
Altenwerder Hauptstraße
Kirchdorfweg
Hafenerweiterungsgebiet
Vollhöfner Weiden
Alte Süderelbe
Moorburger Elbdeich
Alter Deich
Untenburger Schleusengraben
Unterste
Untenburger Wetterung
Oberste
Untenburger
Wetterung
Waltershofer Straße
Sport-
pl.
Wetterung
Spülfeld
Stadtteil
Moorburg
(zu Hamburg)
21079
HEW
Abspannwerk
Süd
Untenburger Querweg
Wulfsgraben
Brunnen
Moorburger Hinterdeich
Landscheide
Heyken-
stieg
Georg-Heyken-Straße
17 = Gehegewinkel
E45
5928
560

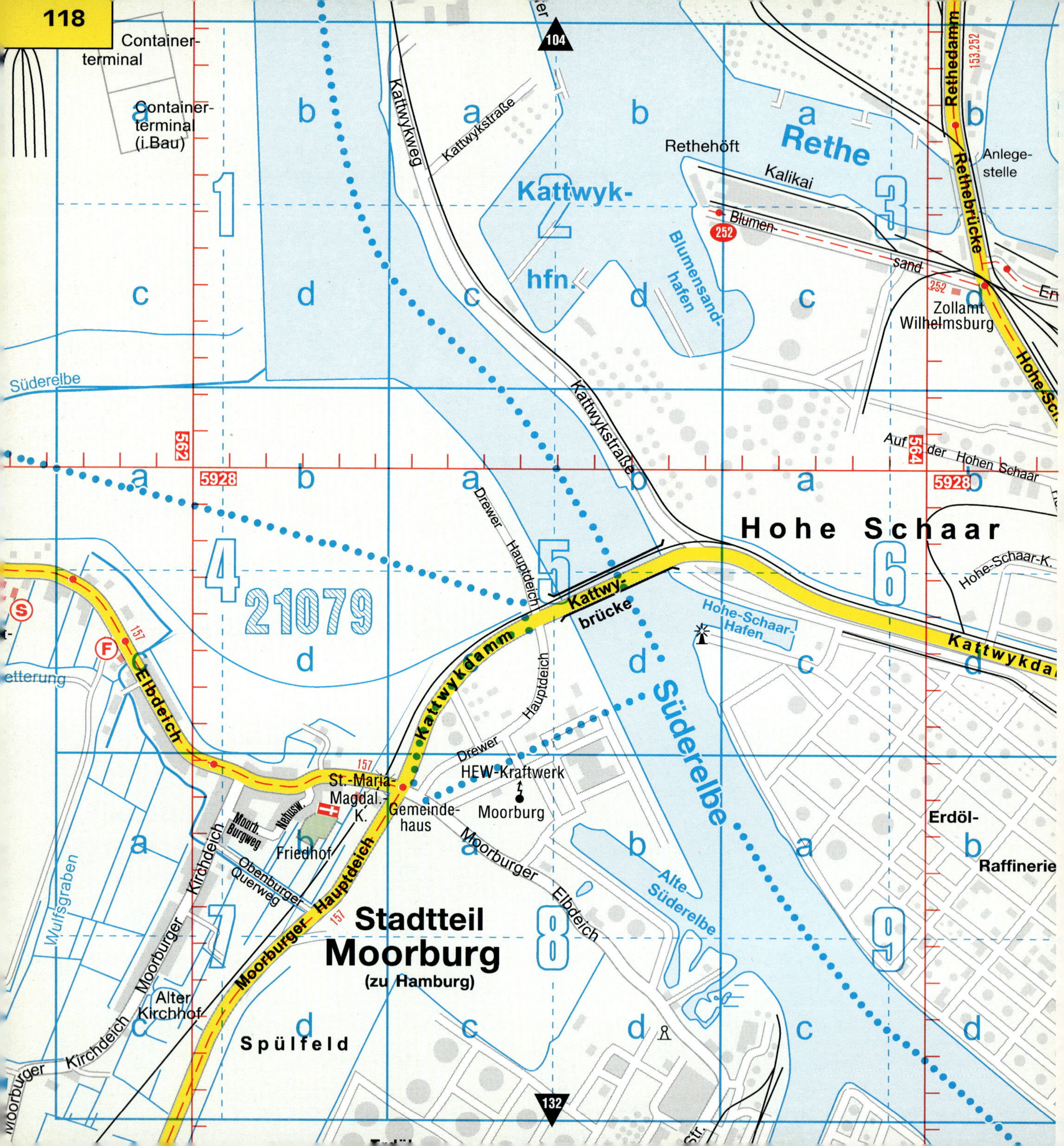
Container-
terminal
Container-
terminal
(i.Bau)
Kattwykweg
Kattwykstraße
Kattwyk-
hfn.
Rethehöft
Rethe
Kalikai
Blumen-
sand
Blumensand-
hafen
Rethedamm
Rethebrücke
Anlege-
stelle
Zollamt
Wilhelmsburg
Hohe-Sc
Süderelbe
Kattwykstraße
Auf der Hohen Schaar
Hohe Schaar
Hohe-Schaar-K.
Drewer Hauptdeich
21079
Kattwy-
brücke
Kattwykdamm
Kattwykdam
Hohe-Schaar-
Hafen
Süderelbe
Elbdeich
etterung
Hauptdeich
Drewer
HEW-Kraftwerk
Moorburg
St.-Maria-
Magdal.-
K.
Gemeinde-
haus
Friedhof
Moorb. Burgweg
Nehusw.
Kirchdeich
Obenburger
Querweg
Wulfsgraben
Moorburger Hauptdeich
Moorburger Elbdeich
Stadtteil
Moorburg
(zu Hamburg)
Alte
Süderelbe
Erdöl-
Raffinerie
Moorburger
Alter
Kirchhof
Kirchdeich
Moorburger
Spülfeld
104
132
5928
562
564
252
157

Stadtteil Wilhelmsburg
(zu Hamburg)
21107
Rangierbhf. Wilhelmsburg
Rangierbhf. Hohe-Schaar
Wilhelmsburger Industriebhf.
Wilhelmsburg
Bei der Wollkämmerei
Reiherstieg
Georg-Wilhelm-Straße
Wilhelmsburger Reichsstraße
Mengestraße
Neuenfelder Straße
Kornweide
Hohe-Schaar-Straße
Kükenbrack
Kuckuckteich
Brunnen
Wilh. Rathauspark
Rotenhäuser Str.
Thielen-Brücke
Kornweidenbr.
1 = Max-Eyth-Straße
2 = Wehrmannstraße

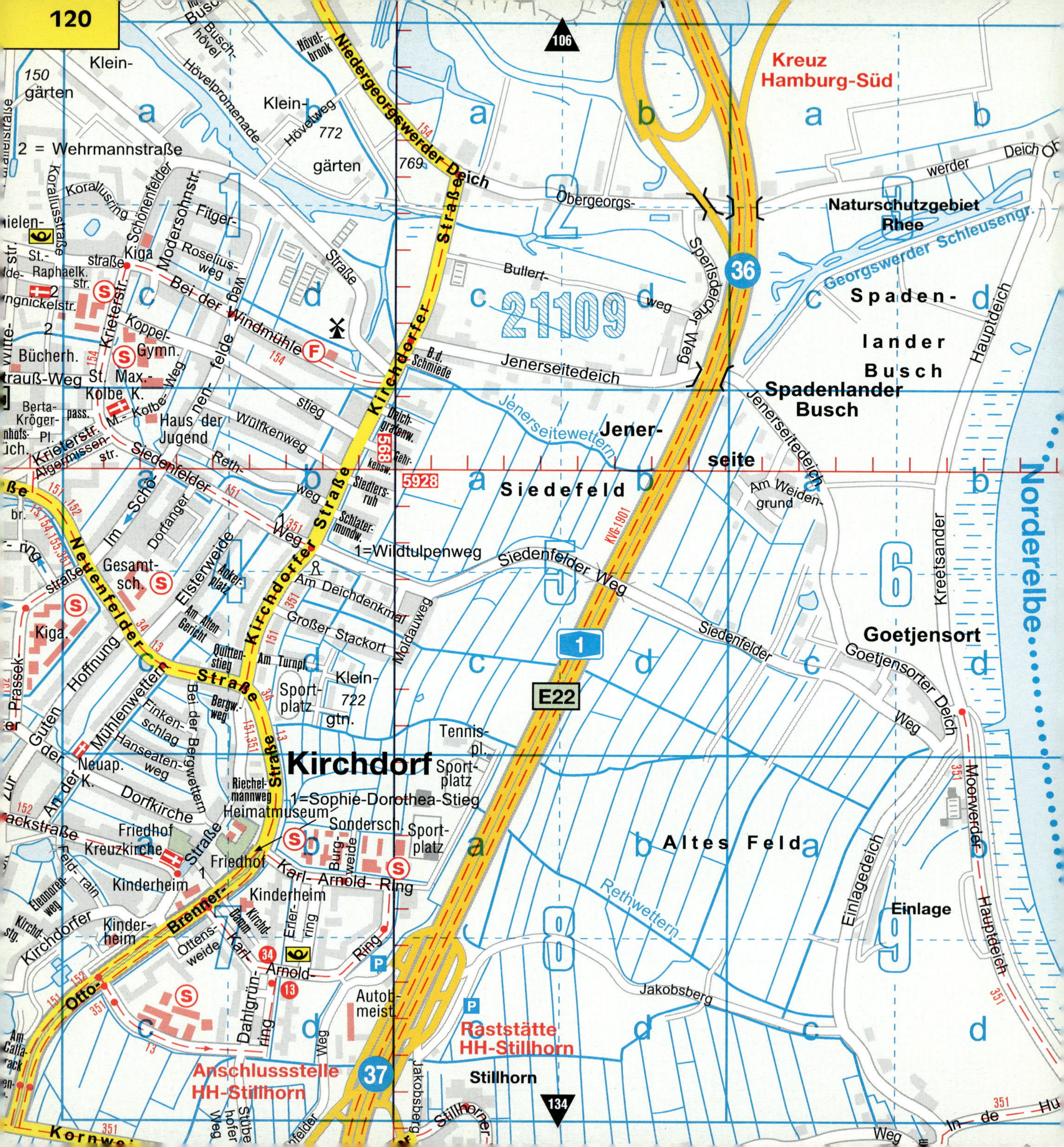
Kreuz Hamburg-Süd
Naturschutzgebiet Rhee
Spadenlander Busch
Jenerseite
Siedefeld
21109
Goetjensort
Norderelbe
Kirchdorf
Altes Feld
Einlage
Raststätte HH-Stillhorn
Anschlussstelle HH-Stillhorn
Stillhorn
Kirchdorfer Straße
Niedergeorgswerder Deich
Neuenfelder Straße
Siedenfelder Weg
Jenerseitedeich
Obergeorgswerder Deich
Georgswerder Schleusengr.
Hauptdeich
Kreetsander Hauptdeich
Moorwerder Hauptdeich
Jakobsberg
Rethwettern
Jenerseitewettern
E22
1
36
37
106
134

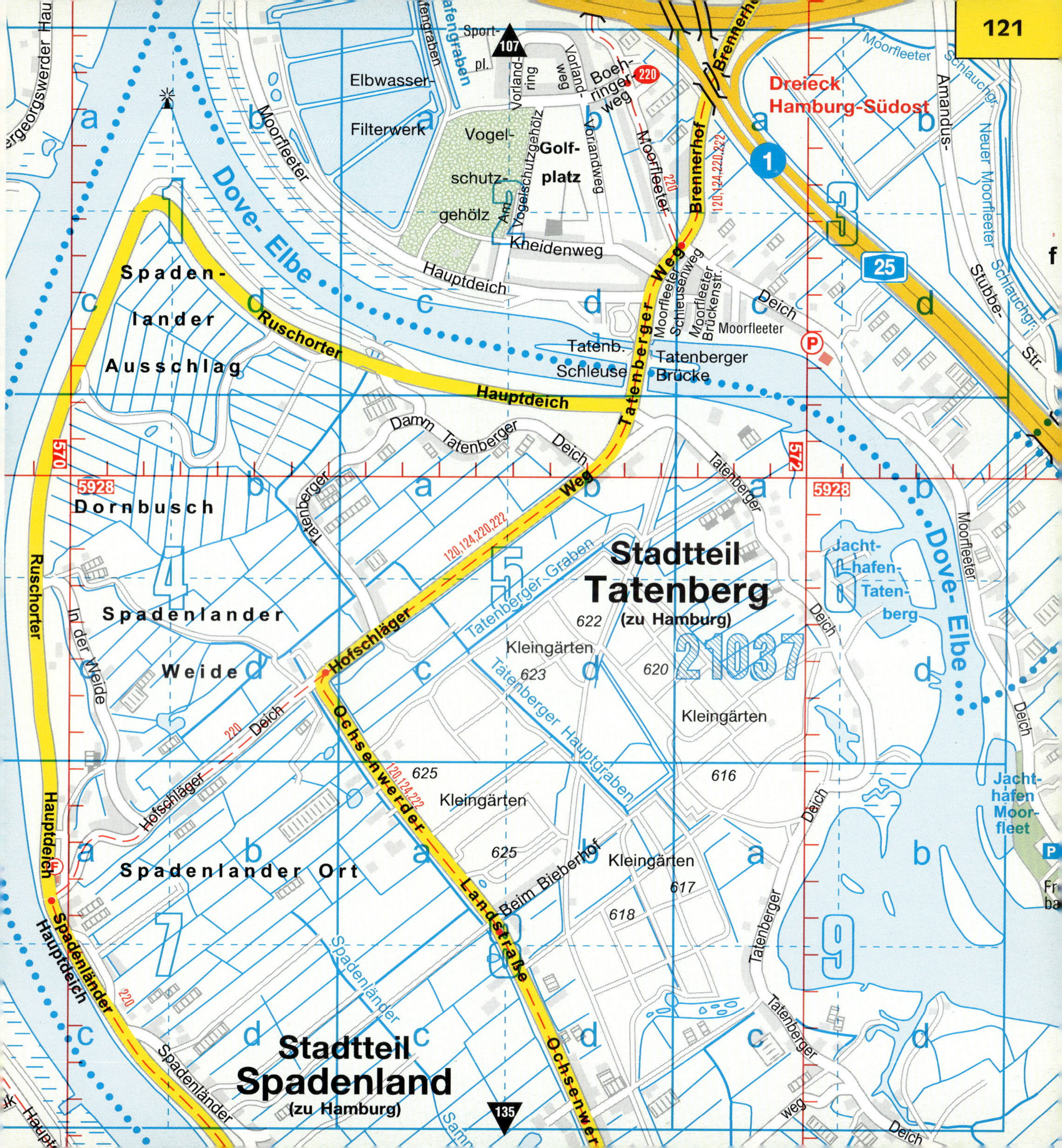
Dreieck Hamburg-Südost
Stadtteil Tatenberg (zu Hamburg)
Stadtteil Spadenland (zu Hamburg)
21037
Dove-Elbe
Elbwasser-Filterwerk
Vogelschutzgehölz
Golfplatz
Spadenlander Ausschlag
Dornbusch
Spadenlander Weide
Spadenlander Ort
Ruschorter Hauptdeich
Tatenberger Weg
Hofschläger Deich
Ochsenwerder Landstraße
Tatenberger Deich
Tatenberger Damm
Tatenberger Graben
Tatenberger Hauptgraben
Tatenb. Schleuse
Tatenberger Brücke
Jachthafen Tatenberg
Jachthafen Moorfleet
Kleingärten
Moorfleeter Deich
Moorfleeter Hauptdeich
Kheidenweg
Brennerhof
Boehringerweg
Vorlandring
Vorlandweg
Am Vogelschutzgehölz
Moorfleeter Schleusenweg
Moorfleeter Brückenstr.
Amandus-Stubbe-Str.
Neuer Moorfleeter Schlauchgr.
Beim Bieberhof
In der Weide
Spadenländer Hauptdeich
Spadenländer Weg
Sportpl.
5928
570
572
25
107
135
120,124,220,222
220
622
623
620
625
616
617
618

Stadtteil
Billwerder
(zu Hamburg)
Spül-
flächen
Neuer Moorfleeter Schlauchgr.
Stubbe-
Moorfleeter
Südlicher
Bahngraben
Hauptgraben
Luxweg
Kleingehölz
Kleingärten
Huckepack-Bhf.
Billwerder
S2 S21
Sport-
pl.
Rungedamm
Str.
Gewerbe-
gebiet
Hermann-Wüsthof-Ring
Hermann-Witt-Ring
Werner-Wüsthof-Ring
Werner-Schroeder-Str.
Runge-Straße
Wilhelm-Iwan-Ring
Billwerder Ring
Rungedamm
Dunckerstraße
Landweg
Dwenger-Kamp
Wilh.-Iwan-Kehre
Eichbaum
Deich
Jachthafen
Moorfleet
Freibad
Eichbaumsee
Moorfleeter Deich
Wasserpark
Dove-Elbe
Leistungszentr. f.Rudern u.Kanu
Allermöher Deich
Hans-
Mittlerer
Eichbaumbrücke
Anschlussstelle
HH-Allermöhe
Hauptentwässerungsgr.
Allermöhe
Allermöher
Stadtteil
Allermöhe
(zu Hamburg)
Allermöher Sammergr.
Dreieinigkeitsk.
Kirchenbrücke
Allermöher
Deich
Mittle
108
136
25
2
574
5928

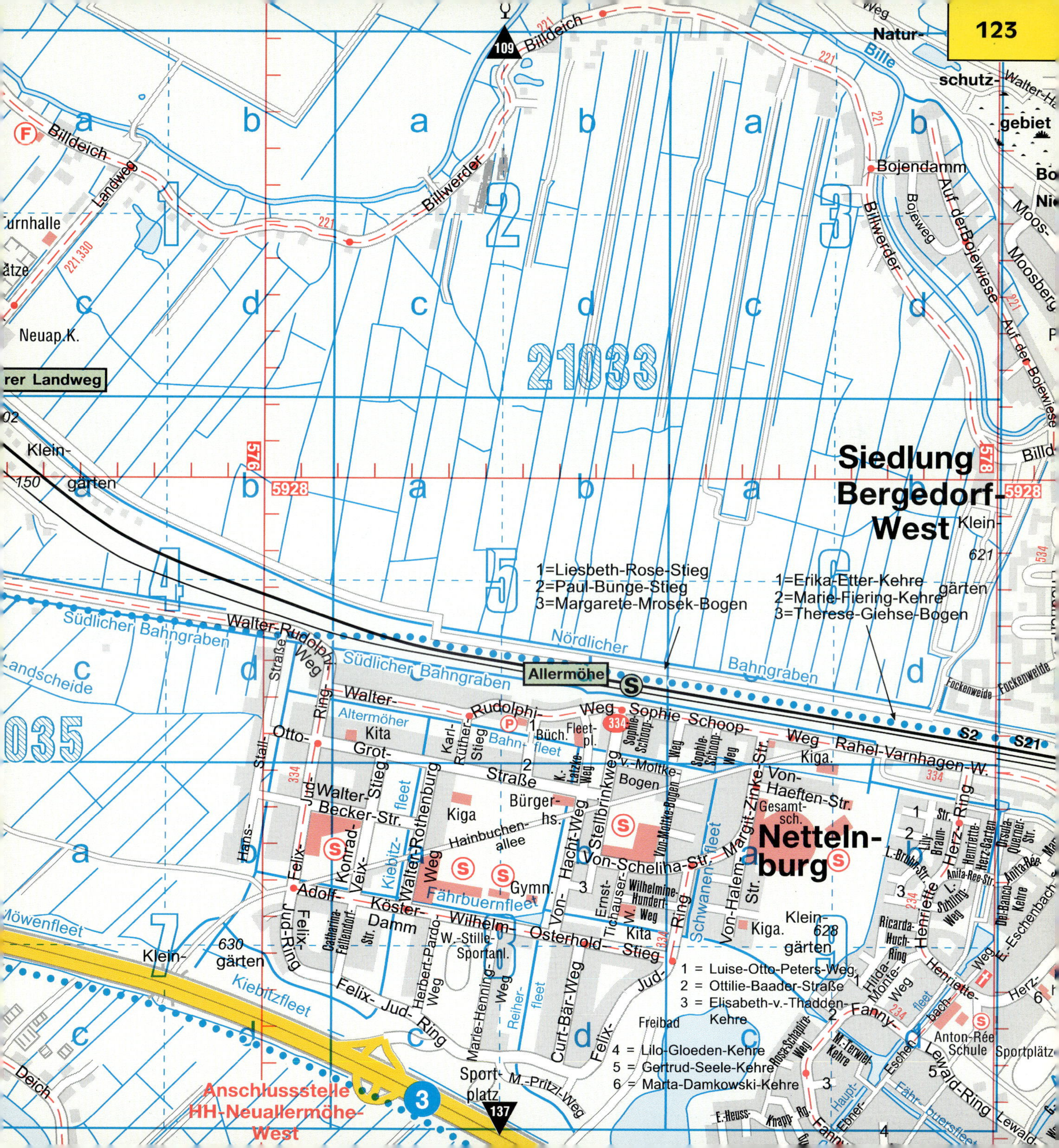

Siedlung Bergedorf-West
Netteln-burg
21033
Allermöhe
Billdeich
Billwerder Billdeich
Bojendamm
Bojeweg
Auf der Bojewiese
Naturschutzgebiet
Walter-Rudolphi-Weg
Südlicher Bahngraben
Nördlicher Bahngraben
Sophie-Schoop-Weg
Rahel-Varnhagen-Weg
Otto-Grot-Straße
Walter-Becker-Str.
Hainbuchenallee
Von-Moltke-Bogen
Von-Haeften-Str.
Margit-Zinke-Str.
Von-Scheliha-Str.
Stellbrinkweg
Von-Hacht-Weg
Walter-Rothenburg-Weg
Felix-Jud-Ring
Adolf-Köster-Damm
Wilhelm-Osterhold-Stieg
Fährbuernfleet
Kiebitzfleet
Möwenfleet
Schwanenfleet
Reiherfleet
Curt-Bär-Weg
Marie-Henning-Weg
Herbert-Pardo-Weg
M.-Pritzl-Weg
Hans-Stall-Straße
Kleingärten
Anschlussstelle HH-Neuallermöhe-West
1=Liesbeth-Rose-Stieg
2=Paul-Bunge-Stieg
3=Margarete-Mrosek-Bogen
1=Erika-Etter-Kehre
2=Marie-Fiering-Kehre
3=Therese-Giehse-Bogen
1 = Luise-Otto-Peters-Weg
2 = Ottilie-Baader-Straße
3 = Elisabeth-v.-Thadden-Kehre
4 = Lilo-Gloeden-Kehre
5 = Gertrud-Seele-Kehre
6 = Marta-Damkowski-Kehre
Gesamtsch.
Gymn.
Kita
Kiga.
Bürgerhs.
Freibad
Sportplatz
W.-Stille-Sportanl.
Anton-Rée Schule
Sportplätze
Fockenweide
S2
S21
5928

Langberg
Tennis-anlage
Boberger Niederung
Bergedorfer Straße
Sander Tannen
Wasserturm
Ladenbek
Sande
Heck-katen
Fach-hochschule
Lohbrügger Markt
Bergedorf
Nettelnburg
Netteln-burg
Gbf. Bergedorf
Kurt-A.-Körber-Chaussee
Industrie-gebiet
ADAC
Cityplan S.11
Bergedorf Süd
21031
21029
Sander Damm
Vierlandenstr.
Schloß
Bille-Bad
Amtsgericht
Stadtentwässerung
Kläranlage
Glashütten
1 = Grabendamm
4=Agnes-Wolffson-Str.
6=Marta-Damkowski-Kehre

Rückhaltebecken
Heidbergen
Staatsforst Trittau
(zu Reinbek)
Bille
Brauerei teiche
Krähenwaldstieg
Waldmannsgrund
Gymn.
Martin-Luther-Kirche
Golfplatz
Kinderheim
Hochweg
An der Hege
Waldweg
Am Buchenhain
Wohltorfer Weg
Reinbeker Str.
Petersilienberg
Birkenweg
Friedhof
Mutter-Eva v. Thiele-Winkler-Heim
Wasserwerk
Möörkenweg
Gem.-hs.
Am Fuchsberg
Sportplätze
Sportschule Sachsenwald
Schießstand
Naturdenkmal
Sportplatz
Bergedorfer Gehölz
Wasserturm
Luisen-Gymnasium
Tennisplatz
Hansa-Gymn.
Reinbeker Weg
21465
Wentorf
bei Hamburg
Rathaus Bücherei
Jugendtreff
Schulstraße
Begegnungsstätte
Feldstr.
Berliner Landstr.
1 = Amandas Garten
2 = Haberlands Grund
3 = Am Grotensahl
4 = Echardusstieg
Casinopark
Gewerbegebiet
Südring
Sportheim
Sportplätze
Hamburger Straße
Wentorfer Straße
207
Doktorberg
Berufsschule
Bezirksamt
Rathauspark
Stadtteil
Bergedorf
(zu Hamburg)
1 = Kiehnshecken
2 = Fritz-Stoffert-Straße
Bethesda-Alten-u. Pflegeheim
Kleingärten
Mühlenstraße
Eulenkamp
Brookweg
Schanze
Allgemeines Krankenhaus Bergedorf
Holtenklinker Straße
Justus-Brinckmann-Straße
Gojenbergsweg
Univers. Hamburg Sternwarte
Neuer Friedhof
(zu Börnsen)
Friedhof
Kap.
Schorrhöhe
Brookdeich
Herm.-Löns-Höhe
111
139
5928

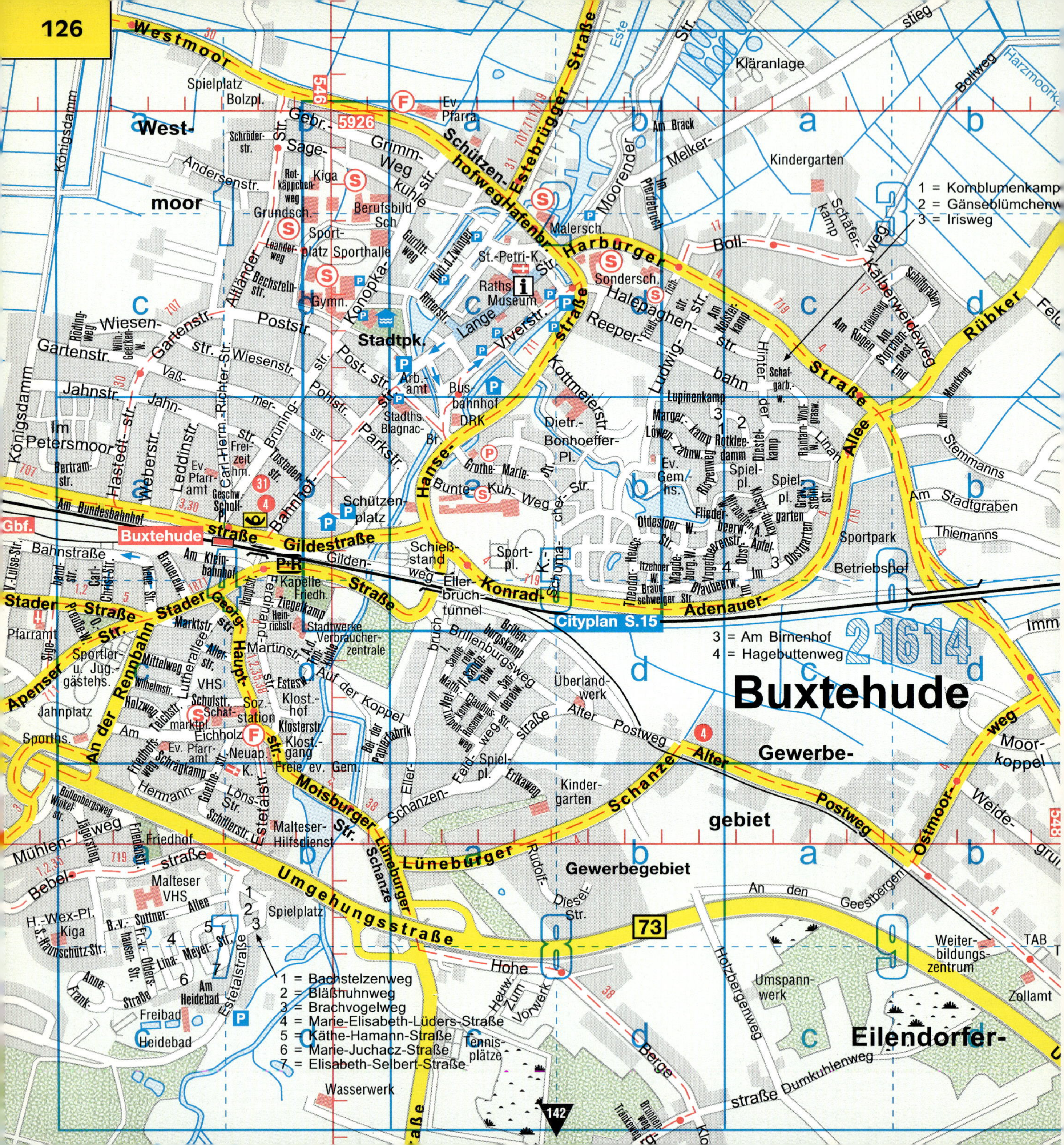

Buxtehude
Westmoor
Westmoor
Spielplatz
Bolzpl.
Königsdamm
Andersenstr.
Grundsch.
Kiga
Berufsbild. Sch.
Sportplatz
Sporthalle
Gymn.
Stadtpk.
Poststr.
Wiesenstr.
Gartenstr.
Jahnstr.
Im Petersmoor
Hastedtstr.
Weberstr.
Leddinstr.
Carl-Herm.-Richter-Str.
Bahnhofstraße
Gildestraße
Gildenstraße
Schützenplatz
Am Bundesbahnhof
Gbf.
Buxtehude
Bahnstraße
Stader Straße
Apenser Str.
An der Rennbahn
Hauptstr.
Kapelle
Friedh.
Ziegelkamp
Stadtwerke
Verbraucherzentrale
Martinstr.
Auf der Koppel
Klosterstr.
Klost.-hof
Soz.-station
VHS
Sportler- u. Jug.-gästehs.
Jahnplatz
Sporths.
Moisburger Str.
Lüneburger Schanze
Malteser-Hilfsdienst
Friedhof
Mühlenweg
Bebel-straße
Malteser VHS
Kiga
Spielplatz
Umgehungsstraße
Estetalstraße
Freibad
Heidebad
Wasserwerk
Tennisplätze
Hohe
Zum Vorwerk
Berge
Dumkuhlenweg
Eilendorfer-
Umspannwerk
Zollamt
Weiterbildungszentrum
TAB
An den Geestbergen
Holzbergenweg
Gewerbegebiet
Gewerbe-gebiet
Alter Postweg
Schanze
Lüneburger
Kindergarten
Überlandwerk
Ostmoorweg
Moorkoppel
Cityplan S.15
Konrad-Adenauer-Allee
Sportpark
Betriebshof
Am Stadtgraben
Thiemanns
Stemmanns
Rübker Straße
Bollweg
Kläranlage
Kindergarten
Schützenhofweg
Estebrügger Straße
Harburger Straße
Hafenbr.
Moorender
Melkerstieg
Am Brack
Boll-
Kälberweideweg
Halepaghenstr.
Reeperbahn
Sondersch.
Raths.
Museum
St.-Petri-K.
Malersch.
Viverstr.
Lange Str.
Arb.-amt
Busbahnhof
DRK
Stadths.
Hansestr.
Kottmeierstr.
Dietr.-Bonhoeffer-Pl.
Ev. Gem.-hs.
Oldesloer W.
Bunte Kuh-Weg
Sportpl.
Schießstand weg
Ellerbruchtunnel
Brillenburgsweg
Feldweg
1 = Kornblumenkamp
2 = Gänseblümchenw
3 = Irisweg
3 = Am Birnenhof
4 = Hagebuttenweg
1 = Bachstelzenweg
2 = Bläßhuhnweg
3 = Brachvogelweg
4 = Marie-Elisabeth-Lüders-Straße
5 = Käthe-Hamann-Straße
6 = Marie-Juchacz-Straße
7 = Elisabeth-Selbert-Straße
21614
73
142
5926
546

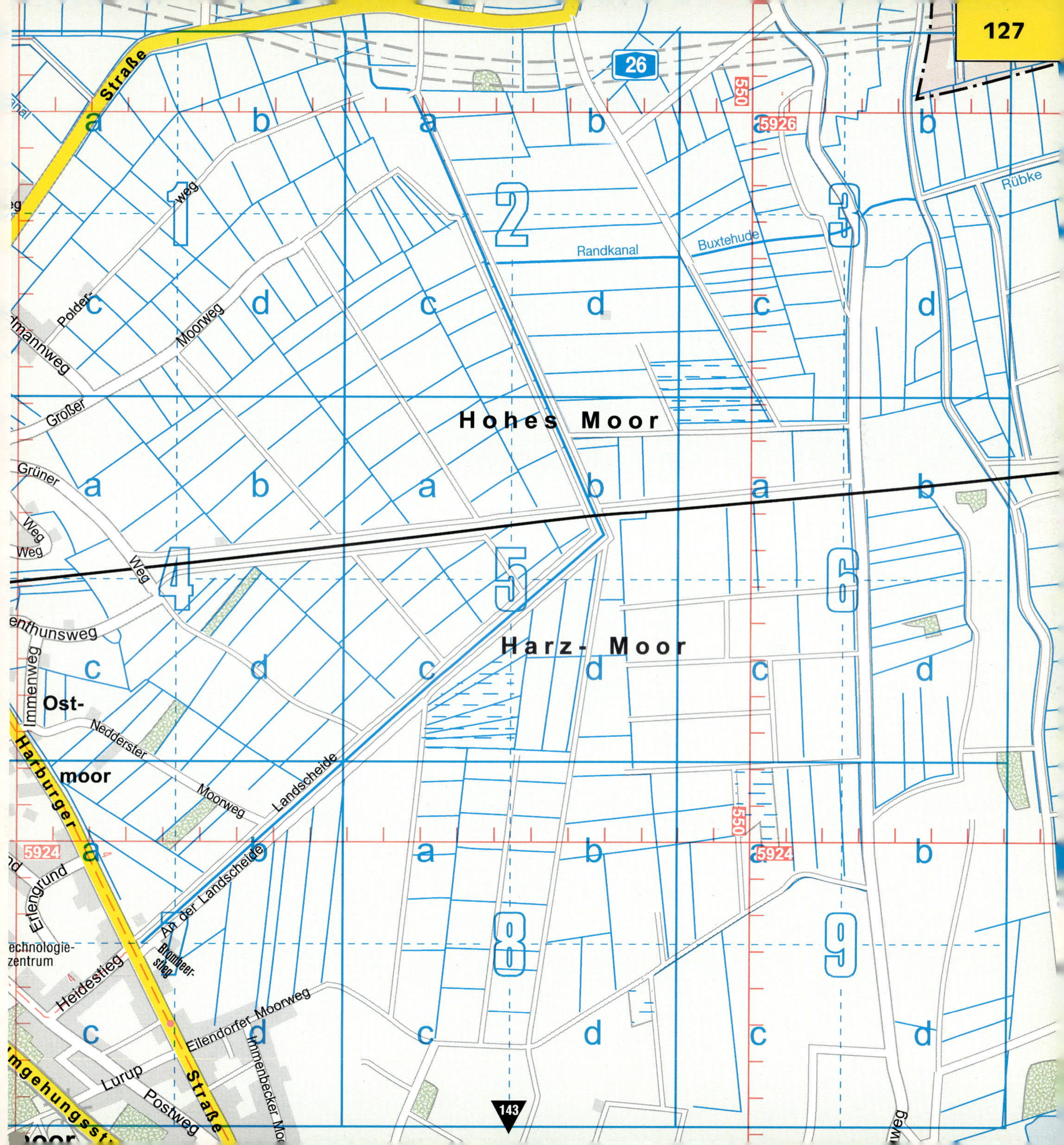
Straße
26
550
5926
Randkanal
Buxtehude
Rübke
Polder-
weg
Moorweg
Großer
Hohes Moor
Grüner
Weg
Weg
Harz- Moor
Immenweg
Ost-
moor
Nedderster
Moorweg
Landscheide
Harburger
5924
Erlengrund
An der Landscheide
Brombeer-
stieg
Heidestieg
Eilendorfer Moorweg
Immenbecker
Lurup
Postweg
143

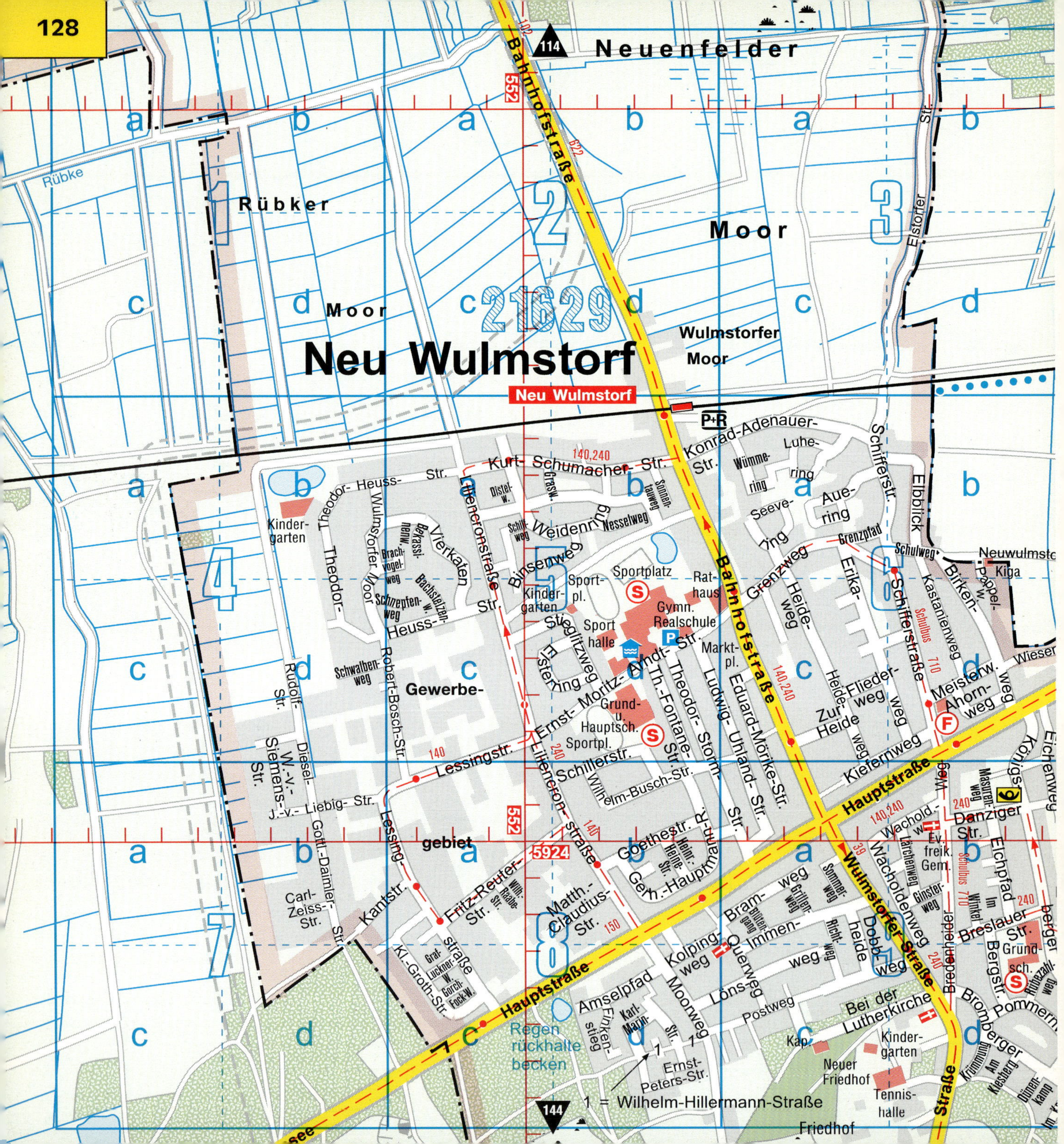

Neuenfelder
Rübker
Moor
Moor
Rübke
Neu Wulmstorf
21629
Wulmstorfer
Moor
Neu Wulmstorf
P+R
Bahnhofstraße
Konrad-Adenauer-Str.
Kurt-Schumacher-Str.
Theodor-Heuss-Str.
Kindergarten
Wulmstorfer Moor
Vierkaten
Liliencronstraße
Weidenring
Nesselweg
Binsenweg
Sportplatz
Rathaus
Gymn. Realschule
Sporthalle
Gewerbe-
gebiet
Schwalbenweg
Robert-Bosch-Str.
Rudolf-Diesel-Str.
W.-v.-Siemens-Str.
J.-v.-Liebig-Str.
Gottl.-Daimler-Str.
Carl-Zeiss-Str.
Lessingstr.
Kantstr.
Fritz-Reuter-Str.
Kl.-Groth-Str.
Schillerstr.
Wilhelm-Busch-Str.
Grund- u. Hauptsch.
Sportpl.
Th.-Fontane-Str.
Theodor-Storm-Str.
Ludwig-Uhland-Str.
Eduard-Mörike-Str.
Goethestr.
Gerh.-Hauptmann-R.
Matth.-Claudius-Str.
Hauptstraße
Wulmstorfer Straße
Grenzweg
Heideweg
Erika-
Schifferstraße
Schulbus 710
Elbblick
Schulweg
Kastanienweg
Birken-
Neuwulmstorf
Kiga
Meisterw.
Ahornweg
Zur Heide
Fliederweg
Kiefernweg
Wacholderweg
Danziger Str.
Elchpfad
Breslauer Str.
Bergstr.
Grundsch.
Pommern
Bromberger
Lönsweg
Querweg
Postweg
Kolpingweg
Moorweg
Amselpfad
Finkenstieg
Ernst-Peters-Str.
Regenrückhaltebecken
Bei der Lutherkirche
Kindergarten
Neuer Friedhof
Tennishalle
Friedhof
Bredenheider
1 = Wilhelm-Hillermann-Straße
552
5924
114
144

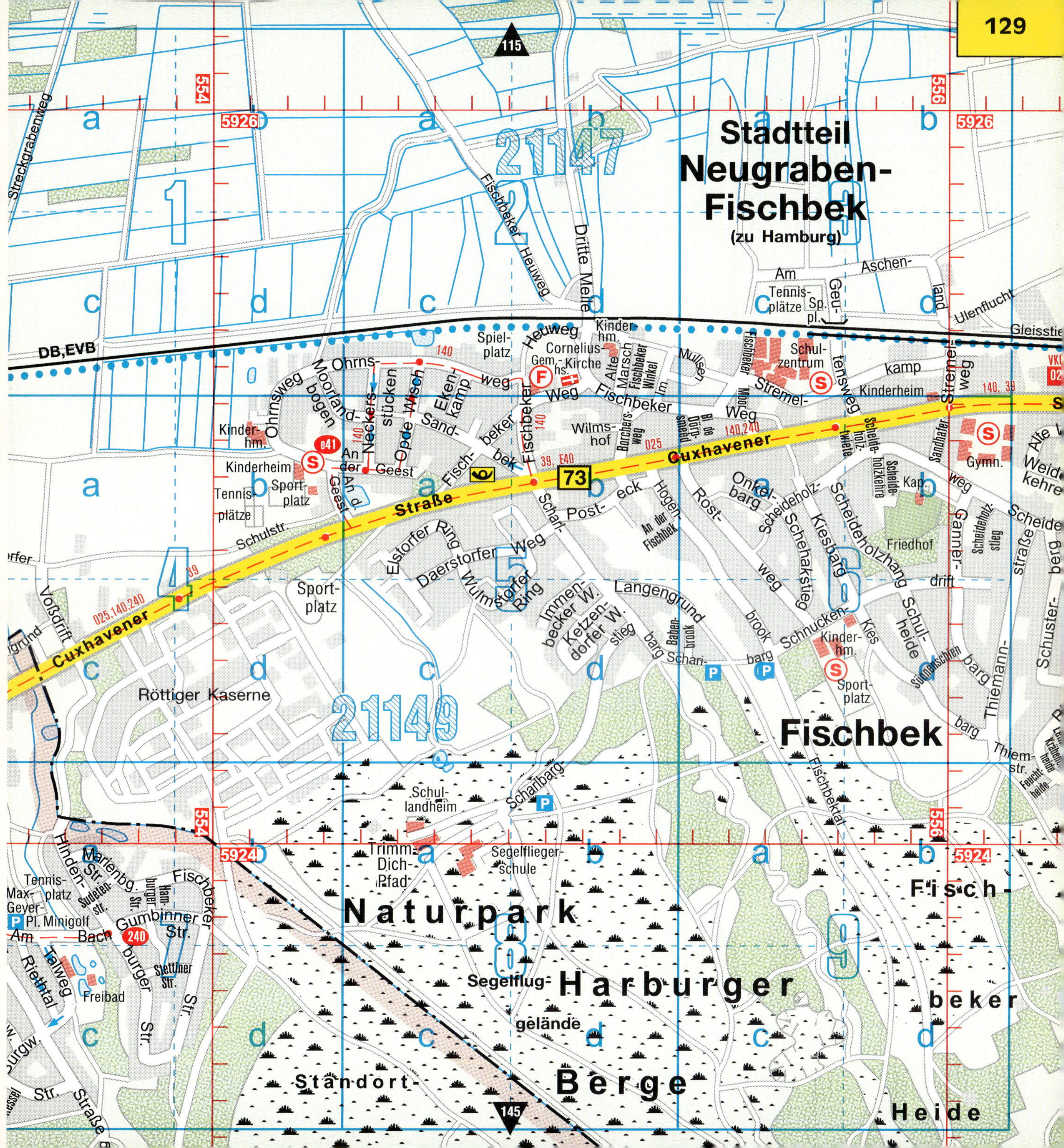
Stadtteil
Neugraben-
Fischbek
(zu Hamburg)
Fischbek
Naturpark
Harburger
Berge
Fisch-
beker
Heide
Standort-
Segelflug-
gelände
Röttiger Kaserne
Cuxhavener
Straße
21147
21149
DB,EVB
Fischbeker Heuweg
Dritte Meile
Streckgrabenweg
Ohrnsweg
Moorland-
bogen
Ohrns-
weg
Neckers-
stücken
Opde Wisch
Eken-
kamp
Fisch-
beker
Sand-
bek
Fischbeker
Weg
Heuweg
Spiel-
platz
Cornelius-
Kirche
Kinder-
hm.
Alte Marsch
Fischbeker Winkel
Im Fischbeker
Mullsen
Wilms-
hof
Borchers-
weg
Bi de
Dörp-
smeed
Geest
An der Geest
Kinderheim
Kinder-
hm.
Sport-
platz
Tennis-
plätze
Schulstr.
Vossdrift
Elstorfer Ring
Daerstorfer Weg
Wulmstorfer Ring
Schar-
Post-
eck
Hogen-
An der
Fischbek
Rost-
weg
Onkel-
barg
Scheideholz-
Schehakstieg
Kiesbarg
Scheideholzhang
Immen-
becker W.
Ketzen-
dorfer W.
stieg
Langengrund
Baben-
brook
barg
Schari-
brook
barg
Schnucken-
Kinder-
hm.
Kies
Sport-
platz
Schul-
heide
Sport-
platz
Fischbektal
Schul-
zentrum
Stremel-
Weg
Geu-
tensweg
kamp
Kinderheim
Stremel-
weg
Am
Aschen-
land
Tennis-
plätze
Sp.
pl.
Ulenflucht
Gleisstie
Scheide-
holz-
twiete
Scheide-
holzkehre
Sandhafer
Gymn.
Kap.
Friedhof
Ganner-
drift
Scheideholz-
stieg
straße
Scheide-
berg
Alte
Weide-
kehre
Schuster-
Thiemann-
barg
barg
Thiem-
str.
Feucht-
heide
Kraken-
heide
Schul-
landheim
Scharlbarg
Trimm-
Dich-
Pfad
Segelflieger-
schule
Tennis-
platz
Max-
Geyer-
Pl.
Minigolf
Hinden-
burg-
Str.
Marienbg.
Str.
Sudeten-
str.
Ham-
burger
Str.
Fischbeker
Gumbinner
Str.
Am Bach
Halweg
Riethtal
Freibad
burger
Str.
Stettiner
Str.
Str.
Straße
Str.
554
556
5926
5924
115
145
73
129

21147
Neugraben
Neuwiedenthal
21149
Fischbek
Siedl. Falkenberg
Neugrabener Heide
Altw
Höher-moor
Heidemoor
Francoper Str.
Weidenbruch
Birken-bruch
Rehrstieg
Moorb
Hausbrucher Straße
Hausbrucher Str.
Minnerweg
Hausbr. Eck
5=Unterbunger Stieg
6=Grusort
Sportplatz
Sporthalle
Volks- u. Realsch.
Ukr.-Kath.-K. Allerheiligen
Quellmoor
Dierksstegel
Schießstand
Hs.d.Jug.
Gesamtschule Süderelbe
Freibad
Gymn.
Neumoorstück
Spielpl.
Neumoorland
Moorstück
Kap.
Kind.-hm.
Fried-hf.
Stubbenhof
Kinder-hm.
Alten-heim
Haldau-ring
Ulenflucht
Neuwiedenthaler Str.
Süderelbebogen
Frieda-Stoppeubrink-Sch.
Otterweg
Wiedauweg
Osterwinkel
Kinder-heim
Gerdau-ring
Luhe-ring
Gem.-hs. Thomask.
Striepenweg
EVB
S3
S31
Neugraben
Ackerw.
P+R
Gleisstieg
In de Krümm
Dorf
Wümme-
Spielpl.
Striepen-weg
Tempo-
Neugrabener Bf.
Süderelbe
Dorflagew.
S3,S31
Neuwiedenthal
Rehrstieg
feld
Neuap. K.
Klein-feld-stieg
Straße
Cuxhavener
73
Alte Weiden
Weidenkehre
Gymn.
Kinderhm.
Turnhalle
Tennishalle
Scharpenbargsweg
Erika-weg
Tannenhügel
Talweg
Sportplatz
Landhaus Jägerhof
Süderelbe-ring
Bauernweide
Groot Lütt
Gem.-hs.
Kind.-hm.
St.-Michaels-K.
Ortsamt
Neugrabener Markt
Bibl.
Bahnhofstr.
Distelacker
Lupinenacker
An der Falkenbek
Kinder-hm.
Hl.-Kreuz-K.
Gymn. Oberstufen-zentrum
Sportpl. Opferberg
Tennis-plätze
Scheinberg 59
Forstgrund
Scheideholzstieg
Scheideholz-straße
Schusterberg
Brunnenheide
Petersweg
schutzgebiet
Hof
Sport-platz
Wasser-werk
Falkenbergsweg
Störtebekerweg
Ulenweg
Ostheide
Nordheide
Fischbeker Heide
Schule am Falkenberg
rand
Kinder-hm.
Falkenberg 65
Talweg
Forst-
Altwiedenthal
Thiemannberg
Ringheide
Ginster-
Sand-
Hang-
Grundheide
Föhrenheide
Kiefernheide
Heidweg
Holtweg
Bredengrund
Bredenwinkel
Neugrabener Weg
Heideweg
Schanzengrund
Heidlerweg
Süd-
Tal-
Glocken-heide
Moos-
1 = Moisburger Hang
Moisburger Weg
Natur-
Michels-Weg
Gödeke-
Barken-
Allmende
Hoppenstieg
Lüttmattensteed
Gem.-hs.
Bredenbergsweg
Bredenberg 70
Heideweg
Heidekrug
Heideblick
Moisburger Stieg
Edelheide
Edel-heide
schlucht
Langkuhlenweg
Bauernholz-
Kiesel-tal
schutz-
Bergpa
Wulmsberg
Wul
5926
5924
558
140
250
240
146
116
1
2
3
4
5
6
7
8
9

Anschlussstelle HH-Moorburg
117
Fürstenmoordamm
Moorburger
Hinter-
deich
Minnerweg
Sumpfläufer-weg
11 = Käuzchenstieg
12 = Teichhuhnstraße
13 = Wildkatzenweg
14 = Räbelkehre
15 = Wischenpfad
16 = Hausbrucher Kehre
Heykenau-kamp
Industrie-
gebiet
Beiersdorf AG
Wasser-werk
Waltershofer Straße
Zum Dubben
Hausbrucher Moor
Squash
E45
31
7
Ellernweg
Mercedesstr.
Mercedes-Benz AG
Moorstieg
Falkenweg
Heykenaubrook
Am Radeland
S3, S31
Förster-kamp
Cuxhavener Straße
Stader Straße
Ehestorfer
Wiedenthal
Stadtteil Hausbruch (zu Hamburg)
Wiedenthaler
Marder-grund
Schäferstieg
Mehrendieksweg
Trift
Stadtscheide
Försterstieg
Reiherberg
79
Reiherbergsweg
32
Anschlussstelle HH-Heimfeld
Eierstieg
Geophys. Observatorium
Kuhtrift
Schießbahn
Reiher-bergs-weg
Emme
Staatsforst
Kaiserstuhl
65
Dohnenstg.
Sennhüttenweg
Eulenflucht
Rodelbahn
Namensbuche
Dachsschlucht
Kaiser-stuhl
Diebeskuhle
Düstere Kuhle
Haake
Heilkuhle
Rodelbahn
Hamburg
Heuweg
ehem. Bergwerk Robertshall
Beim Bergwerk
Rudolf-Steiner-Sch.
Kinder-heim
Neelandstieg
Jungfern-mühle
Schaaphusen
Neehusenstr.
Altwiedenthaler Straße
Hausbrucher Bahnhofstr.
Wiedenthaler Bogen
Rehrstieg
Bogen
Sand
Dubbenwinkel
Rhb
S3,S31
147
443

Erdöl-
Raffinerie
118
Moorburger
Str.
Seehafen 4
Seehafen 3
Fürstenmoordamm
Moorburger
Bogen
Bostelbek
Erdöl-
Raffinerie
Verschiebe-
bahnhof
Moorburger
Straße
Seehafen-
straße
Bostelbeker
Hauptdeich
2. Hafenstraße
Heiz-
kraft-
werk
Ellernweg
Falkenweg
Am Reiherhorst
Tempowerkring
Fürstenmoor
Tennis-
plätze
Klein-
gärten
Moorburger Stg.
Bostelbeker Damm
Am Radeland
Straße
73
Stader
Straße
Buxtehuder
Seehafe
Abzugsgraben
Unterelbe-
Wasserwerk
Reiher-
hügel
27
Krankenhaus
Mariahilf
Meyers
Park
Anschlussstelle
HH-Heimfeld
Staddteil
Heimfeld
(zu Hamburg)
Waasen-
berge
Kuhtrift
Heimfelder
Holz
Schieß-
stand
Sport-
plätze
Tennis-
pl.
Hermes-
Eißendorfer Pferdeweg
Milchgrund
Grumbrechtstr.
Kinder-
heim
Hasel-
Corduaweg
Am Fuchsberg
Kiefernberg
Vogeler-
Gerlachstr.
Hugo-Klemm-Straße
Homann-
str.
Alter
Oster-
hoffstr.
Hang-
str.
Grum
brecht-
Friedr.-
Naumann-Str.
Nobleestr.
Blessing-
straße
Pflege-
heim
Heimfeld
Alter Postweg
Schwar
zen-
Heimfelder Straße
Lohmannsw.
Bansenstr.
Wattenbergstr.
Meyer-
Haake-
Riepen-
hausenw.
Kinder-
heim
Gem.-Hs.
Am Tie
Haake-
Schießbahn
Forstweg
Goldene
Wiege
Bünte
Goldrutenweg
Vahrenwinkelweg
Hügelgrab
Sportpl.
Jahnhöhe
Marie-
Kroes-
Stift
Ehestorfer
Weg
Heisen-
berg-
Gymn.
Stadtreinigung
Recycling-
hof
Denicke-
Lühmann-
Gellersen-
weg
Schüslerweg
Kinderhm.
Allg.
Krankenhs.
Harburg
Kinderhm.
Weusthoffstraße
Eißendorfer Straße
Denickestr.
Breden-
Weinlig-
Busch-Weg
Dempwolffstr.
Hoppenstedtstr.
Kirchenhang
In der Schlucht
Handelssch.
mit
Wirtschaftsgym.
Kinderheim
Schattengang
148
Kleine
5924
5926

Süderelbe
Anschlussstelle HH-Wilhelmsburg-Süd
Finkenriek
Friedhof
Mahlbusen
Kornweidenbr.
Buschwerder Haupt-deich
König-Georg-Deich
1 = Seegelkenkehre
2 = Zwischen den Süderelbbrücken
21107
Lauenbrucher Hafen
Seehafen 1
Seehafen 2
Wilhelm-Weber-Straße
Lauenbrucher Hauptdeich
Dampfschiffsweg
Harburger Hafen
Wasserschutz-pol.
Staatl. Liegehfn.
Überwinterungshafen
Alte Harburger Elbbrücke
Brücke des 17. Juni
Europabrücke
Finkenrieker Hauptdeich
Diamantgraben
NSG
Schweensand
Neuländer Hauptdeich
Brack
Harb. Hafenschleuse
Hafenamt
Östl. Binnenhafen
Verkehrshafen
Lotsekanal
Ziegelw. kanal
Kaufhausk.
Westl. Bahnhofskanal
Nartenstr.
Neuländer Straße
Cityplan S.14
Karnapp
Buxtehuder Straße
Schwarzenbergstraße
Güterbahnhof
Stadtteil Harburg (zu Hamburg)
As HH-Neuland
Am Neuländer Gewerbepark
Hannoversche Str.
Anschlussstelle HH-Harburg-Mitte
Umgehung
Harburger
W.-Budek-Br.
73
253
HH-Harburg
Harburger Ring
Lüneburger Tor
Wilstorfer Str.
Moorstr.
Großmoorring
Verkehrsstaffel-Süd
Techn. Prüfstelle
ADAC
Penzweg
Großmoorbogen
Lohmühlenteich
Marienstr.
Ludowieg-str.
Knoopstr.
Seehafenbr.
Schloßmühlendamm
Museumspl.
Harb Rathplatz
H.-Raths.
ZOB
Neuländer Platz
Fünfhausener Weg
Gartenweg
Kleingärten
Neuländer Wettern
Moorwettern
Traunweg
Schilling
Auto-Zul
gebiet
Am Neuländer Baggersee
144,145
148,149
153,157
244,245
249
119
149
1
2
3
4
5

120
Kornweide
Still-
horner
Weg
Stillhorner Weg
Stillhorner
351
Stillhorner
Hauptdeich
Stilth. Stegel
Weg
In de Hu
Moorwerder Brückendamm
Moorwerder
Moorw. Westerdeich
Am Heuckenlock
Moorw. Süderdeich
Moorwerder
Finkenriek
Finkenriek
Finkenrieker Hauptdeich
Wettern
Wasserburg
Gemeinschaft
Altenfelder
Stübenhofer Weg
37
AS-HH Stillhorn
E22
NSG
NSG
Heuckenlock
1
Heuckenlock
Hafen
Holstenkaten
Schöpfwerk
152
Finkenr. Deichw.
Süderelbe
Heuckenlock
Bracki
Moo
Moorw
Allerheiligen-
sand
Großer
Fährinsel
Hauptdeich
Fünfhausener
Hauptdeich
NSG
Schweensand
149
Elbdeich
Fünfh. Deich-
weg
Fünfhausener
Sportpl.
Hauptdeich
Sand
Schweenssand-
uländer
149
1901
Neuländer
Neuländer
Elbdeich
149
Wettern
Hauptdeich
Weg
728
730
Wendts
ten
Anschlussstelle HH-Harburg
Brack
Neuländer
Weg
728
1901
Neuländer
Straße
38
Landweg
Fünfhausener
Wettern
weg
bogen
Fünfhausener
Fünfhausener-
Landweg-
Landweg
Wettern
Fünf-
hausen
Straße
568
5924
Stadtteil
Neuland
(zu Hamburg)
Gewerbe-
Am Neuländer Baggerteich
Groß-moor-kehre
Baggerteich
Neuland
gebiet
Fünfhausener
Straße
Kleiner
Hagen
Am grünen Wege
150
21079

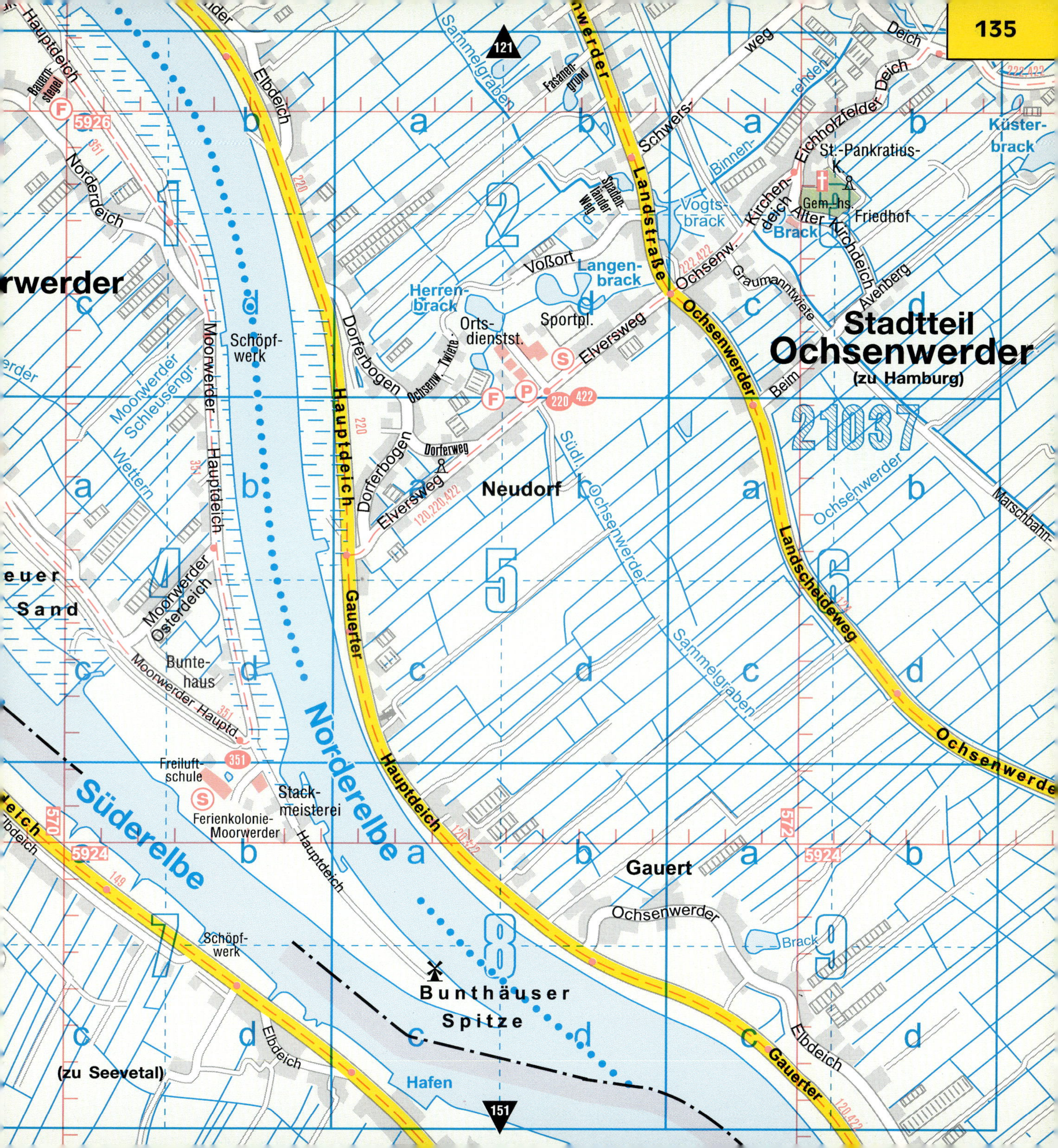

Stadtteil Ochsenwerder
(zu Hamburg)
21037
Norderelbe
Süderelbe
Neudorf
Gauert
Bunthäuser Spitze
rwerder
euer Sand
(zu Seevetal)
Hauptdeich
Norderdeich
Elbdeich
Sammelgraben
Fasanengrund
Ochsenwerder Landstraße
Schwers-weg
Eichholzfelder Deich
St.-Pankratius-K.
Gem.-hs.
Friedhof
Binnen-
Vogts-brack
Kirchen-deich
Alter Kirchdeich
Brack
Küster-brack
Voßort
Langen-brack
Herren-brack
Orts-dienstst.
Sportpl.
Elversweg
Ochsenw.
Graumanntwiete
Avenberg
Dorferbogen
Ochsenw. Twiete
Dorferweg
Schöpf-werk
Moorwerder Hauptdeich
Moorwerder Schleusengr.
Wettern
Moorwerder Osterdeich
Bunte-haus
Moorwerder Hauptd.
Freiluft-schule
Ferienkolonie-Moorwerder
Stack-meisterei
Gauerter Hauptdeich
Südl. Ochsenwerder
Ochsenwerder Landscheideweg
Marschbahn-
Ochsenwerder
Brack
Hafen
Gauerter
Elbdeich
121
151
5926
5924
220
422
351
572
570
149

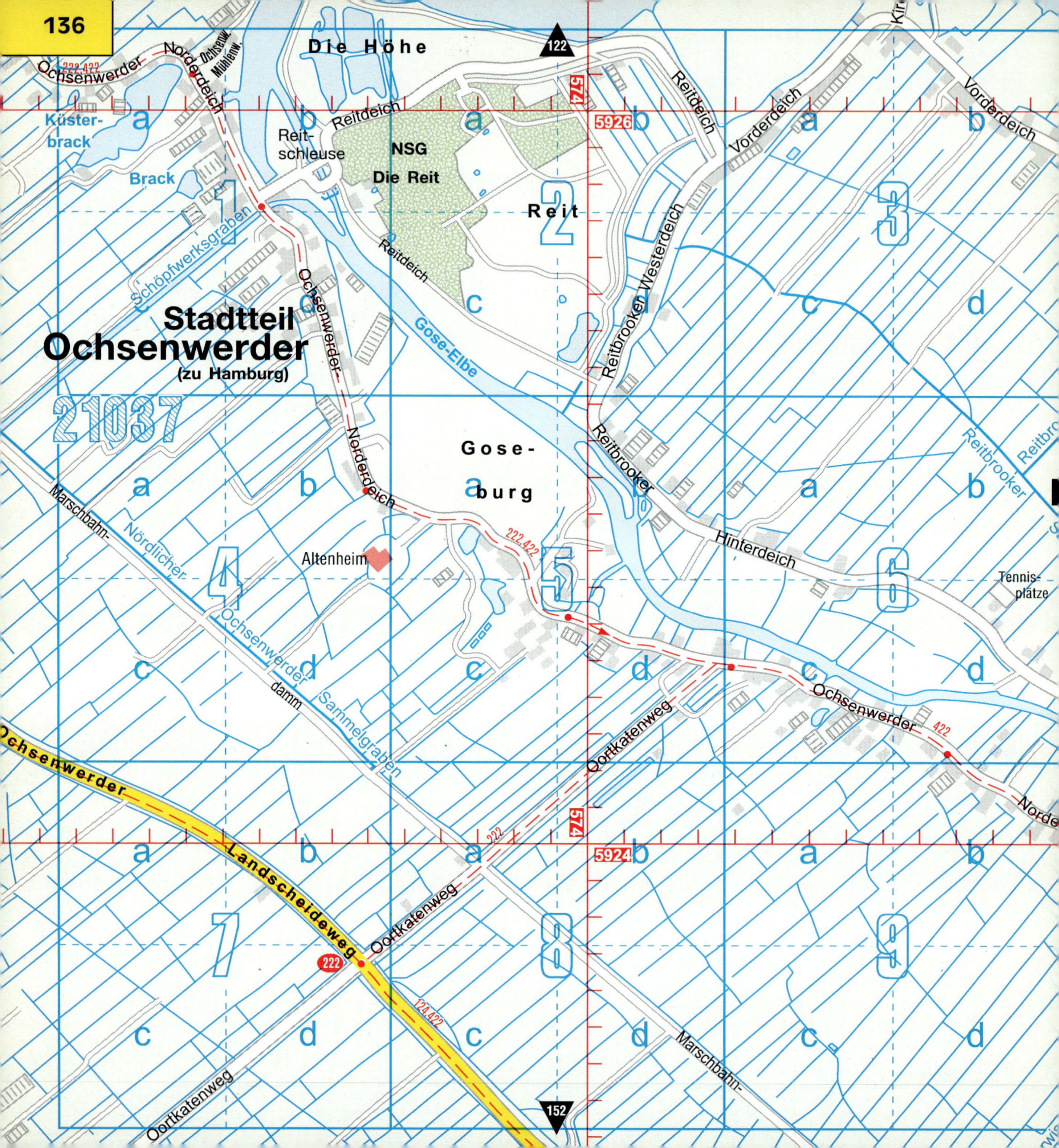

122
Die Höhe
Ochsenwerder
Norderdeich
Küster-
brack
Brack
Reit-
schleuse
Reitdeich
NSG
Die Reit
Reit
Reitdeich
Vorderdeich
Reitbrooker Westerdeich
Schöpfwerksgraben
Ochsenwerder-
Stadtteil
Ochsenwerder
(zu Hamburg)
21037
Gose-Elbe
Gose-
burg
Norderdeich
Reitbrooker
Hinterdeich
Reitbrooker
Altenheim
Marschbahn-
Nördlicher
Ochsenwerder
damm
Sammelgraben
Oortkatenweg
Ochsenwerder
Tennis-
plätze
Ochsenwerder
Landscheideweg
Oortkatenweg
222
5926
5924
574
Marschbahn-
Oortkatenweg
152

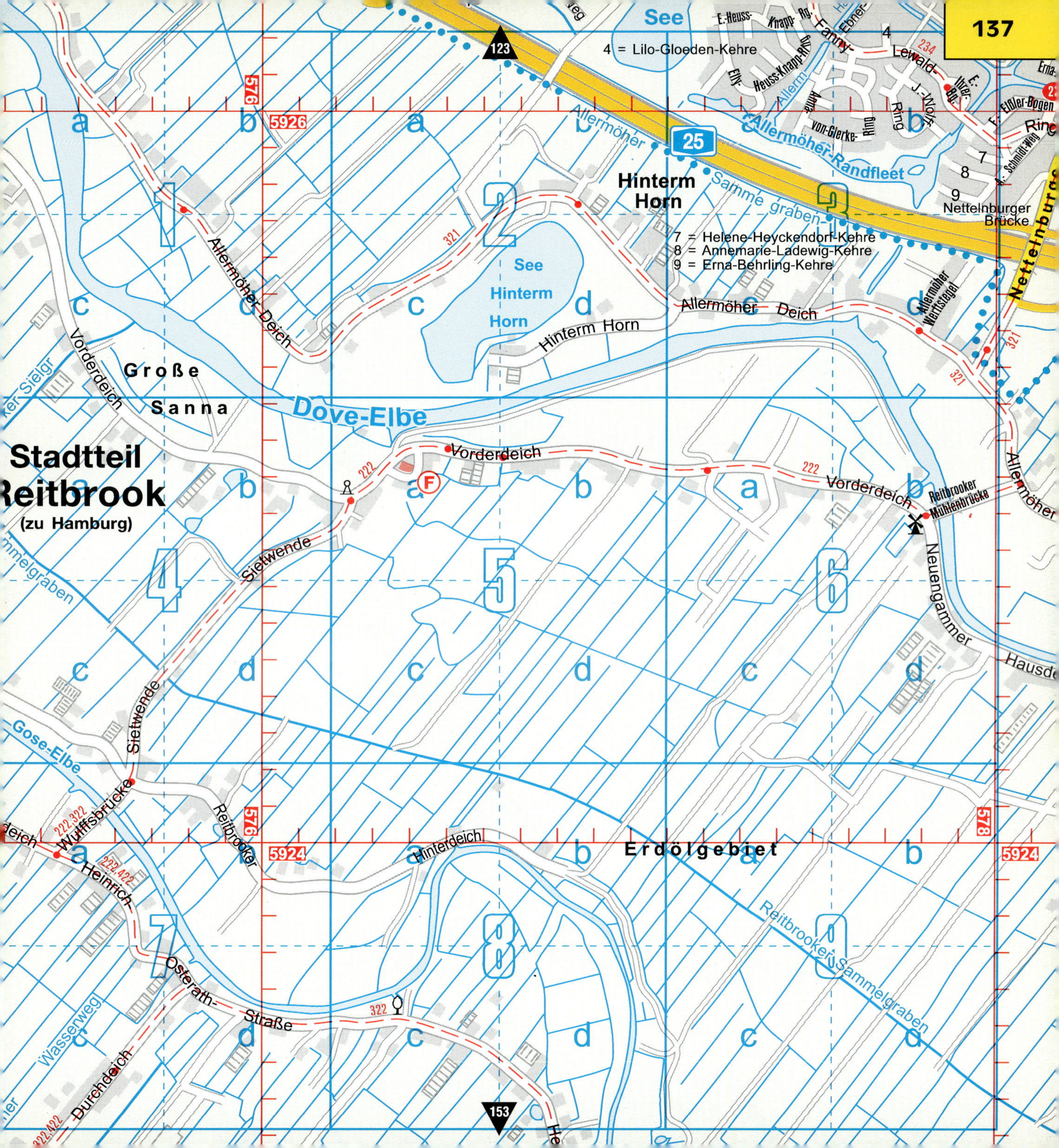

See
4 = Lilo-Gloeden-Kehre
Hinterm Horn
7 = Helene-Heyckendorf-Kehre
8 = Annemarie-Ladewig-Kehre
9 = Erna-Behrling-Kehre
Nettelnburger Brücke
Allermöher-Randfleet
Samme graben
Allermöher Deich
See Hinterm Horn
Hinterm Horn
Große Sanna
Dove-Elbe
Stadtteil Reitbrook (zu Hamburg)
Vorderdeich
Sietwende
Reitbrooker Mühlenbrücke
Neuengammer Hausdeich
Gose-Elbe
Wulfsbrücke
Reitbrooker
Hinterdeich
Erdölgebiet
Reitbrooker Sammelgraben
Heinrich-Osterath-Straße
Wasserweg
Durchdeich

Nettelnburger Str.
Nettelnburger Str.
Nettelnburger Brücke
Nettelnburger Landweg
Kampweg
Helmut-Nack-Str.
Randersweide
Sportplatz
Recycl.-Hof Tiefbauabteilung
Schleusengraben
Vierländer Brücke
Kläranlage
Klein-609 gärten
21029
21035
Anschlussstelle HH-Bergedorf
Anschlussstelle HH-Nettelnburg
Erd- Nettelnburg
Neuer Schleusengraben
Krapphofschleuse
Schleusenhörn
Brookwetterung
Curslacker Neuer Deich
Allermöher Deich
Kurfürstendeich
Ortsamt
Dove-Elbe-Schleuse
Schleusendamm
Krapphof
öl-
Dove- Elbe
Neuengammer Hausdeich
Schiefe Brücke
Curslacker Deich
Auf der Böge
Kinderheim
Landweg
Kirchwerder Landweg
gebiet
Neuengammer Hausdeich
Neuengammer Durchstich
NSG
Kirchwerder Wiesen
Dove-Elbe
5924
5926
124
154

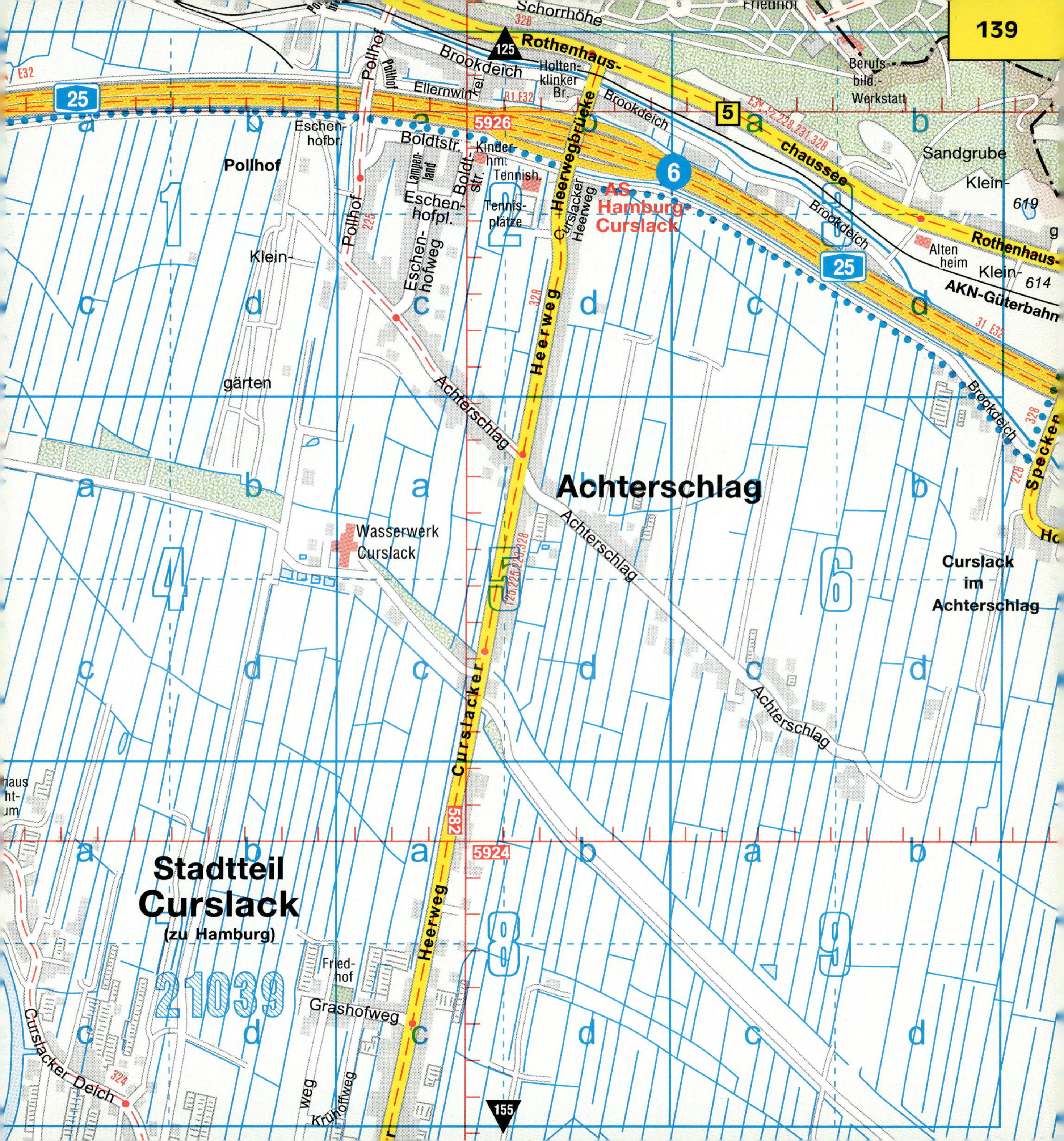

Schorrhöhe
Rothenhaus-
Brookdeich
Holten-
klinker
Br.
Ellernwinkel
Brookdeich
Heerwegbrücke
Berufs-
bild.-
Werkstatt
chaussee
Sandgrube
Pollhof
Eschen-
hofbr.
Boldtstr.
Kinder-
hm.
Tennish.
Tennis-
plätze
Lampen-
land
Boldt-
str.
Eschen-
hofpl.
Eschen-
hofweg
AS
Hamburg-
Curslack
Curslacker
Heerweg
Klein-
Rothenhaus-
Alten
heim
AKN-Güterbahn
Heerweg
Klein-
gärten
Achterschlag
Achterschlag
Wasserwerk
Curslack
Achterschlag
Curslack
im
Achterschlag
Brookdeich
Specken
Curslacker
Heerweg
Stadtteil
Curslack
(zu Hamburg)
21039
Fried-
hof
Grashofweg
Curslacker Deich
Kruhoffweg

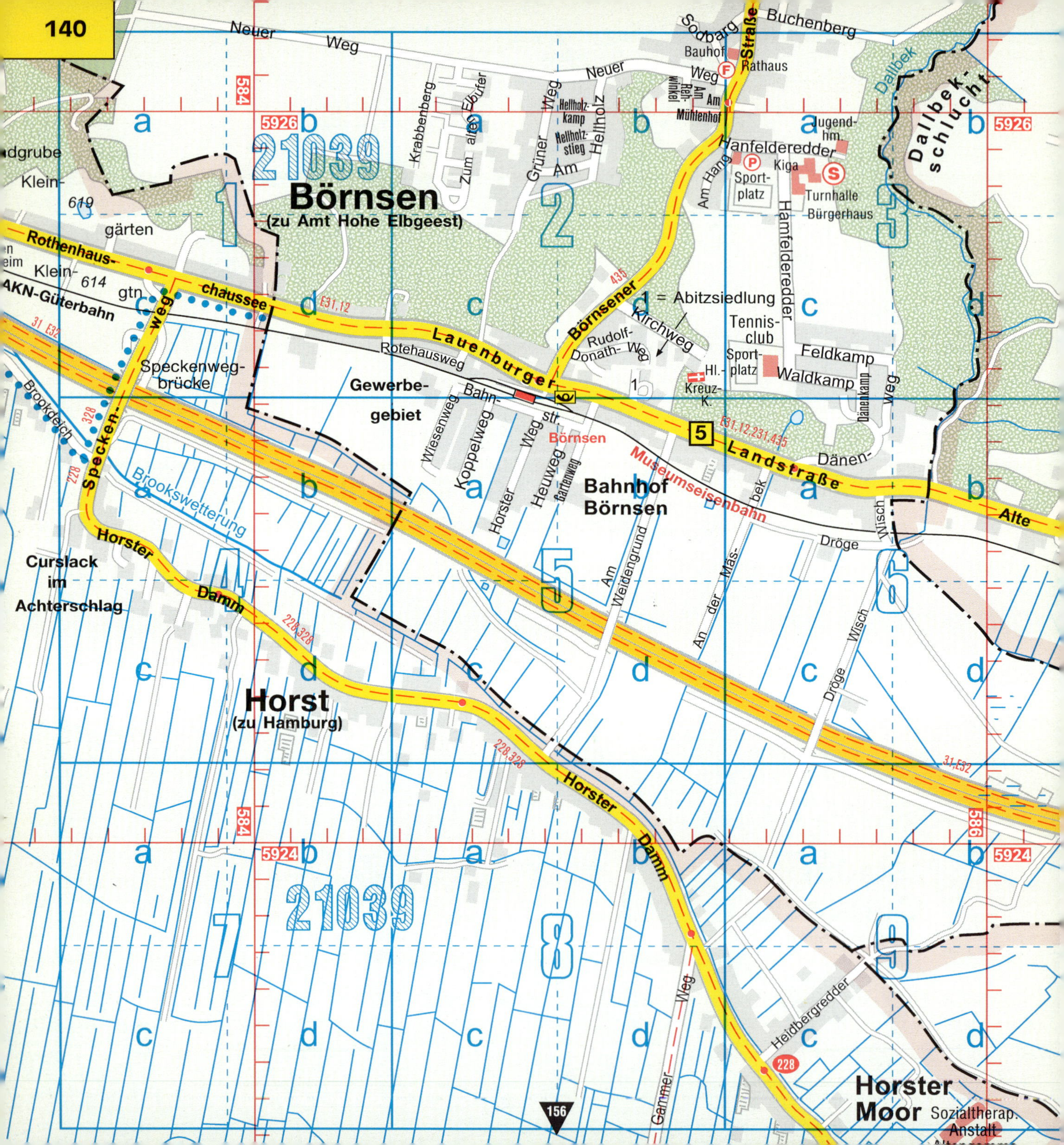
Neuer Weg
Sodbarg
Straße
Buchenberg
Bauhof
Rathaus
Neuer Weg
Am Mühlenhof
Krabbenberg
Zum alten Elbufer
Grüner Weg
Hellholzkamp
Hellholzstieg
Am Hellholz
Jugendhm.
Dallbek
Dallbek-schlucht
5926
584
21039
Börnsen
(zu Amt Hohe Elbgeest)
Hanfelderedder
Am Hang
Kiga
Sportplatz
Turnhalle
Bürgerhaus
Sandgrube
Klein-gärten
619
Rothenhaus-chaussee
Klein-gtn.
614
AKN-Güterbahn
Specken-weg
Börnsener Straße
1 = Abitzsiedlung
Hamfelderedder
Tennis-club
Kirchweg
Rudolf-Donath-Weg
Rotehausweg
Lauenburger Landstraße
Sport-platz
Feldkamp
Waldkamp
Speckenweg-brücke
Gewerbe-gebiet
Bahnstr.
Hl.-Kreuz-K.
Dänenkamp
Dänenweg
Brookdeich
Wiesenweg
Koppelweg
Horster Weg
Heuweg
Gartenweg
Börnsen
Museumseisenbahn
Brookswetterung
Bahnhof Börnsen
Masbek
Alte
Horster Damm
Curslack im Achterschlag
Am Weidengrund
An der Masbek
Dröge Wisch
Horst
(zu Hamburg)
228,328
31,E32
586
5924
Heidbergredder
Gammer Weg
228
Horster Moor
Sozialtherap. Anstalt
156

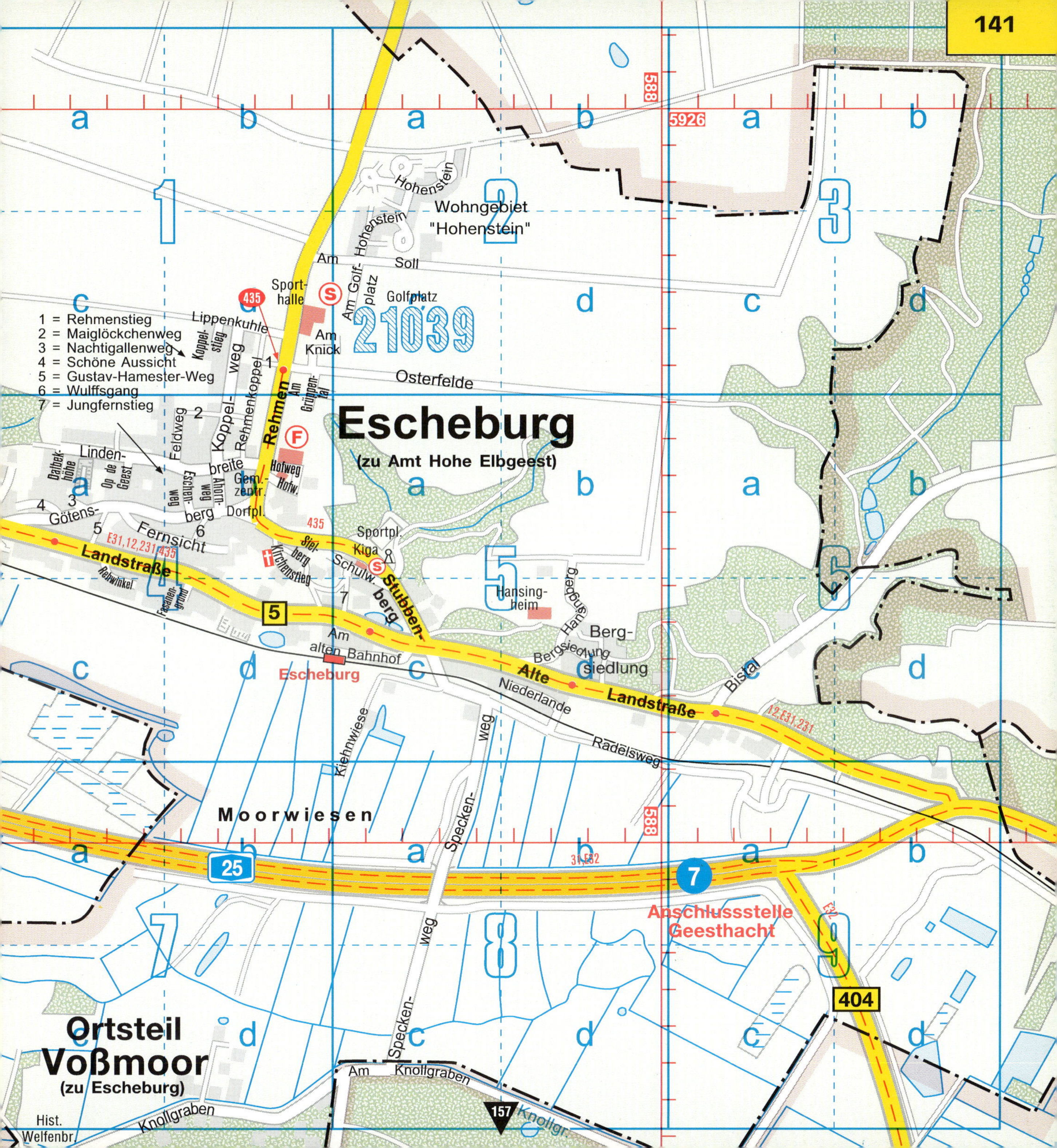
Escheburg
(zu Amt Hohe Elbgeest)
Wohngebiet "Hohenstein"
21039
1 = Rehmenstieg
2 = Maiglöckchenweg
3 = Nachtigallenweg
4 = Schöne Aussicht
5 = Gustav-Hamester-Weg
6 = Wulffsgang
7 = Jungfernstieg
Hohenstein
Am Soll
Golfplatz
Am Golf-platz
Sport-halle
Am Knick
Lippenkuhle
Koppel-stieg
Osterfelde
Am Grünen-tal
Rehmen
Rehmenkoppel
Koppel-weg
Feldweg
Linden-
Dalbek-höhe
Op de Geest
breite
Eschen-weg
Ahorn-weg
Gem.-zentr.
Hofweg
Hofw.
Dorfpl.
Götens-berg
Fernsicht
Landstraße
Rehwinkel
Fasanen-grund
Siel-berg
Kirchenstieg
Sportpl.
Kiga
Schulw.
Stubben-berg
Hansing-heim
Hansingberg
Berg-siedlung
Bergsiedlung
Am alten Bahnhof
Escheburg
Alte Landstraße
Niederlande
Bistal
Radelsweg
Kiehnwiese
Specken-weg
Moorwiesen
Anschlussstelle Geesthacht
Ortsteil Voßmoor
(zu Escheburg)
Am Knollgraben
Knollgraben
Knollgr.
Hist. Welfenbr.
5926
588
435
25
7
5
404
157
E31,12,231,435
12,E31,231
31,E32
E32

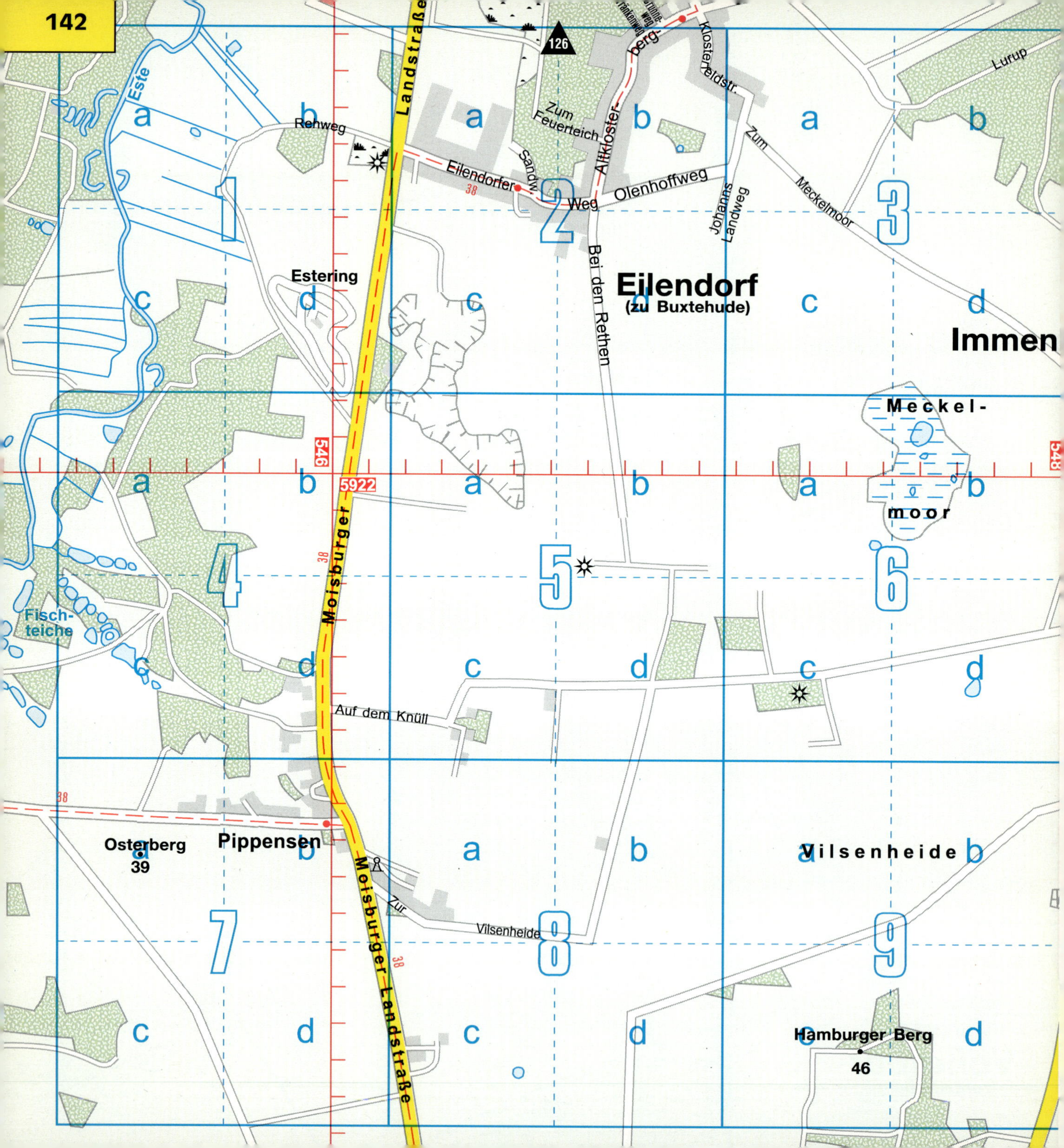
Este
Rehweg
Landstraße
Eilendorfer Weg
Sandw.
Zum Feuerteich
Altkloster-berg
Klosterfeldstr.
Zum Meckelmoor
Lurup
Olenhoffweg
Johanns Landweg
126
Estering
Eilendorf
(zu Buxtehude)
Bei den Rethen
Immen
Meckel-moor
Moisburger Landstraße
5922
Fisch-teiche
Auf dem Knüll
Osterberg
39
Pippensen
Zur Vilsenheide
Vilsenheide
Hamburger Berg
46

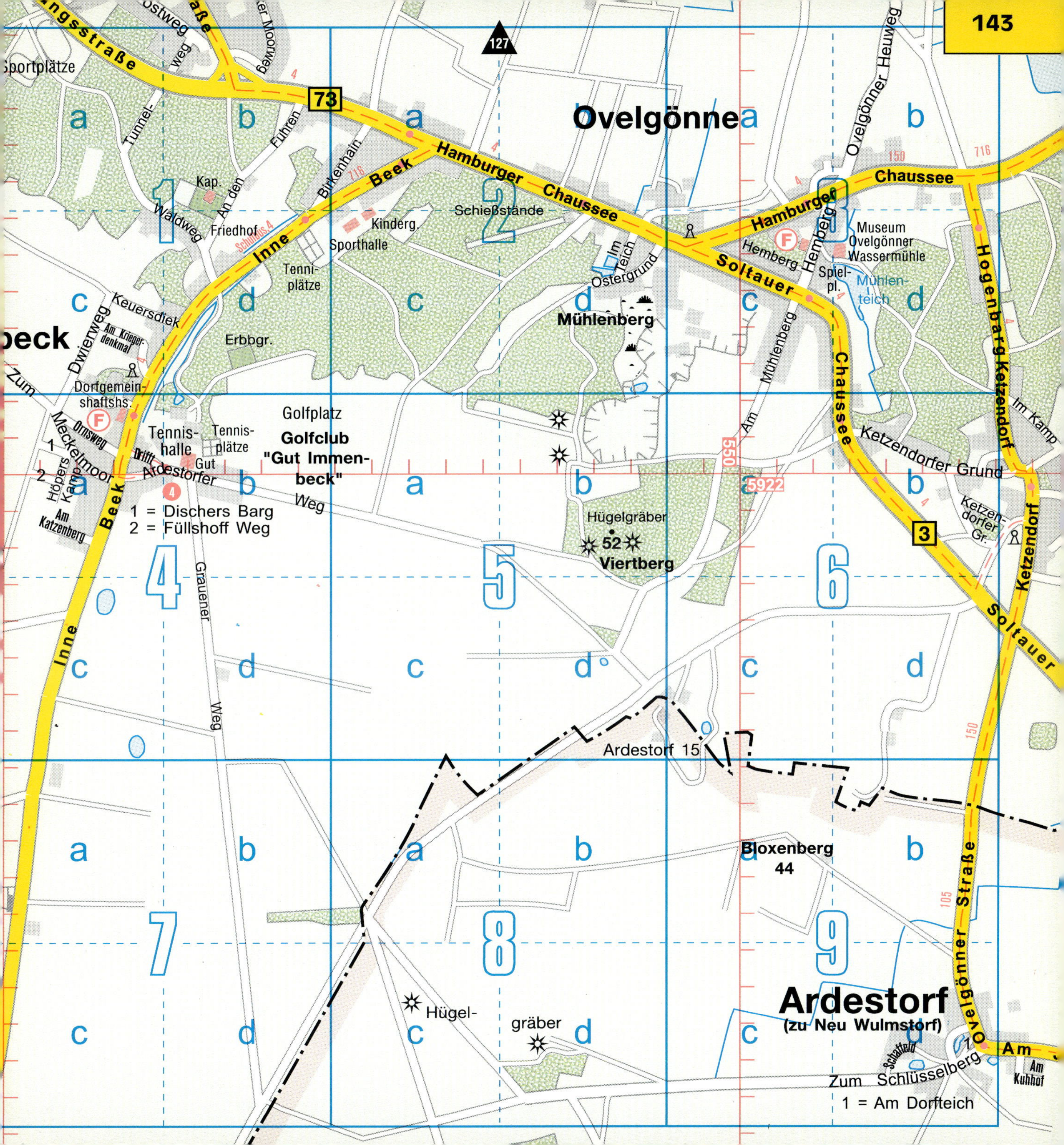

127
73
Ovelgönne
Hamburger Chaussee
Beek
Inne
Sportplätze
Tunnel-
Führen
Birkenhain
Kap.
An den
Friedhof
Waldweg
Kinderg.
Sporthalle
Tenni-
plätze
Schießstände
Im Teich
Ostergrund
Mühlenberg
Ovelgönner Heuweg
Hamburger
Chaussee
Museum
Ovelgönner
Wassermühle
Hemberg
Spiel-
pl.
Mühlen-
teich
Soltauer
Hogenbarg
Ketzendorf
beck
Keuersdiek
Dwierweg
Am Kriegerdenkmal
Erbbgr.
Zum
Dorfgemein-
shaftshs.
Ornsweg
Meckelmoor
Golfplatz
Golfclub
"Gut Immen-
beck"
Tennis-
halle
Tennis-
plätze
Gut
Ardestorfer
Weg
Drift
Höpers
Kamp
Am
Katzenberg
1 = Dischers Barg
2 = Füllshoff Weg
Am Mühlenberg
Chaussee
Ketzendorfer Grund
Im Kamp
Hügelgräber
52
Viertberg
3
Ketzen-
dorfer
Gr.
Ketzendorf
Soltauer
Grauener
Weg
Ardestorf 15
Bloxenberg
44
Ovelgönner Straße
Hügel-
gräber
Ardestorf
(zu Neu Wulmstorf)
Schaffeld
Zum Schlüsselberg
Am
Am
Kuhhof
1 = Am Dorfteich

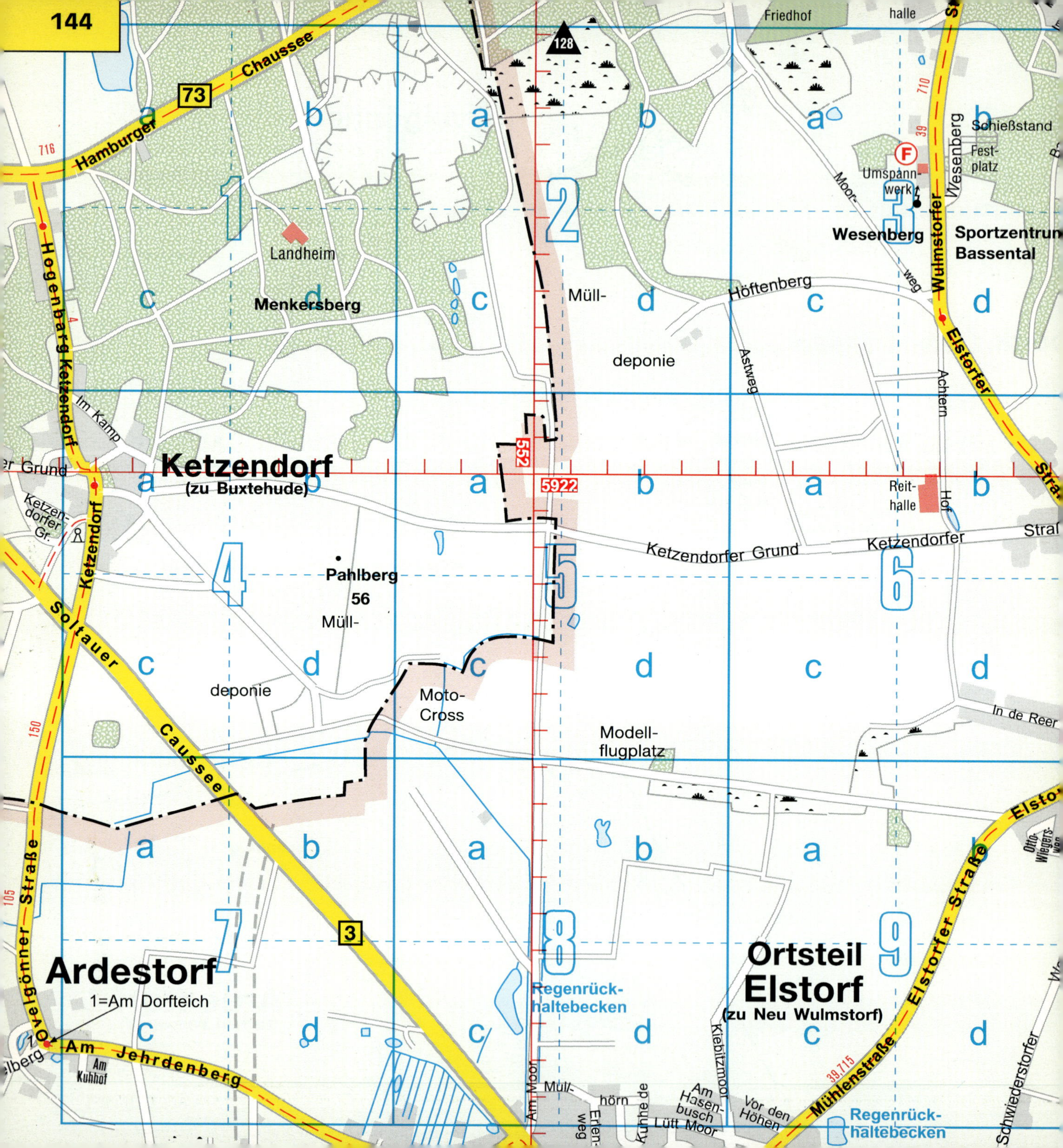

Hamburger Chaussee
73
Friedhof
halle
128
Landheim
Menkersberg
Schießstand
Fest-
platz
Umspann-
werk
Wesenberg
Sportzentrum
Bassental
Moor-
weg
Wulmstorfer
Müll-
deponie
Höftenberg
Astweg
Achtern
Elstorfer
Hogenbarg
Ketzendorf
Im Kamp
Grund
Ketzendorf
(zu Buxtehude)
552
5922
Reit-
halle
Hof
Ketzen-
dorfer
Gr.
Ketzendorfer Grund
Ketzendorfer
Straße
Pahlberg
56
Müll-
deponie
Soltauer
Causseee
Moto-
Cross
Modell-
flugplatz
In de Reer
Elstorf
Otto-Wiegers-Weg
3
Ardestorf
1=Am Dorfteich
Ovelgönner Straße
Am Jehrdenberg
Am Kuhhof
Regenrück-
haltebecken
Ortsteil
Elstorf
(zu Neu Wulmstorf)
Elstorfer Straße
Mühlenstraße
Am Moor
Müll-
hörn
Erlen-
weg
Kuhhe de
Am
Hasen-
busch
Lütt Moor
Kiebitzmoor
Vor den
Höhen
Regenrück-
haltebecken
Schwiederstorfer

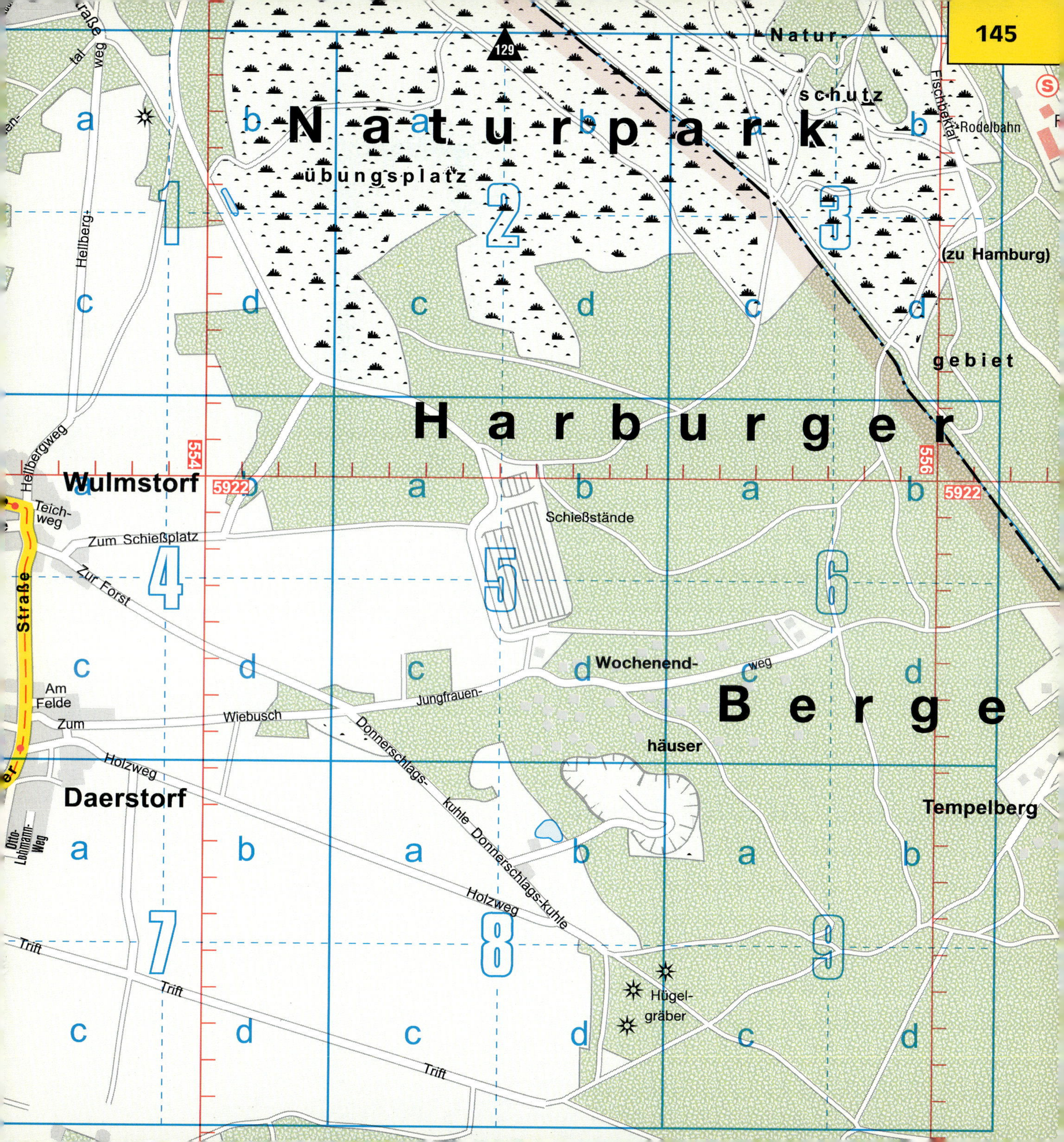
Naturpark
Natur-
schutz
übungsplatz
gebiet
Harburger
Berge
Rodelbahn
Fischbektal
(zu Hamburg)
Wulmstorf
Daerstorf
Tempelberg
Schießstände
Wochenend-
häuser
Hügel-
gräber
Hellbergweg
Hellberg-
Teich-
weg
Zum Schießplatz
Zur Forst
Straße
Am
Felde
Zum
Wiebusch
Jungfrauen-
weg
Donnerschlags-
kuhle
Donnerschlags-kuhle
Holzweg
Holzweg
Trift
Trift
Trift
Otto-
Lohmann-
Weg
129
554
556
5922
5922
5922

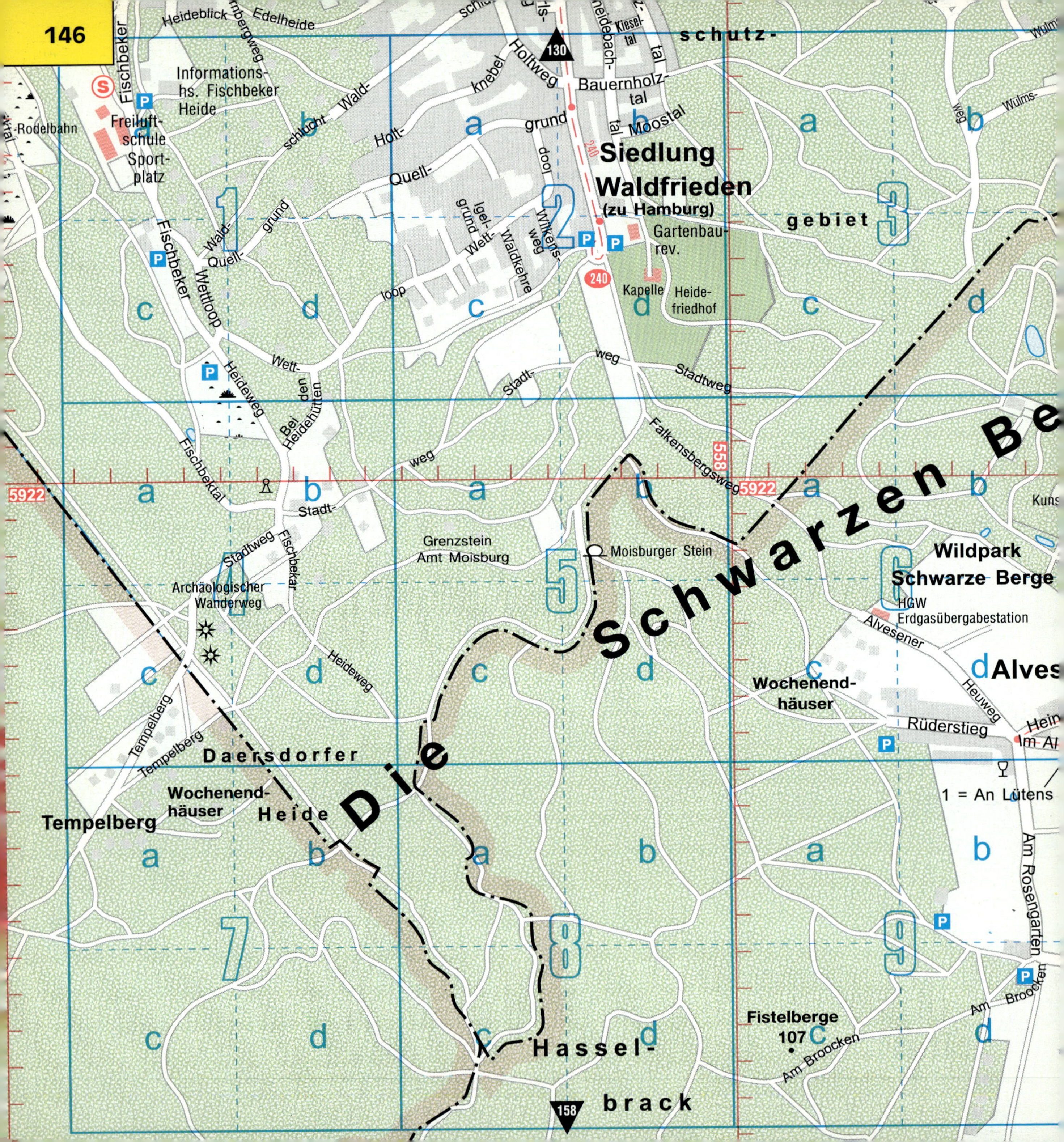

Heideblick
Edelheide
Informations-hs. Fischbeker Heide
Fischbeker
Rodelbahn
Freiluft-schule
Sport-platz
Wald-schlucht
Holt-
Quell-grund
knebel
Holtweg
Bauernholz-tal
Moostal
Kiesel-tal
Siedlung Waldfrieden
(zu Hamburg)
schutz-
gebiet
Gartenbau-rev.
Kapelle
Heide-friedhof
Igel-grund
Wett-loop
Waldkehre
Wilkens-weg
Fischbeker
Wald-Quell-
Wettloop
Heideweg
Bei den Heidehütten
Stadt-weg
Stadtweg
Falkensbergsweg
Fischbektal
Stadt-
Stadtweg
Fischbektal
Archäologischer Wanderweg
Grenzstein Amt Moisburg
Moisburger Stein
Die Schwarzen Be
Wildpark Schwarze Berge
HGW Erdgasübergabestation
Alvesener
Alves
Heuweg
Wochenend-häuser
Rüderstieg
1 = An Lütens
Heideweg
Tempelberg
Daersdorfer Heide
Wochenend-häuser
Tempelberg
Am Rosengarten
Fistelberge 107
Am Broocken
Hassel-brack
130
240
558
5922
158

Schul-
landheim
Beim
Rehwechsel
Auf den Schwarzen Bergen
Föhren-
grund
Reh-
wechsel
Hoh-
redder
Erd-
Schierheisterberg
Emmetal
Wagen-
weg
Stadt-
scheide
Diebeskuhle
Fuchspaß
Ehestorfer Weg
Große
Straße
Hainholzweg
Beerentaltrift
Am Beerenwai
Stadtteil
Eißendorf
(zu Hamburg)
Prof.-Strache-Allee
Birkenhöhe
Hampf-
berg
Stadtweg
dahl
Böcken
Bolz-
pl.
Spiel-
pl.
Achter-
hoff
Baddels
Hoff
Am Harburger
Wiesenweg
Seegekuhle
Jäger-
stieg
Klein-
gärten
sterpfad
Eißendorf
Handwerker-
halle
Heideweg
Dorfstr.
Achtern-
Hoagen
Appelbütteler
Ortschaft
Ehestorf
(zu Rosengarten)
Reithalle
Wolfsschlucht
Klein-
Hexengang
Zwergen-
gang
gärten
E45
Knick-
weg
Am Wildpark
Am Kiekeberg
Ehestorfer Straße
1 = Bärenfang
Dreieck
HH-Südwest
Steinkuhle
Freilicht-Museum
Am Kiekeberg
Landtechn.
Museum
Friedhof
Kap.
Ehestorfer Straße
Ehestorfer Weg
Ortschaft
Vahrendorf
Straße
Wendt-Weg
Alvesen
Am
Dorfe
Alvesener
Schulweg
Sandberg
Kiekeberg
127
An der Mühle
Kirchweg
Kiga
Spiel-
pl.
Tennis-
anlage
Sport-
platz
Querw.
C.-Erhorn-
Weg
Sportplatz
Eichen-
hain
Eißen-
dorfer
Vahrendorfer Stadtweg
Hügel-
grab
Harburger Straße
Alter Schulgarten
Museums-
weg
Am Sandberg
Stein
Am langen
1 = Bgm.-Gustav-Erhorn-Straße
2 = Am Klaassol
Sunder
Eißendorfer
Wald
Immenkuhlen
Immenkuhlen
Twieten
Redder
Heidbrache
Spiel-
pl.
Am Rosen-
garten
Plögkuhlen-
weg
Ladekuhlen
131
159

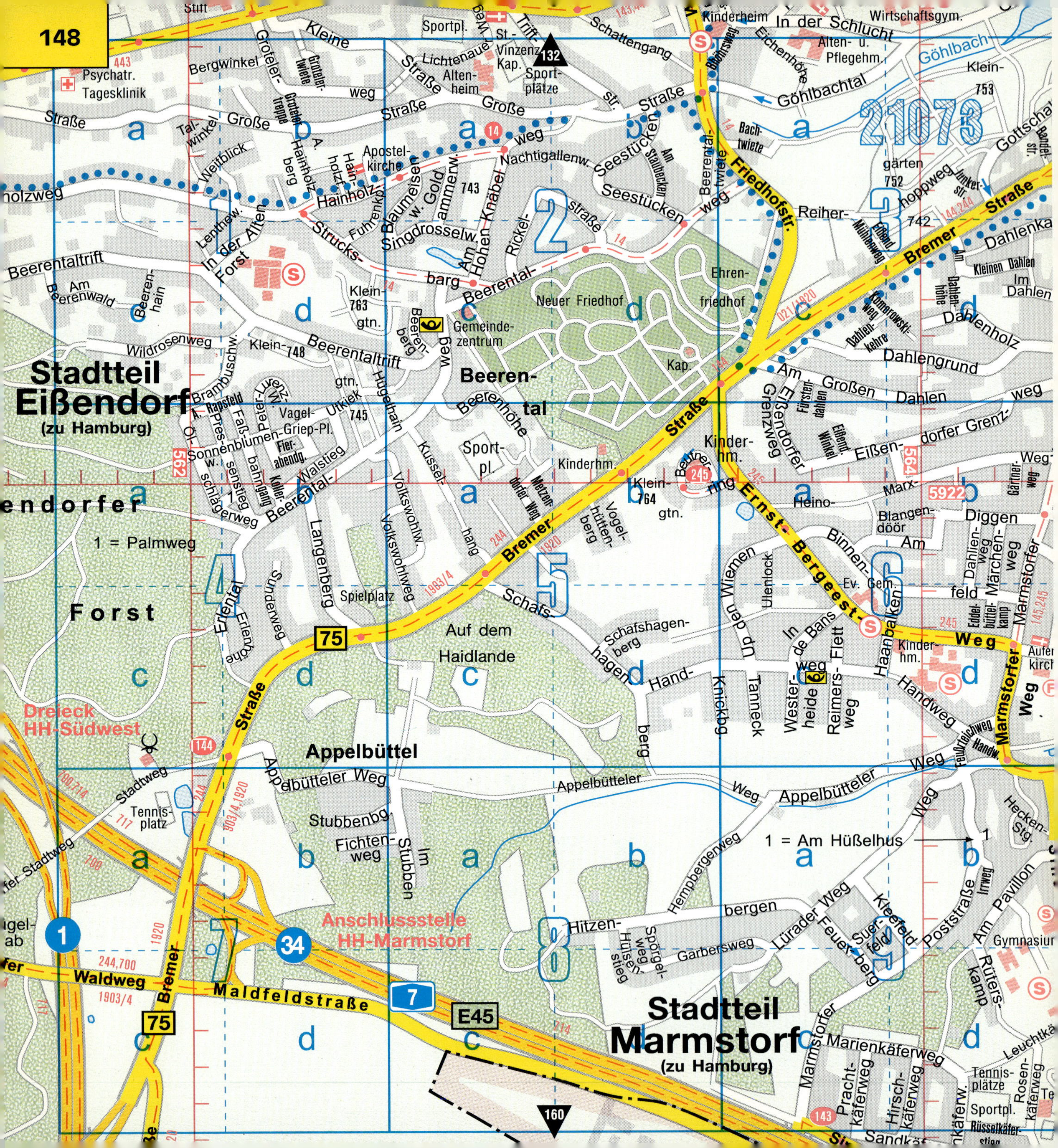
Stadtteil Eißendorf
(zu Hamburg)
Beerental
Forst
Appelbüttel
Stadtteil Marmstorf
(zu Hamburg)
Neuer Friedhof
Ehrenfriedhof
Dreieck HH-Südwest
Anschlussstelle HH-Marmstorf
Auf dem Haidlande
Bremer Straße
Friedhofstr.
Ernst-Bergeest-Weg
Appelbütteler Weg
Waldweg
Maldfeldstraße
Beerentaltrift
Göhlbachtal
Göhlbach
21073
1 = Palmweg
1 = Am Hüßelhus
Psychatr. Tagesklinik
Gemeindezentrum
Spielplatz
Tennisplatz
Sportpl.
Kinderheim
Wirtschaftsgym.
Gymnasium
75
7
E45
34
1
132
160

Lohmühlenteich
Harburger Straße
Hohe Straße
Bremer Straße
Außenmühlenteich
Harburger Stadtpark
Schulgarten
Berufsbildungswerkstätten
Freilichttheater
Freibad
Kleingärten
Anschlussstelle HH-Wilstorf
Bahnbetriebswerk
Güterbahnhof
Harburg
Gewerbegebiet
BMX-Bahn
Seevekanal
Hörstener Straße
Stadtteil Wilstorf (zu Hamburg)
Winsener Straße
Jägerstraße
Vogteistraße
21077
21079
Busdepot
Bücherei
Kinderheim
Rönneburger Park
Alexander-v.-Humboldt-Gymn.
Brinkmanns Park
Am Frankenberg
Langebeker Weg
Schießstand
Alten- und Pflegeheim
Friedhof
Stadtt. Langenbek (zu Hamburg)
Stadtteil Rönneburg (zu Hamburg)
Reithalle
Fuchsberg
Friedhof Langenbek
1=Horlebuschweg
2=Marmstorfer Schützenweg
3=Ekelhofsweg
1 = Flüggenhofstieg
2 = Karnhofstieg
3 = Kassenhofweg
4 = Mattenhofstieg
5 = Undeloher Winkel
Kleingärten

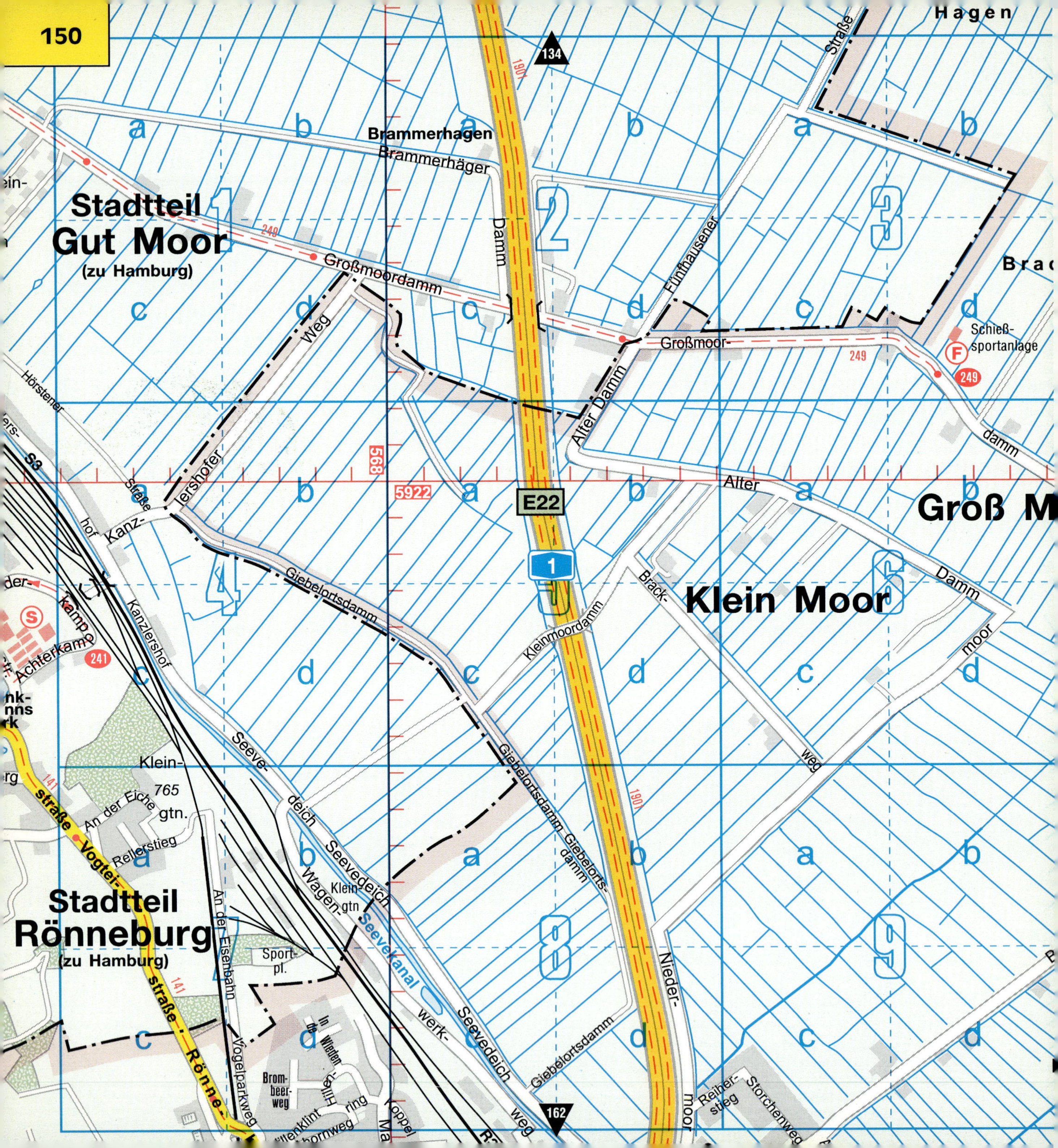
Hagen
Brammerhagen
Brammerhäger
Stadtteil
Gut Moor
(zu Hamburg)
Damm
Großmoordamm
Fünfhausener
Straße
Bra
Schieß-
sportanlage
Großmoor-
damm
Alter Damm
Hörstener
Weg
Lershofer
Straße
Kanz-
hof
Kanzlershof
Giebelortsdamm
E22
Alter
Damm
Groß M
Klein Moor
Brack-
weg
Kleinmoordamm
moor
Achterkamp
Seeve-
deich
Klein-
gtn.
An der Eiche
Reiherstieg
Vogtei-
straße
Stadtteil
Rönneburg
(zu Hamburg)
An der Eisenbahn
Seevedeich
Wagen-
werk-
weg
Seevekanal
Sport-
pl.
Giebelortsdamm
Nieder-
moor
Reiher-
stieg
Storchenweg
Brom-
beer-
weg
Vogelparkweg
Koppel
Rönne-
Kleingtn

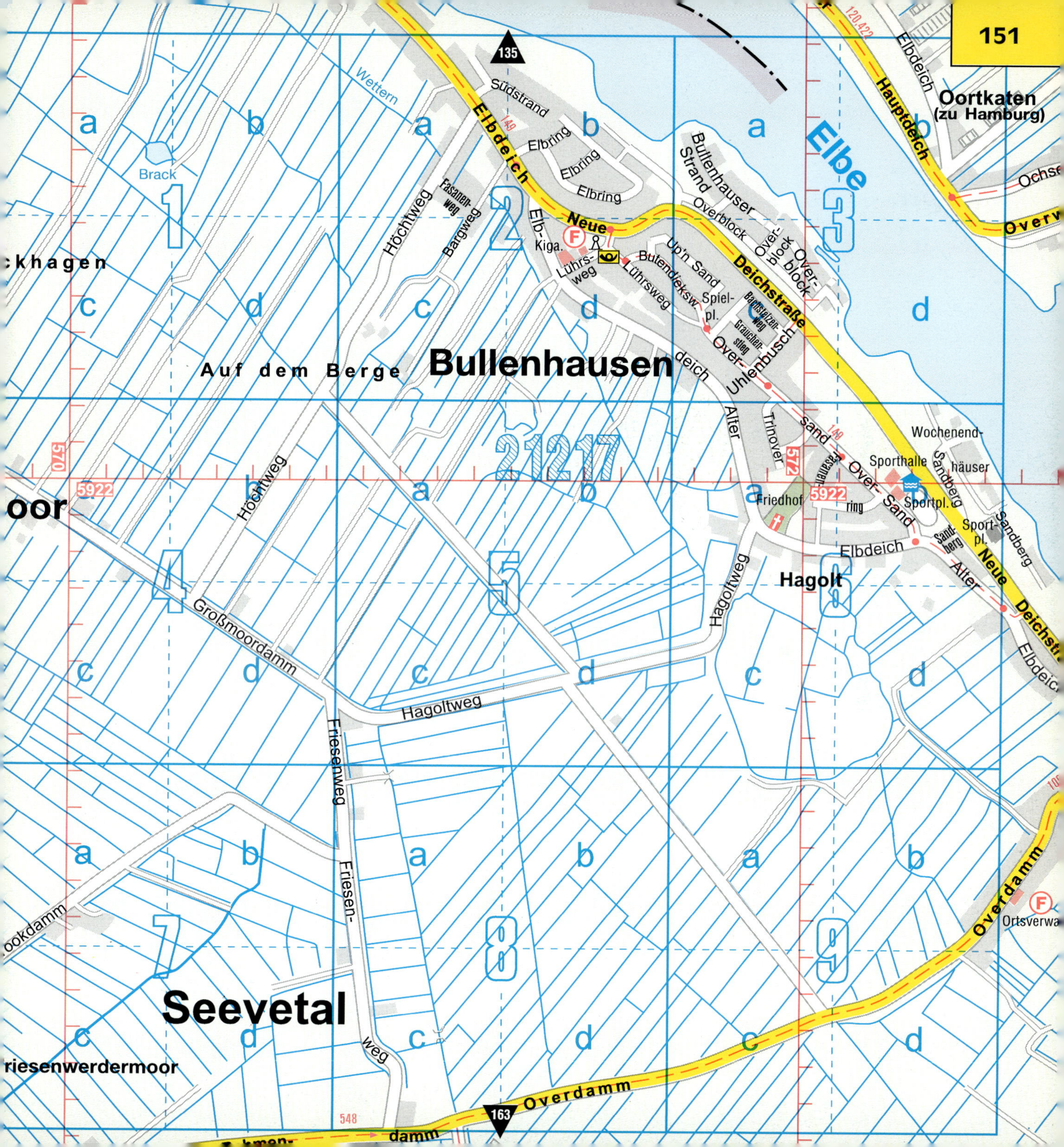
135
Oortkaten
(zu Hamburg)
Elbe
Hauptdeich
Elbdeich
Südstrand
Elbdeich
Elbring
Wettern
Brack
Bullenhausen
Auf dem Berge
Höchtweg
Fasanenweg
Bargweg
Neue
Deichstraße
Elb-Kiga
Lührsweg
Butendieksw.
Up'n Sand
Spiel-pl.
Bullenhauser Strand
Overblock
Over-block
Over-sand
Uhlenbusch
Alter deich
Trinover
Wochenend-häuser
Sporthalle
Sportpl.
Sport-pl.
Sandberg
Friedhof
Overring
Over-Sand
Elbdeich
Hagolt
Hagoltweg
Großmoordamm
Friesenweg
Friesen-weg
Overdamm
Ortsverwa
Seevetal
riesenwerdermoor
ookdamm
163
21217
5922
570
572
548
oor
khagen

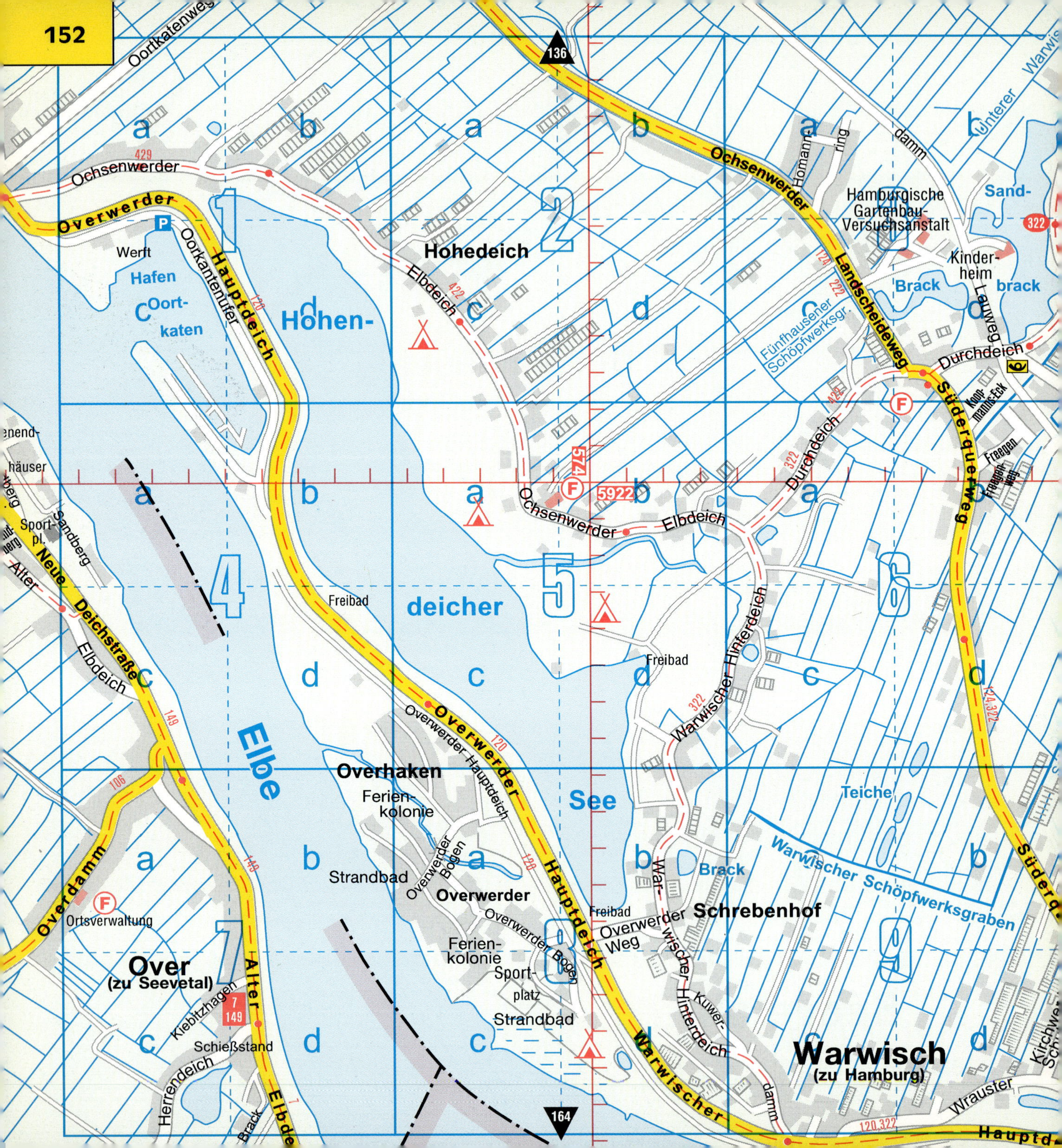
136
164
Oortkatenweg
Ochsenwerder
Overwerder
Hauptdeich
Oortkantenufer
Werft
Hafen
Oort-
katen
Hohen-
deicher
See
Hohedeich
Elbdeich
Ochsenwerder
Landscheideweg
Homann-
ring
damm
Hamburgische
Gartenbau-
Versuchsanstalt
Kinder-
heim
Sand-
brack
Brack
Lauweg
Durchdeich
Fünfhausener
Schöpfwerksgr.
Süderquerweg
Koop-
manns-Eck
Freegen
Ochsenwerder Elbdeich
Durchdeich
5922
574
Warwischer Hinterdeich
Freibad
Teiche
Warwischer Schöpfwerksgraben
Brack
Schrebenhof
Overwerder
Weg
War-
wischer
Hinterdeich
Kuwer-
damm
Warwisch
(zu Hamburg)
Wrauster
Kirchwe.
Hauptd.
Süderq.
Elbe
Overhaken
Ferien-
kolonie
Overwerder Hauptdeich
Strandbad
Overwerder
Bogen
Overwerder
Overwerder Bogen
Ferien-
kolonie
Sport-
platz
Strandbad
Warwischer
Freibad
Neue
Deichstraße
Elbdeich
Alter
Sandberg
Sport-
pl.
häuser
Overdamm
Ortsverwaltung
Over
(zu Seevetal)
Kiebitzhagen
Schießstand
Herrendeich
Brack
Alter
Elbdeich
Unterer Warwis.
429
422
120
149
106
322
124,322
120,322

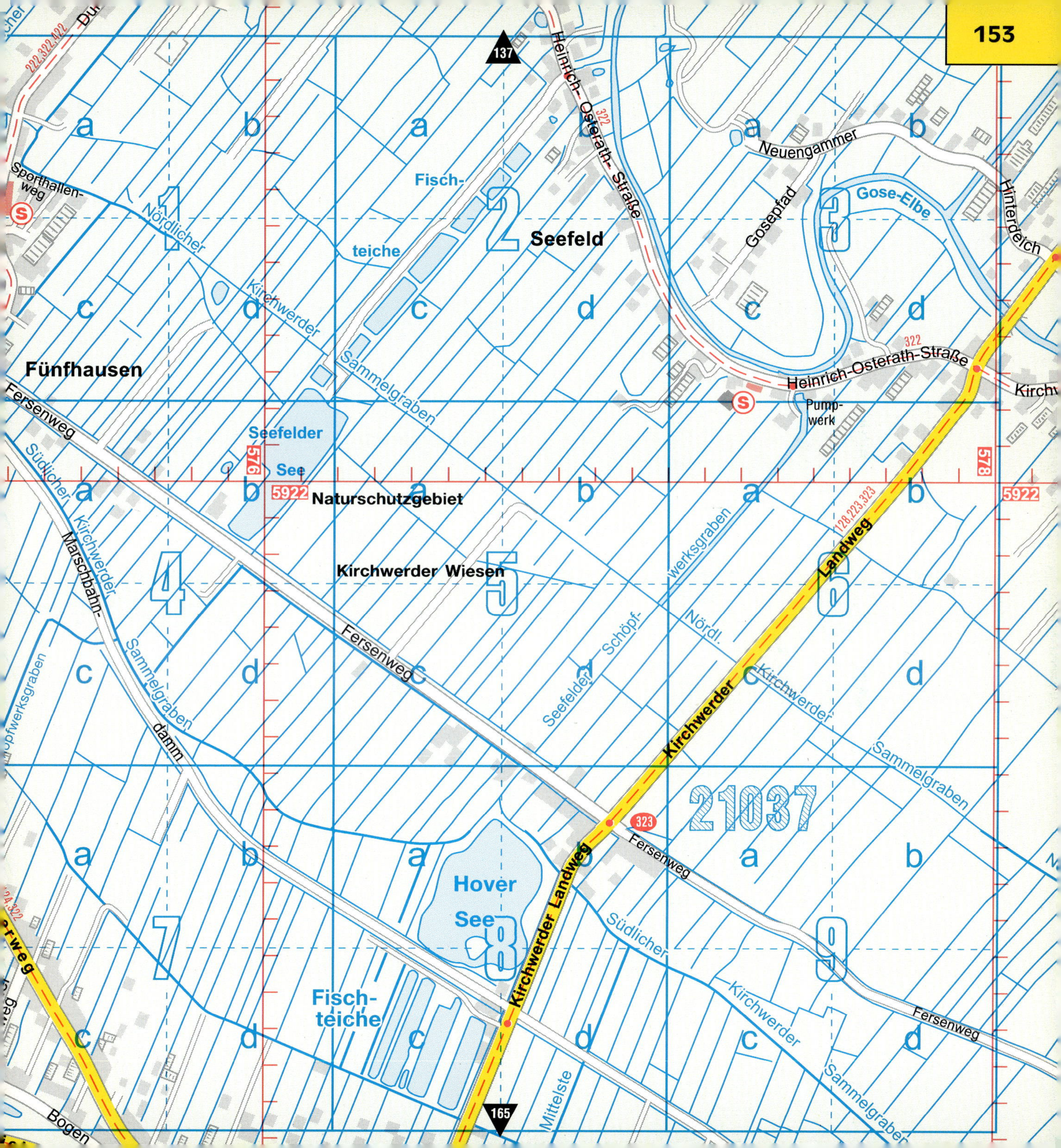
137
Heinrich-Osterath-Straße
Neuengammer
Gosepfad
Gose-Elbe
Hinterdeich
Sporthallenweg
Nördlicher
Kirchwerder
Fisch-
teiche
Seefeld
Fünfhausen
Sammelgraben
Seefelder
See
Pump-
werk
Fersenweg
Südlicher
Kirchwerder
Marschbahn-
damm
Naturschutzgebiet
Kirchwerder Wiesen
Seefelder Schöpf-
werksgraben
Nördl.
Kirchwerder
Landweg
Kirchwerder
Sammelgraben
21037
Hover
See
Kirchwerder Landweg
Fersenweg
Südlicher
Kirchwerder
Sammelgraben
Fisch-
teiche
Mittelste
Bogen
165
5922
576
578
322
323
128,223,323
222,322,422

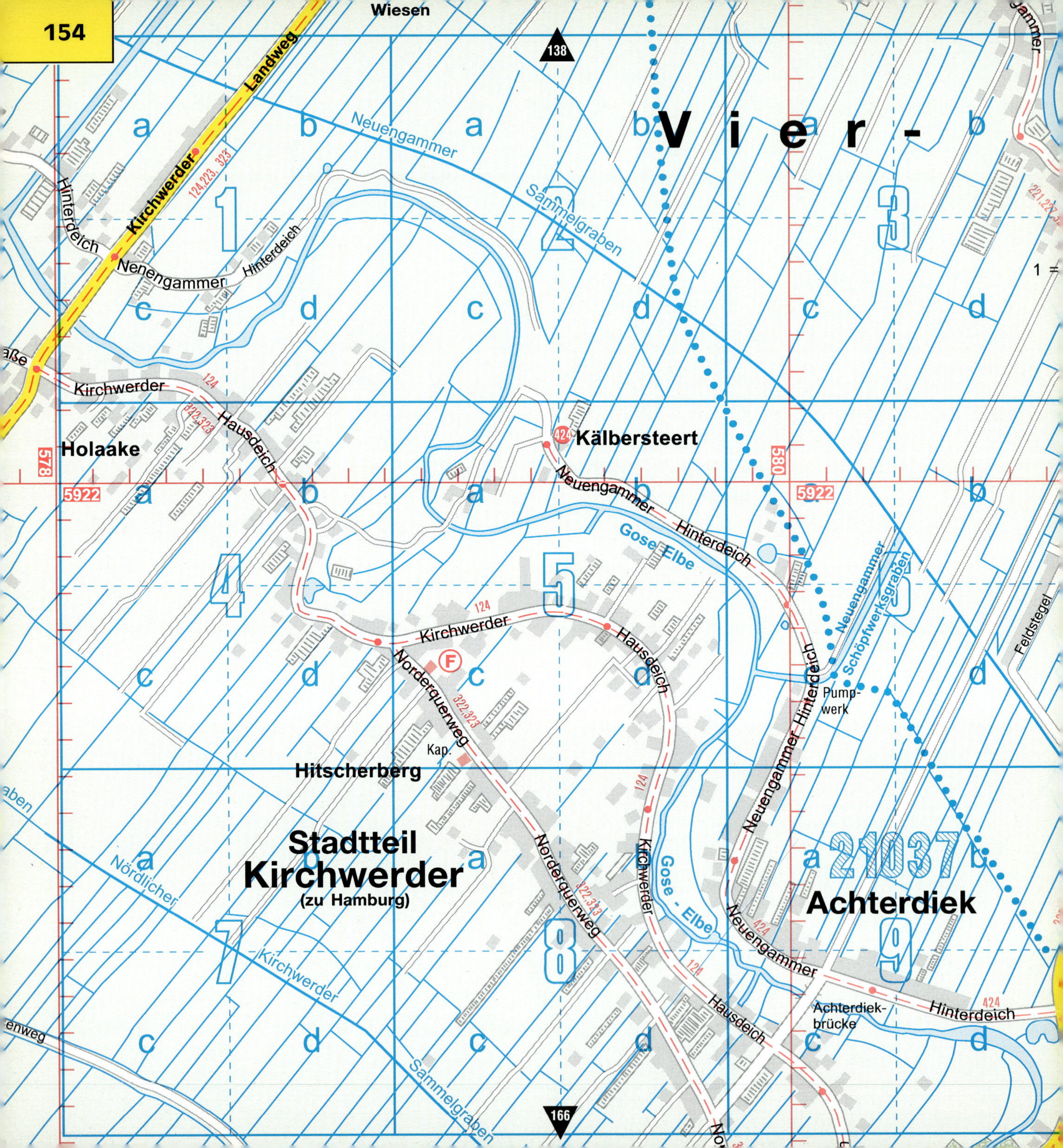
Wiesen
138
Landweg
Kirchwerder
124,223,323
Hinterdeich
Neuengammer
Sammelgraben
Vier-
Nenengammer
Hinterdeich
Kirchwerder
124
322,323
Hausdeich
Holaake
Kälbersteert
424
Neuengammer
Hinterdeich
Gose Elbe
578
5922
580
Kirchwerder
124
Hausdeich
Norderquerweg
322,323
Kap.
Hitscherberg
Neuengammer
Schöpfwerksgraben
Pump-
werk
Feldstegel
Neuengammer Hinterdeich
Stadtteil
Kirchwerder
(zu Hamburg)
Nördlicher
Kirchwerder
Sammelgraben
Norderquerweg
Kirchwerder
Gose - Elbe
Hausdeich
21037
Achterdiek
Neuengammer
Hinterdeich
Achterdiek-
brücke
166

Stadtteil
Curslack
(zu Hamburg)
21039
lande
Stadtteil
Neuengamme
(zu Hamburg)
Curslacker Deich
Heinrich-Stubbe-Weg
Rieckweg
Curslacker Kirchenbr.
Eggers-Mindt-Brücke
Karkenstegel
Odemannbr.
St. Johannis-K.
Gemeindehaus
Friedhof
Kinderheim
Sportplatz
Neuengammer Hausdeich
Zwischen den Zäunen
Bei der Blauen Br.
Neueng. Blaue Br.
Dove-Elbe
Klinkerweg
Jean-Dolidier-Weg
KZ-Gedenkstätte
Neuengamme
Neueng. Hausdeichbrücke
Jugenduntersuchungshaftanstalt Vierlande
Strafanstalt Vierlande
Sportplatz
Umspannwerk
Dokumentenhaus
Altengammer Hausdeich
Neuengammer Sammelgraben
139
167
5922

Vier-
lande
Horster
Moor
Sozialtherap.
Anstalt
Altengamme
Kinderhm.
Freibad
Altengamme
Brookswetterung
Horster
Damm
Borg-
ho
Gammer
Weg
Lüttwetter
Alteng Marschbahndamm
Altengammer
Sport-
pl.
Stadtteil
Altengamme
(zu Hamburg)
Friedhof
St.-Nicolai-
K.
Kinder-
heim
Kirchen-
stegel
Elbdeich
Altengammer Hauptdeich
Altengammer
Marschbahndamm
Hausdeich
Alten-
gammer
(Schlenze)
Sport-
platz
Elbe
Borg-
horster
Brack
Elbdeich
Hauptdeich
Sport-
bootshafen
Grill-
pl.
140
168
228
428
328
584
586
5922

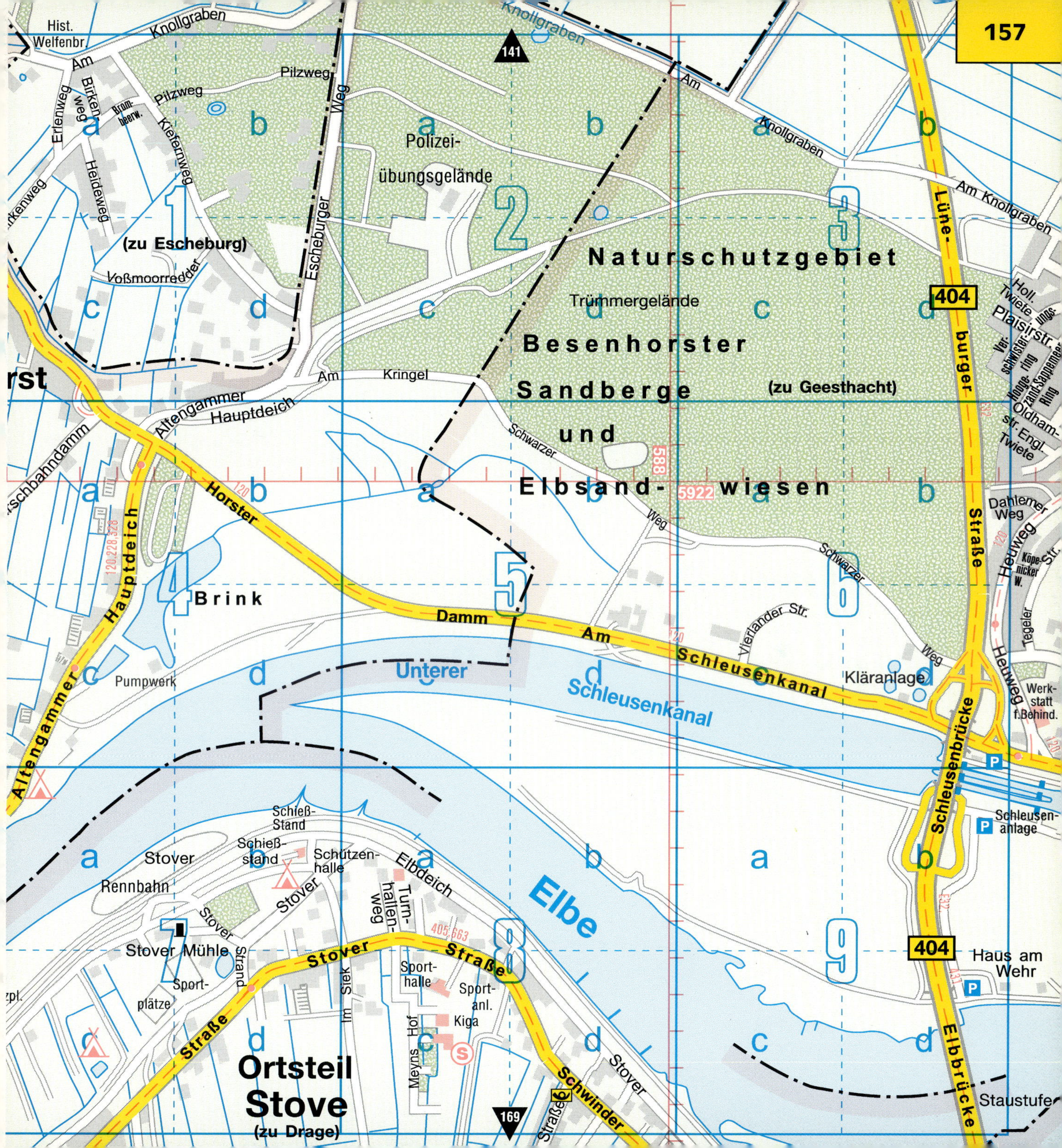

Naturschutzgebiet
Besenhorster
Sandberge
und
Elbsand- wiesen
(zu Geesthacht)
(zu Escheburg)
Polizei-
übungsgelände
Trümmergelände
Knollgraben
Am Knollgraben
Hist. Welfenbr.
Pilzweg
Escheburger Weg
Voßmoorredder
Am Kringel
Altengammer Hauptdeich
Horster Damm
Brink
Pumpwerk
Unterer Schleusenkanal
Am Schleusenkanal
Kläranlage
Schwarzer Weg
Vierländer Str.
Lüneburger Straße
Schleusenbrücke
Schleusenanlage
Haus am Wehr
Elbbrücke
Staustufe
Elbe
Stover Rennbahn
Schießstand
Schützenhalle
Elbdeich
Turmhallenweg
Stover Mühle
Stover Strand
Stover Straße
Sporthalle
Sportanl.
Kiga
Sportplätze
Im Siek
Meyns Hof
Schwinder Straße
Ortsteil Stove
(zu Drage)
Dahlemer Weg
Heuweg
Tegeler
Hellweg
Werkstatt f.Behind.
Oldham-str.
Engl. Twiete
Plaisirstr.
Holl. Twiete
404
141
169

146
5920
558
5918
Die Diebeskuhlen
Schulenburgs-
eiche
Paul-Roth-Stein
Staatsforst
Waldlehrpfad
Niedersachsenweg
Findlingspfad
Groß Modder Eiche
Brandheide
Wald-
weg
Paul- Roth-Stein
Rosengarten
Sieverser
Sunder
Reitplatz
Schwarzer
Weg
Heidbarg
Brammer-
kuhle
Am
Voßbarg
An der Reithalle
Reithalle
Schieß-
stand
Schützenhalle
Waldbad
Quellenweg
Sieversen
Rosengarten-
straße
Haupt-
Am
Süd-
hang
Spiel-
platz
Boitzhoop
Forstamt
Rosengarten
Fürsten-
denkmal
Gannaberg
620.655

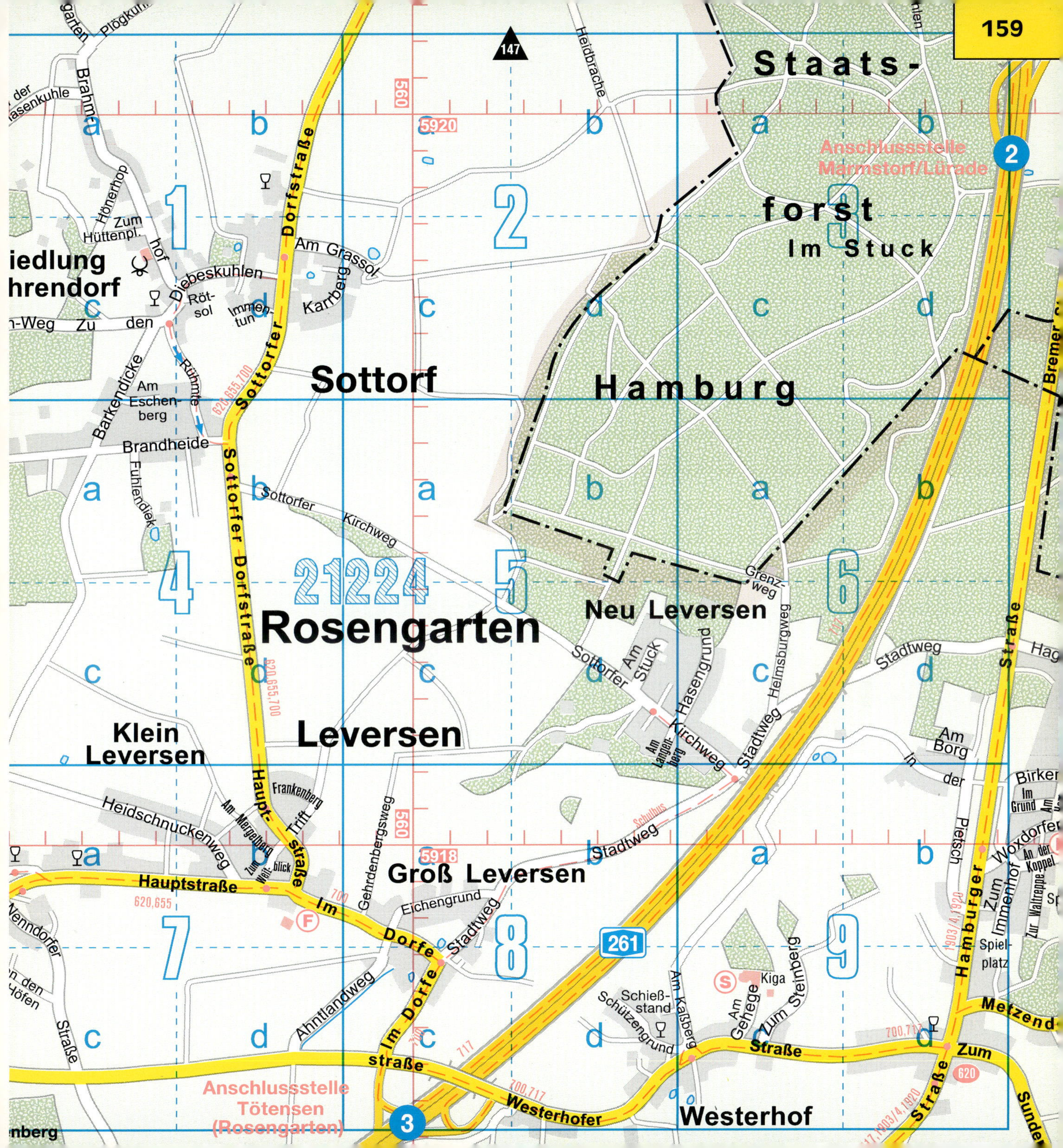
Staats-
forst
Im Stuck
Anschlussstelle
Marmstorf/Lürade
Hamburg
Sottorf
Rosengarten
21224
Neu Leversen
Leversen
Klein
Leversen
Groß Leversen
Westerhof
Anschlussstelle
Tötensen
(Rosengarten)
Siedlung
Ehrendorf
Heidbrache
Dorfstraße
Sottorfer Dorfstraße
Sottorfer Kirchweg
Am Grassol
Karrberg
Diebeskuhlen
Rötsol
Immentun
Höherhop
Zum Hüttenpl.
Brahm
Zu den
Rühmte
Barkendicke
Am Eschenberg
Brandheide
Fühlendiek
Grenzweg
Helmsburgweg
Hasengrund
Am Stuck
Stadtweg
Am Borg
In der
Heidschnuckenweg
Am Mergelberg
Frankenberg
Trift
Hauptstraße
Zum Weitblick
Im Dorfe
Gehrdenbergsweg
Eichengrund
Ahntlandweg
Westerhofer Straße
Schießstand
Schützengrund
Am Kalsberg
Am Gehege
Zum Steinberg
Kiga
Hamburger Straße
Pietsch
Zum Immenhof
Woxdorfer
Spielplatz
Metzend
Zum Sunder
Bremer
Nenndorfer Straße
Birken
Im Grund
An der Koppel
Zur Waltreppe
147
261
560
5920
5918
620

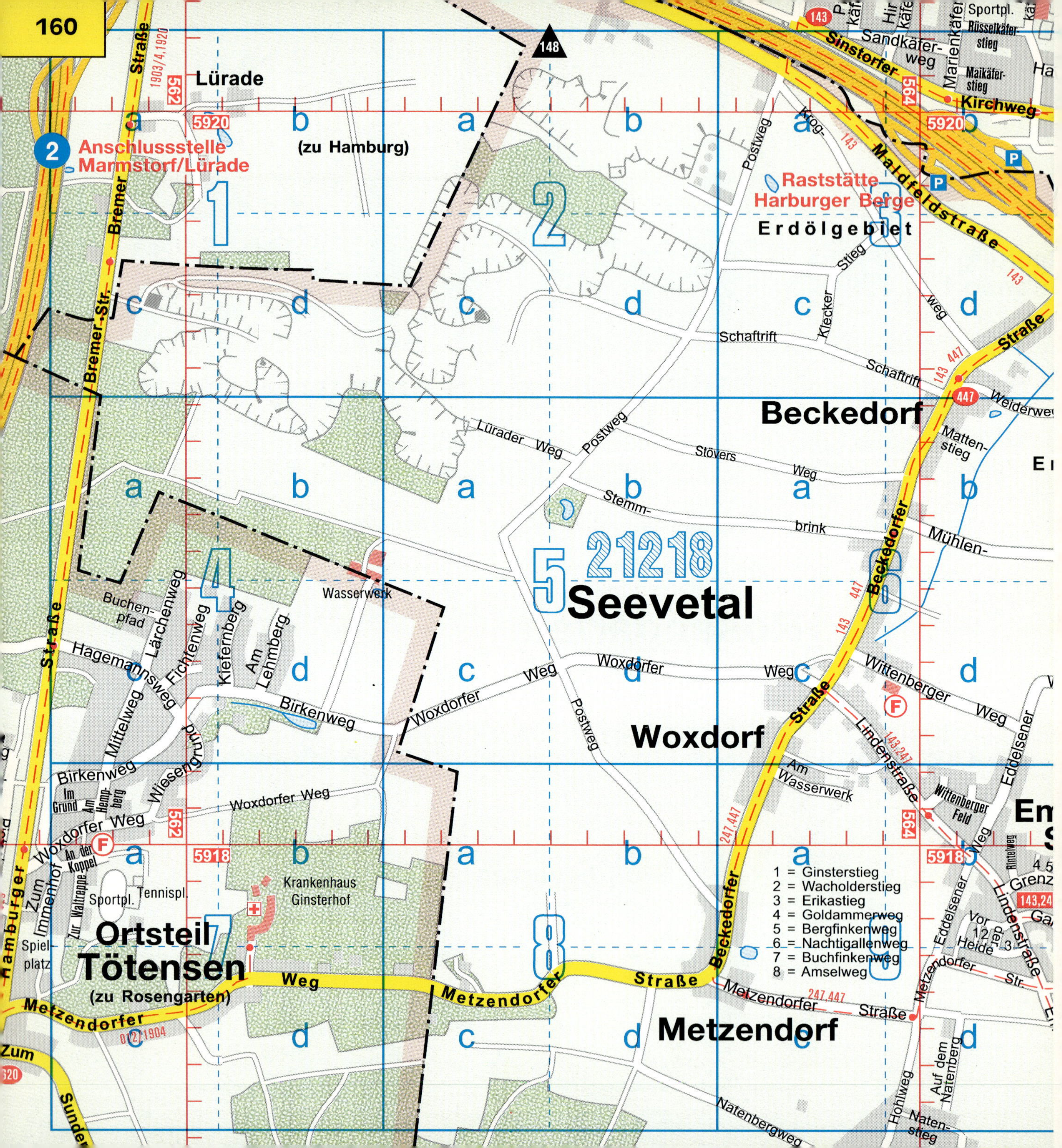

Lürade
Anschlussstelle Marmstorf/Lürade
(zu Hamburg)
Raststätte Harburger Berge
Erdölgebiet
Sinstorfer
Sandkäferweg
Marienkäfer
Rüsselkäferstieg
Maikäferstieg
Kirchweg
Maldfeldstraße
Sportpl.
Bremer Straße
Bremer-Str.
Postweg
Kroog-
Stieg
Klecker
weg
Schaftrift
Straße
Beckedorf
Weiderweg
Mattenstieg
Lürader Weg
Postweg
Stövers Weg
Stemmbrink
Mühlen-
Beckedorfer
21218
Seevetal
Wasserwerk
Buchenpfad
Lärchenweg
Fichtenweg
Kiefernberg
Am Lehmberg
Hagemannsweg
Mittelweg
Wiesengrund
Birkenweg
Woxdorfer Weg
Postweg
Woxdorf
Wittenberger Weg
Lindenstraße
Am Wasserwerk
Wittenberger Feld
Eddelsener
Birkenweg
Im Grund
Am Hempberg
Woxdorfer Weg
An der Koppel
Zur Waltrappe
Zum Immenhof
Sportpl.
Tennispl.
Spielplatz
Krankenhaus Ginsterhof
Ortsteil Tötensen
(zu Rosengarten)
Hamburger Straße
Metzendorfer Weg
Metzendorfer Straße
Metzendorf
Metzendorfer Straße
Natenbergweg
Hohlweg
Auf dem Natenberg
Natenstieg
Vor der Heide
Zum Sunder
1 = Ginsterstieg
2 = Wacholderstieg
3 = Erikastieg
4 = Goldammerweg
5 = Bergfinkenweg
6 = Nachtigallenweg
7 = Buchfinkenweg
8 = Amselweg

Stadtteil Sinstorf
(zu Hamburg)
Höpen
Staatsforst
Rosengarten
Fleestedt
Glüsinger Lohe
Gewerbegebiet
Hittfelder Landstraße
Wittenberg
Langenbek
Kinderhm.
1 = Steffens Weg
1 = Henners Hof
Meckelfelder Weg
Höpen-straße
Sinstorfer Kirchweg
Winsener Straße
Hittfelder Straße
Maldfeldstraße
Winsener Landstraße
Glüsinger Straße
Fleestedter Weg
Anschlussstelle Fleestedt
Hittfeld
Pfarrteiche
Waldlehrpfad
Rüstweg
An den Ziegelteichen
Dorfstraße
Oster-kamp
Grundschule
Sportplatz
21217

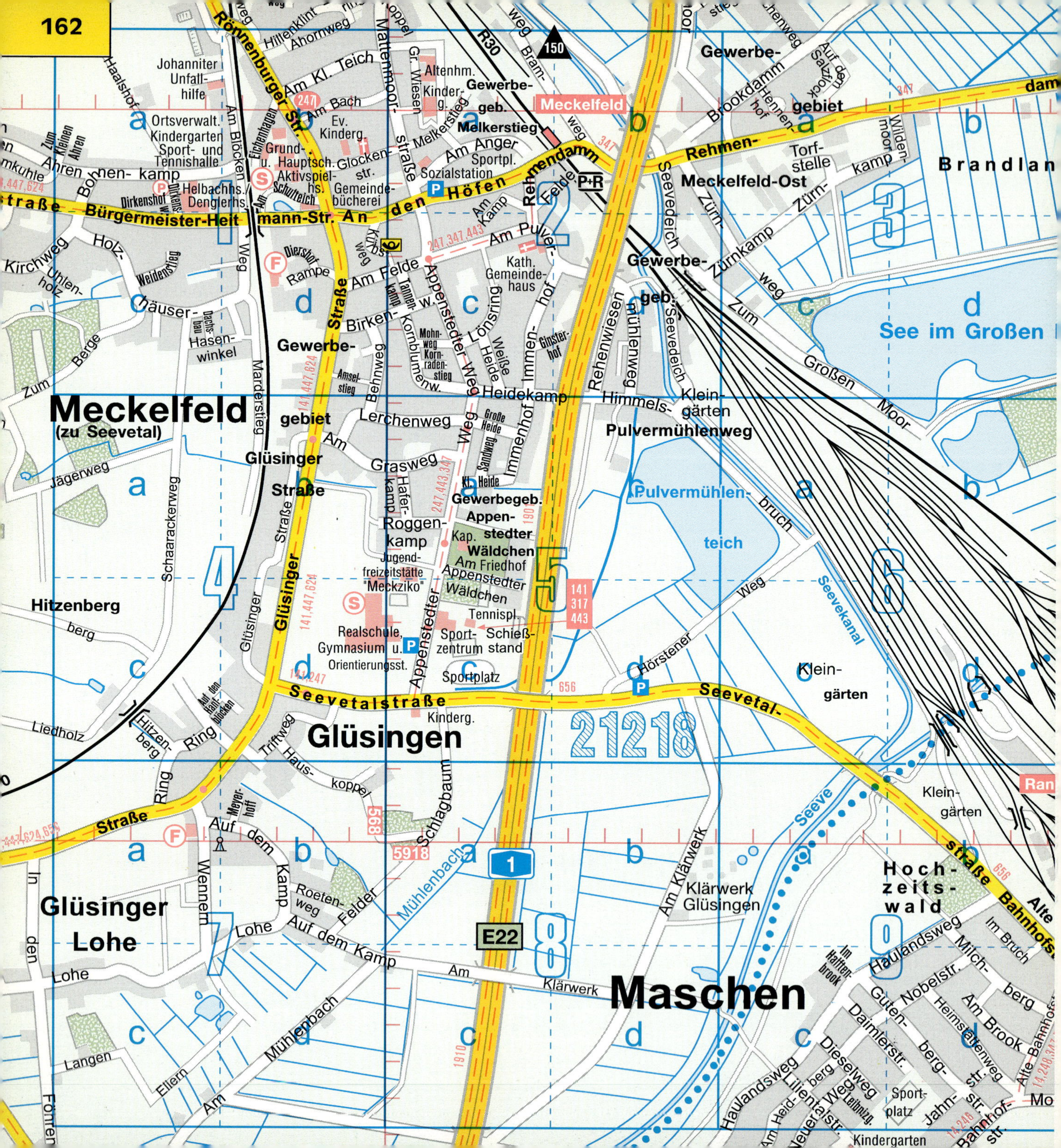

Meckelfeld
(zu Seevetal)
Meckelfeld-Ost
Brandlan
See im Großen
Pulvermühlenweg
Pulvermühlenteich
Hitzenberg
Glüsingen
Glüsinger Lohe
Maschen
Hochzeitswald
Gewerbegebiet
Rönneburger Str.
Bürgermeister-Heitmann-Str.
An den Höfen
Rehmendamm
Glüsinger Straße
Seevetalstraße
Bahnhofstraße
Appenstedter Weg
Heidekamp
Lerchenweg
Grasweg
Roggenkamp
Schlagbaum
Am Klärwerk
Klärwerk Glüsingen
Seevekanal
Seeve
Mühlenbach
Realschule, Gymnasium u. Orientierungsst.
Sport- zentrum
Schießstand
Sportplatz
Kleingärten
21218
E22
Meckelfeld

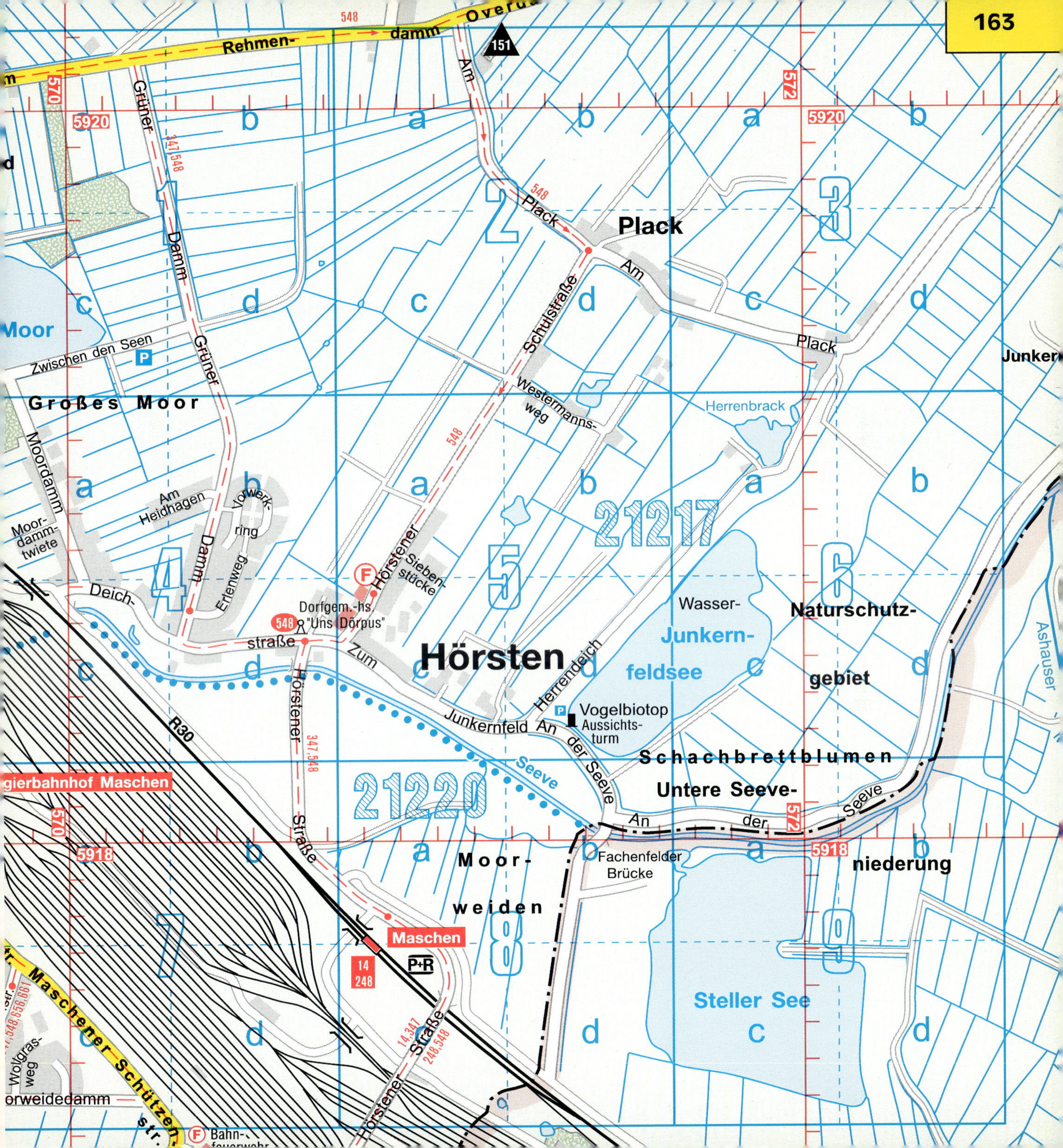
Rehmen-
damm
Overd
Grüner
Damm
Am
Plack
Plack
Am
Plack
Schulstraße
Moor
Zwischen den Seen
Großes Moor
Moordamm
Moor-
damm-
twiete
Am
Heidhagen
Vorwerk-
ring
Erlenweg
Westermanns-
weg
Herrenbrack
Junker
Hörstener
Sieben-
stücke
Dorfgem.-hs.
"Uns Dörpus"
Deich-
straße
Zum
Junkernfeld
Hörsten
Herrendeich
Wasser-
Junkern-
feldsee
Naturschutz-
gebiet
Vogelbiotop
Aussichts-
turm
An
der
Seeve
Seeve
Schachbrettblumen
Untere Seeve-
niederung
Ashauser
R30
gierbahnhof Maschen
Hörstener
Straße
Moor-
weiden
Fachenfelder
Brücke
Maschen
P+R
Steller See
Maschener Schützen-
str.
Wolfgras-
weg
orweidedamm
Bahn-
feuerwehr
21217
21220
5920
5918
570
572
151
548
347,548
14
248
14,347
248,548

Warwischer
Hauptde
Elbe
Elbdeich
Seevehaus
(zu Seevetal)
Schöpfwerk
Wuhlenburg
Klein-
Groß-
Rosenweide
Rosenweide
Fliegenberg
Hougen Lenn
Sinnenweg
Beidersweg
Schippersteeg
Inselmannsweg
Kapellenw.
Kap.
Achtern Höben
Am Fischteich
Turnh.
Junkernfeld
An der Seeve
Wuhlenweg
Sielgraben
Ashauser
Mühlenbach
Wuhlenburg
Im Vie
Steller Chaussee
Flie
Zum Brack
152
574
5920
5918
663
7,663
120,322

1 = Johannssenstegel
Wraust
Howe
(zu Hamburg)
Naturschutzgebiet
Kirchwerder Wiesen
Hower Hauptdeich
Süderquerweg
Kirchwerder Landweg
Neuap. K.
Hower Brack
Mittelste
Sport-pl.
Grund-u. Hauptsch.
Kiga.
Fliegenberg
Riegenweg
Bürgensw.
Elbteich
Wasser-turm
rtsteil
genberg
zu Stelle)
Chaussee
In de Reuth
Sielbrack
Sielbrack
Steller
Kreuzdeich
Elbe
Kirchwerder Elbdeich
Klär-anlage
In de Wisch
Sande
Neesen
Neesentwiete
Sander Deichweg
Hoopter
Schöpf-werk
Siel
Am Schleusengr.
Bleeken
An de
Acht-stücken
Katende
Lütjenburg
Zollenspieker-
Kirchwerder
Elbdeich
Hauptdeich
Sielgraben
Hoopte
(zu Winsen/Luhe)
Elbdeich
Am Wasserturm
Kinderg.
Hoopter Sportpl.
Turnh.
Langer
Großes Brack
Spor pl.
Kirchwe
Auf
5920
5918
576
578
153
223
124

Stadtteil
Kirchwerder
(zu Hamburg)
21037
154
Fersenweg
Verbindungsgraben
Norderquerweg
Hausdeich
322
Kirchwerder
Heinrich-Stubbe-Weg
St.-Severin-K.
Heinr.-Stubbe-Brücke
Mönkhof
Alte Twiete
In der Ohe-Nord
Kap.
Friedhof
Fersenweg
Kirchenheerweg
Mittelste
Südlicher Kirchwerder
Kirchwerder
Sammelgraben
Gose
Elbe
In der Ohe-Süd
Elbe graben
Pumpwerk
M.-Harden-Str.
Riepenburger Schöpfwerks-
Zweiter Fersenweg
Mühlendamm
Heim Kirchwerder
Marschbahndamm
Krummer Hagen
Ribenweg
Kirchwerder Mühle
Krauel
Neesentwiete
Süderquerweg
Auf dem Sülzbrack
Sülzbrackring
Neesen
NSG
Vogelschutzgehölz
Grünerdeich
Carlsbrack
Hauptdeich
Riepenburg
Burghügel Riepenburg
Riepenburger Brack
Krauler Hauptdeich
Zollenspieker
Jugendheim
Sportpl.
Kirchwerder
Elbdeich
Naturschutzgebiet Zollenspieker
Hafen
Zollenspieker Fährhaus
324
424
120,323
120,424
120,225,424
124,323,324,424
5920
5918
578
580

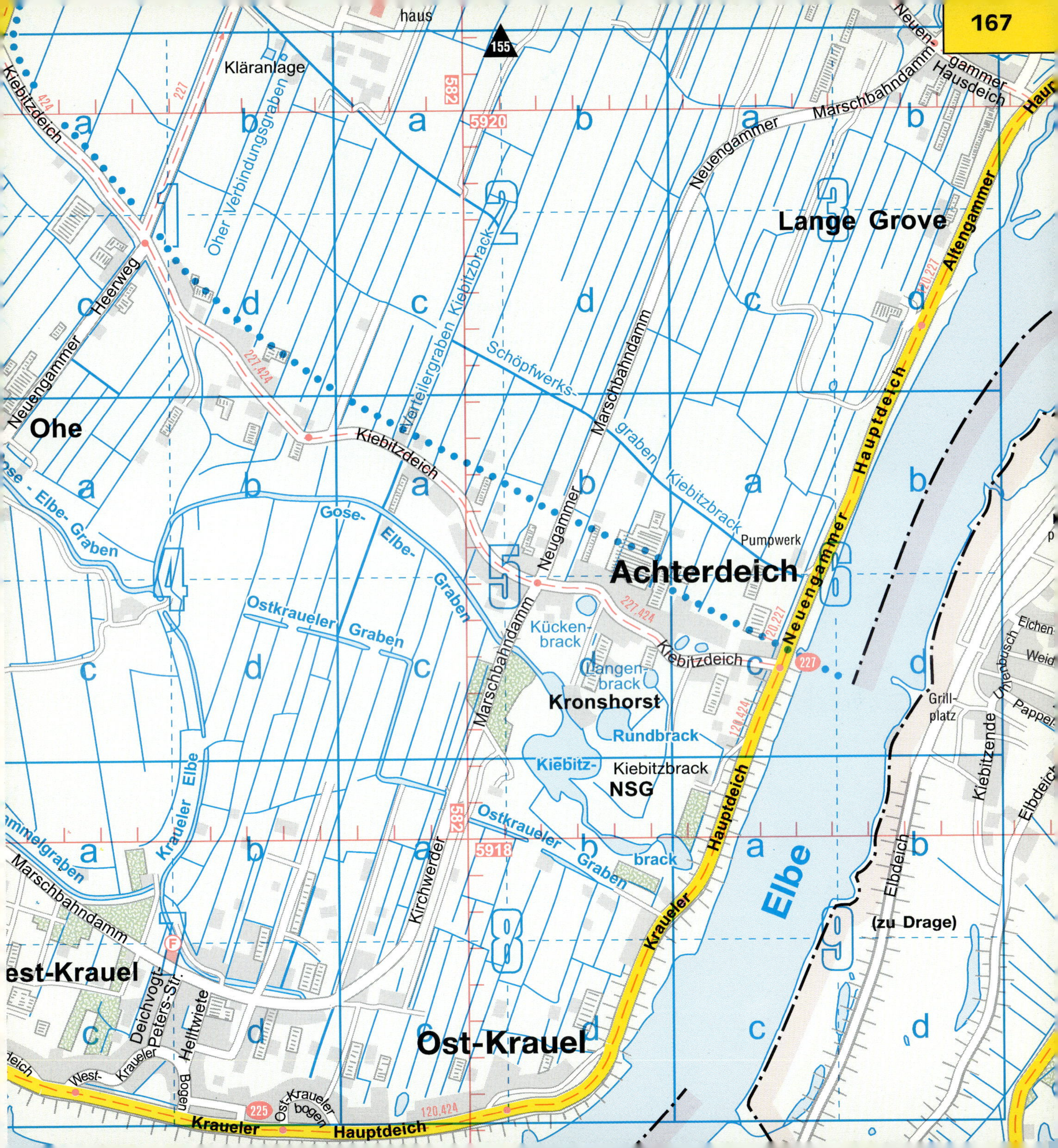

haus
155
Kläranlage
Kiebitzdeich
Oher Verbindungsgraben
582
5920
Neuengammer Marschbahndamm
Neuengammer Hausdeich
Lange Grove
Altengammer
Heerweg
Neuengammer
Verteilergraben Kiebitzbrack
Schöpfwerks-graben Kiebitzbrack
Marschbahndamm
Hauptdeich
Ohe
Gose - Elbe- Graben
Gose-Elbe-Graben
Neugammer
Pumpwerk
Achterdeich
Neuengammer
Ostkraueler Graben
Kücken-brack
Langen-brack
Kiebitzdeich
Kronshorst
Rundbrack
Kiebitz-
Kiebitzbrack
NSG
Marschbahndamm
Grill-platz
Eichen
Weid
Unterbusch
Pappel
Kiebitzende
Elbdeich
Kraueler Elbe
Sammelgraben
Marschbahndamm
Ostkraueler Graben
brack
5918
Kirchwerder
Hauptdeich
Elbe
Elbdeich
(zu Drage)
Kraueler
West-Krauel
Deichvogt-Peters-Str.
Helltwiete
Ost-Krauel
West-Kraueler deich
Bogen
Ost-Kraueler bogen
Kraueler Hauptdeich
225
227

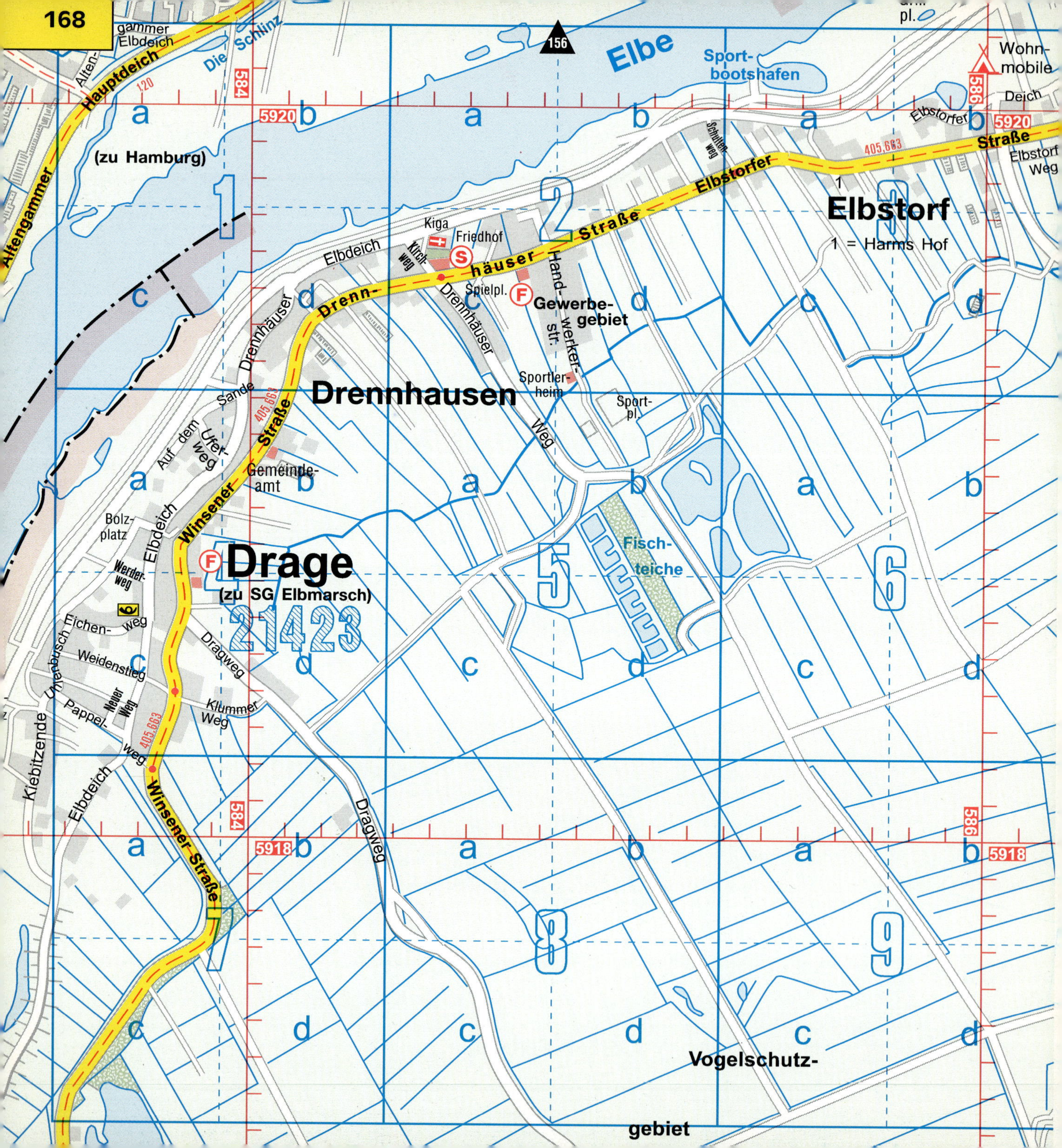

Elbe
Sport-
bootshafen
Wohn-
mobile
Die Schlinz
Altengammer
Hauptdeich
Alten-
gammer
Elbdeich
(zu Hamburg)
Elbdeich
Elbstorfer
Straße
Drenn-
häuser
Straße
Elbstorf
1 = Harms Hof
Elbstorfer
Elbstorf
Weg
Deich
Schulten-
weg
Kiga
Friedhof
Kirch-
weg
Spielpl.
Gewerbe-
gebiet
Hand-
werker-
str.
Drennhäuser
Weg
Drennhäuser
Sportler-
heim
Sport-
pl.
Drennhausen
Sande
Auf dem
Ufer-
weg
Winsener
Straße
Gemeinde-
amt
Bolz-
platz
Elbdeich
Werder-
weg
Drage
(zu SG Elbmarsch)
21423
Fisch-
teiche
Eichen-
weg
Weidenstieg
Dragweg
Klummer
Weg
Neuer
Weg
Pappel-
weg
Unterbusch
Kiebitzende
Elbdeich
Winsener Straße
Dragweg
Vogelschutz-
gebiet

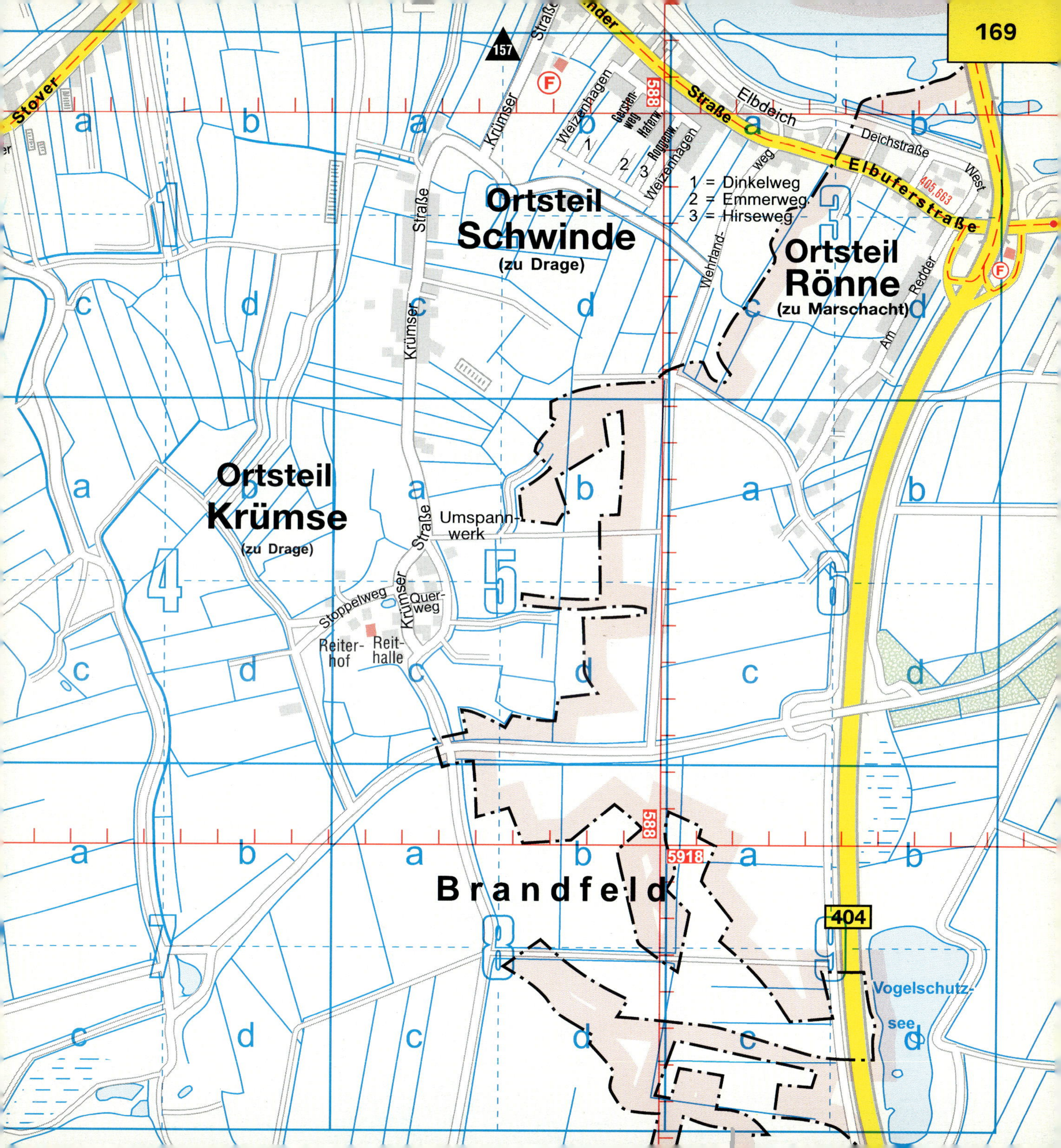
Stover
Straße
Elbuferstraße
Elbdeich
Deichstraße
West
405,663
Krümser
Straße
Weizenhagen
Gerstenweg
Haferw.
Roggenw.
1 = Dinkelweg
2 = Emmerweg
3 = Hirseweg
Wehrland-weg
Ortsteil Schwinde
(zu Drage)
Ortsteil Rönne
(zu Marschacht)
Am Redder
Ortsteil Krümse
(zu Drage)
Umspann-werk
Stoppelweg
Querweg
Reiter-hof
Reit-halle
Brandfeld
588
5918
157
404
Vogelschutz-see

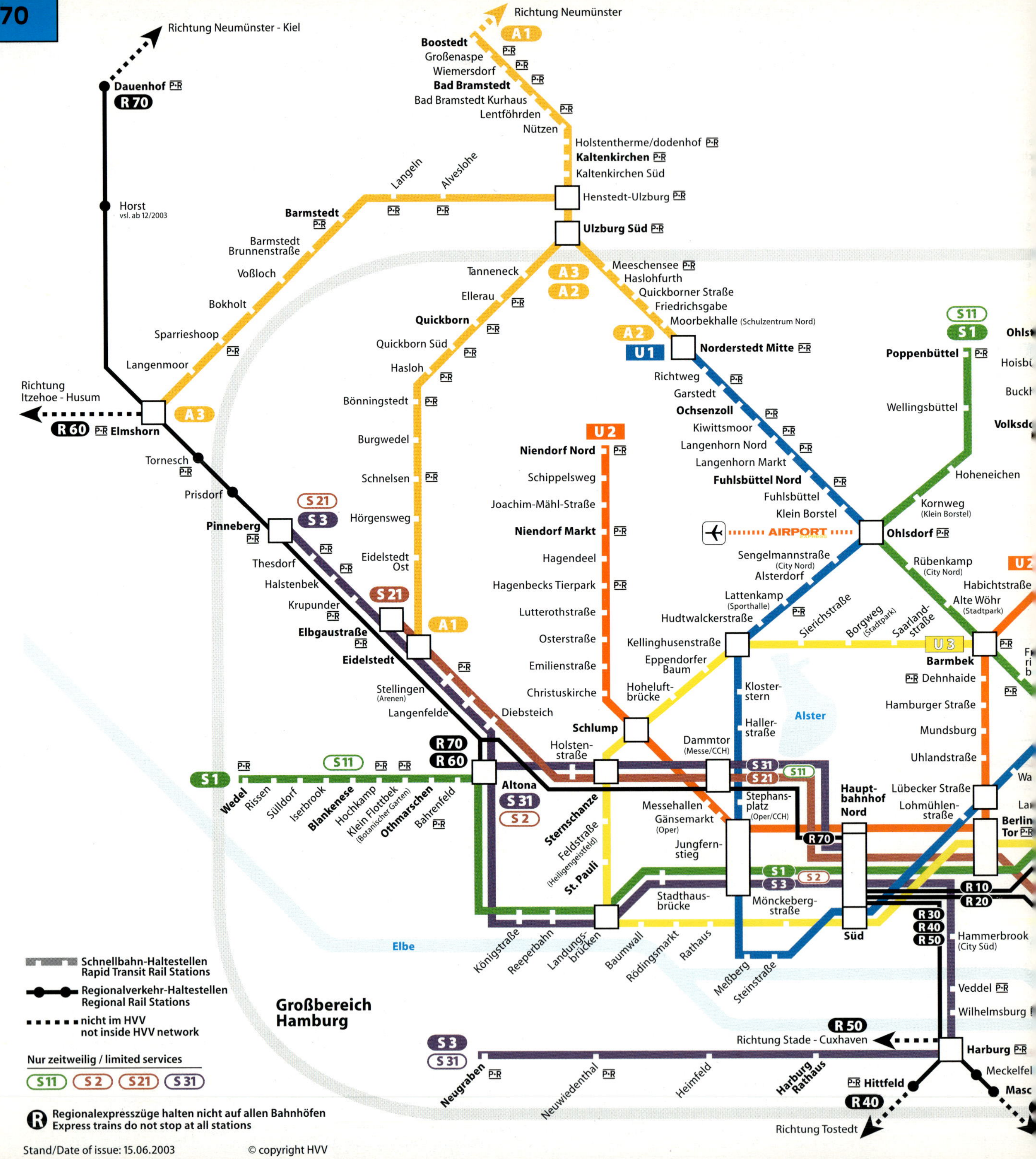

Richtung Neumünster - Kiel
Dauenhof P+R
R 70
Horst
vsl. ab 12/2003
Langenmoor
Richtung Itzehoe - Husum
R 60 P+R Elmshorn
Tornesch P+R
Prisdorf
Pinneberg P+R

Richtung Neumünster
A 1
Boostedt
Großenaspe P+R
Wiemersdorf P+R
Bad Bramstedt P+R
Bad Bramstedt Kurhaus P+R
Lentföhrden
Nützen
Holstentherme/dodenhof P+R
Kaltenkirchen P+R
Kaltenkirchen Süd
Henstedt-Ulzburg P+R
Ulzburg Süd P+R

Barmstedt P+R
Langeln P+R
Alveslohe P+R
Barmstedt Brunnenstraße
Voßloch
Bokholt
Sparrieshoop P+R
A 3

Tanneneck
A 3
A 2
Ellerau P+R
Quickborn P+R
Quickborn Süd P+R
Hasloh P+R
Bönningstedt P+R
Burgwedel
Schnelsen P+R
Hörgensweg
Eidelstedt Ost P+R
A 1

Meeschensee P+R
Haslohfurth
Quickborner Straße
Friedrichsgabe
Moorbekhalle (Schulzentrum Nord)
A 2
U 1
Norderstedt Mitte P+R
Richtweg P+R
Garstedt
Ochsenzoll P+R
Kiwittsmoor P+R
Langenhorn Nord P+R
Langenhorn Markt
Fuhlsbüttel Nord P+R
Fuhlsbüttel
Klein Borstel
AIRPORT
Ohlsdorf P+R
Sengelmannstraße (City Nord)
Alsterdorf
Lattenkamp (Sporthalle) P+R
Hudtwalckerstraße
Kellinghusenstraße
Klosterstern
Hallerstraße
Alster

S 11
S 1
Poppenbüttel P+R
Wellingsbüttel
Hoheneichen
Kornweg (Klein Borstel)
Rübenkamp (City Nord)
Habichtstraße
Alte Wöhr (Stadtpark)
Ohlst…
Hoisbü…
Buckh…
Volksd…
U 2

Sierichstraße
Borgweg (Stadtpark)
Saarlandstraße
U 3
Barmbek P+R
P+R Dehnhaide
Hamburger Straße P+R
Mundsburg
Uhlandstraße
Lübecker Straße
Lohmühlenstraße
Berliner Tor P+R
Wa…
La…

U 2
Niendorf Nord P+R
Schippelsweg
Joachim-Mähl-Straße
Niendorf Markt P+R
Hagendeel
Hagenbecks Tierpark P+R
Lutterothstraße
Osterstraße
Emilienstraße
Christuskirche
Schlump
Eppendorfer Baum
Hoheluftbrücke

S 21
S 3
Thesdorf P+R
Halstenbek P+R
Krupunder P+R
S 21
Elbgaustraße P+R
Eidelstedt
Stellingen (Arenen) P+R
Langenfelde
Diebsteich
R 70
R 60
Holstenstraße
Dammtor (Messe/CCH)
S 31
S 21
S 11
Altona
S 31
S 2

S 1
P+R
S 11
P+R
P+R
Wedel
Rissen
Sülldorf
Iserbrook
Blankenese
Hochkamp
Klein Flottbek (Botanischer Garten)
Othmarschen
Bahrenfeld P+R

Sternschanze
Feldstraße (Heiligengeistfeld)
St. Pauli
Messehallen
Gänsemarkt (Oper)
Stephansplatz (Oper/CCH)
Jungfernstieg
R 70
Hauptbahnhof Nord
S 1
S 2
S 3
Stadthausbrücke
Mönckebergstraße
R 10
R 20
Süd
R 30
R 40
R 50
Hammerbrook (City Süd)
Veddel P+R
Wilhelmsburg

Elbe
Königstraße
Reeperbahn
Landungsbrücken
Baumwall
Rödingsmarkt
Rathaus
Meßberg
Steinstraße

Großbereich Hamburg

R 50
Richtung Stade - Cuxhaven
Harburg P+R
Meckelfel…
Masc…
P+R Hittfeld
R 40
Richtung Tostedt

S 3
S 31
Neugraben P+R
Neuwiedenthal P+R
Heimfeld
Harburg Rathaus

Schnellbahn-Haltestellen
Rapid Transit Rail Stations

Regionalverkehr-Haltestellen
Regional Rail Stations

nicht im HVV
not inside HVV network

Nur zeitweilig / limited services
S 11 S 2 S 21 S 31

Ⓡ Regionalexpresszüge halten nicht auf allen Bahnhöfen
Express trains do not stop at all stations

Stand/Date of issue: 15.06.2003

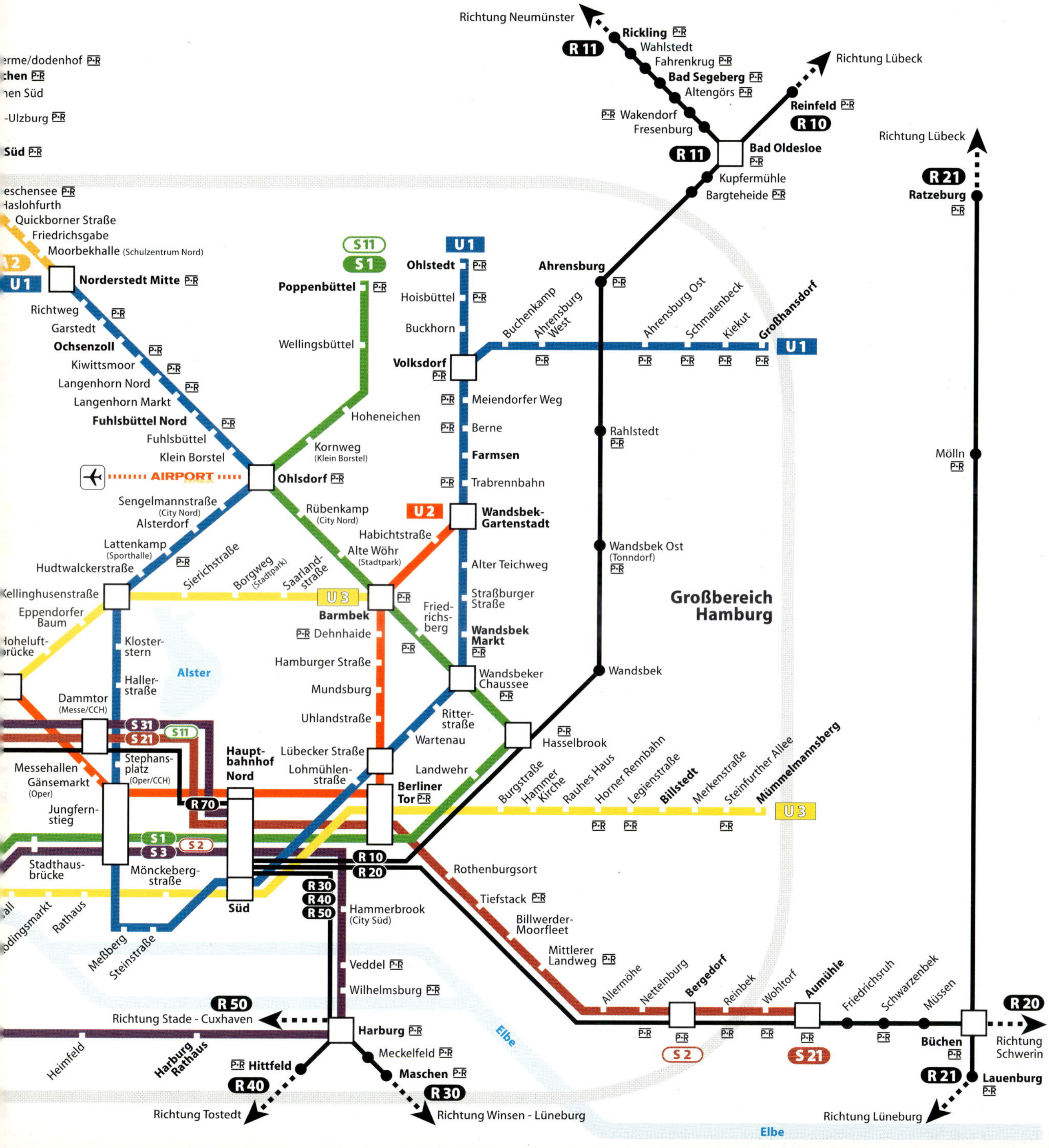

Schnellbahn-/Regionalverkehr
Rapid Transit/Regional Rail

Richtung Neumünster
R 11
Rickling P+R
Wahlstedt
Fahrenkrug P+R
Bad Segeberg P+R
Altengörs P+R
P+R Wakendorf
Fresenburg
R 11
Bad Oldesloe P+R
Kupfermühle
Bargteheide P+R
Richtung Lübeck
Reinfeld P+R
R 10
Richtung Lübeck
R 21
Ratzeburg P+R
Mölln P+R

…rme/dodenhof P+R
…chen P+R
…nen Süd
-Ulzburg P+R
Süd P+R
…eschensee P+R
…aslohfurth
Quickborner Straße
Friedrichsgabe
Moorbekhalle (Schulzentrum Nord)
…2
U 1
Norderstedt Mitte P+R
Richtweg P+R
Garstedt
Ochsenzoll P+R
Kiwittsmoor P+R
Langenhorn Nord P+R
Langenhorn Markt
Fuhlsbüttel Nord P+R
Fuhlsbüttel
Klein Borstel
AIRPORT
Ohlsdorf P+R
Sengelmannstraße (City Nord)
Alsterdorf
Lattenkamp (Sporthalle) P+R
Hudtwalckerstraße
…ellinghusenstraße
Eppendorfer Baum
…oheluft-…rücke
Klosterstern
Hallerstraße
Alster
Dammtor (Messe/CCH)
S 31
S 21
S 11
Messehallen
Gänsemarkt (Oper)
Stephansplatz (Oper/CCH)
R 70
Jungfernstieg
S 1
S 3
S 2
Stadthausbrücke
Mönckebergstraße
…all
…dingsmarkt
Rathaus
Meßberg
Steinstraße

S 11
S 1
Poppenbüttel P+R
Wellingsbüttel
Hoheneichen
Kornweg (Klein Borstel)
Rübenkamp (City Nord)
Habichtstraße
Alte Wöhr (Stadtpark)
Sierichstraße
Borgweg (Stadtpark)
Saarlandstraße
U 3
Barmbek P+R
P+R Dehnhaide
Hamburger Straße
Mundsburg
Uhlandstraße
Lübecker Straße
Lohmühlenstraße
Hauptbahnhof Nord
Süd
Friedrichsberg P+R

U 1
Ohlstedt P+R
Hoisbüttel P+R
Buckhorn
Volksdorf P+R
Meiendorfer Weg P+R
Berne P+R
Farmsen
Trabrennbahn P+R
U 2
Wandsbek-Gartenstadt
Alter Teichweg
Straßburger Straße
Wandsbek Markt P+R
Wandsbeker Chaussee P+R
Ritterstraße
Wartenau
Landwehr
Berliner Tor P+R
Hasselbrook P+R

Ahrensburg P+R
Buchenkamp
Ahrensburg West P+R
Ahrensburg Ost P+R
Schmalenbeck P+R
Kiekut P+R
Großhansdorf P+R
U 1
Rahlstedt P+R
Wandsbek Ost (Tonndorf) P+R
Wandsbek

Großbereich Hamburg

Burgstraße
Hammer Kirche
Rauhes Haus
Horner Rennbahn P+R
Legienstraße P+R
Billstedt
Merkenstraße
Steinfurther Allee P+R
Mümmelmannsberg
U 3

R 10
R 20
R 30
R 40
R 50
Rothenburgsort
Tiefstack P+R
Hammerbrook (City Süd)
Billwerder-Moorfleet
Mittlerer Landweg P+R
Veddel P+R
Wilhelmsburg P+R
Allermöhe P+R
Nettelnburg P+R
Bergedorf
S 2
Reinbek P+R
Wohltorf P+R
Aumühle P+R
S 21
Friedrichsruh
Schwarzenbek P+R
Müssen
Büchen P+R
R 20
Richtung Schwerin
R 21
Lauenburg P+R
Richtung Lüneburg
Elbe

R 50
Richtung Stade - Cuxhaven
Harburg P+R
Heimfeld
Harburg Rathaus
Meckelfeld P+R
P+R Hittfeld
R 40
Maschen P+R
R 30
Richtung Tostedt
Richtung Winsen - Lüneburg
Elbe

ADAC Notruf und Geschäftsstellen im CityAtlas Hamburg

ADAC-Pannenhilfe

0-24.00 Uhr .... ☎ 0 180 2 22 22 22
(0,06 € pro Anruf)

in allen Mobilfunknetzen .... ☎ 22 22 22
(nur Verbindungskosten des Netzbetreibers)

ADAC-Informationsservice

0-24.00 Uhr .... ☎ 0 180 5 10 11 12
(0,12 € pro Minute)

.... Fax 0 180 5 30 29 28
(0,12 € pro Minute)

ADAC-CoPilot

Persönliche Beratung rund um die Uhr

D1, D2, O_2 .... ☎ 22 4 11
(1,10 €/Minute zuzüglich Verbindungskosten abhängig vom Netzbetreiber)

e-plus .... ☎ 11 4 11
(1,10 €/Minute zuzüglich Verbindungskosten abhängig vom Netzbetreiber)

ADAC-Hansa e.V.

Amsinckstraße 39-41 .... ☎ 0 40/2 39 19-19
20097 Hamburg .... Fax 0 40/2 39 19-2 89

ADAC-Geschäftsstelle

21033 Hamburg, Kurt-A.-Körber-Chaussee 66
21079 Hamburg, Großmoordamm 69
22850 Norderstedt, Berliner Allee 38-44, Herold-Center
25421 Pinneberg, Elmshorner Straße 73

Städte, Stadtteile, Gemeinden und Ortsteile in alphabethischer Reihenfolge

Die in halbfett abgedruckten Seitenzahlen beziehen sich auf den Hauptort

Fortsetzung Seite 173

Fortsetzung von Seite 172

Straßenverzeichnis in alphabetischer Reihenfolge mit Postleitzahlen

Vor den Straßennamen stehen in diesem Verzeichnis die Postleitzahlen (PLZ). Bei Straßen die mehrere PLZ erhalten haben, erscheinen diese vor den entsprechenden Hausnummern. Ein Strich (-) vor den Straßen bedeutet, daß diese keine PLZ erhalten haben, weil sie z. B. ohne Bebauung sind. Bei den Gemeinden, die nur eine PLZ erhalten haben, erscheint diese rechts neben dem Gemeindenamen, z.B.:
Ahrensburg PLZ 22926

Ahrensburg
PLZ 22926

Straßennamen mit Suchfeldangaben in Klammern befinden sich im Cityplan auf Seite 14.

Adolfstraße 33-7a
Ahrensburger Kamp 45-9a
Ahrensburger Redder 45-9c
Ahrensfelde 45-8b
Ahrensfelder Weg 33-8d (14/B3)
Akazienstieg 32-9a
Alter Postweg 33-2d
Am Aalfang 45-2d
Am Alten Markt 33-5c (14/A1)
Am Birkenhain 45-5c
Am Bocksberg 32-4c
Am Gutshof (7) 33-5d
Am Hagen 44-9b
Am Haidschlag 32-8b
Am Kratt 56-3a
Am Marstall (6) 33-5d
Am Neuen Teich 32-9c
Am Postwald 33-8a (14/B1)
Am Rauchhause (14/A1)
Am Rehm 45-4b
Am Scharberg 44-5b
Am Schwarzen Moor 44-9d
Am Tiergarten 33-4b
Am Weinberg 33-5d (14/B1)
Am Wiesengrund 33-8b
Amrumstieg 33-2d
Amselweg 45-5d
An der Reitbahn (5) (14/A2)
An der Schloßgärtnerei 33-5a
An der Strusbeck 33-3b
Asternweg 33-4c

Bagatelle 33-5c (14/A1)
Bahnhofstraße 33-7d (14/A3)
Bargenkoppelredder (14/A3)
Bei der Alten Kate (1) (14/A1)
Bei der Doppeleiche 33-8a (14/A1)
Beimoor 33-6d
Beimoorweg 33-6c
Binsenweg 56-3a
Birkenweg 32-9b
Bismarckallee 33-8c (14/B3)
Blücherallee 33-8d
Bogenstraße 45-1a (14/A3)
Bookkoppel 33-3b
Bornkampsweg 44-1d
Brauner Hirsch 44-8b
Bredenbekweg 32-9c
Brombeerweg 56-3a
Brückenstraße 45-1a
Buchenwimmweg 32-6b
Bünningstedter Straße 33-1c
Burgweg 45-4b

Carl-Barckmann-Straße (4) (14/B2)
Carstenseck (14/B3)
Christel-Schmidt-Allee 33-8d (14/B3)

Dahlkamp 33-7c
Dänenheide 44-9d
Dänenweg 56-3b
Dorfstraße 45-8c
Drosselweg 45-5c

Eichenweg 32-6b
Ella-Hensel-Weg 33-7c
Ellenbogen (5) 33-5b
Elsterstieg (2) 45-5a
Elsterweg 45-4b
Erika-Keck-Straße (14/A3)
Erikaweg 56-3a
Erlenhof 33-2c
Erlenweg 32-9d
Ernst-Ziese-Straße 45-1b
Eschenweg 32-6b
Ewige Weide 33-3d

Fannyhöh 33-8b (14/B2)
Fasanenweg 45-2a
Feldkirchenring 45-9b
Finkenweg 45-5a
Fliegerweg 44-9c
Föhrenstieg 32-6c
Forsthof Hagen 45-4d
Friedensallee 33-4c
Friedrich-Hebbel-Straße 33-7a
Fritz-Reuter-Straße 33-7a (14/A2)

Gänseberg 33-5d
Gartenholz 33-2c
Gerhardstraße (14/A2)
Gerhart-Hauptmann-Straße 33-7a (14/A1)
Gerichtsweg (3) (14/B2)
Gewerbegebiet Nord 33-3c
Gewerbegebiet West 45-1a
Ginsterweg 56-3b
Gorch-Fock-Straße 33-7c
Greelkamp 44-1b
Grödestieg (1) 33-2d
Gronepark 33-9c
Große Straße 33-8a (14/A2)
Gustav-Delle-Straße 33-4a
Gut Lindenhof 31-6d
Gut Stellmoor 44-8b

Hagenau 45-1b
Hagener Allee 45-7c (14/A3)
Hamburger Straße 44-8c (14/A3)
Hansdorfer Straße 45-2b
Hans-Schadendorff-Stieg 33-5c (14/A1)
Hasselmannsweg 33-4b
Heidekamp 32-9c
Heinz-Beusen-Steig (14/A2)
Helgolandring 33-2c
Hermann-Löns-Straße 33-7a (14/A1)
Hinterm Vogelherd 45-5c
Hochbahnstieg 45-2c
Hof Dänenteich 57-1a
Holunderstieg 32-8b
Hoogestieg (4) 33-5a
Hörnuweg 33-5b
Hugo-Schilling-Weg 45-2b
Husumweg 33-5b

Immanuel-Kant-Straße 33-4d (14/A1)
Irisweg 56-3b

Jägerstraße 44-9c
Jasminstieg 56-3b
Jonny-Loesch-Weg 44-9d
Jungborn 33-4b

Kaiser-Wilhelm-Allee 33-8d (14/B3)
Kastanienallee 33-5d (14/B1)
Keitumweg 33-5b
Kirschplantage 45-1b
Klaus-Groth-Straße 33-7c (14/A2)
Kleistallee 45-3a
Königstraße 33-8a (14/B2)
Körnerallee 45-3a
Kornkamp 33-3a
Kratt 56-2b
Kremerberg 33-2a
Kreuzkamp 45-2a
Kuhlenmoorweg 45-1a
Kurt-Fischer-Straße 33-3b
Kurt-Nonne-Weg 33-8c

Ladestraße 45-1b (14/A3)
Lange Koppel 32-9c
Lange Reihe 33-5d (14/B1)
Langeneßweg (3) 33-5b
Lilienweg 33-4c
Lindenheim 32-8c
Lindenhof 31-6d
Lohe 33-8a (14/B2)
Lohkoppel 33-8d (14/B3)
Lübecker Straße 33-5a (14/B1)
Ludwigslustring 45-9a

Manfred-Samusch-Straße 33-7d (14/A2)
Manhagener Allee 33-8c (14/B3)
Meisenweg 45-7b
Mittelweg 45-1a
Moltkeallee 33-8d (14/B3)
Moorweg 44-5d
Mühlenredder 33-4d

Nachtigallenweg 45-7b
Neue Straße 33-8a (14/B2)
Niebüllweg 33-5b
Norderoogstieg 33-3c
Nordstrandring 33-2d

Ohlendamm (1) 44-3b
Olandstieg 33-2d
Ostpreußenweg 33-4d (14/A1)
Ostring 33-5d (14/B1)
Otto-Schumann-Straße 33-4a
Otto-Stiege-Straße 33-5d

Parkallee 33-9c
Parkaue 33-8b
Parkterrasse 45-3a
Pellwormstieg 33-5a
Pionierweg 44-9d
Pommernweg 33-4d

Querweg 45-8c

Rantzaustraße 32-9a
Rathausplatz 33-8a (14/A2)
Rathausstraße 33-8a (14/A2)
Reesenbüttel 32-6b
Reesenbüttler Redder 32-8b
Reeshoop 33-4b (14/A1)
Reiterstraße 44-9d
Richard-Dehmel-Straße 45-1a
Rickmerspark 33-8d (14/B3)
Rondeel 33-8a (14/A2)
Roonallee 33-9c
Rosenweg 32-6b
Rotdornweg 32-9a
Rudolf-Kinau-Straße 32-6d
Rulodenredder 57-1b

Sahlmannsberg 32-8c
Sanddornweg 56-3a
Schäferweg 33-5c (14/B2)
Scheunenkoppel 45-4b
Schillerallee 33-8b (14/B2)
Schimmelmannstraße 32-9a
Schlehenstieg 32-8b
Schulstraße 33-5c (14/A1)
Schusterredder 45-9c
Schützenstraße 44-9c
Siedlung Heimgarten 32-6b
Siedlung Steinkamp 33-4a
Sieker Lohweg 45-9c
Sommerpark 33-9c
Sommerterrasse 33-9a
Spechtweg 45-7b
Staatsgut Wulfsdorf 44-1d
Starweg 45-5a
Steinkamp 33-4a
Stormarnplatz 33-7b (14/A2)
Stormarnstraße 33-4c (14/A2)
Süderoogstieg (2) 33-2d
Syltring 33-2d

Tannenweg 32-9a
Teichstraße 45-8b
Theodor-Storm-Stieg 32-9d
Theodor-Storm-Straße 33-7c
Timm-Kröger-Weg 32-6d
Tönningweg 33-5b

Ulmenweg 32-9a
Up'n Barg 45-8d

Verlängerter Ostring 45-5b
Veronica-Rath-Straße 44-3c
Vierbergen 45-3c
Viljandiring 45-6d
Vogelsang 45-8a
Voßberg 45-2a
Voßwinkel 45-2a

Waldemar-Bonsels-Weg 32-6d
Waldstraße 33-8c (14/A3)
Wartenberge 45-4d
Weidenstieg 32-8b
Weißdornweg 32-8b
Westerlandstieg 33-5d
Woldenhorn 33-8c (14/A3)
Woldenhornstieg (2) (14/B2)
Wulfsdorf 44-5b
Wulfsdorf/Im Busch 32-8c
Wulfsdorfer Hof 44-4b
Wulfsdorfer Weg 44-2c

Yorckallee 45-3a

Ammersbek
PLZ 22949

Ahornweg 32-6a
Alter Schulweg 31-3a
Am Gutshof 31-2b
Am Golfplatz 32-5b
Am Schüberg 31-3c
Am Wolkenbarg 31-8a
An der Bredenbek 31-2d
An der Hochbahn 31-4d
An der Lottbek 31-4d

Beekloh 31-4b
Bredenbekkamp 31-4b
Brennerkoppel 31-5a
Bullenredder 31-5c
Bültenbarg 31-5a

Diekskamp 31-4d
Dorfstraße 32-3a
Dorftwiete 31-3a
Duvenwischen 43-2b

Eitzenredder 32-1a
Eschenweg 32-5b

Ferdinand-Harten-Straße 31-4c
Fichtenweg 32-6a
Franz-Kruse-Straße 32-5b

Georg-Sasse-Straße 31-4d
Gerkenkamp 32-2c
Grootkoppel 31-2b
Gussau 43-5b

Hamburger Straße 31-4d
Hoisbüttcler Dorfstraße (2) 31-3a

Im Winkel 31-7a

Jersloge 25-6c

Kiefernweg 32-6c
Kolberger Straße 31-4d
Krüterblöcken 31-3a

Langkoppel 31-4d
Lehmkuhlen 31-3a
Lindenweg 32-6a
Lübecker Straße 31-3a

Melkweg 31-2b
Moordamm 25-6a
Moorweg 31-5c

Nien Diek 31-8a

Ohlstedter Straße 25-8d
Otto-Pogge-Weg 32-5d

Pappelweg 32-5b

Rothwegener Weg 25-9c
Rotwegen 25-6d

Schäferkamp 31-8a
Schevenbarg 31-6b
Schnakenredder 25-9c
Schneiderberg 32-3a
Schrammstwiete (1) 31-3a
Schübargredder 31-3c

Tannenberg 31-6d
Teichweg 31-4d

Volksdorfer Weg 31-5c

Wilhelm-Voigt-Stieg 32-5d
Wulfsdorfer Weg 31-2d

Aumühle
PLZ 21521

(zu Amt Aumühle-Wohltorf)

Alte Hege 113-4b
Alte Schulstraße 113-2a
Am Bahnhof 113-3b
Am Geleise 113-2a
Am Hünengrab 113-2d
Am Kiefernschlag 113-5a
Am Mühlenteich 113-1b
Am Museum 113-3b
Am Sägewerk 113-3b
Am Schloßteich 113-3a
An der Bille 113-1a
Auf der Koppel 113-2c

Bahnhofstraße (1) 113-1b
Bergstraße 113-1c
Berliner Platz 113-1d
Billeweg 113-1c
Birkenstraße 113-1d
Bismarckallee 113-1b
Bleicherstraße 113-1c
Börnsener Straße 113-4d
Bürgerstraße 113-4b

Dora-Specht-Allee 113-1d
Duborgstraße 113-4b

Eichenweg 113-2c
Eichhörnchenweg 113-2d
Ellerhorst 113-1c
Emil-Specht-Allee 113-1b
Ernst-Anton-Straße 113-5a

Fasanenweg 113-2d

Garten der Schmetterlinge 113-3a
Gartenweg 113-2a
Gärtnerstraße 113-1c
Grasweg 113-1d
Groß Viert 113-3c
Große Straße 113-4a

Hofriedeallee 113-1c
Holzhof 113-3d

Im Winkel 113-1d

Krim 113-3a
Kuhkoppel 113-2d
Kurze Straße 113-1c

Lindenstraße 113-1b

Mittelweg 113-1c
Mortagneweg 113-2c
Mühlenweg 113-1b
Müllerkoppel 113-2d

Oberförsterkoppel 113-1b
Oedendorfer Weg 113-3b
Otternweg 113-2d

Pfingstholzallee 113-2a

Rehkoppel 113-5b

Sachsenwaldstraße 113-2c
Schloßweg 113-3a
Schönningstedter Straße 113-1a
Sleener Straße 113-1d
Steinstraße 113-1c

Tannenweg 113-1b

Waldstraße 113-2c
Weidenstieg 113-1d

Zum Wiesengrund 113-1c
Zur Waldwiese 113-2c

Barsbüttel

PLZ 22885

Achtern Barg 83-6d
Achtern Busch 71-8d
Achtern Diek (2) 71-8c
Ahornweg 83-9b
Ahrenstwiete 84-8d
Alte Dorfstraße 84-8d
Alte Landstraße 83-7b
Altes Feld 84-7a
Am AKKU 83-8b
Am Bondenholz 84-7a
Am Dorfplatz (1) 71-8c
Am Eichenhain 84-8c
Am Glinder Weg 98-3a
Am Hainholz 85-5d
Am Hartsteinwerk 83-9b
Am Heidberg 71-7c
Am Sportplatz 84-9c
Am Walde 98-3a
Amselweg 83-5c
An den Brüchkoppeln 71-7b
An der Alten Schule 83-5c
An der Barsbek 83-9d

Bachstraße 85-5c
Bahnhofstraße 85-7b
Barsbek 84-7a
Barsbütteler Hof (2) 83-9a
Barsbütteler Landstraße 84-7b
Bei den Tannen 98-2b
Bergredder 83-6d
Bergweg 85-5d
Betonstraße 85-5d
Birkenweg 83-6c
Blangwiesen 98-2a
Blöcken 83-5c
Blumenstraße 98-2b
Buchenstraße 83-9b

Danziger Weg 83-6d
Distelstieg (2) 84-4a
Dorfring 85-5d
Dorfstraße 85-8a
Dornenweg 85-5d
Drift 84-8d

Ellerhoop 83-9d
Erlenring 83-9b

Fahrenberg 84-4b
Fahrenbergweg 84-5a
Falkenstraße 83-5d
Fasanenweg 83-5c
Feldweg 84-8a
Finkenweg 83-5c
Fliederweg (4) 84-4a
Freizeitpark 84-7c

Gartenstraße 98-2b
Glinder Weg 98-3a
Graal-Müritzer-Straße 83-6c
Grasweg 84-9c
Graumannsstieg (1) 83-6c
Großer Kamp 84-4d
Guipavasring 84-4c

Hagebuttenweg (3) 84-4a
Haidkampredder 83-6b
Haidkoppelredder 83-3c
Hauptstraße 83-5c
Hegenweg 84-7a
Heidkamp 71-7d
Hinter den Höfen 71-8a
Hinterm Garten 83-5d
Holunderstieg 84-4a
Huuskoppel 71-7b

Industriestraße 84-7a

Kahlenredder 83-9b
Kailaer Straße 83-6a
Kastanienweg 84-8d
Katzenberg 98-2a
Kellerberg 98-2a
Kiebitzhörn 84-4b
Kielende 84-4d
Kielredder 84-7b
Kirchenweg 83-6c
Kleeweg 84-9c
Königsberger Weg 83-6c
Kornblumenring 84-9c
Kronshorster Weg 85-5d

Lerchenweg 83-5d
Lindenweg 83-9b
Lohe 98-2b
Lüttkoppel 85-5c

Meisenweg 83-5b
Mittelweg 83-6d
Möhlenredder 71-7d
Moorkoppel 98-2b

Ohlweg 84-4d

Pokkenräthen 71-8d

Querredder 84-9d
Querweg 98-3a

Rähnbachredder 83-5a
Rähnredder 83-5a
Rähnwischredder 83-5a
Redderbusch 84-9a
Römsmoorweg 71-9c
Rosenweg 98-3a
Rüterberg 84-8d

Schlehenstieg (1) 84-4a
Schulland 83-5c
Schulstraße 85-1b
Solkowskyweg 83-5d
Soltausredder 83-2d
Speckenkamp 84-5c
Steinbeker Weg 83-8a
Stellauer Hauptstraße 71-7b
Stellauer Weg 84-4c
Stemwarder Brücke 85-8d
Stemwarder Landstraße 84-9c
Stiefenhofer Platz 83-9a

Thorkoppel 83-6c
Twiete 84-8d

Von-Bronsart-Straße 84-4d

Waldenburger Weg 83-6c
Waldweg 84-7a
Weidenweg 83-9b
Weißdornring 84-4a
Westphalstieg (3) 83-5d
Wiesenstraße 71-8c
Wiesenweg 98-2b
Willinghusener Birkenweg 98-3a
Willinghusener Landstraße 83-9b

Zum Dicken Busch 83-5c
Zum Ehrenhain 83-9a
Zum Roggenhof 71-8a
Zum Tunnel 98-2b

Bönningstedt

PLZ 25474

Ahornstraße 37-5a
Am Hagen 37-3c
Am Markt 37-2c
An der Bahn 37-2a

Bahnhofstraße 37-2c
Bönningstedter Weg 37-6c

Crivitzstieg (3) 37-2c

Dammfelder Weg 37-6a
Dorfstraße 37-5b

Eisteich 37-5b
Ellerbeker Straße 37-1d

Feldweg 37-3d

Garstedter Weg 37-2a
Goosmoortwiete 37-4b
Grellfeldtwiete 37-1d

Hasloher Weg 37-2d
Hebammenstieg 37-2b
Heidkampsweg 37-4d
Hohenloher Ring 37-3c
Hörnerfeld (1) 37-5a

Im Winkel 37-2b

Kehrwisch 37-5a
Kieler Straße 37-2c

Lerchenweg 37-2a

Norderstedter Straße 37-2d

Rachoniweg (2) 37-2c
Rugenbergen 37-1a

Schnelsener Weg 37-3c
Schwarzer Weg 37-5a
Seafordkehre 37-2c

Wendloher Weg 38-4a

Börnsen

PLZ 21039

(zu Amt Hohe Elbgeest)

Abitzsiedlung (1) 140-2d
Am Hang 140-2b
Am Hellholz 140-2a
Am Mühlenhof 140-2b
Am Rehwinkel 140-2b
Am Weidengrund 140-5d
An der Mäsbek 140-5d

Bahnhof Börnsen 140-5b
Bahnstraße 140-2c
Börnsener Straße 140-2d
Brookweg 125-9b

Dänenkamp 140-6a
Dänenweg 140-6a
Dröge Wisch 140-6c

Feldkamp 140-3c

Gartenweg 140-5b
Grüner Weg 140-2a

Hanfelderedder 140-3a
Hellholzkamp 140-2b
Hellholzstieg 140-2a
Heuweg 140-5a
Horster Weg 140-5a

Kirchweg 140-2d
Koppelweg 140-5a
Krabbenberg 140-2a

Lauenburger Landstraße 140-2c

Neuer Weg 140-1b

Rotehausweg 140-1d
Rudolf-Donath-Weg 140-2d

Waldkamp 140-3c
Wiesenweg 140-5a

Zum alten Elbufer 140-2a

Braak

PLZ 22145

(zu Amt Siek)

Achterhoff 71-2d
Alte Landstraße 57-8b
An der Chaussee 71-2a
An der Moorkuhle 71-3c

Braaker Grund 57-4d
Braaker Mühle 71-5b

Dorfstraße 71-2b

Fürstredder 71-3a

Höhenkamp 57-8c

Ihlendiek 57-8d
Im Dorf 71-2d

Matthäus-Berg-Ring 71-2b

Op de Loh 71-3c

Röthbargweg 71-5b
Röthwiese 71-3c

Schmiedestraße 71-2b
Schulstraße (1) 71-2d
Schwarzenberg 71-2a
Spötzen 57-8c

Waldweg 57-7b

Buxtehude

PLZ 21614

Straßennamen mit Suchfeldangaben in Klammern befinden sich im Cityplan auf Seite 15.

Abtstraße (15/B1)
Allerstraße 126-4c
Alter Postweg 126-5d
Altklosterbergstraße 142-2b
Altländer Straße 126-1d
Am Apfelkamp 126-6a
Am Birnenhof (3) 126-6a
Am Brack 126-2b
Am Bundesbahnhof 126-4a
Am Eichholz 126-4c
Am Geesttor (15/A2)
Am Hafen (15/B1)
Am Heidebad 126-7c
Am Heisterkamp 126-2d
Am Katzenberg 143-4a
Am Kleinbahnhof 126-4a
Am Kriegerdenkmal 143-1c
Am Markt (15/B2)
Am Mühlenberg 143-6a
Am Rugen End 126-3c
Am Stadtgraben 126-6b
Am Storchennest 126-3c
Am Viverdamm (15/A2)
An den Fuhren 143-1d
An den Geestbergen 126-9a
An der Este (15/A2)
An der Landscheide 127-7c
An der Rennbahn 126-4c
An der Tonkuhle 126-4d
Andersenstraße 126-1a
Anne-Frank-Straße 126-7c
Apensener Straße 126-4c
Ardestorfer Weg 143-4a
Auf dem Knüll 142-4d
Auf der Koppel 126-4d

Bachstelzenweg (1) 126-7b
Bahnhofstraße 126-4b (15/A3)
Bechsteinstraße 126-1d
Bei den Rethen 142-2d
Bei der Kirche (15/B1)
Bei der Papierfabrik 126-7b
Bertha-von-Suttner-Allee 126-7a
Betriebshof 126-6a
Birkenhain 143-1b
Blagnac-Brücke (15/A2)
Bläßhuhnweg (2) 126-7b
Blaubeerweg 126-5d
Bleicherstraße (15/A2)
Bollweg 126-2d
Brachvogelweg (3) 126-7b
Brauereiweg 126-4a
Braunschweiger Straße 126-5d
Breite Straße (15/B2)
Brillenburgskamp 126-5c
Brillenburgsweg 126-5c
Brombeerstieg 127-7c
Brüningstraße 126-4b (15/A2)
Brunnenweg 126-8d
Bullenbergsweg 126-7a
Bunte-Kuh-Weg 126-5a (15/A3)

Carl-Christ-Straße 126-4c
Carl-Hermann-Richter-Straße 126-4b
Celler Weg (15/B3)

Denickeweg (15/A1)
Diestelkamp 126-6a
Dietrich-Bonhoeffer-Platz 126-5a (15/B2)
Dischers Barg (1) 143-4a
Dornröschenweg (1) (15/A1)
Drifft 143-4a
Dumkuhlenweg 126-9c
Dwierweg 143-4a

Eilendorf 142-2d
Eilendorfer Moorweg 127-7d
Eilendorfer Weg 142-2a
Elisabeth-Selbert-Straße (7) 126-7c
Ellerbruch 126-8a
Ellerbruchtunnel 126-5a (15/A3)
Erikaweg 126-8a
Erlengrund 127-7a
Erlenstieg 126-3c
Estebrügger Straße 126-2a (15/B1)
Estering 142-1d
Estestraße 126-4d
Estetalstraße 126-7d

Feldmannweg 126-3d
Feldweg 126-8a
Ferdinandstraße 126-4b
Fischerstraße (15/B1)
Flethmühle (15/A2)
Fliederbeerweg 126-5b
Franziska-von-Oldershausen-Straße 126-7a
Friedenstraße 126-7a
Friedhofsweg 126-7a
Friedrichstraße 126-2d
Füllshoff Weg (2) 143-4a

Gänseblümchenweg (2) 126-6a
Gebrüder-Grimm-Weg 126-1b (15/A1)
Genslerweg (15/A3)
Georgstraße 126-4c
Geschwister-Scholl-Platz 126-4a
Gildenweg 126-4b (15/A3)
Gildestraße 126-4b (15/A3)
Goethestraße 126-7a
Grauener Weg 143-4b
Gravensteinerstraße 126-6a
Großer Moorweg 127-4a
Grothe-Marie-Straße 126-5a (15/A3)
Grüner Weg 127-4a
Gurlittweg 126-2c (15/A1)

Hafenbrücke 126-2a (15/B1)
Hagebuttenweg (4) 126-5b
Halepaghenstraße 126-2d (15/B2)
Hamburger Chaussee 143-2a
Hansestraße 126-5a (15/A3)
Harburger Straße 126-2d (15/B1)
Hasenmoor (15/A2)
Hastedtstraße 126-4a
Hauptstraße 126-4d
Heidestieg 127-7c
Heinrichstraße 126-4d
Hemberg 143-3c
Hermann-Löns-Straße 126-7a
Heuweg 126-8c
Hinter dem Zwinger 126-2c (15/A2)
Hinter der Linah 126-3c
Hogenbarg 143-3b
Hohe Berge 126-8c
Holzbergenweg 126-8b
Holzweg 126-4c
Höpers Kamp 143-4a
Hosaeusweg (15/A2)
Hoyers Gang (15/B2)

Im Kamp 144-4a
Im Obstgarten 126-6c
Im Pferdebruch 126-2b
Im Teich 143-2d
Immenbecker Moorweg 127-7d
Immenthunsweg 126-6d
Immenweg 127-4c
Inne Beek 143-4c
Irisweg (3) 126-5b
Itzehoer Weg 126-5b

Jägerstieg 126-7a
Johanns Landweg 142-2d

Kälberweideweg 126-3c
Käthe-Hamann-Straße (5) 126-7a
Ketzendorf 143-3d
Ketzendorfer Grund 143-6b
Keuersdiek 143-1c
Kirchenstraße (4) (15/B1)
Kirschweg 126-6a
Klosterfeldstraße 126-8d
Klostergang 126-4d
Klosterhof 126-4d
Klosterstraße 126-4d
Konopkastraße 126-1d (15/A2)
Konrad-Adenauer-Allee 126-5c (15/A3)
Kornblumenkamp (1) 126-5b
Kottmeierstraße 126-2c (15/B2)
Kurt-Schumacher-Straße 126-5c (15/B3)

Landscheide 127-7b
Lange Straße 126-2c (15/A2)
Leanderweg 126-1d
Leddinstraße 126-4a
Liebfrauenkirchhof (5) (15/B1)
Liebfrauenstraße (15/B1)

Lina-Mayer-Straße 126-7c
Löwenzahnweg 126-5b
Ludwigstraße 126-2d
Lüneburger Schanze 126-7b
Lüneburger Straße (15/B3)
Lupinenkamp 126-5b
Lurup 127-7c
Lutherallee 126-4c
Luttge-Marie-Weg (15/B2)

Magdeburger Weg 126-5b
Margeritenkamp 126-5b
Marie-Elisabeth-Lüders-Straße (4) 126-7a
Marie-Juchacz-Straße (6) 126-7c
Marktstraße 126-4c
Martinstraße 126-4d
Matthias-Claudius-Straße 126-5c
Melkerstieg 126-2b
Mirabellenweg 126-5b
Mittelweg 126-4c
Moisburger Landstraße 142-2a
Moisburger Straße 126-7b
Moorender Straße 126-2d (15/B1)
Moorkoppel 126-6d
Moortorstraße (3) (15/B1)

Nedderster Moorweg 127-4c
Nelkenweg 126-5c
Neue Straße 126-4a
Nordviver (15/B1)

Oldenburger Straße (15/B3)
Oldesloer Weg 126-5b
Olenhoffweg 142-2b
Organistenweg (15/B1)
Ornsweg 143-4a
Ostergrund 143-2d
Ostfleth (15/A2)
Ostmoor 127-4c
Ostmoorweg 126-9b
Otto-Preuße-Weg 126-4c
Ovelgönner Heuweg 143-3b

Parkstraße 126-4b (15/A2)
Pippensen 142-7a
Pohlstraße 126-1d (15/A2)
Polderweg 127-1c
Poststraße 126-1d (15/A2)
Postweg 127-7c

Rainfarnweg 126-6a
Reeperbahn 126-2d (15/B2)
Rehweg 142-1b
Rispenweg 126-5b
Ritterstraße 126-2c
Rödingweg 126-1c
Rosenweg 126-5c
Rostocker Straße (15/B3)
Rotkäppchenweg 126-1b
Rotkleedamm 126-5b
Rübker Straße 126-3d
Rudolf-Diesel-Straße 126-8a

Sagekuhle 126-1b (15/A1)
Sanderelweg (I, II, III) 126-5c
Sandweg 142-2a
Sankt-Petri-Platz (15/B2)
Schäferkamp 126-3a
Schafgarbenweg 126-3c
Schafmarktplatz 126-4c
Schanzenstraße 126-8a
Schilfgraben 126-3d
Schillerstraße 126-7a
Schrägkamp 126-4c
Schröderstraße 126-1a
Schulstraße 126-4c
Schützenhofweg 126-2a (15/A1)
Schützenplatz 126-4b (15/A3)
Schwansburg (2) (15/B2)
Soltauer Chaussee 143-3c
Stader Straße 126-4c(15/A3)
Stadtpark 126-1d (15/A2)
Stavenort (15/B2)
Stemmanns Weg 126-6b
Stralsunder Weg (15/B3)
Susanna-Haunschütz-Straße 126-7a

Teichstraße 126-4c

Theodor-Heuss-Straße 126-5d (15/B3)
Thiemanns Weg 126-6b
Tostedenstraße 126-4b
Tränkeweg 126-8d
Tulpenweg 126-5c
Tunnelweg 143-1a

Uelzener Weg (15/B3)
Umgehungsstraße 126-7b

Vaßmerstraße 126-1c (15/A2)
Verdener Weg (15/B3)
Viverstraße 126-2c (15/A2)
Vogelbeerenstraße 126-5d
Von-Eitzen-Weg (15/A1)

Waldweg 143-1a
Weberstraße 126-4a
Weidegrund 126-9b
Westfleth (15/A2)
Westfleth-Passage (6) (15/A1)
Westmoor 126-1a
Wiesenstraße 126-1c
Wilhelm-Geerken-Weg 126-1c
Wilhelmstraße 126-4c
Wismarer Straße (15/B3)
Wollgrasweg 126-6a

Ziegelkamp 126-4d
Zum Feuerteich 142-2a
Zum Meckelmoor 142-3a
Zum Moorkrug 126-6b
Zum Vorwerk 126-8c
Zur Vilsenheide 142-7b
Zwischen den Brücken (15/A2)

Drage

PLZ 21423

(zu SG Elbmarsch)

Auf dem Sande 168-4a

Dinkelweg (1) 169-2b
Dragweg 168-4c
Drennhausen 168-4b
Drennhäuser Elbdeich 168-1d
Drennhäuser Straße 168-1d
Drennhäuser Weg 168-2c

Eichenweg 168-4c
Elbdeich 168-7a
Elbstorf 168-3c
Elbstorfer Deich 168-3b
Elbstorfer Straße 168-2b
Elbstorfer Weg 168-3b
Emmerweg (2) 169-2b

Gerstenweg 169-2b

Haferweg 169-2b
Handwerkerstraße 168-2c
Harms Hof (1) 168-3a
Hirseweg (3) 169-2b

Im Siek 157-8c

Kiebitzende 167-9b
Kirchweg 168-2c
Krümser Straße 169-5c

Meyns Hof 157-8c

Neuer Weg 168-4c

Pappelweg 168-4c

Querweg 169-5c

Roggenweg 169-2b

Schultenweg 168-2b
Schwinder Straße 157-8d
Stoppelweg 169-4d
Stover Elbdeich 157-7b
Stover Mühle 157-7c
Stover Strand 157-7b
Stover Straße 169-1a

Turnhallenweg 157-8a

Uferweg 168-4a
Uhlenbusch 167-6d

Wehrlandweg 169-3c
Weidenstieg 168-4c
Weizenhagen 169-2b
Weizenhagen 169-2b
Werderweg 168-4a
Winsener Straße 168-7a

Ellerbek

PLZ 25474

(zu Amt Bönningstedt)

Achter de Höf 36-5b
Akazienweg 49-1a
Almsweg 36-6d
Am Börn (2) 36-5b
Am Kampferteich 49-1a
Am Moorgraben 49-1b
Am Teich 36-5b
An der Aue 37-7b
Auergrund 36-5d

Bei den Birken 49-1a
Bei der Kirche 49-1b
Birkenau (1) 37-7a
Birkenweg 49-1b
Blütenweg 37-7d
Breslauer Straße 37-7a
Bromberger Straße 37-7a
Brooksweg 36-5b
Burstah 36-5c

Danziger Straße 37-7a
Dorfstraße 36-5a
Drosselstraße 49-1c
Dubenhorst 36-2d

Ellerbeker Moordamm 37-8a
Ericaweg 49-1a
Eschenweg (4) 49-1a

Finkenstieg 49-1c
Flagentwiet 49-1c
Fritz-Schröder-Platz 37-7a
Fuchsrute 37-7c

Ginsterweg 49-1a
Gooshornweg 36-6d
Goosmoorpadd 37-4b

Haselweg 36-9c
Hauptstraße 36-5b
Heideweg 49-1b
Heidkoppelsiedlung 37-7c
Heidkoppelweg 49-1a
Hermann-Reumann-Weg 37-7b

Ihlweg 36-5d
Im Wiesengrund 37-7d

Kastanienweg 49-1a
Kellerstraße 36-5c
Kirchenstieg 36-4b
Königsberger Straße 37-7b
Krönkampsweg 36-6b
Küstriner Straße 37-7a

Langhoopweg 36-9a

Moordamm 37-7d
Moorkampsweg 49-1a
Moratzentwiete 36-9b
Mühlenau 37-7a

Niekampsweg 36-8b
Nienkamp (3) 35-5b

Oasenweg 36-9d

Pinnau (2) 37-7a
Pinneberger Straße 36-9c
Posener Straße 37-7a
Pyramidenweg 36-9d

Radelandweg 36-6a
Regentstraße 48-3b
Rehwinkel 49-1a
Rellinger Weg 36-4a
Röpenkampsweg 37-7c
Rugenbergener Mühlenweg 36-8b
Rugenbergener Siedlung 37-1c
Rugenbergener Straße 36-6a

Schneesch 36-9d
Schulweg 36-9b
Seerosenstraße 36-5b
Stettiner Straße 37-7b

Tangstedter Mühlenweg 36-1d
Tannenweg (3) 49-1a
Tilsiter Straße 37-7a
Topesch 36-5b

Ulmenweg 49-1a
Unter den Linden 49-1a

Waldhof 48-3b
Waldhofstraße 36-9d
Weidenstieg (1) 36-5b
Wihornstwiete 36-6d
Wilhornsweg 37-4c
Willhorner Heide 37-7c

Zum Sportplatz 36-5a

Escheburg

PLZ 21039

(zu Amt Hohe Elbgeest)

Ahornweg 141-4b
Alte Landstraße 140-6b
Am alten Bahnhof 141-4d
Am Golfplatz 141-2c
Am Grüppental 141-4b
Am Knick 141-1d
Am Knollgraben 157-1a
Am Soll 141-1d

Bergsiedlung 141-5d
Birkenweg 156-3d
Bistal 141-6c
Brombeerweg 157-1a

Dalbekhöhe 141-4a
Dorfplatz 141-4b

Erlenweg 157-1a
Eschenweg 141-4b

Fasanengrund 141-4d
Feldweg 141-4b
Fernsicht 141-4a

Götensberg 141-4a
Gustav-Hamester-Weg (5) 141-4a

Hansingberg 141-5d
Heideweg 157-1a
Hofweg 141-4b
Hofweg 141-4b
Hohenstein 141-2c

Jungfernstieg (7) 141-5c

Kiefernweg 157-1a
Kiehnwiese 141-8a
Kirchenstieg 141-4b
Koppelstieg 141-1d
Koppelweg 141-4b

Lindenbreite 141-4a

Lippenkuhle 141-1d

Maiglöckchenweg (2) 141-4b

Nachtigallenweg (3) 141-4a
Niederlande 141-5c

Op de Geest 141-4a
Osterfelde 141-2c

Pilzweg 157-1a

Radelsweg 141-5d
Rehmen 141-4b
Rehmenkoppel 141-4b
Rehmenstieg (1) 141-1d
Rehwinkel 141-4a

Schöne Aussicht (4) 141-4a
Schulweg 141-4b
Sielberg 141-4b
Speckenweg 141-8c
Stubbenberg 141-5c

Voßmoorredder 157-1c

Wohngebiet "Hohenstein" 141-2c
Wulffsgang (6) 141-4b

Geesthacht

PLZ 21502

Am Knollgraben 157-3a
Am Schleusenkanal 157-5d

Dahlemer Weg 157-6b

Elbbrücke 157-9d
Englische Twiete 157-6b

Haus am Wehr 157-9d
Heuweg 157-6d
Holländische Twiete 157-3d
Hoogezand-Sappemeer-Ring 157-3d

Köpenicker Weg 157-6b

Lüneburger Straße 157-3b

Oldhamstraße 157-6b

Plaisirstraße 157-3d

Schleusenbrücke 157-9b
Schwarzer Weg 157-5b

Tegeler Straße 157-6d

Verschwisterungsring 157-3d
Vierlander Straße 157-6c

Glinde

PLZ 21509

Ahornweg 99-7d
Am Alten Kirchweg 98-6a
Am Anger 98-6b
Am Berge 98-3c
Am Bogen 98-6b
Am Heideeck 98-5a
Am Hünengrab 98-5c
Am Spitzwald 99-1c
Am Sportplatz 98-6d
Am Südhang 98-8b
Am Walde 98-5a
An der Au 98-8a
Asbrook 99-7b
Auf dem Brink 99-4c
Auf dem Knüll 99-7b
Auf der Mühle 98-6a
Avenue St. Sebastian 98-9b

Bahnstraße 98-6b
Beim Hügel 99-7b
Beim Zeugamt 99-4d
Berliner Straße 99-5a
Biedenkamp 99-4b
Birkenweg 98-5a
Blockhorner Allee 98-5c
Bornweg 98-6c
Breiter Kamp 99-7b
Buchenweg 98-9d
Bünebüttler Weg 99-7b

Danziger Straße 98-9b
Diekkoppelweg 98-6b
Dorfstraße 98-6c

Eggerskoppel 98-6c
Eichloh 99-7c
Eickenknick 99-7c
Ellerholz 99-7c
Esperantoweg 98-8b

Friedericipark 98-3c

Gartenweg 98-3d
Gerhart-Hauptmann-Weg 98-6c
Glinder Mühle 98-6a
Glinder Weg 111-4b
Groothegen 98-6d
Großer Glinder Berg 98-5d
Gutenbergstraße 111-4b

Haferberg 98-8a
Haidberg 99-7d
Havighorster Weg 98-8d
Helenenweg 98-9b
Hinter den Tannen 98-3b
Hirtenweg 99-7a
Holstenkamp 99-7b
Humboldtstraße 111-1b

Im Gellhornpark 98-9d
Im Grund 98-8a
In der Trift 98-9c

Karolinenhof 111-4b
Kiebitzweg 98-5d
Kiefernbogen 99-1a
Kleiner Glinder Berg 98-5a
Knickrehm (1) 99-7c
Königsberger Straße 98-9b
Kornblumenweg 98-5b
Kreuzkamp 99-5c
Kupfermühlenweg 98-3c

Markt 98-9a
Mittelstraße 98-6b
Möllner Landstraße 98-8a
Mühlenstraße 98-6d
Mühlenweg 98-6c

Oher Weg 98-9b
Osterfeld 99-7b
Oststeinbeker Weg 98-1d
Otto-Hahn-Straße 111-2a

Papendieker Redder 98-8a
Pestalozzistraße 98-5b
Pickerade 99-8a
Poststraße 98-9b

Quellental 98-8a
Querweg 98-3b

Rehwisch 98-6b
Reinbeker Weg 98-9d
Robert-Bosch-Straße 111-2a
Robert-Schuman-Weg 98-9d
Rödenbrooksweg 98-6b
Rotdornweg 99-7d

Saalbergstraße 98-9a
Sandkamp 98-8a
Sandweg 98-8b
Schlehenweg 99-7d
Schönhorst 99-7a
Schrödersweg 98-6d
Schulstraße 98-6c
Sebaldkoppel 98-8a
Siemensstraße 111-1d
Sönke-Nissen-Allee 98-9a
Steenrehm 99-7a
Stettiner Weg 98-9b
Stormarnring 99-7d
Stübenkoppel 99-8a
Suckkoppel 98-6c

Tannenweg 98-5d
Theodor-Storm-Weg 98-6c
Togohof 98-6c

Verbindungsweg 98-3d

Waldweg 111-4a
Weg an der Gutsmauer 98-9a
Weidenweg 98-9d
Weißdornweg 99-7d
Wiesenstieg 99-7c
Wilhelm-Bergner-Straße 111-1c
Willinghusener Weg 98-5d

Zur Bek 98-6c
Zur Feldmark 98-5c

Großhansdorf

PLZ 22927

Ahrensfelder Weg 45-6c
Alte Landstraße 45-6b
An der Eilshorst 45-3b

Elchweg 45-6a
Esplunguesring 45-6d

Haberkamp 45-6d
Hansdorfer Landstraße 45-3b

Looge 45-6d
Lurup 45-3a

Neuer Achterkamp 45-6d
Niegesland 45-6b

Ostlandstraße 45-6c
Ostring 45-3a

Park Manhagen 45-3d
Piepershorst 33-9d
Pommernweg 45-6c

Roggenstieg (2) 45-6d

Sieker Landstraße 45-3a
Stiller Winkel (1) 45-6a

Waldburg 33-9d
Wassenkamp 45-6d
Wetenkamp 45-9b
Wetenstieg (3) 45-3b

Halstenbek

PLZ 25469

Achtern Kronskamp 47-9a
Ahornweg 62-1a
Akazienweg 62-1b
Am Bahndamm 48-7a
Am Bahnhof 47-6a
Am Birkenwäldchen 48-7d
Am Hollen 47-4b
Am Hollhorn 47-9c
Am Krönrey 61-2b
Am Redder 47-5c
Am Roschort 48-7b
Am Schützenplatz 47-6c
Armwischenweg 61-1a
Bäckerstraße 47-3c
Bahnhofstraße 47-6a
Bahnhofsvorplatz 48-8c
Bartelskamp 47-5c
Bartelskamptwiete 47-5a
Bartelstraße 47-5a
Baumschulenweg 61-3a
Bickbarge 48-8c
Bickbargen 48-7a
Birkenallee 47-8d
Bogenweg 47-5b
Brandheideweg 47-4d
Brödermannsallee 47-8c
Buchenweg 62-1b

Datumer Straße 47-7c
Dockenhudener Chaussee 61-1b
Domänenweg 61-2b

Eichenstraße 47-8c
Eidelstedter Weg 47-6b
Eielkampsweg 47-8b
Erlenweg 62-1d
Eschenweg 62-1b

Feldstraße 47-6a
Friedenstraße 47-3c
Friedrichshulder Weg 61-2b
Friedrichstraße (4) 47-6a

Gärtnerstieg (1) 47-3d
Gärtnerstraße 47-3d
Gewerbering 48-5c
Ginsterstieg 62-1b
Grenzstraße 48-9a
Grüne Twiete 47-7c
Gustavstraße 47-3c

Hagenkamp 47-6c
Hagentwiete 47-6c
Hagenwisch 47-6c
Hans-Christian-Möller-Straße (3) 47-6b
Hartkirchener Chaussee 47-6a
Haselweg 62-1b
Häubargskoppeltwiete 47-7c
Häubargsweg 47-7a
Hauptstraße 47-6a
Heideweg 61-3b
Heidkampstwiete 47-7b
Holstenstieg 47-6c
Holstenstraße 47-6c
Holstentwiete 47-6c
Holunderweg 62-2c
Hornkoppel 61-2b

Im Höschen 47-2c
Immelsweg 48-4d
Industriestraße 48-4a

Kastanienweg 62-1d
Kiefernweg 62-1d
Königstieg (2) 47-3d
Königstraße 47-3d
Koppeltwiete 48-9a
Krupunder Grund 48-8d
Krupunder Park 48-8b
Krupunder Stieg (1) 48-8d

Langkoppelweg 47-8c
Ligusterstieg 62-2c
Lindenhof (1) 48-7d
Lindenweg 62-1b
Lübzer Straße 62-1a
Lüdemannscher Stieg (5) 47-6c
Ludwig-Meyn-Straße 48-4a
Luruper Weg 61-3b
Lütten Hall 35-8d
Lütten Immels 48-4d

Magdalenenallee 47-2d
Menhöfen 47-7c
Mittelstieg 48-8c
Moortwiete 48-8a

Nedder Lönn 48-4b
Nedderfeld (6) 48-4b
Neue Weidenstraße 48-8c
Neuer Luruper Weg 47-6c
Neuer Weg 47-3a
Nienhöfen 46-9d

Olenmoorweg 61-1b
Osterbrookweg 47-6d
Ostereschweg 47-6d
Osterrader Weg 47-9a

Papenmoorweg 48-8c
Poststraße 47-3c

Rotdornstieg 62-2a

Schäferkoppel 61-1b
Schmiedestraße 47-3c
Schulstieg 47-6a
Schulstraße 47-3c
Schwarzer Weg 47-5b
Seegrabenweg 48-8b
Seekamp 48-8d
Seemoorweg 48-8a
Seestraße 48-8c
Siebentunnelweg 62-2c
Stinnhorn 47-3c

Tannenweg 62-1a
Thesdorfer Weg 47-2b

Ulmenweg 62-1b

Verbindungsweg 62-1a

Wacholderweg 62-2c
Weidenstraße 48-8d
Weißdornstieg 62-2a
Wilhelmstraße 47-5b
Witt Lönn 48-4a
Wolfgang-Borchert-Weg 48-8a

Hamburg

22359 Aalheitengraben 43-6d
22395 Aalkrautweg 42-1a
22393 Aalort 42-5d
22395 Aalwisch 42-2d
22765 Abbestraße 91-3d
20459 ABC-Straße 93-1d (12/B3)
22397 Abelskamp 24-7a
20251 Abendrothsweg 79-1c
22145 Abrahamstraße 55-4b
20149 Abteistraße 79-5a
22399 Achter Billing 41-2d
22559 Achter de Höf 73-6a
21035 Achter de Kark 124-7d
21039 Achter de Wisch 155-1d
22559 Achter Lüttmoor 73-5b
21037 Achterdeich 167-5d
21037 Achterdiek 154-9a
\- Achterdiekbrücke 154-9c
21035 Achterdwars 124-8b
21079 Achterkamp 149-6d
22549 Achtern Barls 62-7d
22549 Achtern Born 75-3b
21129 Achtern Brack 115-3b
22359 Achtern Hoff 43-8d
22393 Achtern Hollerbusch 42-5a
22549 Achtern Moor 62-7d
22559 Achtern Sand 74-1c
22549 Achtern Styg 76-2d
21039 Achterschlag 139-2c
20539 Achterweide 106-9a
\- Achterweidenbrücke 106-6c
22087 Ackermannstraße 80-7c
22547 Ackerstieg 62-8a
21147 Ackerweg 130-1d
22149 Adalbert-Stifter-Weg 69-9a
22609 Adalbertstraße 75-9a
22559 Adebarweg 73-2c
20097 Adenauerallee 93-6b (13/B6)
22607 Adickesstraße 91-1a
22459 Adlerhorst 50-5b
22305 Adlorstraße 81-1a
20459 Admiralitätsstraße 93-4d (12/D3)
21035 Adolf-Köster-Damm 123-7b
21107 Adolf-Menge-Platz 119-2d

21073 Adolf-von-Elm-Hof 132-9c
21073 Adolf-Wagner-Straße 132-9c
- Adolphsbrücke (13/C4)
22111 Adolph-Schomacker-Weg 96-7b
22083 Adolph-Schönfelder-Straße 80-2c
20095 Adolphsplatz (13/C4)
20457 Afrikahöft 105-2a
20457 Afrikastraße 105-2c
22605 Agathe-Lasch-Weg 91-4a
20357 Agathenstraße 78-9b
22419 Agnes-Gierck-Weg (1) 27-8d
22301 Agnesstraße 79-2d
21035 Agnes-Wollfson-Straße (4) 124-7a
22147 Ahlbecker Weg 55-7c
22415 Ahlfeld 52-1a
22529 Ahornallee 64-6c
22335 Ahornkamp 52-4d
22043 Ahornstraße 81-9a
22395 Ahornweg 42-3d
22359 Ahrensburger Platz 43-6b
22359 Ahrensburger Stieg 43-6a
Ahrensburger Straße 81-6a
22041 Nr. 1-101, Nr. 2-108
22045 Nr. 103-Ende, Nr. 110-Ende
22359 Ahrensburger Weg 43-6c
22145 Ahrensfelder Weg 56-5b
22147 Ahrenshooper Straße 68-6b
22335 Akazienallee 52-4a
22587 Akazienweg 75-7a
Akeleiweg 76-5a
22549 Nr. 36-Ende, Nr. 39-Ende
22607 Nr. 1-37, Nr. 2-34
22119 Aladinweg 82-8c
20259 Alardusstraße 78-6c
22145 Alaskaweg 55-4d
22119 Albatrosweg 96-4b
22559 Alberichstieg 73-3a
21129 Albershardtweg 102-2a
21147 Albershof 130-3b
22307 Albers-Schönberg-Stieg (3) 66-5d
22307 Albers-Schönberg-Weg (1) 66-5d
22761 Albert-Einstein-Ring 76-6d
22457 Albertine-Assor-Straße 49-4b
22457 Albertinenstieg 49-1d
22605 Albertiweg 90-6a
22045 Albert-Schweitzer-Ring 82-5b
20097 Albertstraße 94-4a
22523 Albrechtstraße 63-4a
22307 Aldenrathsweg 66-9a
20537 Alemannenweg 95-4b
20099 Alexanderstraße 94-1c
Alexander-Zinn-Straße 90-3a
22605 Nr. 1-3, Nr. 2a-2e
22607 Nr. 4-Ende, Nr. 5-Ende
20149 Alfred-Beit-Weg 79-5d
22399 Alfred-Jahncke-Ring 41-2a
22309 Alfred-Mahlau-Weg 66-3d
Alfredstraße 94-2a
22087 Nr. 1-15, Nr. 2-16
20535 Nr. 17-Ende, Nr. 18-Ende
20459 Alfred-Wegener-Weg (12/D1)
21109 Algermissenstraße 119-6b
20146 Allende-Platz 79-7b
22049 Allensteiner Straße 67-8c
21037 Allermöher Deich 138-4a
21037 Allermöher Werftstegel 137-3d
22309 Allerskehre 66-6b
21079 Allerstieg 133-6c
22359 Allhornring 43-9b
22359 Allhornstieg 43-9b
22359 Allhornweg 43-6d
21149 Allmende 130-8c
22765 Alma-Wartenberg-Platz (1) 91-3d
22523 Alpenrosenweg 62-3c
22043 Alphonsstraße 81-6d
22769 Alsenplatz 78-8a
22769 Alsenstraße 78-8c
22397 Alsterallee 24-8a
20095 Alsterarkaden (13/C4)
22335 Alsterberg 51-9b
22397 Alsterblick 24-8b
20149 Alsterchaussee 79-5d
22297 Alsterdorfer Damm 65-2b
Alsterdorfer Straße 65-5b
22299 Nr. 1-127, Nr. 2a-110
22297 Nr. 145-457, Nr. 182-446
22337 Nr. 459-539, Nr. 460-574
22335 Nr. 575-681
22399 Alsterfurt 41-3c
20354 Alsterglacis (13/A4)
20354 Alsterglacis 93-2a
22397 Alsterhang 30-2d
22397 Alsterhöhe 24-8d
20149 Alsterkamp 79-5b
22399 Alsterkehre 41-5b
Alsterkrugchaussee 65-5a
22297 Nr. 106-350, Nr. 275-343
22335 Nr. 355-631, Nr. 418-620
22297 Alsterkrüger Kehre 65-2b
22337 Alsterpark 52-4d
22395 Alsterredder 41-6b
22391 Alsterstieg 41-8d
20354 Alsterterrasse 93-2b (13/A4)
20095 Alstertor 93-2d (13/B5)
20099 Alstertwiete 93-3a (13/A6)
20354 Alsterufer 93-2b (13/A4)
20149 Alstervorland 79-6c
22337 Alsterwanderweg 53-1c
22339 Alsterweg 52-3a
22397 Alsterwiesen 30-4d
21129 Alte Aue 102-3d
22147 Alte Berner Straße 55-4c
22397 Alte Dorfstraße 30-3b
22523 Alte Elbgaustraße 63-4b
22457 Alte Franzosenheide 49-7b
- Alte Harburger Elbbrücke 133-5b
Alte Holstenstraße 124-6a (11/A1)
21031 Nr. 1-53, Nr. 2-46
21029 Nr. 54-86, Nr. 55-81
22529 Alte Kollaustraße 64-6a
22767 Alte Königstraße 92-4c
Alte Landstraße 41-7d
22339 Nr. 23-187b, Nr. 32-200
22391 Nr. 189-275, Nr. 202-286
21149 Alte Marsch 129-2d
22395 Alte Mühle 30-7d
20148 Alte Rabenstraße 79-8b
21107 Alte Schleuse 119-1c
22395 Alte Schmiede 30-8d
21079 Alte Seevestraße 133-8a
22559 Alte Sülldorfer Landstraße 73-6b
21037 Alte Twiete 166-2d
22525 Alte Volksparkstraße 63-9d
21149 Alte Weiden 130-4a
Alte Wöhr 66-8a
22307 Nr. 1-23, Nr. 20-20b
22303 Nr. 91-91l
21109 Altendeichstieg 119-9d
21109 Altenfelder Weg 134-1b
21039 Altengammer Elbdeich 168-1a
21039 Altengammer Hauptdeich 157-7a
21039 Altengammer Marschbahndamm
167-3b
22147 Altenhagener Weg 68-3c
22417 Altenmoor 40-2c
22307 Altenrathsweg 66-9a
- Altenwallbrücke (11) (12/C3)
- Altenwerder Brücke 103-8b
21129 Altenwerder Damm 103-6d
21129 Altenwerder Elbteich 103-9c
21129 Altenwerder Hauptdeich 103-9c
21129 Altenwerder Hauptstraße 117-3b
21129 Altenwerder Kirchweg 117-3a
22393 Alter Berner Weg 42-8d
- Alter Botanischer Garten 93-1b
(12/A3)
21109 Alter Deich 119-9d
- Alter Elbpark 92-6b (12/C1)
21129 Alter Fährweg 100-1b
20457 Alter Fischmarkt (13/C4)
21037 Alter Kirchdeich 135-3a
21079 Alter Kirchhof 118-7c
22113 Alter Landweg 108-4c
21075 Alter Postweg 132-6a
21107 Alter Rethedamm 104-9d
22529 Alter Schulweg 64-6c
20459 Alter Steinweg 93-4b (12/C2)
Alter Teichweg 80-3d
22081 Nr. 1-43, Nr. 2-84
22049 Nr. 45-Ende, Nr. 102-Ende
20354 Alter Wall 93-5a (13/C4)
20457 Alter Wandrahm 93-5d (13/D5)
22525 Alter Weg 78-4a
22147 Alter Zollweg 68-6a
21039 Altergammer Hausdeich 155-9a
20095 Altländer Straße (6) (13/D6)
- Altmannbrücke 93-6b (13/C6)
22393 Altmühlweg 54-1b
22767 Altonaer Poststraße 92-4b
20357 Altonaer Straße 78-9c
- Altonaer Volkspark 77-1c
22149 Altrahlstedter Kamp 69-7a
22143 Altrahlstedter Redder (3) 69-4d
22149 Altrahlstedter Stieg (1) 69-4d
20095 Altstädter Straße 93-6a (13/C5)
20095 Altstädter Twiete (13/C5)
21149 Altwiedenthal 130-6b
21149 Altwiedenthaler Höhe 130-6d
Altwiedenthaler Straße 131-1c
21147 Nr. 1-Ende
21149 Nr. 2a
21147 Altwiedenthaler Twiete 131-1c
22359 Alversloweg 43-6c
22453 Alwin-Lippert-Weg 50-8d
22587 Am Abhang 89-1d
20457 Am Alsterfleet (12/C3)
21129 Am Alten Estesperrwerk 100-1b
21109 Am Alten Gericht 120-4c
22041 Am Alten Posthaus 81-5c
21107 Am Alten Schlachthof 105-4a
22111 Am Alten Zoll 96-7b
22111 Am Anger (10) 95-6d
22391 Am Anschuß 41-8b
21147 Am Aschenland 129-3c
22339 Am Backofen 40-8d
20539 Am Bahndamm 106-1d
21109 Am Bahngraben 119-3d
21029 Am Bahnhof (11/A2)
21129 Am Ballinkai 103-9d
22549 Am Barls 62-7a
21029 Am Baum 125-4c (11/B3)
20459 Am Baumwall (12/D2)
21031 Am Beckerkamp 124-6a
22559 Am Beedenkamp 59-9d
22395 Am Beerbusch 30-8a
21077 Am Beerenwald 147-3d
22159 Am Berner Wald 54-3c
22335 Am Blumenacker 52-4a
22765 Am Born 91-3d
22589 Am Botterbarg 75-2d
22297 Am Brabandkanal 65-3b
22179 Am Bramfelder Zoll (5) 67-7b
22397 Am Bredenbek 30-3d
21029 Am Brink 124-9b (11/B3)
22399 Am Bronzehügel 29-7c
22767 Am Brunnenhof 92-3c
22559 Am Brünschendiek (1) 73-2c
22359 Am Buckhornwald 43-1d
21079 Am Burgberg 149-6c
21109 Am Callabrack 119-9d
21073 Am Centrumshaus (14/A2)
21109 Am Containerbahnhof 119-6a
22175 Am Damm 53-6a
21109 Am Deichdenkmal 120-4d
22761 Am Diebsteich 77-9a
21077 Am Diggen 148-6b
22457 Am Dorfteich 49-3c
22159 Am Dornberg 68-4b
22049 Am Dulsbergbad 67-8c
22175 Am Ehrenmal 53-8b
22549 Am Eichenplatz 75-6d
22359 Am Eichenrehmen 44-7a
22587 Am Eiland 89-3b (11/A2)
20359 Am Elbpark (12/C1)
20359 Am Elbpavillon (12/C1)
20457 Am Elbtunnel 92-9a
20535 Am Elisabethgeholz 95-1b
21073 Am Exerzierplatz 132-9d
20457 Am Fährkanal 92-9d
22085 Am Feenteich 79-6d
22765 Am Felde 92-4a
22145 Am Fleet Venbrook 55-7b
21077 Am Frankenberg 149-4d
22149 Am Friedhof 69-8a
21075 Am Fuchsberg 132-5c
21147 Am Gehegegraben 116-9d
22339 Am Gehöckel 52-3d
21129 Am Genter Ufer 103-8a
20539 Am Gleise 106-4a
22339 Am Gnadenberg 52-2c
22111 Am Gojenboom 95-2d
20457 Am Grasbrookhafen 93-8b
22175 Am Grenzgraben 54-2c
21077 Am Großen Dahlen 148-3c
22397 Am Großen Stein 25-8c
22041 Am Grundwasserwerk 82-4b
21035 Am Güterbahnhof 124-8b
21075 Am Hainholzberg 148-1b
22587 Am Hang (11/A3)
Am Hasenberge 52-7a
22335 Nr. 1-43, Nr. 6-50
22337 Nr. 44, Nr. 45-47
22457 Am Hasenkamp 49-3c
21033 Am Heesen 109-9a
22149 Am Hegen 69-9a
22339 Am Hehsel 41-7a
21109 Am Heuckenlock 134-3a
22587 Am Hirschpark 89-2c
22043 Am Hohen Feld 82-5c
22047 Am Hohen Hause 68-8c
21077 Am Hohen Knäbel 148-2c
21029 Am Hohen Stege 124-9a (11/A3)
20457 Am Holthusenkai 106-1a
22119 Am Horner Moor 96-1c
20535 Am Hünenstein 81-7c
22043 Am Husarendenkmal 81-8c
21077 Am Hüßelhus (1) 148-9b
21109 Am Industriebahnhof 119-6a
22609 Am Internationalen Seegerichtshof (4)
90-4a
21073 Am Irrgarten 133-7a
22589 Am Isfeld 75-6c
21129 Am Jachthafen 90-9d
22391 Am Jagen 54-1a
22453 Am Jägerholz 51-7d
22043 Am Jenfelder Bach 82-9b
22043 Am Jenfelder Moor 82-5a
20457 Am Kamerunkai 105-2c
22117 Am Kampmoor 96-6c
22339 Am Karpfenteich 52-2b
22587 Am Kiekeberg 89-1a (11/A2)
21077 Am Kleinen Dahlen 148-3d
21107 Am Kleinen Kanal 105-4d
22587 Am Klingenberg 75-7b
22147 Am Knill 68-6a
21039 Am Knollgraben 141-8c
21129 Am Köhlfleet 90-9d
22587 Am Krähenberg 75-7c
22549 Am Kratt 76-1b
21039 Am Kringel 157-1d
22147 Am Kroog 69-1a
21079 Am Kuchenberg 161-2a
22549 Am Landpflegeheim 76-4d
21033 Am Langberg 109-5c
22453 Am Langdiek 64-3c
22453 Am Langenborn (1) 50-8c
22085 Am Langenzug 79-6b
22143 Am Lehmberg 69-4a
22559 Am Leuchtturm 73-8a
22453 Am Licentiatenberg (1) 65-1b
22559 Am Lilienberg 74-1b
22159 Am Luisenhof 68-4a
22335 Am Lustberg 51-9b
22119 Am Maisfeld 82-9d
22459 Am Martensgehölz 50-7c
20097 Am Mittelkanal 94-4c
20457 Am Moldauhafen (1) 106-1c
22397 Am Moor 29-1d
22115 Am Mühlenbach 109-2a
21077 Am Mühlenfeld 149-4b
22525 Am Mühlenteich 63-5c
21149 Am Neugrabener Bahnhof 130-4a
21079 Am Neuländer Baggerteich 134-7a
21079 Am Neuländer Gewerbepark 133-9a
22041 Am Neumarkt 81-6c
20359 Am Nobisteich (28) 92-5b
22417 Am Ochsenzoll 27-6c
22149 Am Ohlendorffturm 69-9a
22415 Am Ohlmoorgraben (2) 40-7a
22143 Am Oldenfelder Graben 69-1d
22335 Am Oortensiek (4) 51-9b
22549 Am Osdorfer Born 75-6d
21109 Am Papenbrack 119-9d
21077 Am Pavillon 148-9b
22393 Am Pfeilshof 54-1a
22765 Am Pfug 91-6b
22547 Am Pfützmoorgraben 62-6c
21029 Am Pool 124-9b (11/A3)
Am Pulverhof 68-6d
22045 Nr. 1-Ende
22147 Nr. 4-Ende
22587 Am Pumpenkamp 74-9d (11/A1)
22607 Am Quickborn 76-9b
22335 Am Raakmoorgraben 51-3d
21079 Am Radeland 131-6b
21077 Am Rapsfeld 148-4a
22768 Am Rathenaupark 91-5b
22459 Am Ree 49-9a
21079 Am Reiherhorst 132-1c
22359 Am Reisenbrook 43-5a
22559 Am Rissener Bahnhof 73-3c
21079 Am Rotberg 149-8c
20457 Am Saalehafen 106-4a
21129 Am Sandauhafen 104-7c
20457 Am Sandtorkai 93-8a (13/D4)
21149 Am Scheinberg 130-5a
22043 Am Schießstand 82-8a
22111 Am Schiffbeker Berg 95-9b
21029 Am Schiffwasser (1) (11/A3)
22047 Am Schulgarten 82-1a
22415 Am Schulwald 40-4c
21073 Am Soldatenfriedhof (14/A1)
22765 Am Sood 91-3d
22149 Am Sooren 69-9a
22589 Am Sorgfeld 74-6a
22047 Am Stadtrand 68-7a
21077 Am Staubecken 148-2b
22337 Am Stein 52-3d
20539 Am Steinlager 107-2a
22175 Am Stühm-Nord 54-4a
22175 Am Stühm-Süd 54-4a
22547 Am Sumpfgraben 62-2d
21075 Am Tie 132-8a
22607 Am Torbogen 76-9b
20457 Am Travehafen 104-6c
21109 Am Turnplatz 120-4d
21079 Am Überwinterungshafen 133-2c
21107 Am Veringhof 105-8c
22113 Am Vogelschutzgehölz 121-2c
22525 Am Volkspark 77-2c
22113 Am Vorwerk 108-3c
20457 Am Vulkanhafen 104-2c
22143 Am Waldesrand 69-6b
22589 Am Waldpark 74-5a
21075 Am Waldschlößchen 132-8a
21073 Am Wall 133-8a (14/B2)
22041 Am Wasserturm 82-4b
21109 Am Weidengrund 120-6a
20255 Am Weiher 78-5b
21079 Am Weinberg 149-6a
22335 Am Weißenberge 52-7c
21073 Am Werder 133-7b (14/B1)
22609 Am Wesselhoeftpark (3) 90-4b
20457 Am Windhukkai 105-2c
22525 Am Ziegelteich 78-4a
20539 Am Zollhafen 106-4a
22305 Amalie-Dietrich-Stieg 67-7c
21073 Amalienstraße 133-8a (14/B2)
22305 Amalie-Schoppe-Weg (7) 67-7c
22395 Amalie-Sieveking-Weg 55-1b
20357 Amandastraße 78-9c
20095 Amandus-Stubbe-Straße 121-3b
21029 Ambergstraße 125-4c
22455 Ambronendamm 38-8a
22523 Ameisenkamp 48-9c
21035 Ameisweg 138-1a
20354 Amelungstraße (12/B3)
20457 Amerikahöft 93-8c
20457 Amerikakai 93-8d
22523 Amerkamp 63-2b
22547 Ammernweg 63-7a
22081 Amselstraße 80-6a
- Amsinckpark 64-4d
20097 Amsinckstraße 94-4c
20457 Amsinckufer 105-2b
Amtsstraße 69-5d
22143 Nr. 1-49, Nr. 2-54
22149 Nr. 51-Ende, Nr. 56-Ende
22767 Amundsenstraße 92-5c
21149 An de Geest 129-4b
21033 An den Dünen 124-5a
21033 An den Tannen 124-5b
22359 An den Teichwiesen (3) 43-7b
20099 An der Alster 93-3a (13/A6)
22399 An der Alsterschleife 29-9d
22415 An der Baumschule 39-8d
21031 An der Bergkoppel 124-2d
22159 An der Berher Au 54-8a
22297 An der Blütenmauer 66-1a
22397 An der Drosselbek 24-8d

21079 An der Eiche 150-7a
21079 An der Eisenbahn 150-7a
21149 An der Falkenbek 130-4b
21149 An der Fischbek 129-5b
22607 An der Flottbek 90-2a
22115 An der Glinder Au 108-3b
20539 An der Hafenbahn (1) 105-6d
22113 An der Kreisbahn 109-1c
20095 An der Kunsthalle 93-3c (13/B5)
21079 An der Landscheide 132-6b
22529 An der Lohbek 64-8b
22459 An der Lohe 50-8a
22043 An der Marienanlage 81-8b
22523 An der Mühlenau (5) 63-5c
21109 An der Mühlenwettern 119-9b
22047 An der Osterbek 67-6c
21029 An der Pollhofsbrücke 125-7d
21075 An der Rennkoppel 132-6c
22117 An der Schleemer Mühle 96-8c
22399 An der Schonung 29-7a
20355 An der Stadthausbrücke (7) (12/C3)
22113 An der Steinbek 108-6a
21029 An der Sternwarte 125-8d
21147 An der Strecke 131-1d
21031 An der Twiete 124-2d
20355 An der Verbindungsbahn 79-7c
22159 An der Walddörferbahn 68-5a
20459 Anberg (12/D2)
20097 Anckelmannsplatz 94-4b
20537 Anckelmannstraße 94-2c
22175 Anderheitsallee 53-8b
22589 Andersenstraße 75-4b
22455 Andreasberger Weg 50-1d
22113 Andreas-Meyer-Straße 107-5a
22301 Andreasstraße 79-3c
22159 Andreasweg 55-1a
22047 Anemonenweg 67-9c
22335 Angelikaweg (4) 51-3d
22049 Angelnstraße 81-4b
22047 Angerburger Straße 67-9c
22087 Angerstraße 94-2a
21035 Anita-Ree-Straße 123-9b
22417 Anita-Sellenschloh-Ring 28-7d
21109 Ankerplatz 120-4c
22147 Anklamer Ring 54-9d
22119 Annaberg 96-4d
22587 Anna-Hollmann-Weg 74-9a
22111 Anna-Lühring-Weg (2) 95-3c
21035 Anna-Siemsen-Gang 124-7a
22457 Anna-Susanna-Stieg 49-2b
21035 Anna-von-Gierke-Ring 137-3a
22587 Anne-Frank-Straße 74-8b (11/A1)
21035 Annemarie-Ladewig-Kehre (8) 137-3b
20359 Annenstraße 92-3c
22149 Anny-Tollens-Weg (2) 69-4d
22529 Ansgarweg 64-8d
22605 Ansorgestraße 91-4a
22527 Antilopenstieg (1) 63-9b
22523 Antonie-Möbis-Weg 63-4b
20359 Antonistraße 92-5d
20537 Anton-Rée-Weg 94-5d
21129 Antwerpenstraße 103-1a
21079 Anzengruberstraße 149-2a
22049 Apenrader Straße 81-1b
22143 Apostelweg 69-4b
22395 Apothekergang 42-4c
21077 Appelbüttel 148-4d
21077 Appelbütteler Weg 148-4d
22309 Appelhoff 67-1c
20251 Appener Weg 65-7a
22609 Appuhnstraße 90-5a
22175 Aprikosenweg 54-4a
22117 Archenholzstraße 96-8a
22117 Archsumerweg 97-7a
22303 Arensweg 66-7d
\- Argentinienbrücke 105-1c
20257 Armbruststraße 78-4d
22087 Armgartstraße 80-7c
20251 Armin-Clasen-Stieg 65-5c
22525 Arminiusstraße 78-1c
22117 Arndesstieg 108-2b
22085 Arndtstraße 80-4c
21029 Arndtweg (11/B2)
22765 Arnemannstraße (11) 92-4c
22305 Arnemannweg (6) 67-7c
22175 Arnikastieg 54-7b
22609 Arnimstraße 89-3b
22769 Arnisstraße 78-8c
22769 Arnkielstraße 78-8d
21077 Arno-Holz-Weg 149-2c
20249 Arnold-Heise-Straße 79-2b
21029 Arnoldstieg 125-7c
Arnoldstraße 91-6c
22765 Nr. 1-45, Nr. 2-50
22763 Nr. 47-Ende, Nr. 52-Ende
22147 Arnswalder Straße 55-7d
21129 Arp-Schnitger-Stieg 101-7a
21073 Asbeckstraße 133-7d (14/A3)
22115 Asbrookdamm 109-5a
22115 Asbrookweg 109-5c
22119 Aschenputtelstraße 82-8d
21035 Ascherring 124-7c
20457 Asiakai 93-8d
20457 Asiastraße 105-3b
22043 Asmusweg 81-7d
22159 Aspersort 54-8a
22043 Asserstieg 82-4d
21107 Aßmannkanalbrücke 105-8b
22457 Assorweg 49-4b
22049 Asternstraße 67-8d
22523 Astweg 62-3b
21129 Athabaskahöft 91-8c
21129 Athabaskakai 91-8d
22119 Audorfring 95-3d
21129 Auedeich 102-3d
21129 Aue-Hauptdeich 102-6d
21129 Aue-Insel 102-3d
22089 Auenstieg 80-8b
22089 Auenstraße 80-6c
22589 Auerbachstraße 75-1c
22045 Auerhahnweg 69-7a
22111 Auersreihe 95-6d
21129 Auesiel (4) 102-3d
22457 Auf dem Acker 49-5c
22415 Auf dem Felde 39-9a
21077 Auf dem Haidlande 148-5c
22335 Auf dem Kamp (3) 52-7b
22453 Auf dem Kollauer Hof 64-6a
Auf dem Königslande 81-2c
22041 Nr. 1-65, Nr. 2-44
22047 Nr. 66-Ende, Nr. 69-Ende
21031 Auf dem Langstücken (3) 109-6d
22359 Auf dem Pfahlt 43-7b
22359 Auf dem Rapsfeld 56-1a
20457 Auf dem Sande (13/D4)
21037 Auf dem Sülzbrack 166-7a
20535 Auf den Blöcken 94-3b
22359 Auf den Woörden 43-3d
21039 Auf der Böge 138-5d
21033 Auf der Bojewiese 123-3b
20097 Auf der Brandshofer Schleuse 94-7b
22393 Auf der Heide 42-7c
21109 Auf der Höhe 119-3b
21107 Auf der Hohen Schaar 118-6b
22399 Auf der Koppel 41-2d
22397 Auf der Strenge 31-1b
21029 Augustastraße 124-6d (11/B2)
21029 August-Bebel-Straße 125-8c (11/B3)
22587 August-Bolten-Weg 75-4d
22587 Auguste-Baur-Straße 89-1a (11/B2)
22769 Augustenburger Straße 78-7d
22049 Augustenburger Ufer 81-1b
22761 Augustenhöh 77-7b
20357 Augustenpassage 92-3b
21035 Auguste-Schmidt-Weg 138-1a
20457 Auguste-Victoria-Kai 104-2b
22525 August-Kirch-Straße 77-4b
22159 August-Krogmann-Straße 54-8a
22767 August-Lütgens-Park 92-2c
22115 August-Macke-Weg 109-1c
21149 August-Schlicka-Weg 131-7a
21147 August-Somann-Weg 131-1c
22085 Auguststraße 79-9b
22149 Aumühler Weg 69-9c
21129 Auricher Damm 102-3c
22297 Aurikelstieg 65-3d
22767 Ausrüstungskai 92-7b
20539 Ausschläger 106-3a
20539 Ausschläger Allee 106-3b
20539 Ausschläger Billdeich 94-9a
20095 Ausschläger Elbdeich 107-1d
20537 Ausschläger Weg 94-2d
21077 Außenmühle 149-1b
21077 Außenmühlendamm 149-1b
21077 Außenmühlenweg 149-2a
20457 Australiastraße 105-2d
22587 Avenariusstraße 75-7d
22085 Averhoffstraße 80-4c
20355 Axel-Springer-Platz 93-4b (12/B3)
22529 Azaleenweg 78-2b

20457 **B**aakenbrücke 93-9a
20457 Baakenhöft 93-9c
20457 Baakenwerder Straße 94-7d
22529 Baarkamp 64-4b
21147 Baben Brandheid 131-1c
22149 Baben de Heid 69-9d
22395 Baben de Möhl 30-7d
22397 Baben Pfier 23-9a
21149 Babenbrook 129-6c
22587 Babendiekstraße 74-9c
22397 Babendörp 24-4d
22143 Babenstieg 69-1d
22559 Babenwischenweg 59-3c
22455 Bacherweg 38-8a
22547 Bachstelzenweg 62-2c
22083 Bachstraße 80-1c
22143 Bachstücken 70-4d
22149 Bachstückenring 70-4c
21073 Bachtwiete 148-3a
20355 Bäckerbreitergang (12/B3)
22391 Bäckerbrücke 41-5d
22393 Bäckerstieg 42-7c
22175 Backhauskoppel 54-5a
20148 Badestraße 79-8d
21035 Baedekerbogen 124-7d
21073 Baererstraße 133-7c (14/A3)
22393 Baggesenstieg 42-4c
22041 Bahngärten 81-8a
21079 Bahnhofsinsel 133-8a
21109 Bahnhofspassage 119-6b
22761 Bahrenfelder Chaussee 77-7b
Bahrenfelder Kirchenweg 77-8c
22763 Nr. 4-6, Nr. 5-7
22761 Nr. 17-Ende, Nr. 20-Ende
22761 Bahrenfelder Marktplatz 77-7d
22761 Bahrenfelder Steindamm 77-9c
22765 Bahrenfelder Straße 91-3b
21073 Bahrstraße 132-9a
20359 Balduinstraße 92-6c
20359 Balduintreppe (37) 92-6c
22159 Balkenstücken 54-6c
22337 Ballerstaedtweg 66-2a
20095 Ballindamm 93-5b (13/B4)
21129 Ballinkai 104-7d
22767 Baltasarweg 92-5a
21129 Baltrumer Weg (19) 102-3d
22303 Bambatzweg (8) 80-1b
21073 Bandelstraße 148-3b
22459 Bandkampsweg 50-5d
22041 Bandwirkerstraße 81-4b
20097 Banksstraße 93-6d (13/D6)
22179 Bannwarthstraße 67-5b
21075 Bansenstraße 132-6c
22459 Bansgraben 50-5a
22391 Bantschowstraße 53-1c
22087 Barcastraße 94-1a
22117 Barckhusendamm 96-8d
20537 Bardenweg (2) 94-5b
22041 Bärenallee 81-7b
22179 Barenbleek 67-6b
22119 Bärenhäuterweg 82-8d
22159 Barenkrug 68-9a
22179 Bargackerdamm 53-8d
22417 Bargfelder Weg 28-5d
22587 Bargfredestraße 75-7d
22145 Bargkoppelstieg 55-8a
22145 Bargkoppelweg 55-7b
20539 Bargstedgasse 94-9b
22143 Bargteheider Straße 69-4c
21149 Bargweg 130-6a
21149 Barkendal 130-8a
22391 Barkenkoppel 53-2c
22339 Barkhausenweg 41-7a
20095 Barkhof (15) (13/C5)
21073 Barlachstraße 133-7a
22549 Barlskamp 76-1c
22081 Barmbeker Markt 80-2d
Barmbeker Straße 65-9c
22303 Nr. 1-133, Nr. 2-130
22299 Nr. 132-160, Nr. 135-191
22307 Barmbeker-Ring-Brücke 66-5d
22457 Barmstedter Weg 49-2a
22179 Barmwisch 67-6a
22765 Barnerstraße 91-3d
Baron-Voght-Straße 90-5c
22609 Nr. 1-93, Nr. 2-98
22607 Nr. 100-Ende, Nr. 107-Ende
22043 Barsbütteler Stieg 83-4d
22043 Barsbütteler Straße 83-4c
22117 Barsbütteler Weg 97-4b
22359 Bartelssaal 42-6d
20357 Bartelsstraße 78-9c
22049 Bartensteiner Weg 67-8c
22083 Bartholomäusstraße 80-5a
22147 Bartiner Weg 54-9b
22587 Bartmanns Treppe (3) (11/A2)
22145 Bärwalder Straße (1) 55-8c
22395 Basaltweg 41-6a
20537 Basedowstraße 94-5d
22527 Basselweg 64-7a
22455 Bataverweg 50-2a
20535 Baubürgerweg 94-2b
22111 Bauerberg 95-5b
22111 Bauerbergweg 95-5b
21149 Bauernholztal 130-8d
22177 Bauernrosenweg 67-4c
21109 Bauernstegel 135-1a
22393 Bauernvogtkoppel 41-9b
21149 Bauernweide 130-4a
21079 Bauhostraße 133-5a
22523 Baumacker 49-7a
22767 Baumanns Treppe (26) 92-5c
20099 Baumeisterstraße 93-3d (13/B6)
22397 Baumfalkenweg 25-7d
22299 Baumkamp 65-5d
22547 Baumläuferweg 62-5b
22609 Baumschulenstraße 90-4a
22175 Baumstraße 54-4c
22299 Baumtwiete 65-6c
20459 Baumwall 93-4d
22589 Baumweg 74-6b
\- Baurs Park 89-1c (11/B3)
22587 Baurs Weg 89-1c (11/B3)
Baurstraße 77-7d
22605 Nr. 1-5, Nr. 9-9a, Nr. 10-22
22607 Nr. 45-Ende, Nr. 68-Ende
21129 Bausenhof 102-2c
21075 Baustraße 132-6d
21107 Bauvereinsweg (5) 105-8a
21107 Bauwiesenstraße 119-2a
22117 Baxmannstraße 96-6c
22117 Baxmannweg 96-6c
22453 Bayernweg 39-7c
Bebelallee 65-8b
22299 Nr. 1-21, Nr. 2-22
22297 Nr. 28-156a, Nr. 47-159
22589 Bechsteinweg 75-1d
21077 Beckedorfer Straße 161-1c
21073 Beckerberg 133-8c (14/B3)
22419 Beckermannweg 39-3c
22587 Beckers Treppe (11/B2)
22607 Beckmannstraße 76-9c
22453 Beckstedtweg 51-4c
20357 Beckstraße 92-3a
21031 Beensroaredder 110-8b
22523 Beentkamp 49-9c
22453 Beerboomstücken 65-1a
22395 Beerbuschredder 30-5c
22395 Beerbuschring 30-5d
22395 Beerbuschstieg 30-8a
21077 Beerenberg 148-2c
21077 Beerenhain 148-1c
21077 Beerenhöhe 148-5a
21077 Beerental 148-2c
21077 Beerentaltrift 147-3c
21077 Beerentaltwiete 148-2b
21077 Beerentalweg 148-4b
22761 Beerenweg 77-9c
22359 Beerenwinkel 43-8d
\- Beesenlandbrücke 106-5a
22529 Beethovenallee (1) 78-2a
22083 Beethovenstraße 80-4b
22765 Beetsweg (8) 92-4a
22359 Begel 43-9d
22047 Begonienweg 81-2b
22119 Behaimweg 96-5b
22041 Behnkenkammer 81-2c
22767 Behnstraße 92-4b
22043 Behrensstraße 81-9a
Behringstraße 91-1d
22765 Nr. 1-29, Nr. 2-30
22763 Nr. 31-Ende, Nr. 32-Ende
22529 Behrkampsweg 64-9c
22529 Behrmannplatz 64-5d
20457 Bei dem Neuen Krahn 93-5c (12/D3)
22143 Bei den Boltwiesen 69-3b
21033 Bei den Düneneichen 109-9c
21149 Bei den Heidehütten 146-4b
22043 Bei den Höfen 82-6d
20355 Bei den Kirchhöfen 93-1b (12/A2)
20457 Bei den Mühren 93-5c (13/D4)
20359 Bei den St. Pauli-Landungsbrücken 92-6c (12/D1)
22119 Bei den Tennisplätzen 95-3b
22111 Bei den Zelten 95-2d
20457 Bei der Alten Börse (29) (13/C4)
20257 Bei der Apostelkirche 78-4b
21109 Bei der Bergwettern 120-4c
21039 Bei der Blauen Brücke 155-5d
20259 Bei der Christuskirche (1) 78-9a
20359 Bei der Erholung 92-6d (12/D1)
22607 Bei der Flottbeker Kirche 76-8d
22607 Bei der Flottbeker Mühle 76-5d
22767 Bei der Friedenseiche 92-1d
22089 Bei der Friedenskirche 80-9c
20539 Bei der Grünen Brücke 94-6c
20535 Bei der Hammer Kirche 94-3b
20099 Bei der Hauptfeuerwache 94-1d
22047 Bei der Hopfenkarre 81-3d
22767 Bei der Johanniskirche 92-2b
22529 Bei der Lutherbuche 64-9a
22111 Bei der Martinskirche 95-6a
22301 Bei der Mathäuskirche (2) 65-9d
22145 Bei der Neuen Münze 55-7b
22765 Bei der Osterkirche 92-1c
22761 Bei der Paul-Gerhart-Kirche 91-3a
22769 Bei der Paulskirche (2) 78-8a
20095 Bei der Petrikirche (18) (13/C5)
22453 Bei der Pulvermühle 64-6a
22768 Bei der Reitbahn (4) 91-6b
22768 Bei der Rolandmühle 91-5b
21109 Bei der Schmiede 120-2c
22087 Bei der St. Gertrudkirche 80-8a
20355 Bei der Stadtwassermühle (13/B4)
20535 Bei der Vogelstange 95-1a
21109 Bei der Windmühle 120-1c
21107 Bei der Wollkämmerei 119-1a
22339 Bei der Ziegelei 40-8b
20457 Bei St. Annen 93-5d (13/D5)
22459 Bei St. Ansgar 50-8c
20148 Bei St. Johannis 79-5d
22149 Beidenfletweg 69-8d
22761 Beim Alten Gaswerk 77-9c
22083 Beim Alten Schützenhof 80-5a
20459 Beim Alten Waisenhaus (12/D3)
22529 Beim Amsinckpark 64-4d
20249 Beim Andreasbrunnen 79-1b
21037 Beim Avenberg 135-6a
21149 Beim Bergwerk 131-7c
20097 Beim Berliner Tor 94-1d
21037 Beim Bieberhof 121-8a
22559 Beim Dorfgraben 73-2d
21147 Beim Dorfkrug 130-3b
22587 Beim Elbkurhaus 89-2c
22335 Beim Erdkamp 52-1c
22159 Beim Farenland 54-3d
20537 Beim Gesundbrunnen 94-2d
22455 Beim Grootsee 50-2b
22359 Beim Großen Teich 43-7b
22767 Beim Grünen Jäger 92-3c
20535 Beim Hammer Marktplatz (1) 95-1c
22111 Beim Hirtenkaten (3) 95-6a
22299 Beim Jacobistift 65-6c
20539 Beim Kraftwerk (2) 92-9b
22391 Beim Kugelwechsel 41-8a
22159 Beim Lehmbrook (1) 68-7b
22175 Beim Lüdmoorgraben 54-4a
22529 Beim Opferstein 64-5a
22111 Beim Pächthof 95-3c
22111 Beim Rauhen Hause 95-2c
22393 Beim Riesenstein 42-5a
22115 Beim Saaren 109-2d
22415 Beim Schäferhof 39-9d
22589 Beim Schillingstift 75-8b
20144 Beim Schlump 78-9b
20097 Beim Strohhause 94-1c
20359 Beim Trichter (12/C1)
22397 Beim Ziegelhof 24-8a
22081 Beimoorstraße 80-3c
22337 Beisserstraße 66-2d

Bekassinenau 54-9b
22147 Nr. 1-153, Nr. 2-132
22159 Nr. 134 136, Nr. 173 Ende
22159 Bekassinenaubrücke 54-9b
22045 Bekkamp 83-4a
22043 Bekkampsweg 82-6d
22395 Bekkoppeln 30-6a
22453 Bekstück 64-3a
22393 Bekweg 42-6a
22393 Bekwisch 42-9b
22419 Belemannweg 39-5d
22147 Belgarder Straße 55-7a
20259 Bellealliancestraße 78-8b
22559 Bellerbek 73-5b
22301 Bellevue 79-3c
22607 Bellmannstraße 90-3a
20537 Beltgens Garten 94-3c
22145 Benatzkyweg 55-5a
21079 Bendestorfer Ring 149-8c
22307 Bendixensweg 66-6c
22179 Bengelsdorfstieg 67-6d
22179 Bengelsdorfstraße 67-6d
21129 Benittstraße 102-3a
21073 Bennigsenstraße (14/A2)
21073 Benningstraße 133-7a
21035 Benselweg 138-1c
22307 Benzenbergweg (5) 66-6c
22177 Benzstraße 67-4c
22159 Berberweg 68-4a
22529 Berchtungweg 64-5c
22459 Berenberg-Gossler-Weg (2) 50-7d
22395 Bergdoltweg 42-4a
21029 Bergedorfer Gehölz 125-4b
20539 Bergedorfer Heerweg 106-3b
21029 Bergedorfer Markt (11/B3)
21029 Bergedorfer Schloßgarten (11/A2)
21029 Bergedorfer Schloßstraße 124-6d (11/A2)
Bergedorfer Straße 95-5a (11/A3)
21033 Nr. 1-85, Nr. 10-68
22113 Nr. 2-4
21029 Nr. 100-162, Nr. 105-135
21149 Bergheide 130-4c
22765 Bergiusstraße 91-6b
22335 Bergkoppelweg 52-1d
22119 Bergmannring 96-1a
22419 Bergmannstraße 27-8d
22395 Bergstedter Alte Landstraße 30-9c
22393 Bergstedter Chaussee 42-5a
22395 Bergstedter Kirchenstraße 30-8b
22395 Bergstedter Markt 30-8d
22111 Bergstieg 95-3c
20095 Bergstraße 93-5b (13/C4)
21109 Bergwetternweg 120-4c
21075 Bergwinkel 148-1a
21075 Berkefeldweg 132-5b
21079 Berlepschweg 149-6a
22045 Berliner Platz 83-1a
20099 Berliner Tor 94-1d
20539 Berliner Ufer 105-5d
20537 Berlinertordamm 94-1d
Bernadottestraße 90-6d
22763 Nr. 1-35, Nr. 2-72, Nr. 41-55
22605 Nr. 67-Ende, Nr. 74-Ende
22455 Bernburger Weg 50-4a
22159 Berner Allee 54-5d
- Berner Brücke 55-4a
22179 Berner Chaussee 53-8d
- Berner Gutspark 54-6b
22159 Berner Gutsweg 54-6d
22159 Berner Heerweg 68-8a
22159 Berner Koppel 54-6d
Berner Stieg 55-4c
22147 Nr. 2-20, Nr. 5-19
22145 Nr. 23-Ende, Nr. 24-Ende
22145 Berner Straße 55-7b
22393 Berner Weg 42-5c
20359 Bernhard-Nocht-Straße 92-6c
22395 Bernsteinweg 42-4a
22767 Bernstorffstraße 92-2d
22455 Bernwardkoppel 50-4b
21109 Berta-Kröger-Platz 119-6b
- Bertha-von-Suttner-Park 92-2a
20359 Bertha-Keyser-Weg (30) 92-6a
22083 Berthastraße 80-5b
22607 Bertha-Uhl-Kamp 76-8d
22147 Berthold-Schwarz-Straße 68-6d
22761 Bertrand-Russell-Straße 76-6d
22113 Berzeliusstraße 95-9d
22607 Beselerplatz 90-3b
22607 Beselerstraße 76-9c
20097 Besenbinderhof 93-6b
21149 Besenheide 130-4c
21129 Besenreeg (7) 102-1a
21079 Besselstraße 149-6a
22761 Bessemerweg 78-7c
22149 Bessenkamp 70-7d
20535 Bethesdastraße 94-2b
22609 Bettinastieg 90-1a
22765 Betty-Levi- Passage 92-4c
21077 Beutnerring 148-5b
21079 Bevenser Weg 149-8c
21107 Beyesteig 119-5d
22417 Bi de Börner 40-1a
21149 Bi de Dörpsmeed 129-6a
22397 Bi' n Achterbarg 24-4d
- Bickbargen 48-7b
22469 Nr. 1-163, Nr. 2-162
22523 Nr. 164-174
20146 Bieberstraße 79-7b
22083 Biedermannplatz 80-2c
22049 Biehlweg 81-2b
22768 Bielfeldstraße 91-5b
22115 Bienenbusch 109-5a
22159 Bienenkamp 54-2d
22767 Biernatzkistraße 92-4b
22609 Biesterfeldweg 89-3c
22397 Bilenbarg 29-1d
22397 Bilenbargstieg (2) 29-3c
22113 Billbrookdeich 95-8d
21033 Billdeich 124-4a
20539 Billerhuder Insel 95-4c
21035 Billgrabendeich 124-8a
20539 Billhafen-Löschplatz 94-8c
- Billhorner Brücke 94-7d
20539 Billhorner Brückenstraße 106-2a
20539 Billhorner Deich 94-9c
20539 Billhorner Kanalstraße 94-8d
20539 Billhorner Mühlenweg 94-8c
20539 Billhorner Röhrendamm 94-8a
22767 Billrothstraße 92-1d
22113 Billstedter Bahnstieg 108-2a
Billstedter Hauptstraße 96-7a
22111 Nr. 1-95, Nr. 2-66
22117 Nr. 72-Ende, Nr. 97-Ende
22117 Billstedter Mühlenweg 108-2b
22111 Billstedter Platz 96-7b
22113 Billstieg 96-8c
20539 Billstraße 94-8b
22111 Billufer 95-8c
Billwerder Billdeich 108-5a
22113 Nr. 1-121, Nr. 2-146
21033 Nr. 148-680, Nr. 151-603
22113 Billwerder Kirchensteg 108-9a
20539 Billwerder Neuer Deich 106-2b
21035 Billwerder Ring 122-5b
20537 Billwerder Steindamm 94-5d
21033 Billwerder Straße 124-5a
21033 Billwiese 124-4d
22391 Bilsenkrautweg 41-7b
22297 Bilser Stieg 65-3d
22297 Bilser Straße 65-6a
Binderstraße 79-8a
20148 Nr. 4-14, Nr. 9
20146 Nr. 13-19, Nr. 18-24
22459 Bindfeldweg 50-7b
21077 Binnenfeld 148-6a
21031 Binnenfelddredder 124-3a
20459 Binnenhafenbrücke (12/D3)
22525 Binsbarg 63-8c
22047 Binsengrund 68-7a
22391 Binsenkoppel 53-2c
22549 Binsenort 62-8c
22335 Binsenweg 52-7a
22159 Birckholtzweg 54-9a
22147 Birkenallee 69-4c
22087 Birkenau 80-8a
21147 Birkenbruch 130-2a
22297 Birkenhain 66-1a
22397 Birkenhöhe 29-5b
22399 Birkenkoppel
22359 Birkenredder 43-6b
22359 Birkenstieg 43-6b
22395 Birkenweg 42-3c
22527 Birkhahnweg 63-9b
22335 Birnweg (2) 52-7b
22143 Birrenkovenallee 69-2b
22041 Birtstraße 81-6b
22159 Bisamweg 54-8a
22587 Bismarckstein 88-3a
Bismarckstraße 78-6c
20259 Nr. 1-67, Nr. 2-60
20253 Nr. 62-Ende, Nr. 77-Ende
21079 Bispinger Weg 149-8a
21075 Bissingstraße 132-6b
21079 Bittcherweg 149-5b
22587 Björnsonweg 74-8d
22159 Blakshörn 54-5d
21077 Blangendöör 148-6a
22459 Blankenburger Weg 50-4c
22587 Blankeneser Bahnhofsplatz 75-7c (11/B1)
22587 Blankeneser Bahnhofstraße 89-1c (11/B2)
22587 Blankeneser Hauptstraße 88-3b (11/A2)
22587 Blankeneser Kirchenweg 89-2c
22587 Blankeneser Landstraße 74-9c (11/A1)
21079 Blättnerring 149-8a
22397 Blaubeerenstieg 29-3c
- Blaue Brücke 95-9a
22453 Blaukehlchenweg 50-6d
22297 Blaukissenstieg 66-1c
21075 Blaumeisenweg 148-2c
22609 Blechschmidtstraße 89-3b
22119 Bleckering 96-1d
- Bleichenbrücke 93-5a (12/B3)
20095 Bleichensteg (13/B4)
22767 Bleicherstraße 92-3c
21029 Bleichertwiete 125-7a (11/B3)
21073 Bleicherweg 133-4c (14/A1)
22768 Bleickenallee 91-5b
22547 Bleßhuhnweg 62-6d
22149 Blinckmannweg 69-5d
22393 Blöckhorn 42-8b
21035 Blockweg 138-1a
- Blohms Park 95-2c
21079 Blohmstraße 133-4d
22147 Blomeweg 68-3c
Blomkamp 75-6d
22549 Nr. 1-111, Nr. 2-120
22607 Nr. 113-Ende, Nr. 122-Ende
22111 Blostwiete 95-6d
22111 Blosweg 95-6b
22767 Blücherstraße 92-5a
22089 Blumenau 80-8c
22605 Blumenpfad 90-2d
21107 Blumensand 118-3c
22605 Blumenstieg 90-2d
22301 Blumenstraße 79-2b
22457 Blumenweg 37-9b
22589 Blutbuchenweg 75-4c
21077 Blütenstieg 149-4a
22589 Blütenweg 74-6d
21031 Boberger Anger (2) 109-6c
21031 Boberger Aue 109-6c
21031 Boberger Drift 109-9b
21033 Boberger Furt 109-8b
21033 Boberger Furtweg 109-8d
21031 Boberger Höhe 109-6c
21031 Boberger Lohe (1) 109-6c
22111 Boberger Straße 95-6a
22547 Boberstraße 62-6d
21031 Bobzienweg 124-3a
22419 Bochumer Weg (5) 27-8d
22337 Böckelweg 66-2a
22589 Bockhorst 75-8d
21031 Bockhorster Höhe 109-6d
21031 Bockhorster Weg 109-6c
22119 Böcklerstraße 82-7d
22607 Böcklinstraße 76-9d
20099 Böckmannstraße 94-1c
22761 Bockrisweg 77-7b
22337 Bodelschwinghstraße 52-7d
21129 Bodemannweg 102-5a
22765 Bodenstedtstraße 92-1b
21031 Bodestraße 110-7c
22113 Boehringerweg 121-2b
22359 Böge 31-7d
20144 Bogenallee 79-4c
Bogenstraße 79-4c
20144 Nr. 1-47, Nr. 2-54
20253 Nr. 49-Ende, Nr. 56-Ende
22359 Bögenweg 43-4a
22043 Bohlens Allee 82-5d
22397 Bohlenweg 23-8c
20148 Böhmersweg 79-5d
22041 Böhmestraße 81-5d
20459 Böhmkenstraße 93-4c (12/C2)
22587 Bohnstraße 75-7d
21073 Böhrsweg 148-2b
22143 Boizenburger Weg (3) 69-5a
21033 Bojendamm 123-3b
21033 Bojeweg 123-3b
22397 Bökenbarg 23-9c
22607 Bökenkamp 76-9b
22607 Bökenwiete 77-4c
21029 Boldtstraße 139-2a
22525 Bollweg 63-5c
22147 Boltenhagener Straße 68-6b
22459 Boltens Allee 50-7d
22143 Boltwischen 69-3a
- Bombaybrücke 66-4a
22111 Bömelburgstieg (5) 95-6a
22111 Bömolburgweg 95-6a
Bondenwald 50-7b
22453 Nr. 1-53, Nr. 2-30, Nr. 90-110
22459 Nr. 96-100
22459 Bondenweg 50-7a
22117 Bonhoefferstraße 97-4c
21107 Bonifatiusstraße 119-2a
22765 Boninstraße 91-6b
- Bonnepark 77-7b
21107 Bonnéweg 105-6d
22457 Bönningstedter Weg 37-9a
21079 Bonusstraße 149-6a
22337 Bookholtstwiete 53-4c
22559 Bookweetenkamp 73-5d
20537 Boomhof (4) 95-4b
22609 Boothsweg 76-7c
22117 Borchardsheide 96-9c
21149 Borchersweg 129-5b
22309 Borchertring 53-7d
22605 Borchlingweg 90-6a
22143 Bordesholmer Straße 69-2d
20099 Borgesch (1) (13/B6)
20537 Borgfelder Allee 94-2c
20535 Borgfelder Stieg (1) 94-2d
20537 Borgfelder Straße 94-2c
21039 Borghorst 156-3d
22043 Borgstücken 82-9a
22303 Borgweg 66-7c
22523 Borkenweg 63-1a
21129 Borkumer Weg (7) 102-3d
22417 Bornbachstieg (1) 28-5c
21149 Bornbergweg 130-7c
22179 Bornblick 67-3b
21031 Bornbrook 110-8c
22453 Borndeel 64-2a
22549 Borndiek 75-5b
21073 Bornemannstraße 149-1a (14/A3)
22417 Borner Stieg 40-4c
22089 Börnestraße 81-4c
22549 Bornheide 76-1a
22587 Bornholdts Treppe (2) (11/A2)
22043 Bornkamp 81-6d
22761 Bornkampsweg 77-9a
22525 Bornmoor 63-8c
21031 Bornmühlenweg 124-3c
- Bornpark 61-9c
20146 Bornstraße 79-7b
22395 Bornwisch 42-3d
22587 Borracks Weg (3) 88-3c
22765 Borselstraße 91-3b
- Borsenbrücke 93-5a (13/C4)
22113 Borsigstraße 107-2a
22453 Borsteler Bogen 64-3b
22453 Borsteler Chaussee 65-1a
20537 Borstelmannsweg 94-6d
Borstels Ende 53-1c
22337 Nr. 2-70, Nr. 45-81
22391 Nr. 1-43b
22761 Boschstraße 77-8b
22393 Boskopstieg (2) 42-7c
22309 Bossardstraße 66-6b
20258 Boßdorfstraße 78-6d
22605 Bosselkamp 91-1b
21079 Bostelbeker Damm 132-4b
21079 Bostelbeker Hauptdeich 132-1d
22083 Bostelreihe 80-5c
- Botanischer Garten 76-7d
22529 Bötelkamp 78-2d
22041 Botenstieg 81-4d
22047 Bothmannstraße 81-3a
22549 Böttcherkamp 61-9b
21031 Böttcherkoppel 124-3c
20148 Böttgerstraße 79-8b
22547 Böverstland 62-8b
Bovestraße 81-5d
22041 Nr. 1-19, Nr. 2-12
22043 Nr. 14-Ende, Nr. 21-Ende
22339 Boysenkamp 52-2c
22417 Boysheide 40-1b
22417 Boystwiete 40-1b
22143 Boytinstraße 69-1d
22087 Bozenhardweg 94-1b
22175 Braamheide 54-7c
22297 Braamkamp 65-5d
22395 Braamkoppelweg 41-3d
22175 Braamwisch 54-5a
22297 Brabandstraße 65-3a
22179 Brachetweg 67-2d
22359 Brachland 43-9d
22547 Brachvogelweg 62-5d
21129 Brack 102-3c
20537 Brackdamm 94-5d
21109 Brackhövel 106-7c
21109 Brackstraße 119-9b
21129 Brackweg 102-3a
20144 Brahmsallee 79-4d
21129 Brakenburg 116-2d
21077 Brambuschweg 148-1c
Bramfelder Chaussee 67-7a
22177 Nr. 1-399, Nr. 2-324
22175 Nr. 328-Ende, Nr. 341-Ende
22179 Bramfelder Dorfplatz 67-2b
Bramfelder Drift 53-6a
22175 Nr. 1-19, Nr. 2-36
22391 Nr. 23-39, Nr. 42-48
22309 Bramfelder Redder 53-8c
22305 Bramfelder Straße 80-3c
22159 Bramfelder Weg 68-1b
22395 Bramkoppel 42-1c
21079 Brammerhagen 150-1b
21079 Brammerhäger Damm 150-1b
22179 Brammerhörn 67-8a
22589 Bramweg 74-6b
- Brandenburger Brücke 105-5a
20457 Brandenburger Straße 105-5a
20457 Brandenburger Ufer 105-5a
22547 Brander Weg 62-2d
21079 Brandesstraße 149-6a
22453 Brandfurt 64-2c
22397 Brandheide 31-1d
22609 Brandorffweg 89-3c
20095 Brandsende (12) 93-3c (13/B5)
20539 Brandshofer Deich 94-8a
22549 Brandstücken 76-4a
20457 Brandstwiete 93-5b (13/C5)
22587 Brandts Weg (11/A2)
22177 Bräsigweg 53-8c
20459 Brauerknechtgraben (12/D2)
22041 Brauhausstieg 81-4c
22041 Brauhausstraße 81-4c
- Braune Brücke 95-4d
22459 Braunlager Weg 50-4b
22049 Braunsberger Weg 67-8c
22765 Braunschweiger Straße 92-4a
22119 Braunstieg 96-5a
- Braußpark 95-4b
22587 Breckwoldtstraße (11/B3)
22397 Bredenbekhörn 30-6b
22397 Bredenbekkamp 31-1c
22397 Bredenbekstieg 31-4a
22397 Bredenbekstraße 24-9c
21149 Bredenbergsweg 130-8d
22395 Bredeneschredder 42-3a
21149 Bredengrund 130-9a
21073 Bredensand 132-9a
22397 Bredenstücken 30-7a
21149 Bredenwinkel 130-9a
22589 Bredkamp 75-4b
- Bredowbrücke 107-2d
22113 Bredowstraße 107-6b
22049 Bredstedter Straße 81-4a
22117 Breedenweg 97-4c
22527 Brehmweg 78-1d
22767 Breite Straße 92-5c
22609 Breitenbachweg 75-9d
20251 Breitenfelder Straße 78-3d

20355 Breiter Gang (12/B3)
21075 Breitscheidweg 132-8a
- Brekelbaums Park 94-2d
20457 Bremer Kai 105-3c
20099 Bremer Reihe 93-3d (13/B6)
Bremer Straße 160-1c (14/A3)
21073 Nr. 1-239, Nr. 234
21077 Nr. 236-Ende, Nr. 241-Ende
22587 Bremers Weg (8) (11/B3)
22113 Brennerhof 121-3c
- Brennerhofbrücke 121-3a
20099 Brennerstraße 94-1c
22415 Brennhauskoppel 52-1a
22609 Brentanostraße 90-1a
20457 Breslauer Straße 104-6a
22045 Brieger Weg 83-4a
21129 Briggweg (4) 100-5c
22767 Brigittenstraße 92-3c
22339 Brillkamp 40-9c
- Brinkmanns Park 149-6d
22587 Brinkstücken 74-8a
22149 Brockdorffstraße 69-5c
20097 Brockestraße (2) (13/C6)
22117 Brockhausweg 108-3a
20146 Brockmannsweg (1) 79-7c
22453 Brödermannsweg 64-6b
22041 Brodersenstraße 81-3c
20148 Brodersweg 79-5d
20457 Brodschrangen (13/C4)
22587 Bröers Treppe (10) (11/B3)
Brombeerweg 52-5a
22335 Nr. 1-37, Nr. 2-38
22339 Nr. 42-100, Nr. 43-103
22453 Broockkampsweg 50-6c
20457 Brook (13/D4)
21029 Brookdamm 125-7d
21029 Brookdeich 124-9b (11/B3)
21029 Brookkehre 125-7c
- Brooksbrücke (12/D3)
22549 Brooksheide 62-7b
21029 Brookstraße 124-9b (11/B3)
20457 Brooktor 93-8b (13/D5)
20457 Brooktorkai 93-5d (13/D5)
- Brooktorkaibrücke (13/D5)
22589 Brookwisch 75-5a
22393 Brotkamp 42-4c
22393 Brotkoppel 42-8d
22589 Bruchloh 75-2c
21079 Brücke des 17. Juni 133-5b
22159 Brückenstieg 54-9b
22083 Brucknerstraße 80-2d
22453 Brückwiesenstraße 64-3d
22457 Brüder-Hornemann-Straße 37-8d
20355 Brüderstraße (12/C2)
21033 Brüdtweg 124-6a
22309 Brüggemannsweg 66-2d
21129 Brügger Ufer 102-3b
22397 Brügkamp 25-4a
22043 Bruhnrögenredder 83-7a
22143 Bruhnsallee (5) 69-5a
22455 Bruktererweg 38-8d
22159 Brummelhorn 54-3c
22457 Brummerredder 49-8a
22457 Brummerskamp 49-7b
22525 Brunckhorstweg 78-1c
22559 Brunhildstraße 59-9c
22767 Brunnenhofstraße 92-3c
22041 Brunnenkoppel 82-4b
21129 Brunnenstieg (6) 102-2b
22297 Bruno-Georgesplatz 65-6b
22417 Bruno-Lauenroth-Weg 40-1d
22529 Brunsberg 64-9a
22559 Brünschentwiete 73-2c
22359 Brunsdorfer Weg 31-7a
22149 Brunskamp 70-7a
22397 Brunskrogweg 30-3b
21073 Brunsstraße 133-7d (14/A3)
22397 Brunsteenredder 23-5a
22397 Brunsteenweg 23-5b
21129 Bubendey-Ufer 90-9d
21129 Bubendeyweg 90-9d
22147 Bublitzer Straße 69-1b
22175 Bucheckerweg 54-4a
22529 Buchenallee 64-9d
22605 Buchenhof 90-5d
22359 Buchenkamp 44-7c
22359 Buchenring 44-4c
22359 Buchenstieg 44-7a
22299 Buchenstraße 65-9a
21031 Buchenweg 124-3b
22179 Buchfinkenweg 67-2b
20457 Buchheisterstraße 104-3d
21079 Buchholzer Weg 149-8a
22159 Buchnerweg 68-5a
22299 Buchsbaumweg 65-5d
22087 Buchtstraße 80-7c
22149 Buchwaldstieg 69-9a
22143 Buchwaldstraße 69-5c
22419 Buckhoop 39-5a
22359 Buckhorn 43-2c
22359 Buckhornstieg 43-2c
20359 Budapester Straße 92-3c (12/B1)
22175 Buddenbrookweg 54-5c
21109 Buddestraße 119-3d
22337 Buekweg 66-2c
22767 Bugdahnstraße 92-4a
20095 Bugenhagenerstraße (13/C5)
22527 Bukampsmoor 64-7c
20099 Bülaustraße 94-1a
22587 Bulckestraße (11/B2)
22145 Bullenbarg 55-6d
20539 Bullenhuser Damm 94-9a
22047 Bullenkoppel 67-9b
22529 Bullenredder 64-2d
20537 Bullerdeich 94-5c
- Büllerdeichbrücke 94-5c
21109 Bullertweg 120-2c
22589 Bullnwisch 74-3b
22159 Bullskamp 68-6c
22768 Bülowstieg 91-5b
22768 Bülowstraße 91-5b
21029 Bult 124-6d (11/B3)
22399 Bültenkoppel 41-1d
22417 Bültenmoor 40-4b
21073 Bunatwiete 133-7d (14/B3)
Bundesstraße 79-7a
20146 Nr. 1-55, Nr. 4-58
20144 Nr. 60-Ende, Nr. 63-Ende
20146 Bundesweg 79-7d
20537 Bundsensweg 95-1d
22605 Büngerweg 90-2d
22765 Bunsenstraße 91-3c
21075 Bünte 132-7d
22547 Buntspechtweg 62-5b
22043 Bunzlauer Straße 82-5d
22523 Burbekstraße 48-8d
21129 Burchardkai 103-3c
20095 Burchardsplatz (13/C5)
20095 Burchardstraße 93-6a (13/C5)
20535 Burgarten 94-2c
22081 Bürgerstraße 80-6a
20535 Bürgerweide 94-2c
21079 Burggraben 149-6d
20535 Burgsstraße 94-2b
22453 Burgunderweg 50-6c
22457 Burgwedel 49-2b
22457 Burgwedelkamp 49-2a
22457 Burgwedelstieg 37-8c
22457 Burgwedeltwiete 37-8c
21109 Burgweide 120-7b
22337 Büringstwiete 66-2a
22305 Burmesterstraße 80-2b
- Busbrookbrücke 54-6d
22159 Busbrookhöhe 54-9c
21109 Buscher Weg 105-9d
22159 Buschhägen 68-1a
21109 Buschhövel 120-1a
22339 Buschkamp 52-1d
22307 Buschkoppel (8) 66-6b
22559 Buschredder 74-4a
22177 Buschrosenweg 67-4d
20354 Büschstraße (13/B4)
21109 Buschweide 120-1a
21107 Buschwerder Hauptdeich 133-2a
21107 Buschwerder Winkel 133-2b
22527 Bussardweg 63-3c
22299 Bussestraße 65-5d
21129 Butendeichsweg (3) 102-3a
22529 Butenfeld 64-9d
22299 Butenkamp 65-6c
21129 Butenwarf (2) 102-1b
21129 Butjadinger Weg 102-3d
22415 Büttenblick 39-9c
22457 Büttskamp 37-9c
22767 Buttstraße 92-5c
22419 Buurkamp 39-5b
22419 Buurredder 39-5b
22419 Buurstieg 39-6a
- Buxtehuder Brücke 133-8c
20095 Buxtehuder Straße 132-6b (14/A1)

22301 **C**äcilienstraße 79-3a
20355 Caffamacherreihe 93-1d (12/B3)
22587 Caprivistraße 75-7a
22297 Caracasweg 66-5a
22179 Carl-Bremer-Ring 67-6a
22297 Carl-Cohn-Straße 65-3c
22767 Carlebachstraße 92-2d
20097 Carl-Legien-Platz 93-6b
20535 Carl-Petersen-Straße 94-2b
22147 Carlssonweg 68-6b
20099 Carl-von-Ossietzky-Platz (13/A6)
22337 Carpserweg 66-2c
21129 Carsten-Fock-Weg 102-6a
22399 Carsten-Meyn-Weg 41-2a
22767 Carsten-Rehder-Straße 92-5c
22175 Carsten-Reimers-Ring 54-4b
22175 Carsten-Reimers-Stieg (3) 54-4b
20535 Caspar-Voght-Straße 81-7c
21035 Catharina-Fellendorf-Straße 123-8c
21079 Celler Weg 149-8a
22761 Celsiusweg 77-9c
22309 César-Klein-Ring 67-1c
22609 Chamissoweg 89-3a
20535 Chapeaurougeweg 95-1b
22587 Charitas-Bischoff-Treppe (11/A2)
22159 Charlie-Mills-Straße 68-7b
22045 Charlottenburger Straße 69-7c
22609 Charlotte-Niese-Straße 90-1c
20257 Charlottenstraße 78-5d
20535 Chateauneufstraße 81-7c
22455 Chaukenweg 50-3a
22767 Chemnitzstraße 92-1d
22525 Cheruskerweg (2) 78-1c
20457 Chilekai 104-6a
22393 Christenweg 42-5d
22587 Christian-August-Weg 89-2b
22609 Christian-F.-Hansen-Straße 90-4a
20253 Christian-Förster-Straße 78-3c
22399 Christian-Koch-Weg 41-4c
21031 Christinenstraße 124-3c
22529 Christoph-Probst-Weg 65-7a
22523 Christrosenweg 63-1c
21029 Chrysanderstraße 124-6d (11/B1)
21129 Cilli-Cohrs-Weg 90-8d
20537 Cimbernweg (3) 94-5b
20099 City-Hof-Passage (15) (13/C6)
20255 Clasingstraße 78-2c
22391 Classenstieg 53-3c
22391 Classenweg 53-3a
22043 Claudiusstieg 81-7b
Claudiusstraße 81-4d
22041 Nr. 1-49, Nr. 2-54
22043 Nr. 51-Ende, Nr. 56-Ende
22359 Claus-Ferckstraße 43-8b
22529 Clematisweg 78-2b
20359 Clemens-Schultz-Straße 92-6a
20354 Colonnaden (13/A4)
22087 Comeniusplatz 94-2b
21079 Communionsweg 133-9a
21073 Compeweg 133-7a
20253 Contastraße 78-3c
22089 Conventstraße 80-8d
22587 Conzestraße 75-8d
22453 Cord-Dreyer-Weg 50-6c
22337 Cordesallee 52-9c
22415 Cordesweg 39-9c
22609 Cordsstraße 89-3b
21075 Corduaweg 132-5c
22605 Corinthstraße 91-4d
22359 Cornehlsweg 43-9d
22607 Corneliusstraße 76-9d
21029 Corthumstraße 125-8c
22529 Corveystraße 64-9b
22045 Coseler Twiete 83-4b
22117 Cottaweg 96-9a
22607 Cranachplatz 76-9d
22607 Cranachstraße 90-3b
21129 Cranzer Elbdeich 88-7d
21129 Cranzer Hauptdeich 88-7d
20457 Cremon 93-5c (12/D3)
22111 Culinstraße 95-5b
20095 Curienstraße (13/C5)
20251 Curschmannstraße 79-1a
21039 Curslacker Brückendamm 138-5d
21039 Curslacker Deich 138-5d
21039 Curslacker Heerweg 155-2a
- Curslacker Kirchenbrücke 155-1b
Curslacker Neuer Deich 138-5b
21029 Nr. 2-66, Nr. 29-69
21039 Nr. 169-171, Nr. 170
20535 Curstiusweg 95-1b
21035 Curt-Bär-Weg 123-8d
22175 Curt-Goetz-Straße 54-1d
21149 Cuxhavener Straße 129-4c

22459 **D**achsberg 49-6c
21075 Dachsschlucht 131-8b
21149 Daerstorfer Weg 129-5c
22117 Dagebüller Weg 97-7b
- Dag-Hammarskjöld-Brücke (13/A4)
20355 Dag-Hammarskjöld-Platz 93-2a (12/A3)
22045 Dahlemer Ring 83-1a
21077 Dahlengrund 148-3c
21077 Dahlenhöhe 148-3d
21077 Dahlenholz 148-3d
21077 Dahlenkamp 148-3d
21077 Dahlenkehre 148-3c
21109 Dahlgrünring 120-7d
22525 Dahliengarten 76-3d
21077 Dahlienweg 148-6b
22547 Dahmeweg 62-6a
22119 Dahrendorfweg 96-1b
Daimlerstraße 91-3a
22763 Nr. 1-41, Nr.2-42
22761 Nr. 43-Ende, Nr. 44-Ende
22768 Daimlertwiete 91-3a
22297 Dakarbrücke 66-4b
22297 Dakarweg 66-5a
20537 Dalenstieg 95-4a
22523 Dallbregen 49-7a
22523 Dallbregenstieg 63-1a
20457 Dalmannkai 93-8a
20457 Dalmannstraße 93-8b
21073 Damaschkestraße 132-9d
22081 Damerowstwiete 80-3d
22081 Damerowsweg 80-3d
22609 Dammannweg 89-3b
22297 Dammbrücke 65-3a
22523 Dammstraße (1) 63-4a
20354 Dammtordamm 93-2a (12/A3)
20354 Dammtorstraße (12/B3)
Dammtorwall 93-1d (12/A3)
20354 Nr. 1-13, Nr. 4-12
20355 Nr. 15, Nr. 46
22045 Dammwiesenstraße 82-2c
21079 Dampfschiffsweg 133-4b
22119 Danckwerthweg 96-2c
20357 Dänenweg 78-9d
21129 Dangaster Weg (12) 102-3c
22111 Daniel-Bartels-Weg 95-6c
22119 Daniel-Frese-Straße 96-2b
21029 Daniel-Hinsche-Straße 124-6b (11/B1)
22587 Danielsenstieg (1) 75-7b
22419 Dankerskamp 39-5b
22549 Dannenkamp 62-7b
22391 Dannenkoppel 53-2d
22393 Dannenrüsch 42-6a
22119 Dannerallee 82-7d
22453 Dannmeyerstraße 65-1a
20099 Danziger Straße 93-3b
22589 Darbovenstieg 75-8a
22119 Daseweg 96-5b
22145 Dassauweg 55-9a
22119 Däumlingtwiete 96-2a
20359 Davidstraße 92-6c
20359 Davidstreppe (38) 92-6c
22159 De Beern 54-3c
22297 Deelböge 65-5a
22297 Deelbögenkamp 65-5c
22527 Deelwisch 64-4b
22043 Deelwischredder 83-7a
22523 Deepenbrook 49-8a
22523 Deepenbrookkamp 49-8b
22523 Deepenbrookweg 49-8a
22145 Deepenhorn 55-5b
22529 Deepenstöcken 78-2b
22549 Deesbarg 76-1d
22081 Dehnhaide 80-6a
21109 Deichgrafenweg 120-4b
21073 Deichhausweg (2) (14/B2)
20457 Deichstraße 93-5c (12/D3)
20095 Deichtorplatz (13/C6)
20095 Deichtorstraße (13/D6)
20095 Deichtortunnel (13/C6)
21037 Deichvogt-Peters-Straße 167-7c
22049 Deimeweg 67-8a
21035 Del-Banco-Kehre 124-7a
22143 Delingsdorfer Weg 69-2a
22391 Deliusweg 53-3c
22395 Delle 42-6b
22043 Dellestraße 82-5a
22145 Dellingerweg 56-1a
21073 Dempwolffstraße 132-9b
Denickestraße 132-8c
21073 Nr. 1-25, Nr. 2-40b
21075 Nr. 27-Ende,
Nr. 42-172, Nr. 176-Ende
22043 Denksteinweg 82-9a
22307 Dennerstraße 66-6c
22549 Depenkamp 76-1b
20095 Depenau (32) (13/C5)
22395 Depenwisch 42-3c
22119 Derbyweg 81-9c
22047 Dernauer Straße 81-3a
22083 Desenißstraße 80-5a
20457 Dessauer Straße 105-6b
20457 Dessauer Ufer 105-6b
21031 Dethlefstwiete 124-2d
20359 Detlev-Bremer-Straße 92-6b
22305 Detmerstraße 66-9c
22767 De-Voß-Straße 92-5c
20537 Diagonalstraße 95-1c
22529 Dianaweg 78-2b
22359 Dickichtweg 43-8c
21075 Diebeskuhle 131-9c
22761 Diebsteichweg 77-6d
22419 Dieckmühlenweg 39-6b
22049 Diedenhofer Straße 81-1b
22397 Diekbarg 30-1d
21079 Diekdamm 149-9b
22359 Diekkamp 43-7d
22359 Diekkoppel 43-8c
22419 Diekmoorweg 40-4c
22359 Diekredder 43-7d
22549 Diekweg 75-6d
22419 Diekwisch 40-4a
20457 Dienerreihe (13/D5)
22761 Diepsteichtunnel 7-9b
21147 Dierksstegel 130-2a
21107 Dierksstraße 105-8a
22307 Dieselgarten 66-9b
22307 Dieselstraße 66-9b
22397 Distelstraße 30-3c
22305 Diesterwegstraße 66-9c
21029 Dietrich-Schreyge-Straße (11/A3)
22119 Dietzweg 96-2a
20537 Dimpfelweg 94-3d
22119 Dinkelkamp (4) 96-3a
22587 Dirks-Paulun-Weg 74-9b
21149 Distelacker 130-4b
22339 Distelkoppel 52-2d
22339 Distelweg 52-2b
22049 Dithmarscher Straße 81-4a
20459 Ditmar-Koel-Straße 93-4c (12/D1)
22297 Djarkartaweg 66-1c
20537 Dobbelersweg 95-1c
22415 Dobenplatz 40-7c
22415 Dobenstück 40-7c
22143 Doberaner Weg 69-5a
22587 Dockenhudener Straße 75-7d
22525 Doerriesweg 63-8b
21129 Doggerbankweg 90-8d
22453 Dohlenhorst 50-6a
22305 Dohlenweg 80-3b
21031 Dohnányiweg 110-8c
21149 Dohnenstieg 131-4c
20537 Döhnerstraße 95-4a
22529 Döhrnstraße 64-8b
22529 Döhrntwiete 64-8b
22767 Dohrnweg 92-2b
21029 Doktorberg 125-4d
- Doktor-Helmut-Thieleke-Park 53-1d
21129 Domänenweg 100-4b
22043 Dominikweg (1) 82-4d
Dompfaffenweg 55-4c
22145 Nr. 1-35, Nr. 2-32
22147 Nr. 34-Ende, Nr. 43-Ende
20095 Domstraße 93-5d (13/C4)

22393 Donauweg 54-1b
- Donners Park 91-6c
22768 Donnerstraße 91-6a
21149 Doppheide 130-7a
22045 Doraustieg 82-2c
22339 Dorchgang 52-3b
21109 Dorfanger 120-4a
21037 Dorferbogen 135-2c
21037 Dorferweg 135-5a
20535 Dorfgang 94-3d
22397 Dorfgrund 24-9d
22399 Dorfkoppel 41-5b
21149 Dorflageweg 130-4b
21109 Dorfstieg 119-9d
22527 Dorfstraße 63-5a
22047 Dorfstücken 81-3b
22359 Dorfwinkel 43-8b
22529 Döringweg 64-5b
20259 Dormannsweg 78-8b
22587 Dormienstraße 89-1a (11/B2)
20095 Dornbusch (8) (13/C4)
22399 Dornenkamp 41-7c
22457 Dornröschenweg 37-9a
22607 Dornstücken 76-8c
22337 Dorothea-Kasten-Straße 66-1b
22299 Dorotheenstraße 65-9c
22609 Dörpfeldstieg 75-9c
22609 Dörpfeldstraße 75-9c
22527 Dörpkamp 63-9d
22527 Dorpsfelde 63-2d
Dörpsweg 63-2d
22301 Nr. 1-119, Nr. 2-140
22299 Nr. 121-161, Nr. 142a-190
22419 Dortmunder Straße 27-8c
22083 Döscherstraße 80-5a
22767 Dosestraße 92-5d
22547 Dosseweg 62-6c
22041 Dotzauerweg 81-4d
20457 Dovenfleet 93-5d (13/D5)
22335 Doverkamp 52-4a
22337 Drachenstieg 52-6b
- Dradenaubrücke 103-8a
21129 Dradenauer Deichweg 103-8d
21129 Dradenauer Hauptdeich 103-7a
21129 Dradenaustraße 103-4b
20355 Dragonerstall (12/B2)
22147 Dramburger Weg 54-9b
21109 Dratelnstraße 119-3c
20354 Drehbahn (12/B3)
21107 Dreieck 119-2a
22145 Dreieckskoppel 55-4a
21029 Dreieichenweg 125-4a (11/B1)
22297 Dreistücken 65-6c
20457 Dresdener Ufer 106-1c
20539 Drevesweg (5) 106-1c
21129 Drewer Hauptdeich 118-5a
22415 Dreyerpfad 39-6c
22523 Drieschweg 63-5a
22117 Driftredder 97-4a
22607 Driftstieg 76-5d
22589 Driftstücken 74-3d
22119 Dringsheide 82-8d
- Dritte Heidenkampbrücke 94-5c
Dritte Meile 115-5d
21149 Nr. 1-7, Nr. 2-6
21147 Nr. 8-Ende, Nr. 9-Ende
22607 Drögenkamp 76-6c
22397 Drögensee 23-8d
22305 Drögestraße 66-9c
22115 Dröögsiet 96-9d
20537 Droopweg 95-1c
22119 Drosselbartweg 96-2c
22399 Drosselstieg 41-1a
22305 Drosselstraße 66-9c
22609 Droste-Hülshoff-Straße 89-3b
22605 Droysenstraße 90-6d
22117 Druckerstraße 96-8d
21147 Dubben 131-5a
21147 Dubbenwinkel 131-1d
22117 Dudenweg 96-9a
22455 Duderstädter Weg 50-2c
22419 Duisburger Straße 27-8c
22049 Dulsberg-Nord 81-1c
22049 Dulsberg-Süd 81-1c
22111 Dunckersweg 95-2d
21033 Dünenweg 124-1b
22527 Düngelskamp 63-5d
22589 Düpenautal 75-9a

22149 Düpheid 83-2a
22769 Düppelstraße 78-8c
22459 Düpweg 50-4c
21037 Durchdeich 152-6a
20146 Durchschnitt 79-7d
22523 Dürenackersweg 63-1a
22607 Dürerstraße 90-3b
22769 Duschweg 78-8d
21035 Dusiplatz 124-8b
21075 Düstere Kuhle 131-9c
20355 Düsternstraße 93-4b (12/C3)
22549 Düsterntwiete 75-9a
22523 Duvenacker 63-2d
22397 Duvenstedter Berg 24-4d
22397 Duvenstedter Damm 24-4d
22397 Duvenstedter Markt 24-4c
22397 Duvenstedter Triftweg 25-1c
22359 Duvenwischen 43-2d
21029 Duwockskamp 125-4c
21129 Dwarspriel 102-1a
21035 Dwarstwiet 124-8b
22159 Dwasweg 54-6b
22393 Dweerblöcken 42-5c
22417 Dweermoor 40-2b
21035 Dwengerkamp 122-5c

22159 Ebeersreye 68-4c
22159 Ebeersweg 68-8a
20537 Ebelingplatz 94-3d
21073 Ebelingstraße 133-8a (14/B2)
22587 Ebereschenweg 75-7b
22041 Eberhardstraße 81-4b
22415 Eberhofstieg 39-6d
22415 Eberhofweg 39-9b
22453 Eberkamp 65-1a
22143 Ebersmoorweg 69-2d
22455 Ebersteinweg 50-4a
22607 Ebertallee 76-9d
21035 Ebner-Eschenbach-Weg 137-3b
22045 Eckenerstraße 82-2b
22391 Eckerkamp 53-1d
Eckerkoppel 67-9b
22159 Nr. 1-127, Nr. 2-150
22047 Nr. 131-Ende, Nr. 152-Ende
21107 Eckermannstraße 105-8a
22769 Eckernförder Straße 78-8c
22607 Eckernwoort 91-1a
22159 Eckerwiese 68-4d
22547 Eckhoffplatz 62-8d
22391 Eckloßberg 53-3d
22307 Eckmannsweg (1) 66-9a
22159 Eckweg 54-5d
21077 Eddelbüttelkamp 148-6d
21073 Eddelbüttelstraße 133-8c (14/B3)
21149 Edelheide 130-7d
22523 Edelweißweg 62-3d
20251 Edgar-Roß-Straße 65-7b
21035 Edith-Stein-Platz 124-7a
20354 Edmund-Siemers-Allee 79-8c
22457 Eduard-Reichenbaum-Weg (1) 37-8b
20257 Eduardstraße 78-5c
22115 Edvard-Munch-Straße 109-1a
22309 Edwin-Scharff-Ring 66-3a
22339 Eekbalken 41-7c
22339 Eekbalkenstieg 53-1a
22415 Eekboomkoppel 39-8a
22395 Eekbusch 42-4a
22111 Eekholtesweg 95-8b
22179 Eenstock 67-6b
22299 Efeuweg 65-5d
22041 Efftingestraße 81-6a
22457 Egenbüttler Weg 49-5a
22768 Eggersallee 91-6c
22143 Eggerskamp 69-2a
- Eggers-Mindt-Brücke 155-2a
22149 Eggersstraße 69-5c
22765 Eggerstedtstraße 92-2a
22159 Eggersweide 68-5d
22399 Eggertweg 41-2b
22145 Egilskamp 55-2c
21149 Ehestorfer Heuweg 131-4a
21075 Ehestorfer Weg 147-3c
22767 Ehrenbergstraße 92-4a
22589 Ehrenpreisstieg 74-5b
22529 Ehrenschildtstraße 64-8a
22609 Ehrenstieg 90-4a
22559 Eibenkamp 73-5a
22335 Eibenweg 52-4c

21035 Eichbaumbrücke 122-8b
22143 Eichberg 69-3a
22397 Eichelhäherkamp 29-4b
22397 Eichelhäherstieg (4) 29-6a
22605 Eichenallee 90-6a
22587 Eichendorffstraße 89-3c
22587 Eichengrund 74-6d
22453 Eichenhag 64-2b
21073 Eichenhöhe 132-9c
22399 Eichenhorst (2) 41-4d
22417 Eichenkamp 27-6d
22415 Eichenknick 39-6d
22399 Eichenkoppel 41-1b
22309 Eichenlohweg 66-3a
20149 Eichenpark 79-2d
22399 Eichenredder 41-1d
Eichenstraße 78-5b
20259 Nr. 2-24, Nr. 3-31
20255 Nr. 33-Ende, Nr. 34-Ende
22395 Eichenweg (Bergstedt) 42-3c
22335 Eichenweg (Borstel) 51-8a
21079 Eichheister 161-3a
20459 Eichholz (12/D1)
21037 Eichholzfelder Deich 135-3a
22159 Eichstück 68-4d
- Eichtalpark 81-3c
22041 Eichtalstraße 81-6a
22143 Eichwischen 69-3a
22041 Eickhoffweg 81-6b
22549 Eidechsenstieg 76-1b
Eidelstedter Brook 49-8a
22523 Nr. 1-Ende
22457 Nr. 6-Ende
22527 Eidelstedter Dorfstraße 63-2c
22523 Eidelstedter Platz 63-2c
20255 Eidelstedter Weg 78-1d
22047 Eiderstraße 82-1b
21077 Eidigweg 149-5c
21075 Eierstieg 131-8b
20537 Eiffestraße 94-5a
22769 Eifflerstraße 92-2b
21077 Eigenheimweg 149-2c
22399 Eigenkamp 41-5d
- Eilbek Bürgerpark 80-9a
22089 Eilbeker Weg 80-9a
22089 Eilbektal 80-9a
Eilenau 80-8c
22087 Nr. 1-23, Nr. 2-24
22089 Nr. 25-Ende, Nr. 26-Ende
22143 Eilersweg 69-5b
22393 Eilswiese 42-5b
22459 Eimerskamp 49-6d
- Eimsbütteler Brücke 78-6c
22769 Eimsbütteler Chaussee 78-8b
20257 Eimsbütteler Marktplatz 78-4d
- Eimsbütteler Park 78-6a
22769 Eimsbütteler Straße 78-8a
21079 Einhausring 149-8b
21109 Einlage 120-9a
21109 Einlagedeich 120-9a
20539 Einsiedeldeich 106-2c
22457 Eisenhansweg 37-9c
20249 Eisenlohrsweg 79-1a
21109 Eishövel 106-7c
22761 Eislebener Stieg (1) 77-8a
22145 Eismeerweg 55-4d
21077 Eißendorfer Grenzweg 148-3c
21073 Eißendorfer Mühlenweg 148-3c
21075 Eißendorfer Pferdeweg 132-5a
21073 Eißendorfer Straße 132-9c (14/A2)
21077 Eißendorfer Waldweg 147-9b
21077 Eißendorfer Winkel 148-6a
22339 Eitnerweg 52-3a
20537 Eitzensweg 95-4b
21077 Ekelhofsweg (3) 149-7b
21149 Ekenkamp 129-5a
22523 Ekenknick 63-1d
22087 Ekhofstraße 94-1a
22767 Elbberg 92-4c
22605 Elbblöcken 91-4c
Elbchaussee 89-1b (11/B2)
22765 Nr. 2-68, Nr.5-43
22605 Nr. 141-291, Nr.150-322
22763 Nr. 45-139a, Nr. 84-148
22609 Nr. 293-443, Nr. 324-450
22587 Nr. 445-Ende, Nr. 452-Ende
22587 Elbgasse (11/A3)

Elbgaustraße 62-9c
22523 Nr. 1-117, Nr. 2-110
22547 Nr. 12-Ende, Nr. 119-Ende
22587 Elbhöhe 89-2d
22559 Elbhöhenweg 73-9c
22587 Elbhöhenweg 74-7c
22175 Elbinger Kehre 54-4c
22547 Elbkamp 62-9d
22609 Elbschloßstraße 90-4a
22609 Elbschloßtreppe (2) 90-4c
22587 Elbterrasse (11/A2)
22768 Elbtreppe 91-6c
22605 Elbtunnel 91-4b
22609 Elbuferweg 89-5°
22609 Elchweg 90-1d
22299 Elebeken 65-9c
21109 Eleonorenweg 119-9b
22395 Elersring 30-6c
22395 Elersstieg 30-6c
22395 Elersweg 30-6c
22391 Elfenbeinweg 54-1c
21077 Elfenwiese 149-4c
22335 Elfriedenweg 51-3d
22043 Elfsaal 82-8b
21035 Elingiusplatz 138-1b
22337 Elisabeth-Flügge-Straße 66-1b
21079 Elisabeth-Lange-Weg 149-8b
21029 Elisabeth-Thomann-Weg 125-4c
21035 Elisabeth-von-Thadden-Kehre (3) 123-9c
20535 Elise-Averdieck-Straße 94-2b
22305 Elise-Lensing-Weg 81-1a
22087 Elisenstraße 94-2a
20144 Ellenbogen 78-9b
22523 Ellerauer Weg 63-1d
22457 Ellerbeker Weg 49-2a
22397 Ellerbrookskamp 31-1c
22397 Ellerbrookswisch 31-1c
- Ellerholzbrücke 105-4a
20457 Ellerholzdamm 105-1a
20457 Ellerholzhöft 104-2b
Ellerholzweg 105-4c
20457 Nr. 1a
21107 Nr. 2-Ende, Nr. 3-Ende
22145 Ellerhoorn 56-1c
Ellerneck 69-7c
22045 Nr. 1-41, Nr. 2-50
22149 Nr. 52-Ende, Nr. 57-Ende
22589 Ellernholt 74-3a
22179 Ellernreihe 67-2d
21129 Ellernstieg (2) 102-3a
- Ellerntorbrücke (12/C3)
21079 Ellernweg 131-3c
21029 Ellernwinkel 139-2a
22307 Elligersweg 66-5b
20099 Ellmenreichstraße 93-3d (13/B6)
21035 Elly-Heuss-Knapp-Ring 137-3a
22767 Elmenhorststraße (21) 92-5a
22111 Elmtwiete 95-6b
22297 Elsa-Bauer-Weg (6) 65-3b
22043 Elsa-Brändström-Straße 82-8a
22049 Elsässer Straße 81-1a
22083 Elsastraße 80-5b
20255 Else-Rauch-Platz 78-2c
21109 Elsterweide 120-4c
21149 Elstorfer Ring 129-5a
21037 Elversweg 135-5a
21129 Emder Straße 102-3c
22391 Emekesweg 41-8a
22529 Emil-Andresen-Straße 64-8c
21033 Emilie-Günther-Weg 124-2c
Emilienstraße 78-5d
20255 Nr. 1-3
20259 Nr. 5-Ende, Nr. 10-Ende
22307 Emil-Janßen-Straße 66-8b
22605 Emkendorfstraße 91-1c
21035 Emma-Ihrer-Bogen 137-3b
22527 Emmastraße 78-1d
22455 Emmy-Beckmann-Weg 50-2a
20355 Enckeplatz 93-4a (12/B2)
22415 Enderskehre (1) 40-7a
Engelbrechtstieg 62-7a
22549 Nr. 1-5
22869 Nr. 6-Ende, Nr. 7-Ende
Engelbrechtweg 62-7a
22549 Nr. 1-Ende, Nr. 14-Ende
22869 Nr. 4-12
22359 Engenhusen 43-7d

22453 Engernweg 50-9a
20459 Englische Planke 93-4a (12/C2)
22549 Entenweg 62-7a
20539 Entenwerder 106-3a
20539 Entenwerder Stieg (3) 106-3a
20539 Entenwerder Straße (2) 106-3a
22297 Enzianstraße 65-5a
20251 Eppendorfer Baum 79-1b
Eppendorfer Landstraße 79-1b
20249 Nr. 1-95, Nr. 2-112a
20251 Nr. 97-Ende, Nr. 118-Ende
20251 Eppendorfer Marktplatz 65-8a
22453 Eppendorfer Moor 65-1d
- Eppendorfer Park 65-7c
22299 Eppendorfer Stieg 65-8d
Eppendorfer Weg 78-8b
20259 Nr. 1-139, Nr. 2-136
20253 Nr. 138-202, Nr. 141-221
20251 Nr. 204-Ende, Nr. 223-Ende
21035 Erbestieg 138-1d
22175 Erbsenkamp 53-6a
22335 Erdkampsweg 51-3d
22765 Erdmannstraße 91-3d
22115 Erhard-Dressel-Bogen 97-7c
22175 Erich-Kästner-Ring 54-5a
22419 Erich-Plate-Weg 27-8d
20359 Erichstraße 92-6c
22309 Erich-Ziegel-Ring 67-1a
20457 Ericus (13/D5)
20457 Ericusbrücke (13/D5)
20457 Ericusspitze (13/D6)
21035 Erika-Etter-Kehre (1) 123-9b
20249 Erikastraße 65-4d
21149 Erikaweg 130-6a
21147 Erlenbruch 116-8d
22393 Erlengrund 42-6d
21077 Erlenhöhe 148-4d
22087 Erlenkamp 80-7b
22529 Erlenstraße 64-8b
21077 Erlental 148-4d
21109 Erlerring 120-7d
22415 Ermlandweg 39-8a
21035 Erna-Behrling-Kehre (9) 137-3b
21035 Erna-Mohr-Kehre 138-1a
21107 Ernastraße 105-4d
22043 Ernst-Albers-Straße 81-9a
21107 Ernst-August-Deich 105-4d
21107 Ernst-August-Stieg (1) 105-4d
22605 Ernst-August-Straße 91-4a
21077 Ernst-Bergeest-Weg 148-6a
21031 Ernst-Cassirer-Weg 124-3b
21073 Ernst-Eger-Straße 133-7a
21033 Ernst-Finder-Weg 124-2a
21029 Ernst-Henning-Straße 125-7b
22525 Ernst-Horn-Straße 77-3d
22087 Ernst-Kabel-Stieg 80-8c
- Ernst-Mantius-Brücke (11/A2)
21029 Ernst-Mantius-Straße 124-6d (11/A2)
- Ernst-Merck-Brücke (13/B6)
20095 Ernst-Merck-Straße 93-3c (13/B6)
22455 Ernst-Mittelbach-Ring 50-2a
22455 Ernst-Mittelbach-Stieg (1) 38-8c
22119 Ernst-Scherling-Weg 96-1a
20251 Ernst-Thälmann-Platz 65-7b
21035 Ernst-Tichauser-Weg 123-8b
21109 Ernteweg 119-9b
22179 Erntingweg 67-2c
22159 Erpmannstieg 54-8d
- Erste Auschläger Brücke 94-5b
- Erste Banksbrücke 93-6d
20459 Erste Brunnenstraße (12/C2)
- Erste Grevenbrücke 94-6a
- Erste Peuter Brücke 106-2c
- Erste Querkanalbrücke 105-1a
- Erste Stadtdeichbrücke (13/D6)
21075 Erwin-König-Weg 132-7c
22765 Erzbergerstraße 92-4a
21039 Escheburger Weg 157-1d
22767 Eschelsweg 92-5a
22457 Eschenbrook 49-4c
- Eschenhofbrücke 139-1b
21039 Eschenhofplatz 139-2a
21039 Eschenhofweg 139-2c
22525 Eschenholt 77-3a
20259 Eschenstieg 78-9a
22335 Eschenweg 52-4c
22767 Esmarchstraße 92-1d
22607 Espellohweg 76-8d

22043 Gehölzweg 81-5d
22043 Gehrdenweg 82-6c
21109 Gehrkensweg 120-4b
22303 Geibelstraße 80-1a
22111 Geibweg 95-6b
22143 Geidelberg 69-3a
22305 Geierstraße 80-3b
22119 Geißleinweg 82-8c
22303 Geißlertwiete 80-2a
21075 Geisterpfad 147-6a
- Gelbe Brücke 96-7c
21075 Gellersenweg 132-8c
22301 Gellertstraße 79-3c
22393 Gemeindeweide 54-2b
22527 Gemseneck 63-9b
22307 Genslerstraße 66-8b
22455 Georg-Appel-Straße 38-8a
22119 Georg-Blume-Straße 82-7d
22609 Georg-Bonne-Straße 89-6b
22415 Georg-Clasen-Weg 40-4d
22457 Georges-André-Kohn-Straße 37-8d
21147 Georg-Heyken-Straße 117-7d
22523 Georginenweg 63-1c
22453 Georgiweg 65-1c
22309 Georg-Raloff-Ring 66-6b
20099 Georgsplatz (13/B5)
22041 Georgstraße 81-4b
21109 Georgswerder Bogen 106-4c
20539 Georgswerder Damm 106-5a
21109 Georgswerder Ring 106-7a
22303 Georg-Thielen-Gasse 80-2a
21107 Georg-Wilhelm-Straße 119-8a
22453 Gepidenweg 51-1b
21073 Gerade Straße 149-1b
21107 Geraer Weg 105-8a
Geränienweg 76-5a
22607 Nr. 1-47, Nr. 2-56
22549 Nr. 49-Ende
22767 Gerberstraße 92-5a
22339 Gerckensplatz 52-1a
21147 Gerdauring 130-3c
21035 Gerhard-Falk-Straße 124-8b
20095 Gerhard-Hauptmann-Platz 93-5b (13/C5)
20359 Gerhardstraße (33) 92-6c
20354 Gerhofstraße (12/B3)
22765 Gerichtstraße 92-1b
21075 Gerlachstraße 132-5c
22559 Gerlindweg 73-6c
22455 Germanenweg 38-8d
22768 Germerring 91-2d
22559 Gernotstraße 59-9c
22455 Gernroder Weg 50-5a
21035 Gerntkebogen 124-7d
22455 Geroweg 50-2d
22767 Gerritstraße 92-2d
21035 Gersonweg 138-1c
20459 Gerstäckerstraße 93-4a (12/C2)
22609 Gerstenbergstraße 90-1a
22081 Gerstenkamp 80-3c
22145 Gerstenkoppel 55-8d
22145 Gerstenwiese 55-8b
22303 Gertigstraße 79-3d
21035 Gertrud-Bäumer-Stieg 124-7c
20095 Gertrudenkirchhof (13/B5)
20095 Gertrudenstraße 93-2d (13/B5)
22297 Gertrud-Pardo Weg 51-9c
21035 Gertrud-Seele-Kehre (5) 123-9d
21035 Gertrud-Werner-Weg 124-7C
22335 Geschwister-Beschütz-Bogen 51-9a
20251 Geschwister-Scholl-Straße 65-7a
22457 Geschwister-Witonski-Straße 37-8b
Geutensweg 129-3c
21149 Nr. 1-Ende, Nr. 2-28
21147 Nr. 30-Ende
21031 Gewerkschaftsweg 124-6b (11/A1)
22607 Giesestraße 91-1a
22175 Giffeyweg 54-7a
22767 Gilbertstraße 92-2d
22393 Gilcherweg 42-7b
22049 Gilgegrund 67-8a
21149 Ginsterheide 130-4c
22559 Ginsterstieg 73-6c
22335 Giselaweg (2) 51-3d
20359 Glacischaussee 92-6b (12/C1)
22523 Gladiolenweg 63-1c
22041 Gladowstraße 81-5a
21029 Glaeßweg (11/A3)

22119 Glasbergstraße 96-2a
21035 Glashütten 124-8d
20357 Glashüttenstraße 93-1c (12/A1)
Glashütter Landstraße 40-8b
22339 Nr. 2-60, Nr. 11-43
22417 Nr. 111-Ende, Nr. 182-Ende
22417 Glashütter Stieg 28-8b
22045 Glatzer Straße 83-4b
21147 Gleisstieg 129-3d
22043 Gleiwitzer Bogen 82-9b
22393 Glicherweg 42-8c
22117 Glinder Straße 96-5d
21029 Glindersweg 125-7b
22145 Glindkamp 55-9a
22303 Glindweg 80-1a
22177 Glindwiese 67-1d
22457 Glißmannweg 49-2d
22117 Glitzaweg 96-6d
22529 Glockenblumenweg 78-2b
20095 Glockengießerwall 93-3c (13/B5)
- Glockenhausbrücke 108-6c
21149 Glockenheide 130-7d
22045 Glogauer Straße 83-1c
22523 Gloxinienweg 63-1c
22769 Glücksburgerstraße 78-8a
22549 Glückstädter Weg 62-7c
22081 Gluckstraße 80-5d
22339 Gnadenbergweg 52-2c
20253 Gneisenaustraße 78-6b
22549 Gockelstieg 62-7a
22587 Godeffroystraße 89-1b (11/B2)
21149 Gödeke-Michels-Weg 130-8a
22115 Godenwind 109-1c
22399 Gödersenweg (2) 41-2b
- Goebebrücke 78-6d
20259 Goebenstraße 78-6a
21031 Goerdelerstraße 124-3b
20249 Goernestraße 65-8d
21073 Goeschenstraße 133-7c (14/A2)
22765 Goetheallee 92-1d
22767 Goethestraße 92-1d
21109 Goetjensort 120-6c
21109 Goetjensorter Deich 120-6c
21073 Göhlbachtal 148-3a
21029 Gojenbergsweg 125-7a
21077 Goldammerweg 148-2c
22175 Goldaper Kehre 53-6d
22765 Goldbachstraße 92-1b
22303 Goldbekplatz 79-3b
22303 Goldbekufer 79-3b
22303 Goldbekweg 66-7c
22391 Golddistelweg 41-7b
22119 Goldelsestieg 96-2c
21075 Goldene Wiege 132-7d
22547 Goldhähnchenstieg 62-5a
22523 Goldkäferweg 48-9c
22119 Goldkoppel 96-5a
22049 Goldlackweg 67-8d
22457 Goldmariekenweg 37-8b
22523 Goldnesselweg 62-3d
22393 Goldparmänenweg 42-7c
22523 Goldregenweg 48-9c
22391 Goldröschenweg 41-7b
21075 Goldrutenweg 132-7d
21073 Goldschmidtstraße 133-8a (14/B2)
22605 Golfstraße 90-3c
20354 Golonnaden 93-2a
22549 Goosacker 76-7a
22393 Goppeltweg 42-7d
- Gorch-Fock-Park 90-8c
20357 Gorch-Fock-Straße 78-6d
Gorch-Fock-Walls 93-1d (12/B3)
20354 Nr. 3
20355 Nr. 11-Ende
21035 Gordonkehre 124-7a
21079 Gordonstraße 149-8a
22045 Görlitzer Straße 83-4c
22609 Görresring 90-1a
20459 Görttwiete (24) (12/C3)
21037 Gosepfad 153-3c
22455 Goslarer Weg 50-1d
22339 Gösselkoppel 40-9d
- Goßlers Park 75-7c (11/B1)
22587 Goßlerstraße 74-9d (11/A1)
20097 Gotenstraße 94-4b
22453 Gotenweg 51-1c
22119 Gothaer Weg 96-4d
22417 Götkensweg 28-7d

22607 Gottfried-Keller-Straße 76-9c
21077 Gotthelfweg 149-4d
22605 Gottorpstraße 91-1a
21073 Gottschalkring 148-3b
22455 Gottschalkweg 50-1d
22301 Gottschedstraße 65-9d
22417 Götzberger Weg 28-8a
22767 Govertsweg 92-2c
22417 Grabauer Weg 28-5c
22765 Grabbestraße 92-1d
21035 Grabendamm (1) 124-8b
22397 Grabenstieg 29-5b
20357 Grabenstraße 93-1a (12/A1)
22607 Grabenstücken 76-9c
22043 Grabkeweg 82-6d
20257 Grädenerstraße 78-4d
22459 Graf-Anton-Weg 50-4d
22459 Graf-Ernst-Weg 49-5d
22459 Graf-Johann-Weg 49-8b
22457 Graf-Otto-Weg 37-8c
21129 Graft 116-3a
20095 Gramkowweg 155-1a
21031 Grandkoppel 110-7d
21031 Grandkoppelstieg 124-1b
22549 Grandkuhlenweg 76-2d
22529 Grandweg 64-8b
22525 Gräningstieg 77-3d
22395 Granitweg (3) 41-6b
21029 Gräpelweg 125-4c (11/B2)
21039 Grashofweg 139-7d
20459 Graskeller 93-5a (12/C3)
- Graskellerbrücke (10) (12/C3)
22391 Grasnelkenweg 41-7b
21029 Grasredder 125-4c (11/B2)
22119 Graßmannweg (1) 96-1b
Grasweg 65-9c
22299 Nr. 1-21, Nr. 2-50
22303 Nr. 52-Ende
22049 Graudenzer Weg 67-8c
22087 Graumannsweg 80-7c
21037 Graumanntwiete 135-3c
21029 Graustraße 125-8c
20259 Gravensteiner Straße 78-8a
22049 Gravensteiner Weg 67-7d
22299 Greflingerstraße (5) 65-9c
22147 Greifenberger Straße 54-9c
22147 Greifenhagener Straße 55-4c
20099 Greifswalder Straße 93-3d (13/B6)
22529 Grelckstraße 64-5d
22415 Grellkamp 39-8b
22415 Grellkampkehre (2) 39-5d
22415 Grellkampstieg 39-8b
22523 Grenzacker 48-9b
22307 Grenzbachstraße 67-7a
21079 Grenzkehre 161-5a
22043 Grenzknick 95-2a
22359 Grenzwisch 31-7c
22399 Gretchenkoppel 41-1d
22457 Gretelststieg 37-9a
22559 Grete-Nevermann-Weg 73-3c
22391 Grevenau 41-8b
20457 Grevenhofbrücke 105-1a
20457 Grevenhofkai 104-3a
20537 Grevenweg 94-3c
22768 Griegstraße 91-5b
21129 Griesenwerder Höft 103-2b
20535 Griesstraße 80-9d
22523 Grillenweg 48-9b
- Grillparzerbrücke 79-6b
22085 Grillparzerstraße 80-4a
20457 Grimm (13/D4)
22589 Grimmstraße 75-4a
Grindelallee 79-7a
20146 Nr. 1-Ende, Nr. 20-164
20144 Nr. 166-Ende
20144 Grindelberg 79-4a
20146 Grindelhof 79-7b
20146 Grindelweg (1) 79-7d
22307 Grögersweg 66-5d
21079 Gromballring 149-8b
22147 Grömitzer Weg 68-3d
22549 Grönenweg 75-3d
22399 Grönkamp 41-7a
22145 Grönlander Damm 55-5d
21149 Groot Enn 130-4b
21147 Groote Wischen 130-3b
22303 Groothoffgasse 80-2a
22175 Grootmoor 53-6b

22175 Grootmoorgraben 53-6b
22117 Grootmoorredder 83-7c
22175 Grootmoortwiete 54-4a
22391 Grootmoorweg 54-1c
20537 Grootsruhe 94-3c
22309 Gropiusring 66-3d
22453 Groß Borsteler Straße 64-2d
22607 Groß Flottbeker Straße 90-3a
20095 Große Bäckerstraße (13/C4)
Große Bahnstraße 78-7a
22252 Nr. 1-55, Nr. 2-88
22769 Nr. 90-Ende, Nr. 99-Ende
22767 Große Bergstraße 92-4b
20354 Große Bleichen (12/B3)
22768 Große Brunnenstraße 91-3c
22765 Große Elbstraße 91-6d
22607 Große Flottbeker Straße 76-9c
22767 Große Freiheit 92-5b
22115 Große Holl 109-2c
22337 Große Horst 52-6d
20095 Große Johannisstraße (13/C4)
22765 Große Rainstraße 92-4a
20457 Große Reichenstraße (13/C4)
21075 Große Straße 147-3b
20354 Große Theaterstraße 93-2c (13/A4)
20355 Große Wallanlagen 93-1c
22159 Große Wiese 54-6c
20457 Großer Burstah 93-5a (12/C3)
22457 Großer Ring 49-3a
21073 Großer Schippsee 133-8a (14/B2)
21109 Großer Stackort 120-4d
20355 Großer Trampgang (12/C3)
22111 Grosseweg (8) 95-6b
22303 Großheidestieg 80-2a
22303 Großheidestraße 80-1b
22143 Großlohering 69-6b
20539 Großmannplatz 94-9a
20539 Großmannstraße 94-9a
21079 Großmoorbogen 133-9d
21079 Großmoordamm 133-9c
21079 Großmoorkehre 133-9b
21079 Großmoorring 133-9d
20459 Großneumarkt 93-4b (12/C2)
22559 Grot Shal 73-3a
22397 Grote Koppel 29-5b
22417 Grote Raak 40-4b
21039 Grote Stegel 155-1d
22397 Grote String 30-4c
22589 Grotefendweg 75-8d
21075 Grotelertreppe 148-1b
21075 Grotelertwiete 148-1b
21075 Grotelerweg 132-7d
22559 Groten Flerren 60-7c
21033 Groten Heesen 109-9a
22359 Groten Hoff 43-8b
22391 Grotenbleken 41-9a
22607 Grotenkamp 77-7a
21107 Grotestraße 105-8d
22457 Grothwisch 37-8a
22559 Grotiusweg 73-9b
22767 Grotjahnstraße (20) 92-5a
22453 Grotkoppelweg 50-3b
22145 Grotmannskroog 55-9b
22605 Grottenstraße 90-3c
20083 Groverstraße 80-1d
22587 Grube 88-3d (11/A3)
22549 Grubenstieg 76-1d
22143 Grubesallee 69-1d
21075 Grumbrechtstraße 132-5b
22309 Gründgensstraße 66-3a
21149 Grundheide 130-7b
22143 Grundherrenstraße 69-1d
20257 Grundstraße 78-4b
- Grüne Brücke 94-6c
22768 Grünebergstraße 91-5b
20097 Grüner Deich 94-5c
21029 Grüner Redder (11/B2)
22111 Grüner Weg 95-8b
22337 Grüner Winkel 52-3d
21037 Grünerdeich 166-8a
21031 Grünes Zentrum 110-9c
22607 Grünewaldstraße 77-7d
Grunewaldstraße 83-1c
22045 Nr. 1-19, Nr. 2-23
22149 Nr. 21-Ende, Nr. 38-Ende
22119 Grüningweg 96-1a
22547 Grünspechtweg 62-5b
22113 Grusonstraße 107-2c

21147 Grusort (6) 130-3a
21147 Grusortwinkel (4) 130-3a
20095 Grützmühlenweg 40-8d
22299 Gryphiusstraße 65-9c
- Guanofleetbrücke 93-7c
22043 Gubener Straße 82-6d
22047 Guderuper Straße 81-3c
22559 Gudrunstraße 73-3c
22307 Guerickeweg 66-6a
22587 Guldtweg 74-9b
22589 Güllweg 75-1d
22175 Gumbinner Kehre 53-6d
22117 Gundermannstraße 96-5c
22337 Gundlachs Twiete 52-3b
22177 Günselstieg 67-2a
22087 Güntherstraße 80-7d
22393 Günzweg 54-1b
20099 Gurlitt-Insel 93-3a
20099 Gurlittstraße 93-3b (13/A6)
22359 Gussau 43-5b
22043 Gustav-Adolf-Straße 81-6c
20144 Gustav-Falke-Straße 78-9b
22085 Gustav-Freytag-Straße 80-4c
22115 Gustav-Klimt-Weg 109-4b
20539 Gustav-Kunst-Straße 95-7c
20249 Gustav-Leo-Straße 65-8c
- Gustav-Mahler-Park (13/A4)
20354 Gustav-Mahler-Platz 93-2c (13/A4)
22609 Gustav-Schwab-Straße 75-9d
22309 Gustav-Seitz-Weg 67-1c
21029 Gustav-Stille-Weg 125-8a
22393 Gustavsweg 41-9d
22359 Gustav-Weihrauch-Weg 43-2d
22143 Güstrower Weg 69-2c
22525 Gutenbergstraße 77-3b
20539 Gutsmuthsweg 94-9b
22159 Gutswisch 54-6c
21079 Guttmannring 149-8b
22457 Gut-Wendlohe 38-7c
22607 Gutzkowstraße 91-1a

21075 **H**aakestraße 132-8b
21077 Haanbalken 148-6c
22399 Haberkamp 41-3c
21031 Habermannstraße 124-3a
22459 Habichthorst 50-5b
22175 Habichtshofring 53-9b
22307 Habichtsplatz 66-9a
Habichtstraße 66-9a
22305 Nr. 1-75, Nr. 2-98
22307 Nr. 100-130, Nr. 101-121
22307 Habichtsweg 66-9a
21079 Habigerstieg 149-8b
- Hachmannbrücke 104-5c
20457 Hachmannkai 104-5b
20099 Hachmannplatz (13/B6)
21035 Hackmackbogen 138-1a
22459 Hadermanns Weg 50-7b
22049 Haderslebener Straße 81-1b
22453 Hadubrandheide 64-3c
21073 Haeckelstraße 133-7c (14/A3)
22397 Haeckswisch 24-7b
21031 Haempten 110-8a
21079 Hafenbezirk 133-5b
21107 Hafenrandstraße 105-5c
21079 1. Hafenstraße 133-4a
21079 2. Hafenstraße 132-3d
20459 Hafentor (12/D1)
20359 Hafentreppe (36) 92-6c
21149 Haferacker 130-5c
22119 Haferblöcken 96-3a
22081 Haferkamp 80-3c
22415 Haferstück (2) 51-3b
22769 Haferweg 78-4c
22143 Haffkruger Weg 69-1d
22159 Hagebökenholt 54-7b
22549 Hagebuttenweg 76-2a
20149 Hagedornstraße 79-5a
22089 Hagenau 80-8b
22527 Hagenbeckallee 64-7a
- Hagenbecks Tierpark 64-7a
22527 Hagenbeckstraße 64-7b
22529 Hagendeel 64-4b
22143 Hagenower Straße (2) 69-2c
22145 Hagenweg 55-9b
22399 Häherweg 41-7a
20249 Hahnemannstraße 65-8c
22589 Hahnenfußweg 74-5d

22765 Hahnenkamp 92-1c
20457 Hahntrapp (26) (13/C4)
22175 Haidlandsring 53-6a
22175 Haidlandstieg 53-6a
22175 Haidlandsweg 53-5b
22299 Hainbuchenweg 65-5d
22453 Hainholz 50-8h
21077 Hainholzfeld 148-1b
21077 Hainholzweg 147-3b
21077 Haithabuweg 160-3b
21107 Hakenstraße 105-4c
20539 Hakenufer 106-2a
22305 Halbenkamp 80-3b
22455 Halberstädter Weg 50-2c
22605 Halbmondsweg 91-4c
22453 Haldenstieg 64-3a
22179 Haldesdorfer Straße 67-4d
22359 Halenreie 43-5d
22397 Halenriggen 23-2d
22149 Halenseering 83-1b
20146 Hallerplatz 79-4d
Hallerstraße 79-4d
20146 Nr. 1-81, Nr. 2-78
20149 Nr. 80-Ende, Nr. 83-Ende
20457 Hallesches Ufer 106-4a
22047 Halligenstieg 68-7d
- Halskebrücke 107-2c
22113 Halskestraße 107-2d
22523 Halstenbeker Stieg 62-3b
22457 Halstenbeker Straße 48-9b
22523 Halstenbeker Weg 48-9c
22419 Hamborner Stieg 27-8d
20359 Hamburger Berg 92-6a
Hamburger Hochstraße 92-5d
20359 Nr. 1-21, Nr. 2-26
22767 Nr. 25-Ende, Nr. 28-Ende
22083 Hamburger Straße 80-8a
22303 Hamelausweg 80-1a
20537 Hammer Baum 94-3c
20535 Hammer Berg 95-1d
20537 Hammer Deich 94-6c
20535 Hammer Hof 95-1a
20537 Hammer Landstraße 94-3c
20535 Hammer Park 95-1a
Hammer Steindamm 81-7a
22089 Nr. 1-59, Nr. 2-58
20535 Nr. 60-Ende, Nr. 61-Ende
Hammer Straße 81-7b
22041 Nr. 1-43, Nr. 2-46
22043 Nr. 45-Ende, Nr. 48-Ende
20537 Hammer Weg 94-3c
20097 Hammerbrookstraße 94-4a
20457 Hammerbrücke 93-6d
22605 Hammerichstraße 90-3b
22393 Hamraakoppel 42-6b
22605 Handelmannweg 90-6a
22761 Händelstraße 91-2a
21077 Handweg 148-5d
20535 Hanfftsweg 81-7d
22549 Hanfstieg 61-9b
21149 Hangheide 130-4c
21075 Hangstraße 132-6a
21075 Hangtweg 132-6a
21079 Hanhoopsfeld 149-5d
22455 Hanne-Mertens-Weg 38-8c
22175 Hannenstieg 53-9c
22175 Hannenstücken 53-9b
- Hannoversche Brücke 133-8a
21079 Hannoversche Straße 133-8b
20457 Hansabrücke 105-6b
22457 Hans-Adolf-Weg 37-8b
20457 Hansahöft 105-2b
20359 Hans-Albers-Platz 92-6a
20099 Hansaplatz 93-3D
Hansastraße 79-4d
20149 Nr. 1-27, Nr. 2-28
20144 Nr. 31-Ende, Nr. 36-Ende
21075 Hans-Dewitz-Ring 132-8a
22081 Hansdorfer Straße 80-6a
21035 Hans-Duncker-Straße 122-8b
20539 Hanseatenstieg (3) 106-3b
21109 Hanseatenweg 120-4c
22457 Hänselstieg 37-9a
21035 Hans-Förster-Bogen 138-1b
21029 Hans-Freese-Weg (11/A2)
22085 Hans-Henny-Jahnn-Weg 80-1c
21129 Hans-Hinnik-weg 90-8d
21075 Hansingweg 132-5d

22587 Hans-Lange-Straße 88-3d (11/A3)
22605 Hans-Leip-Ufer 90-5d
22309 Hans-Mahler-Straße 53-7d
21029 Hans-Matthiesen-Straße 125-8c
20249 Hans-Much-Weg 79-1b
22119 Hans-Rubbert-Straße 82-9a
22765 Hans-Sachs-Straße 92-1d
21107 Hans-Sander-Straße 105-5c
22303 Hanssensweg 80-1a
21035 Hans-Stoll-Straße 123-7b
21079 Hanstedter Stieg 149-8c
22607 Hans-Thoma-Weg 77-7c
20539 Harburger Chaussee 105-5d
21079 Harburger Hauptdeich 133-2c
21079 Harburger Poststraße 133-8d
21073 Harburger Rathauspassage 133-7b (14/A2)
21073 Harburger Rathausplatz 133-7b (14/A2)
21073 Harburger Rathausstraße 133-7b (14/A2)
21073 Harburger Ring 133-7b (14/B2)
21079 Harburger Schloßstraße 133-4d (14/B1)
21077 Harburger Schulgarten 149-1a
- Harburger Stadtpark 149-1c
21079 Harburger Umgehung 149-2b
21147 Hardauring 130-3b
22587 Hardenbergstraße 74-9c (11/A1)
20539 Hardenstraße 94-8c
21031 Harders Kamp (11/A1)
22549 Harderweg 75-6d
22305 Hardorffsweg 66-8d
22765 Harkortstieg 92-1b
22765 Harkortstraße 92-1c
22399 Harksheider Straße 28-9b
21129 Harlinger Landweg (11) 102-3c
22768 Harmsenstraße 91-2d
21073 Harmsstraße 133-7d (14/A3)
22179 Harmsweg 67-7b
21031 Harnackring 110-9d
22417 Harnacksweg 40-1d
22179 Harnisch 67-3b
22119 Harry-Hartz-Weg 82-9c
22399 Hartje-Rüter-Weg 41-3a
22559 Hartkrögen 73-2d
22417 Hartmannsau 40-1d
22559 Hartmutkoppel 59-9d
22529 Hartnitweg 64-5c
22529 Hartsprung 64-5b
20146 Hartungstraße 79-7b
22087 Hartwicusstraße 80-7c
22525 Hartwig-Hesse-Straße 78-1d
22307 Hartzloh 66-5d
22307 Hartzlohplatz 66-6a
Harvestehuder Weg 79-2c
20148 Nr. 1a-21, Nr. 8a-20
20149 Nr. 22-Ende, Nr. 25-Ende
22459 Harzburger Weg 50-4d
22305 Harzensweg 66-9b
22549 Haselbusch 76-2a
22523 Haseldorfer Weg 63-1c
21075 Haselhain 132-5c
22359 Haselkamp 55-1b
22397 Haselknick 30-2b
22175 Haselnußweg 54-4a
22119 Hasenbanckweg 96-2d
22159 Hasenböge 54-8a
22111 Hasencleverstraße 95-6b
22115 Haseneck 109-1c
22453 Hasenheide 51-4a
Hasenhöhe 75-4b
22587 Nr. 1-137, Nr. 2-132
22589 Nr. 145-Ende, Nr. 162-Ende
22395 Hasenhoop 41-6b
22043 Hasenstieg 82-5c
22393 Hasenweg 54-2a
22559 Hasenwinkel 73-5b
22417 Hasloher Kehre 28-5c
22089 Hasselbrookstraße 80-8d
22609 Hasselmannstraße 89-6b
21129 Hasselwerder Straße 100-6d
22397 Hasselwisch 25-7c
21029 Hassestraße 124-9b (11/B3)
22117 Haßloredder 97-2a
21073 Hastedtplatz 133-7c (14/A3)
21073 Hastedtstraße 133-7c (14/A3)
21073 Hastedtweg 133-7d (14/A3)

22549 Hatjeweg 76-7a
22419 Hattinger Stieg 39-2b
22417 Hattsmoor 40-2a
22527 Hatzberg 63-6d
22765 Haubachstraße 92-1d
22399 Haubenlerchenweg 29-7c
22119 Haubentaucherweg 96-4b
22303 Hauersweg 80-2a
22085 Hauffstraße 80-1c
22149 Hauke-Heien-Weg 69-9d
21109 Hauland 119-9c
21107 Haulander Hauptdeich 119-4d
21107 Haulander Weg 119-8a
21109 Hauptdeich 135-7b
21037 Hauptdeich 166-8b
21029 Haus im Park 125-4c
22559 Haus Rissen 74-4d
21147 Hausbrucher Bahnhofstraße 131-1c
21147 Hausbrucher Eck 130-3b
21147 Hausbrucher Kehre (16) 130-3b
21147 Hausbrucher Moor 131-2c
21147 Hausbrucher Straße 130-3a
22111 Hauskoppel 96-7a
22111 Hauskoppelstieg 96-7b
21031 Häußlerstraße 110-9a
22339 Hauwisch 40-9c
22177 Havermannstieg (6) 53-8d
22115 Havighorster Redder 109-1c
21031 Havighorster Weg 110-6c
22761 Haydnstraße 77-8a
20251 Hayns Park 65-8a
20249 Haynstraße 79-1b
22085 Hebbelstraße 80-4a
22307 Hebebrandbrücke 66-2c
22297 Hebebrandstraße 66-4b
22143 Heckende 69-3c
21079 Heckengang 149-5b
22111 Heckenpfad 95-5d
22529 Heckenrosenweg 64-5b
22359 Heckenrund 43-8c
21077 Heckenstieg 148-9b
21033 Heckkatenweg 124-4d
22393 Heckkoppel 42-5c
20253 Heckscherstraße 78-3c
22175 Hederichweg 53-6d
Heegbarg 41-6d
22391 Nr. 1-49, Nr. 2-44
22395 Nr. 46-56, Nr. 53-139b
22589 Heerbrook 75-5b
22419 Heerbruckhoop 39-5b
22589 Heerhof 74-3c
21039 Heerwegbrücke 139-2b
22419 Heerwisch 39-5d
22043 Heeskoppel 82-9a
22143 Heestweg 69-4b
22761 Hegarstraße 91-2a
22559 Hegelingenstieg (5) 73-6a
22149 Hegeneck 70-7c
22117 Hegenredder 97-5a
22459 Hegereiterweg 49-9d
20249 Hegestieg 79-1b
Hegestraße 79-1d
20251 Nr. 1-23, Nr. 2-54
20249 Nr. 25-Ende, Nr. 56-Ende
22179 Hegholt 67-5b
21077 Hegtum 161-1b
22523 Heidacker 48-9d
22301 Heidberg 79-3b
21039 Heidbergredder 140-9c
21149 Heidblick 130-7c
22395 Heiddiek 30-5d
21149 Heideblick 130-7c
22115 Heideblöck 109-5a
22147 Heidebrinker Weg 55-7a
21079 Heidebruch 131-3d
22149 Heidegängerweg 69-5c
22393 Heideknick 42-8b
22145 Heidekrautweg 55-1d
22399 Heidelerchenweg 29-7c
21147 Heidemoor 130-2a
22397 Heidenhorstweg 30-7a
20097 Heidenkampsweg 94-4b
20251 Heider Straße 78-3d
22359 Heiderosenweg 43-6d
22085 Heideweg 80-4d
22145 Heidewinkel 55-1d
22559 Heidewisch 73-9a
22589 Heidhofsweg 74-6c

22307 Heidhörn 66-9a
21031 Heidhorst 109-6c
21031 Heidhorststieg 109-6c
21149 Heidjerweg 130-7a
22399 Heidkamp 41-4a
21031 Heidkampsredder 124-2b
22145 Heidkoppel 55-5a
21149 Heidkrug 130-7c
22397 Heidland 29-6a
22359 Heidloge 43-7d
22459 Heidlohstraße 49-5c
21149 Heidrand 130-5c
22395 Heidredder 30-9d
22589 Heidrehmen 75-4a
20359 Heidritterstraße (35) 92-5d
22179 Heidstücken 53-9d
22179 Heidstückenkehre 53-9d
22179 Heidstückenweg 53-9d
22297 Heilholtkamp 65-3d
- Heiligengeistbrücke (12/C3)
20359 Heiligengeistfeld 92-3d(12/B1)
22175 Heilsberger Hang 53-6c
20249 Heilwigplatz 79-2c
20249 Heilwigstraße 65-8d
22529 Heimat 64-4d
22609 Heimburgstraße 90-1a
22523 Heimchenweg 48-9c
21075 Heimfelder Straße 132-7b
22399 Heimgarten 28-9d
20148 Heimhuder Straße 79-8b
22453 Heimkehr 65-2b
22523 Heimstättenstraße 63-4a
21077 Heimstättenweg 149-7a
22113 Hein-Baxmann-Stieg 107-9a
22395 Heindaal 42-2a
22765 Heineplatz 91-6d
20095 Heinestraße 59-7c
20359 Hein-Hoyer-Straße 92-6a
20251 Heinickestraße 65-8c
20359 Hein-Köllisch-Platz 92-5d
22589 Hein-Kröger-Straße 75-5a
21031 Hein-Möller-Weg 124-6c (11/A2)
21077 Heino-Marx-Weg 148-6a
20146 Heinrich-Barth-Straße 79-7b
21079 Heinrich-Bartsch-Weg 149-8b
22607 Heinrich-Bomhoff-Weg 76-8a
22359 Heinrich-Goebel-Straße 43-6a
20097 Heinrich-Grone-Stieg 94-4d
21107 Heinrich-Gross-Straße 105-7b
21077 Heinrich-Heine-Straße 149-5a
21029 Heinrich-Heine-Weg 125-4a (11/B1)
22177 Heinrich-Helbing-Straße 67-4c
Heinrich-Hertz-Straße 80-4c
22085 Nr. 1-95, Nr. 2-90
22083 Nr. 101-Ende, Nr. 102-Ende
22119 Heinrich-Kaufmann-Ring 96-1a
22041 Heinrich-Müller-Stieg 82-4a
21037 Heinrich-Osterath-Straße 137-7a
22609 Heinrich-Plett-Straße 90-2a
22117 Heinrich-Schulte-Höhe 96-6d
22149 Heinrich-Schulz-Weg 70-4c
22769 Heinrichstraße 78-8d
- Heinrich-Stubbe-Brücke 166-3c
Heinrich-Stubbe-Weg 166-3c
21039 Nr. 1-19
21037 Nr. 242-326, Nr. 271-333
22119 Heinrich-Stück-Gang 96-2c
22339 Heinrich-Traun-Platz 52-2c
22339 Heinrich-Traun-Straße 52-2c
22359 Heinrich-von-Ohlendorff-Straße 31-7a
21129 Hein-Saß-Stieg 102-2a
21129 Hein-Saß-Weg 90-8a
22081 Heinskamp 80-5d
22359 Heinsonweg 43-9b
22589 Heisterbusch 75-5c
22339 Heisterkamp 52-1b
22083 Heitmannstraße 80-5a
22457 Heketweg 37-8a
22047 Helbingstraße 81-3a
22047 Helbingtwiete 67-9d
21035 Helene-Heyckendorf-Kehre (7) 137-3b
20144 Helene-Lange-Straße 79-4c
22765 Helenenstieg (15) 92-2a
22765 Helenenstraße 92-2c
21077 Helferichweg 149-7a
22335 Helgaweg 51-3d
20459 Helgoländer Allee 92-6b (12/C1)
22523 Hellasweg 49-7c

22177 Hellbrookkamp 67-4c
22305 Hellbrooksteig (8) 66-9d
22305 Hellbrookstraße 66-8c
- Hellbrookstraßenbrücke 66-8d
22547 Hellgrundweg 63-7b
20457 Hellinghöft 104-2d
20257 Hellkamp 78-5a
21075 Hellkuhle 131-9d
22145 Hellmesbergerweg 55-3d
21037 Helltwiete 167-7d
22607 Hellweg 76-6d
22391 Hellwisch (8) 41-8b
22111 Helma-Steinbach-Weg 95-6d
22765 Helmholtzstraße 91-3a
21073 Helmsweg 133-4c (14/A1)
21031 Helmuth-Hübener-Weg 110-9a
21035 Helmut-Nack-Straße 138-2b
22143 Helmut-Steidl-Platz (7) 69-5a
22453 Helvetierweg 50-5d
22159 Hemelinweg 68-2b
Hemmingstedter Weg 76-7c
22607 Nr. 1-21, Nr. 2-12
22609 Nr. 35-Ende, Nr. 130-Ende
22589 Hempbarg 74-5b
21077 Hempbergerweg 148-8b
22359 Hempenkamp 43-6d
- Hennebergpark 41-3c
22393 Hennebergstraße 41-9b
22549 Hennenstieg 62-7a
22111 Henningsweg 95-2d
22529 Henning-Wulf-Weg 64-9c
21035 Henriette-Herz-Garten 123-9b
21035 Henriette-Herz-Ring 123-9d
20259 Henriettenstraße 78-5c
20259 Henriettenweg 78-6c
22297 Henry-Budge-Straße 65-6d
- Henry-Vahl-Park 78-5b
22359 Henseweg 31-7c
22417 Henstedter Weg 28-5c
20146 Herbert-Behn-Weg 79-5c
21035 Herbert-Pardo-Weg 123-8c
20359 Herbertstraße (34) 92-6c
21079 Herbert-Thörl-Weg 149-8b
- Herbert-Weichmann-Brücke 79-6d
22085 Herbert-Weichmann-Straße 79-6b
- Herbstscher Park 65-1c
22547 Herbststieg 62-9a
22307 Herbstsweg (2) 66-9b
22145 Herdenpfad 55-9b
22085 Herderstraße 80-1c
22559 Hergartweg 73-6b
22359 Herkenkrug 44-7c
22529 Herlingsburg 78-2b
21077 Hermann-Allmers-Straße 149-5c
22147 Hermann-Balk-Straße 55-4c
20457 Hermann-Blohm-Straße 92-9b
22309 Hermann-Buck-Weg 66-3d
21029 Hermann-Distel-Straße 125-4c
22307 Hermann-Kauffmann-Straße 66-8b
21109 Hermann-Keesenberg-Brücke 119-6a
21029 Hermann-Löns-Höhe 125-8c
22335 Hermann-Löns-Weg 51-6b
21073 Hermann-Maul-Straße 133-7b (14/A1)
22609 Hermann-Renner-Stieg 89-3d
22609 Hermann-Renner-Straße 89-3d
22339 Hermann-Ruge-Weg 52-2a
21079 Hermannsburger Weg 149-8c
22111 Hermannstal 95-3c
20095 Hermannstraße 93-5b (13/C4)
21035 Hermann-Wüsthof-Ring 122-4b
22159 Hermelinweg 68-2b
21075 Hermesweg 132-5a
22453 Hermundurenweg 50-6b
20459 Herrengraben 93-4d (12/C3)
- Herrengrabenbrücke (12/C3)
22397 Herrenhausallee 24-6a
20359 Herrenweide (29) 92-5d
20459 Herrlichkeit 93-4d (12/D3)
22147 Herschelstraße 68-6d
22111 Hertelstieg 96-7d
22303 Hertha-Feiner-Asmus-Stieg (9) 80-1b
22179 Herthastraße 67-2a
22111 Hertogestraße 95-5b
22455 Herulerweg 38-8a
22147 Herwardistraße 68-3b
22559 Herwigredder 73-6c
22523 Herzblumenweg 62-3c
22417 Herzmoor 40-1d

22417 Herzmoortwiete 40-1b
22417 Herzmoorwende 40-1b
22457 Herzog-Alf-Weg 49-4a
22459 Herzog-Bruno-Weg 50-5c
22335 Heschredder 52-4a
22453 Heselstücken 51-8d
22455 Hessenweg 50-3c
- Hessepark 89-1a (11/B2)
22609 Hesten 90-1b
22175 Hesterlanden 53-9b
22559 Hettelstieg 73-5c
20354 Heuberg (12/B3)
22145 Heubergerstraße 55-2d
22297 Heubergredder 65-3d
Heublink 41-7c
22391 Nr. 1-79, Nr. 2-72
22339 Nr. 74-96, Nr. 81-111
22179 Heuertweg 67-2c
22179 Heukoppel 67-2b
21035 Heulandhagen 124-7d
21149 Heunerstieg 130-8a
22159 Heuorts Land 54-9a
Heußweg 78-5c
20257 Nr. 1-9
20255 Nr. 16-Ende, Nr. 25-Ende
22767 Hexenberg 92-5d
22559 Hexenstieg 74-1a
22559 Hexentwiete 73-3d
22587 Heydornweg 74-9c
21079 Heykenaubrook 131-2d
21147 Heykenaukamp 131-1b
21147 Heykenauweg 131-2a
21147 Heykenstieg 117-8c
20253 Heymannstraße 78-6d
22419 Heynemannstraße 27-8b
21029 Heysestraße 125-8c
22589 Heytwiete 75-2c
22307 Hiddingaweg 66-6d
22391 Hifthornweg 54-1a
22043 Hikeberg 81-8a
21035 Hilda-Monte-Weg 123-9d
22529 Hildburgweg 64-4b
22179 Hildeboldtweg 53-8d
22559 Hildebrandtwiete 73-3a
22335 Hildegardweg (1) 51-3d
22459 Hildesheimer Stieg 50-5a
22459 Hildesheimer Weg 50-4d
22559 Hildeweg 73-8a
22587 Hilgendorfweg 75-7a
22523 Hilpertweg 62-3d
21079 Hilshain 149-6c
21079 Hilshöhe 149-6c
22605 Himmelsleiter 91-4d
22397 Himmelsmoor 23-9a
22299 Himmelstraße 65-8b
- Hindenburgspark 90-5d
Hindenburgstraße 51-9c
22303 Nr. 1-43, Nr. 2-6a
22297 Nr. 45-173, Nr. 46-160
20535 Hinrichsenstraße 94-2a
22399 Hinsbeker Berg 41-5c
22391 Hinsbleek 41-8a
22143 Hinschallee 69-1d
22041 Hinschenfelder Stieg 81-2d
Hinschenfelder Straße 81-2d
22041 Nr. 1-43, Nr. 2-60
22047 Nr. 47-Ende, Nr. 62-Ende
22047 Hinschenfelder Stücken 81-3b
22415 Hinschenrehm 39-8b
22453 Hinschkoppel 50-8b
22525 Hinschstraße 63-5c
22397 Hinsenfeld 29-3c
22397 Hinsenkamp 29-3a
22397 Hinter den Tannen 29-2c
22559 Hinter der Bahn 73-3d
21109 Hinter der Dorfkirche 119-6d
22529 Hinter der Lieth 64-4d
20095 Hinter der Markthalle (13) (13/B5)
21129 Hinterdeich 116-6a
21029 Hinterm Graben 124-9b (11/A3)
21037 Hinterm Horn 137-2d
22041 Hinterm Stern 81-4d
20539 Hintzpeterstieg (1) 94-9b
21075 Hinzeweg 132-9b
22043 Hirschberger Weg 82-6c
21073 Hirschfeldplatz 132-9d
21073 Hirschfeldstraße 132-9d
22089 Hirschgraben 94-3a

21077 Hirschkäferweg 148-9d
22587 Hirschpark 89-2c
22587 Hirschparktreppe (1) 89-2c
22587 Hirschparkweg 89-2d
22459 Hirschsprung 49-9b
22175 Hirsekamp 53-6c
22359 Hirtenkamp 43-8c
22115 Hirtenstieg 109-2c
20535 Hirtenstraße 94-3c
22589 Hirtentäschelweg (4) 74-6a
22605 Hirtenweg 91-4b
21037 Hitscherberg 154-7b
22607 Hittfelder Stieg (3) 76-9d
21077 Hittfelder Straße 161-1d
21077 Hitzenbergen 148-8b
22559 Hobökentwiete 73-3b
20144 Hochallee 79-1d
22397 Hochbahnwanderweg 31-4a
22391 Hochestieg 53-5a
22607 Hochfeld 76-9b
21149 Hochfeldeck 130-5b
22393 Hochholdsweg 42-6c
22605 Hochrad 90-2d
22041 Hochstraße 81-2d
22149 Hochwaldweg 69-9a
22393 Höfenkamp 42-8a
22143 Hoffmannstieg 70-4a
21029 Hoffmann-von-Fallersleben-Straße 125-8c
21073 Hoffmeyerstraße (5) (14/B3)
21079 Hoffstraße 131-3d
22045 Hoffwisch 68-9b
22175 Hofkoppel 54-4b
22529 Hofloh 78-2d
22119 Höfnageleck 96-5a
21037 Hofschläger Deich 121-7a
21037 Hofschläger Weg 121-4d
22145 Hofstückenstieg 55-6c
22145 Hofstückenweg 55-6c
22085 Hofweg 80-4a
21031 Hofweide 124-2b
22339 Högenbarg 40-5d
22119 Hogenbergkamp 96-5a
21149 Hogenbrook 129-5b
22457 Hogenfelder Kamp 49-5a
22457 Hogenfelder Stieg 49-4d
22457 Hogenfelder Straße 49-4b
22525 Hogenfeldweg 77-5d
22399 Högenkamp 41-4a
22417 Hogenlietgrund 40-1b
22399 Högenredder 41-4a
22527 Högenstraße 64-7c
20097 Högerdamm 93-6d
22041 Hogrevestieg 81-5b
22041 Hogrevestraße 81-5a
20354 Hohe Bleichen 93-5a (12/B3)
- Hohe Brücke (12/D3)
20535 Hohe Landwehr 94-3a
22417 Hohe Liedt 40-1a
22393 Hohe Reihe 42-5b
21073 Hohe Straße 149-1a
Hohe Weide 78-9a
20259 Nr. 4, Nr. 5-19
20253 Nr. 21-Ende, Nr. 34-Ende
21037 Hohedeich 152-2c
20253 Hoheluftchaussee 78-3d
22395 Hohenbergstedt 30-8a
22159 Hohenberne 54-3d
- Hohenbuchenpark 41-3b
22391 Hoheneichen 53-1b
22765 Hohenesch 91-3d
22087 Hohenfelder Allee 80-8c
22087 Hohenfelder Straße 80-8c
22143 Hohenkamp 69-4a
22395 Hohensasel 42-1c
22049 Hohensteiner Straße 81-1a
22335 Höhenstieg 51-9d
22335 Höhentwiete 51-9d
21129 Hohenwisch 116-6a
21129 Hohenwischer Straße 115-3b
22768 Hohenzollenring 91-6c
22143 Hoher Berg 69-1c
22587 Hoher Weg 89-1a (11/B2)
20257 Hoherade 78-8a
21107 Hohe-Schaar-Kamp 118-6d
21107 Hohe-Schaar-Straße 118-3d
22767 Hoheschulstraße (23) 92-5c
22111 Hohle Rönne 95-2c

20459 Hohler Weg (12/D2)
22175 Hohnerkamp 53-9c
22559 Höhnerkamp 73-3c
22175 Hohnerredder 53-9b
22179 Höhnkoppel 67-2b
22179 Höhnkoppelort 67-2b
22143 Hohwachter Weg 69-3c
22359 Hoisberg 43-9c
22397 Hoisbütteler Straße 31-1b
21037 Holaake 154-4a
22607 Holbeinstraße 77-7c
22587 Holbergweg 74-8b
22303 Hölderlinsallee 80-1b
22607 Hölderlinstraße 90-2a
21073 Hölertwiete 133-7b (14/A2)
22417 Holitzberg 28-7d
22397 Holländerberg 24-6a
22765 Holländische Reihe 91-6d
20457 Holländischer Brook (13/D5)
22339 Hollenbek 53-1a
22117 Hollestraße 96-8a
22145 Hollingstedter Stieg 55-5a
22115 Hollkoppelweg 109-2a
22523 Holloswisch 49-8d
22159 Hollstücken 54-6c
22459 Hollwören 50-7d
22605 Holmbrook 91-4b
21077 Hölscherweg 149-4a
Holsteiner Chaussee 63-2c
22523 Nr. 1-159, Nr. 2-164
22457 Nr. 161-431, Nr. 166-428
22081 Holsteinischer Kamp 80-5d
22081 Holsteinischer Weg 80-5b
20355 Holstenglacis 93-1a (12/A2)
22041 Holstenhofkamp 82-1d
22041 Holstenhofstieg 82-4b
Holstenhofweg 82-1c
22041 Nr. 1-39, Nr. 2-38
22043 Nr. 40-Ende, Nr. 41-Ende
22525 Holstenkamp 77-5c
- Holstenkampbrücke 77-6d
22765 Holstenplatz 92-2a
22768 Holstenring 91-6a
Holstenstraße 92-2a
22767 Nr. 1-113, Nr. 2-114
22765 Nr. 115-Ende, Nr. 156-Ende
22768 Holstentwiete 91-6a
20355 Holstenwall 93-4a (12/C2)
22589 Holtbarg 75-2c
22765 Holtenaustraße 78-7d
- Holtenklinker Brücke 139-2b
21029 Holtenklinker Straße 125-7a
22415 Höltentwiete (5) 51-2b
20457 Holthusenkai 93-9d
22359 Holthusenstraße 43-9c
22145 Höltigbaum 55-8d
22589 Holtkamp 75-8a
21149 Holtknebel 146-1b
22415 Holtkoppel 51-2b
22391 Holtweg 53-3b
22527 Holtwisch 63-6d
22085 Höltystraße 80-4a
22395 Holunderkamp 55-1b
22453 Holunderweg 64-6b
20459 Holzbrücke (13/D4)
20099 Holzdamm 93-3c (13/A6)
20539 Holzhafengraben 107-8c
22113 Holzhafenufer 107-8c
21079 Holzhäuser 149-9a
21029 Holzhude (11/A3)
22041 Holzmühlenstieg 81-6a
22049 Holzmühlenstraße 81-2b
22359 Holzreie (2) 43-4c
22605 Holztwiete 90-5b
21037 Homannring 152-3a
21075 Homannstraße 132-5d
21109 Honartsdeich (2) 106-4c
21109 Honartsdeicher Kehre 105-9b
21109 Honartsdeicher Weg 105-5d
22119 Hondiusweg 96-2b
21147 Hönermoor 116-7d
22549 Hönerstücken 76-1c
22297 Hongkongkehre 66-1d
20095 Honsbergenstraße 96-9a
22397 Hoopredder 24-2c
22397 Hoopwischen 24-1d
22415 Höpen 40-7c
21079 Höpengrund 161-2b

21079 Höpenstraße 149-6c
21033 Höperfeld 124-5b (11/A1)
21033 Höperstieg 124-6a
22159 Hopfenhof 68-7b
20095 Hopfenmarkt (13/C4)
20095 Hopfensack (13/C5)
20359 Hopfenstraße 92-6c
22399 Hopfenweg 28-9b
21073 Hoppenstedtstraße 132-9c
21149 Hoppenstieg 130-8c
22559 Horandstieg 73-8b
22523 Hörgensweg 49-7d
21079 Horlebuschweg (1) 149-9a
22523 Hornackredder 63-1d
22523 Hornackswisch 63-1d
22111 Horner Berg 95-6d
22119 Horner Bogen 95-3c
Horner Brückenweg 95-9a
22111 Nr. 1-Ende, Nr. 2-6
22113 Nr. 10-Ende
22111 Horner Landstraße 95-5a
- Horner Park 95-6c
22111 Horner Rampe 95-6c
22119 Horner Redder 96-1c
22111 Horner Stieg 95-2c
Horner Weg 95-1c
20535 Nr. 1-71c, Nr. 18-100
22111 Nr. 83-Ende, Nr. 160-Ende
22159 Hornissenweg 68-4b
22335 Hornkamp 51-6d
21129 Hornsand 103-9a
22047 Hörnumstraße 82-1a
22179 Hornungweg 67-2c
21039 Horst 140-4d
21079 Hörstener Straße 133-8d
22159 Hörstenstieg 54-7d
21039 Horster Damm 140-4a
21039 Horster Moor 140-9c
22359 Horstlooge 43-5a
22391 Horstweg 41-9b
22049 Hortensienweg 67-8d
22767 Hospitalstraße 92-5a
21109 Hövelbrook 120-1b
21109 Hövelpromenade 120-1a
21109 Hövelweg 120-1b
20539 Hovestieg 106-4b
20539 Hovestraße 106-5a
21037 Howe 165-2c
21037 Hower Brack 165-2c
21037 Hower Hauptdeich 165-1a
20537 Howisch (3) 95-4b
22529 Höxterstraße 64-9b
20537 Hübbesweg 95-1c
20457 Hübenerkai 93-8a
22459 Hubertusweg 50-7a
20457 Hübnerstraße 93-8a
21029 Hude (11/B3)
22159 Hudlemstraße 54-7d
22299 Hudtwalckerstraße 65-8d
22299 Hudtwalkertwiete 65-8b
21079 Hufeisen 161-2c
Hufnerstraße 80-3c
22083 Nr. 1-23, Nr. 2-28
22305 Nr. 32-128, Nr. 51-129
22305 Hufnertwiete (1) 80-3a
22393 Hufnerweg 42-8b
21077 Hügelhain 148-1d
22529 Hugh-Greene-Weg 64-8a
21075 Hugo-Klemm-Straße 132-5d
20097 Hühnerposten (13/C6)
- Hulbepark 125-4d
21079 Hüllbeen 149-9a
22149 Hüllenkamp 69-7b
22149 Hüllenkoppel 83-2a
20459 Hullstraße (12/D2)
22179 Hülsdornweg 67-7b
21077 Hülsenstieg 148-8b
22359 Hültkoppel 43-4c
22359 Hültkoppelstieg (1) 43-4c
22049 Hultschiner Straße 81-1d
22609 Humannstraße 89-3a
22083 Humboldtbrücke 80-4d
22083 Humboldtstraße 80-4a
20357 Hummelreihe (12/B1)
22335 Hummelsbüttler Kirchenweg 52-4a
22339 Hummelsbüttler Dorfstraße 52-3a
Hummelsbüttler Hauptstraße 40-8d
22335 Nr. 3-27, Nr. 4-22
22339 Nr. 24-112, Nr. 37-135

Hummelsbüttler Landstraße 52-4d
22335 Nr. 1-61, Nr. 2-70
22339 Nr. 63-155, Nr. 72-160
22339 Hummelsbüttler Markt 40-9c
22339 Hummelsbüttler Weg 52-2b
22115 Hummelweg 109-1a
22761 Humperdinckweg 77-7d
22047 Hundtstraße 81-3b
22045 Hünefeldstraße 68-8c
22415 Hürthweg 40-7c
22043 Husarenweg 82-7a
22417 Hüsermoor 40-3a
Husumer Straße 79-1a
20251 Nr. 1-21, Nr. 2-18
20249 Nr. 22-Ende, Nr. 23-Ende
22391 Huswedelweg (1) 53-2d
22767 Hutmacherhof (27) 92-5b
20355 Hütten 93-4a (12/C2)
22397 Huulfeld 29-3d
22397 Huulkamp 29-3d
22359 Huusbarg 43-9c
22359 Huusbargstieg 44-7c
22397 Huuskoppel 30-7c
22397 Huuskoppelstieg 30-7a

22587 Ibsenweg 74-8b
21029 Ida-Boy-Ed-Straße 125-7d
20095 Ida-Ehre-Platz (13/C5)
22087 Ifflandstraße 94-1b
21149 Igelgrund 146-2a
22609 Igelweg 76-7b
22119 Ihlestraße 96-4a
22395 Iland 42-2a
22337 Ilandkoppel 52-8d
21107 Ilenbrook 105-5c
21107 Ilenbuller 105-5c
22393 Ilenkamp 42-9a
22179 Ilenkruut 67-7b
22393 Ilenwisch 42-9a
22111 Ilextwiete (12) 95-6d
22111 Ilexweg (11) 95-6d
22399 Ilkstraat 41-4b
22393 Illerweg 54-2a
22339 Illiesbrücke 52-3d
22309 Illiesweg 66-6b
22395 Iloh 30-5a
22455 Ilsenburger Weg 50-4b
22395 Ilsenweg 42-4b
22159 Iltisstieg 54-8c
22393 Ilzweg 54-2a
22359 Im Allhorn 43-9b
22359 Im Alten Dorfe 43-8b
21129 Im Alten Nincop 100-4d
22359 Im Berge 44-4a
22397 Im Busch 25-7c
21077 Im Dahlen 148-3d
22397 Im Ellernbusch 24-4c
22589 Im Fliederbusch 75-5d
20255 Im Gehölz 78-6a
22457 Im Ginsterbusch 49-4b
22335 Im Grünen Grunde 52-8a
22607 Im Hag 76-6d
22359 Im Hain 43-8b
22457 Im Holderstrauch 37-8b
22523 Im Keil 63-4c
22399 Im Knick 29-7d
22397 Im Kohlhof 30-4a
22359 Im Meienthun 44-7c
21149 Im Mullsen 129-5b
21147 Im Neugrabener Dorf 116-7d
22359 Im Regestall 43-1b
22111 Im Ried 96-4a
22335 Im Ring 51-3d
Im Rühmt 55-7a
22147 Nr. 1-29, Nr. 2-36
22145 Nr. 31-Ende, Nr. 38-Ende
21109 Im Schönenfelde 120-4a
22179 Im Soll 67-3a
22417 Im Sonnentau (2) 28-8c
22359 Im Sorenfelde 43-6a
21077 Im Stubben 148-8a
20251 Im Tale 65-7a
22417 Im Torfmoos 28-7d
22359 Im Ulenbusch 43-2b
22147 Im Wiesengrund 68-3a
20251 Im Winkel 65-4d
22527 Imbekstieg 63-6c
20539 Immanuelplatz 106-4a

20539 Immanuelstieg (6) 106-4a
22417 Immenbarg 40-4b
21149 Immenbecker Weg 129-5d
22549 Immenbusch 76-1a
22087 Immenhof 80-7b
22395 Immenhorstweg 42-2b
22417 Immenhöven 40-1c
22159 Immenkamp 54-8d
22339 Immenkoppel 52-2a
22339 Immenredder 40-8c
22359 Immenschuur 43-9c
22149 Immenseeweg 69-9d
22339 Immenstieg 52-2a
22523 Immenweide 48-9d
22049 Immergrünweg 67-8d
22765 Immermannstraße 92-1c
20083 Imstedt 80-1d
21077 In de Bans 148-6c
22587 In de Bargen 74-4d
22587 In de Bost 89-5b
21109 In de Huuk 134-3b
21147 In de Krümm 130-1d
21037 In de Wisch 165-5d
22159 In den Hörsten 54-7b
22159 In den Saal 55-4a
21077 In der Alten Forst 148-1c
21035 In der Hörn 138-1b
22453 In der Masch 64-3b
22047 In der Niederung 67-9a
21037 In der Ohe-Nord 166-3c
21037 In der Ohe-Süd 166-3d
21073 In der Schlucht 132-9c
22399 In der Schneise 29-7d
21037 In der Weide 121-4c
22549 In der Wiek 75-6d
20457 Indiastraße 105-2d
22111 Industriegelände Blaue Brücke 95-9a
21107 Industriestraße 105-7b
22587 Ingwersens Weg (6) (11/A3)
- Innocentiapark 79-4b
Innocentiastraße 79-4a
20149 Nr. 1-21, Nr. 2-22
20144 Nr. 23-Ende, Nr. 24-Ende
22393 Innweg 54-1b
22297 Inselstraße 65-5a
22175 Insterburger Straße 53-9a
22049 Insterweg 67-8a
22335 Ipernweg 52-4c
22523 Irisplatz 63-1c
22297 Irma-Sperling-Weg 65-3a
22559 Iroldstieg 74-4a
21077 Irrweg 148-9b
22393 Isarweg 54-1b
22769 Isebekstieg 78-7b
22769 Isebekstraße 78-7a
20249 Isekai 79-2a
20249 Iseplatz 79-2a
22559 Iserbarg 73-6d
22589 Iserbrooker Weg 75-4a
22559 Iserdal 73-6c
22419 Iserlohner Stieg 27-8d
22457 Isern-Hinnerk-Weg 37-6d
22589 Isernrade 75-2d
Isestraße 79-4a
20144 Nr. 1-51, Nr. 2-36
20149 Nr. 38-Ende, Nr. 53-Ende
22589 Isfeldkamp 75-6c
22589 Isfeldstraße 75-8d
22145 Islandstraße 55-5a
22559 Isoldeweg 73-2a
22115 Ittenstraße 109-1d
20251 Itzehoer Weg 78-3b
22307 Ivensweg 66-9b
22047 Iversstraße 81-3b
22159 Ivo-Hauptmann-Ring 68-5a

21079 **J**.-Bremer-Weg 149-8b
22523 Jaarsmoor 63-1c
21129 Jachtweg 90-9d
22609 Jacobs Treppe (1) 89-6b
22525 Jacobsenweg 63-8b
22147 Jacobshagener Weg 69-1a
22457 Jacquelin-Morgenstern-Weg (1) 37-8d
21129 Jadedamm (14) 102-3c
21129 Jadestieg (15) 102-3c
- Jaffe-Davids-Kanal-Brücke 105-9b
21109 Jaffestraße 119-3a
22459 Jagdgrund 49-9b
22453 Jagdhorn 65-1b
22455 Jägerdamm 50-4a
21077 Jägerfeldweg 149-7a
22417 Jägerflag 27-9b
22529 Jägerlauf 64-6d
22397 Jagersredder 24-9c
22391 Jägerstieg 53-3d
21079 Jägerstraße 149-5b
22527 Jaguarstieg 78-1d
- Jahnbrücke 66-5c
22179 Jahnkeweg 67-3a
22297 Jahnring 65-6d
20095 Jakobikirchhof (16) (13/C5)
- Jakobipark 80-9b
21031 Jakob-Kaiser-Straße 124-6a
22309 Jakob-Mores-Weg 66-6a
21109 Jakobsberg 120-8c
20459 Jakobstraße (12/D2)
22607 Jaksteinweg 76-8c
20355 Jan-Valkenburg-Straße (12/B2)
22145 Jarnostraße 56-4a
22303 Jarrestraße 80-1b
22523 Jasminweg 62-3a
22149 Jasper-Pentz-Straße 69-8b
22399 Jaspersdieck 41-2b
21039 Jean-Dolidier-Weg 155-7d
21035 Jeanette-Wolff-Ring 137-3b
22303 Jean-Paul-Weg 80-1b
21107 Jenaer Straße 105-8a
21109 Jenerseitedeich 120-2c
Jenfelder Allee 82-6c
22043 Nr. 1-67, Nr. 2-72
22045 Nr. 69-Ende, Nr. 74-Ende
22045 Jenfelder Straße 82-1d
22045 Jenfelder Tannenweg 82-5b
22605 Jenischpark 90-5a
22609 Jenischstraße 76-7c
22119 Jenkelweg 96-5d
22335 Jensenknick 51-6b
22605 Jeppweg 90-3a
22417 Jersbeker Weg 28-5d
22605 Jes-Juhl-Weg 91-5c
22145 Jesselallee 55-5d
22767 Jessenstraße 92-4b
21079 Jesteburger Weg 149-8c
21079 Jesteurger Weg 149-8c
22397 Jettbergskamp 30-3b
22397 Jettbergsredder 30-3a
22547 Jevenstedeter Straße 62-5d
21129 Jeverländer Weg 102-3c
22459 Joachim-Mähl-Straße 50-4d
22609 Joachimstraße 75-9a
22589 Jochen-Fink-Weg 75-4b
21147 Jochenhofwinkel 130-3b
22549 Jochim-Sahling-Weg 76-4c
22339 Jochim-Wells-Weg 52-2b
22609 Jödeweg 90-1c
21129 Johann-Camper-Stieg 102-1d
22359 Johannes-Beckmann-Weg 43-3d
22419 Johannes-Böse-Weg 39-6c
20355 Johannes-Brahms-Platz 93-1d (12/B2)
22399 Johannes-Büll-Weg 41-4c
22047 Johannes-Frömming-Straße 68-7a
22359 Johannes-Schult-Weg 43-2d
20459 Johannisbollwerk 93-4c (12/D1)
22175 Johannisburger Stieg (4) 53-6d
22549 Johanniskrautweg 76-5a
20095 Johanniswall 93-6a (13/C6)
22459 Johannkamp 50-5c
22393 Johann-Kröger-Straße 42-5a
21031 Johann-Meyer-Straße 124-6c
22768 Johann-Mohr-Straße 91-1b
22768 Johann-Mohrweg 91-2a
21037 Johannssenstegel (1) 165-1a
- Johann-van-Valckenburgh-Brücke (3) (12/A3)
22525 Johann-Wenth-Straße 63-9d
Johnsallee 79-8c
20148 Nr. 3-53, Nr. 6-62
20146 Nr. 63-Ende, Nr. 64
21077 Johnsstieg 149-7a
- Jokohambrücke 66-4a
22303 Jollassestieg (7) 80-1a
21129 Jollenweg (2) 100-5a
22145 Jomsburger Weg 55-5a
22149 Jonni-Schacht-Weg 69-9c
20535 Jordanstraße 94-3a
22587 Jörn-Uhl-Weg 74-9a
22041 Joseph-Carlebach-Platz 79-7b
22455 Joseph-Norden-Weg 50-1b
22041 Josephstraße 81-5d
22339 Josthöhe 52-2d
22339 Jostweg 52-2d
22415 Jugendparkweg 39-8c
22527 Jugendstraße 63-9d
21129 Juister Weg (9) 102-3d
22297 Julia-Cohn-Weg 65-3b
22761 Julienstraße 77-7c
22609 Julius-Brecht-Straße 76-7b
22119 Julius-Campe-Weg 96-4d
21107 Julius-Ertel-Straße 105-5c
20099 Julius-Kobler-Weg (13/C6)
22765 Julius-Leber-Straße 92-1c
21073 Julius-Ludowieg-Straße 133-7c (14/A2)
21107 Julius-Schindler-Straße 104-8b
22769 Juliusstraße 92-3a
22529 Julius-Vosseler-Straße 64-8a
22459 Jungborn 49-6c
21075 Jungbrunnen 132-8c
22399 Jungclausweg (1) 29-8d
20535 Jungestraße 94-2c
- Jungfernbrücke (13/D4)
21147 Jungfernmühle 131-1c
Jungfernstieg 93-2c (13/B4)
20095 Nr. 1-5
20354 Nr. 7-Ende, Nr. 8-Ende
20144 Jungfrauenthal 79-1d
20355 Jungiusstraße (12/A3)
22457 Jungliebstraße 37-8c
22605 Jungmannstraße 90-3d
21109 Jungnickelstraße 119-3d
22335 Junkersdamm 51-6b
21073 Junkerstraße 148-3b
22391 Jupiterweg 53-4a
Jürgensallee 90-4a
22609 Nr. 1-95, Nr. 2-124
22605 Nr. 97-Ende, Nr. 126-Ende
21073 Jürgensstraße 132-9c
22111 Jürsweg 95-6c
21029 Justus-Brinckmann-Straße 125-7d
22337 Justus-Strandes-Weg 52-8a
21079 Jutestraße 149-2a
22043 Jüthornkamp 81-8b
22043 Jüthornstraße 81-8c
22527 Jütländer Allee 63-6d
22335 Juttaweg 51-3d

22303 **K**aemmererufer 80-2a
22301 Kaempsweg (4) 79-3b
22119 Kaeriusweg 96-5d
22549 Käferstieg 76-2c
22393 Kahden 42-9a
22393 Kählerkoppel 41-9b
22587 Kahlkamp 88-3b (11/A2)
21077 Kaiserbarg 149-7a
Kaiser-Friedrich-Ufer 78-9a
20259 Nr. 2-6, Nr. 3-5
20253 Nr. 8-Ende, Nr. 9-Ende
20457 Kaiserhöft 93-7b
20457 Kaiserkai 93-8a
21075 Kaiserstuhl 131-8d
20457 Kaiser-Wilhelm-Höft 92-8d
21029 Kaiser-Wilhelm-Platz 124-6d (11/B2)
20355 Kaiser-Wilhelm-Straße 93-1d (12/B2)
22763 Kaistraße 91-6b
20459 Kajen (12/D3)
22419 Käkenflur 27-8d
22397 Kakenhan 23-8c
22397 Kakenhaner Grund 23-9a
22397 Kakenhaner Weg 23-8c
22419 Käkenhof 27-8d
22419 Käkenkamp (3) 27-8d
21037 Kälbersteert 154-5b
22607 Kalckreuthweg 76-9c
22549 Kalenbarg 76-4a
21107 Kalikai 118-3a
21073 Kalischerstraße 133-7d (14/B3)
20354 Kalkhof (12/B3)
22607 Kallmorgenweg 76-9d
22145 Kálmanstraße 55-5a
20539 Kaltehofe-Hauptdeich 106-3c
20539 Kaltehofe-Hinterdeich 107-1c
22117 Kaltenbergen 97-7b
22769 Kaltenkirchener Straße 78-7d
22769 Kaltenkircher Platz 78-7d
22457 Kalvslohreystraße 49-7a
22457 Kalvslohtwiete 49-4c
22525 Kamerbalken 63-9c
22589 Kamerstücken 75-1c
20457 Kamerunkai 105-2a
20457 Kamerunweg 105-2c
22549 Kamillenweg 76-1d
22147 Kamminer Straße 55-7a
21029 Kampdeich 124-9a (11/A3)
22117 Kampener Stieg 97-7b
22453 Kamploh 64-1d
22117 Kampmoortwiete 96-6d
20357 Kampstraße 92-3b
21035 Kampweg 138-2b
22145 Kanadaweg 55-4d
21079 Kanalplatz 133-4d
21129 Kanalstack 102-3b
22085 Kanalstraße 80-4c
22115 Kandinskyallee 109-4b
20457 Kannengießerort (5) (13/D4)
22117 Kantatenweg 97-4c
22089 Kantstraße 80-6d
22609 Kanzleistraße 90-4a
21079 Kanzlershof 149-3d
21079 Kanzlershofer Weg 150-4a
21079 Kanzlerstraße 149-6b
22337 Kapellenstraße (Ohlsdorf) 52-8b
22117 Kapellenstraße (Billstedt) 96-8d
21077 Kapellenweg 149-2c
21129 Kap-Horn-Weg 102-2b
22587 Kapitän-Dreyer-Weg 75-4c
22417 Kapitän-Schröder-Weg 40-2c
22527 Kapitelbuschweg 63-5a
22297 Kapstadtring 66-4b
22119 Kaptaubentwiete 96-4b
21035 Karbergweg 138-1b
21079 Karczweg 149-8b
21039 Karkendamm 155-1c
21039 Karkenstegel (1) 155-1c
22527 Karkwurt 63-5a
22393 Karl-Ahrens-Weg (5) 42-4d
21109 Karl-Arnold-Ring 120-7c
22453 Karl-Gustav-Weg 50-6c
22549 Karl-Heinz-Krahn-Weg 76-1b
22609 Karl-Jacob-Straße 90-1c
21079 Karl-Kock-Weg 149-6c
21107 Karl-Kunert-Straße 105-4d
22391 Karl-Lippert-Stieg 41-6c
22179 Karl-Müller-Ring 67-5b
21079 Karl-Reese-Weg 149-8d
21035 Karl-Rüther-Stieg 123-8a
21033 Karlshof 124-4a
22175 Karlshöhe 54-1c
22159 Karlshöher Weg 54-6b
22085 Karlstraße 79-6d
22119 Karl-Strutz-Weg 96-5a
22765 Karl-Theodor-Straße 91-6d
- Karl-von-Thielen-Brücke 119-3d
22767 Karl-Wolff-Straße 92-2c
21079 Karnapp 133-4d (14/A1)
21079 Karnapphof 133-5c (14/B1)
21077 Karnhofstieg (2) 149-7b
20357 Karolinenpassage (12/A2)
20357 Karolinenstraße 93-1a (12/A2)
20357 Karolinenweg (12/A2)
20459 Karpfangerstraße 93-4c (12/D2)
22159 Karstenskoppel 68-5b
22587 Karstenstraße 74-9d (11/A1)
21073 Kasernenstraße 133-7a
22391 Kaspar-Ohm-Weg 41-9c
22117 Kaspar-Siemers-Stieg 96-8b
22117 Kaspar-Siemers-Weg 96-8d
21077 Kassenhofweg (3) 149-7d
22455 Kassubenweg 38-8d
20359 Kastanienallee 92-6a
22395 Kastanienweg 42-3c
22337 Kastenstraße 66-1b
21035 Katendeich 138-2a
21109 Katenweg 133-3c
20539 Katenweide (7) 106-4a
22393 Katerstieg (4) 42-4d
22549 Katerwohrd 75-3c
22453 Katharina-Jacob-Weg 65-2a
- Katharinenbrücke (13/D4)
20457 Katharinenfleet 93-5c (13/D4)
20457 Katharinenkirchhof (4) (13/D4)
20457 Katharinenstraße (13/D4)
21035 Käthe-Latzke-Weg 123-8b
22159 Kathenkoppel 54-8b
22393 Kätherwiese 54-2a
22083 Käthnerort 80-2d
22175 Kätnermoor 53-6d
22175 Kätnermoortwiete 53-6d
22393 Kätnerstieg 54-2d
22393 Kätnerweg 54-2d
22393 Kätnerwiese 54-2b
22119 Kattensteert 96-4a
- Katthorstpark 43-5b
22359 Kattjahren 43-5d
22049 Kattowitzer Weg 81-2a
20095 Kattrepel (13/C5)
20095 Kattrepelsbrücke (31) (13/C5)
22041 Kattunbleiche 81-4d
- Kattwykbrücke 118-5d
21079 Kattwykdamm 118-5c
21107 Kattwykstraße 118-2a
21107 Kattwykweg 118-1b
22547 Katzbachstraße 62-6d
22768 Katzenstieg 91-5d
22395 Kaudiekskamp 30-9b
21077 Kauershofweg 149-7b
22607 Kaulbachstraße 76-9d
21147 Käuzchenstieg (11) 130-3a
22417 Kayhuder Weg 28-5d
22041 Kedenburgstraße 81-3c
20251 Kegelhofstraße 65-7a
22393 Kehrum 42-5d
20457 Kehrwieder (12/D3)
20457 Kehrwiederspitze (12/D3)
20457 Kehrwiedersteg (12/D3)
22523 Keilende 63-4c
21109 Keindorffstraße 119-3d
22117 Keitumer Weg 97-7b
22529 Kellerbeek 64-6b
20249 Kellinghusenstraße 65-8c
- Kellingshusens Park 79-1b
22045 Kelloggstraße 82-6b
22455 Keltenstieg 38-8d
22455 Keltenweg 38-8d
22391 Kelterstraße 53-5a
22549 Kempelbarg 76-3c
- Kennedybrücke 93-2b (13/A4)
20537 Kentzlerdamm 94-3d
Keplerstraße 91-6a
22765 Nr. 1-15, Nr. 2-18
22763 Nr. 17-Ende, Nr. 20-Ende
22337 Kerbelweg 66-3a
22547 Kernbeißerweg 62-9b
22111 Kernbek 95-2c
22307 Kernerreihe 66-6c
21073 Kerschensteinerstraße 133-7a (14/A2)
- Kersten-Miles-Brücke (12/C1)
22089 Kerstensweg 80-9a
22041 Keßlersweg 81-2d
22457 Kettelerweg 49-2d
21149 Ketzendorfer Weg 129-5d
22415 Keustück 51-2b
20457 Kibbelsteg 93-8b (13/D4)
20095 Kickbuschweg 161-2b
21037 Kiebitzbrack 167-8b
21037 Kiebitzdeich 167-1a
22159 Kiebitzhegen 68-1c
22089 Kiebitzhof 80-8d
22399 Kiebitzstieg 28-9d
22089 Kiebitzstraße 80-8d
21075 Kiefernberg 132-5d
21149 Kiefernheide 130-7b
22335 Kiefernweg 52-4c
22049 Kiefhörn 67-8c
21029 Kiehnshecken (1) 125-4c
22115 Kiekmoor 109-1c
22397 Kielbarg 30-4d
Kieler Straße 63-5a
22769 Nr. 1-157, Nr. 2-148
22525 Nr. 150-602, Nr. 159-627
22527 Nr. 604-Ende, Nr. 629-Ende
22761 Kielkamp 77-4c
22149 Kielkoppelstraße 69-8d
22043 Kielmannseggstieg 81-9c
22043 Kielmannseggstraße 81-9c
20144 Kielortallee 79-4c
22415 Kielstück 52-1a
21035 Kienenhagen 124-8a
22175 Kienholt 54-7b
21149 Kiepenkerlsweg 130-8c
21149 Kiesbarg 129-6a

22523 Lampéstraße 63-4d
22767 Lamp'lweg (19) 92-4b
21029 Lamprechtstraße 125-4c
22399 Landahlweg 41-4a
22459 Landdrostenweg 49-5d
21149 Landhaus Jägerhof 130-6b
22117 Landjägerstieg 96-9d
22089 Landwehr 80-8d
20535 Landwehrdamm 94-2b
20535 Landwehrplatz 94-2b
22547 Langbargheide 62-9b
22761 Langbehnstraße 77-8d
21033 Langberg 124-1a
21033 Langbergring 109-5d
21039 Lange Grove 167-3c
22159 Lange Koppel 54-6a
20095 Lange Mühren (13/B5)
20099 Lange Reihe 93-3d (13/B6)
22767 Lange Straße 92-5d
21147 Lange Striepen 130-3d
21077 Langebeker Weg 149-7a
Langelohstraße 75-9b
22609 Nr. 1-139, Nr. 2-132d
22549 Nr. 134-Ende
22337 Langenbeckshöh 66-2c
22159 Langenbeern 54-3a
20095 Langenbeker Friedhofsweg 161-2b
21077 Langenberg 148-4b
Langenfelder Damm 78-1c
20257 Nr. 1-47, Nr. 2-42
22525 Nr. 46-Ende, Nr. 53-Ende
22769 Langenfelder Straße 78-8a
21149 Langengrund 129-5d
22609 Langenhegen 89-3d
Langenhorner Chaussee 27-5d
22335 Nr. 1-63, Nr. 2-68
22415 Nr. 79-293, Nr. 80-298
22419 Nr. 295-685a, Nr. 300-692
22415 Langenhorner Markt 40-7a
22399 Langenhorner Straße-Ost 41-2c
22399 Langenhorner Straße-West 41-1a
22453 Langenhorst 64-2c
21109 Langenhövel 106-7c
22081 Langenrehm 80-3c
22559 Langensaal 74-1c
22393 Langenstücken 41-6d
22359 Langenwiesen 43-3c
22301 Langenzugbrücke 79-6b
21129 Langeooger Weg (10) 102-3d
20539 Langer Hagen 107-2a
22081 Langermannsweg 80-3d
22359 Langfeld 56-1a
22399 Langheinstraße 29-7c
22607 Langkamp 76-8c
21149 Langkuul 130-8c
22605 Langmaackweg 90-6b
22455 Langobardenweg 50-3c
22391 Langwisch 41-7d
22145 Lannerweg 55-4b
20257 Lappenbergsallee 78-4b
22145 Lapplandring 55-6a
22337 Lärchenallee 53-8a
22143 Lasbeker Straße 69-1d
21073 Lassallestraße 133-8c (14/B3)
21129 Laßdrift 102-1a
20255 Lastropsweg 78-5b
22399 Latekopweg 41-2b
22299 Lattenkamp 65-5d
22299 Lattenkampstieg 65-8b
22299 Lattenstieg 65-5d
22045 Laubaner Straße 82-6a
22415 Laubenweg 39-9c
22547 Laubsängerweg 62-6d
21079 Lauenbruch Ost 133-1d
21079 Lauenbrucher Deich 133-1d
21079 Lauenbrucher Hauptdeich 133-4a
21079 Lauenbrucher Straße 132-6b
22049 Lauenburger Straße 81-4a
22307 Lauensteinstraße 66-5d
20146 Laufgraben 79-7a
22119 Laufkötterweg 96-1a
22417 Laukamp 40-1c
20535 Launitzweg 80-9d
22391 Laurembergstieg 53-3a
22391 Laurembergweg 53-3a
22455 Lausitzer Weg 50-2d
21073 Lauterbachstraße 133-8a (14/B2)
22459 Lauterberger Weg 50-4d

21037 Lauweg 152-3d
22605 Lavaterweg 91-1c
22049 Lavendelweg 67-8d
22767 Lawaetzweg 92-4b
22589 Leanderweg 75-1d
22393 Lechweg 54-1b
22525 Lederstraße 63-8c
21129 Leegerwall 90-7d
22417 Leegmoor 40-4b
22417 Leemgrove 40-1b
22397 Leemrackeln 24-7b
22177 Leeschenblick 53-7d
22417 Leezener Weg 28-4d
22111 Legienbrücke 96-4c
Legienstraße 96-4c
22111 Nr. 1-147, Nr. 2-70
22119 Nr. 126-Ende, Nr. 165-Ende
22145 Lehárstraße 55-4b
21029 Lehfeld 124-9c
22159 Lehmbrookweg 68-7b
21149 Lehmheide 130-4c
22149 Lehmkoppel 83-1d
Lehmkuhlenweg 74-2c
22589 Nr. 5-21
22559 Nr. 100-Ende
22453 Lehmoor 51-4c
20251 Lehmweg 79-4a
22607 Leiblstieg 76-9a
22089 Leibnizstraße 80-9b
22589 Leimkrautweg (2) 74-6a
Leinpfad 65-8d
22301 Nr. 1-27, Nr. 2-26
22299 Nr. 29-109, Nr. 30-108
21109 Leipeltstraße 119-9b
22605 Leipoldstieg 91-4c
21079 Leiserweg 149-8b
22607 Leistikowstieg 76-9d
22457 Lelka-Birnbaum-Weg 37-8a
22529 Lembekstraße 64-6d
22119 Lemkusweg 96-2a
22397 Lemsahler Bargweg 30-7a
22397 Lemsahler Dorfstraße 30-4a
22397 Lemsahler Landstraße 29-9d
22087 Lenaustraße 80-8c
22607 Lenbachstraße 77-7c
22041 Lengerckestieg 81-4b
Lengerckestraße 81-1d
22041 Nr. 4-46, Nr. 15-37
22049 Nr. 43-Ende, Nr. 48-Ende
20249 Lenhartzstraße 79-1b
22339 Lentersweg 52-1b
22523 Lentfördener Weg 63-1d
21077 Lentheweg 148-1c
22397 Lenzenreye 30-3d
22179 Lenzingweg 67-2c
22527 Lenzweg 78-2c
22527 Leopardenstraße 78-2a
22587 Lepsiusweg 89-3a
22359 Lerchenberg 43-6c
22081 Lerchenfeld 80-8a
22459 Lerchenkamp 49-8b
22417 Lerchensporn 28-8c
22767 Lerchenstieg (4) 92-3a
22767 Lerchenstraße 92-3c
22359 Lerchhöhe 43-6a
22549 Lesebergweg 75-6c
22587 Lesemanns Treppe (5) (11/A3)
22767 Lessers Passage 92-4b
22049 Lesserstraße 67-8a
22087 Lessingstraße 80-8c
22117 Letternkamp 96-8d
22111 Letzter Heller 95-6c
22559 Leuchtfeuerstieg 73-7d
21077 Leuchtkäferweg 148-9d
22559 Leuchtturmweg 73-8c
22761 Leunastraße 77-9a
21031 Leuschnerstraße 110-8d
22399 Leuteritzweg 41-4a
22761 Leverkusenstieg 77-9d
22761 Leverkusenstraße 77-9d
22523 Levkojenweg 62-3a
21079 Lewenwerder 133-9c
22455 Lewetzauweg 50-1d
22119 Leysahtbogen 96-5a
22529 Lianenweg 78-3a
22417 Libellenweg 40-2a
20149 Licentialenberg 79-5b
22453 Licentiatenweg 65-1b

21075 Lichtenauer Weg 148-2a
22045 Lichtenberger Straße 83-1c
22391 Lichtensteinweg 53-2c
22587 Lichtheimweg 74-8c
20249 Lichtwarkstraße (3) 65-8d
22605 Liebermannstraße 91-4b
22117 Liebezeitstraße 96-5d
22113 Liebigstraße 95-8d
21079 Liebrechtstraße 149-2d
21129 Liedenkummer Bogen 100-5a
21129 Liedenkummer im Süden 100-8b
22045 Liegnitzer Straße 83-1c
22159 Lienaustraße 54-5d
22305 Lienhardstraße 66-8d
22399 Liepmannweg 41-4c
21035 Liesbeth-Rose-Stieg (1) 123-5d
22115 Lietbargredder 109-2c
22529 Liethberg 64-4d
22529 Liethwisch 64-4b
22609 Ligusterweg 90-1c
22143 Liliencronpark 69-5c
22149 Liliencronstraße 69-5d
20095 Lilienstraße 93-6a (13/C5)
21035 Lilo-Gloeden-Kehre (4) 137-3b
21035 Lily-Braun-Straße 123-9b
22297 Limaweg 66-4b
22547 Limosenweg 62-2d
22145 Linckestraße 55-2c
20359 Lincolnstraße 92-5d
20259 Lindenallee 78-9a
22119 Lindenbergkoppel 96-2d
21029 Lindenbergweg 125-5c
22391 Lindeneck (1) 53-3b
22399 Lindenkoppel 41-2c
20099 Lindenplatz 94-1c
20099 Lindenstraße 94-1c
22395 Lindenweg 42-3d
20539 Lindleystraße 106-2b
22083 Lindnersweg (9) 80-1d
22299 Linnering 65-9a
22337 Linnéstraße 53-4c
22175 Linsenkamp 53-6c
20097 Lippeltstraße 94-7a
22769 Lippmannstraße 92-3a
22111 Lisa-Niebank-Weg 95-3d
21035 Lisbeth-Bruhn-Straße 123-9b
22149 Liseistieg 69-9b
22607 Lise-Meitner-Park 76-5c
22307 Lißmanseck 66-9a
22117 Lister Weg 97-7b
22768 Lisztstraße 91-5b
22041 Litzowstieg 81-5c
22041 Litzowstraße 81-4b
22605 Lobsienweg 90-6b
22765 Lobuschstraße 92-4a
22391 Lockkoppel 53-3a
20249 Loehrsweg 79-2a
22589 Loewenbergstraße 75-1c
22765 Löfflerstraße 92-1d
22145 Lofotenstraße 55-5d
21129 Loggerweg (3) 100-5a
22529 Lohbekstieg 64-8b
21033 Lohbrügger Kirchstraße 124-5b
21031 Lohbrügger Landstraße 110-7c (11/A1)
21031 Lohbrügger Markt 124-6a (11/A1)
21031 Lohbrügger Weg 124-3c
22397 Lohe 24-4d
22559 Lohengrinweg 73-2b
22149 Loher Straße 69-7a
22145 Lohheide 55-5a
20535 Lohhof 94-3b
22523 Lohhörn 63-2c
22117 Lohkamp 108-3a
22523 Lohkampstieg 63-1d
22523 Lohkampstraße 62-2b
22083 Lohkoppel (Barmbek-Süd) 80-2c
22179 Lohkoppel (Farmsen-Berne) 67-2d
22083 Lohkoppelstraße 80-2d
22529 Lohkoppelweg 64-8d
21075 Lohmannsstieg 132-8b
21075 Lohmannsweg 132-6c
20099 Lohmühlenstraße 94-1a
20457 Lohseplatz 93-9a (13/D5)
22339 Lohstücken 40-8d
22045 Lohwisch 69-7c
22523 Lohwurt 63-1d
22453 Lokstedter Damm 64-6b

22527 Lokstedter Grenzstraße 64-4d
22527 Lokstedter Höhe 64-7d
22453 Lokstedter Holt 64-2a
22529 Lokstedter Steindamm 64-6c
20251 Lokstedter Weg 65-4c
22453 Lollenboom 51-7d
- Lombardsbrücke 93-2b (13/A4)
22047 Lomerstraße 81-2b
21077 Lönsstraße 149-5a
22043 Looft 81-8c
20249 Loogeplatz 79-2a
20249 Loogestieg 79-1b
20249 Loogestraße 79-2a
22303 Lorenzengasse (6) 80-1a
22111 Lorenzenweg 96-7b
22307 Lorichsstraße 66-6a
22767 Lornsenplatz 92-1d
22767 Lornsenstraße 92-1d
22081 Lortzingstraße 80-6c
22041 Lotharstraße 81-4b
22049 Lothringer Straße 81-1c
- Lotsebrücke 133-4b
21079 Lotsekai 133-4b
20457 Lotsenhöft 92-8a
21079 Lotsestieg 133-5a
22359 Lottbeker Feld 31-7b
22359 Lottbeker Platz31-7b
Lottbeker Weg 30-9a
22397 Nr. 1-91, Nr. 2-82
22395 Nr. 92-184, Nr. 97-177
22395 Lottbekheide 30-6d
22395 Lottbekkamp 30-6b
22395 Lottbekkoppeln 30-6a
22397 Lottbekstieg 30-6b
22395 Lottbektal 31-4a
22529 Lottestraße 65-7a
22175 Lötzener Stieg (3) 53-9a
22767 Louise-Schroeder-Straße 92-5a
20251 Löwenstraße 79-1a
22549 Löwenzahnweg 76-2c
22549 Lübbersmeyerweg (2) 76-4c
21073 Lübbersweg 132-8d
20457 Lübecker Kai 105-6a
22087 Lübecker Straße 94-2a
20099 Lübeckertordamm 94-1b
21035 Lucie-Suhling-Weg 123-9b
22549 Luckmoor 62-8a
22768 Lüdemanns Weg 91-5d
22607 Lüdemannstraße 76-9c
22547 Lüdersring 62-9b
22175 Lüdmoor 53-6d
20249 Ludolfstraße 65-8a
20459 Ludwig-Erhard-Straße 93-4a (12/C2)
22607 Ludwig-Richter Straße 77-7c
21031 Ludwig-Rosenberg-Ring 124-6c (11/A1)
20357 Ludwigstraße 92-3b
22041 Luetkensallee 81-6b
22525 Luftbadweg 77-1c
21079 Luhdorfer Stieg 149-8a
21147 Luhering 130-3d
21075 Lühmannstraße 132-8c
22117 Luisenhofstieg 96-9a
22043 Luisenstraße 81-8d
20537 Luisenweg 94-6c
21035 Luise-Otto-Peters-Weg (1) 123-9d
22399 Lummeweg 41-1b
22769 Lunapark 78-7b
21035 Lundtweg 138-1b
21073 Lüneburger Straße 133-7b (14/B2)
21073 Lüneburger Tor 133-7b (14/B2)
22399 Lungershausenweg 41-2a
22609 Lünkenberg 90-5c
22305 Lünkenweg 80-3b
22559 Lunspark 73-9b
21149 Lupinenacker 130-4b
22339 Lupinenkamp 52-1d
22549 Lupinenweg 76-5a
21077 Lürade 160-1a
21077 Lürader Weg 148-9c
22455 Lurchweg 38-9d
22761 Luruper Chaussee 77-4c
Luruper Drift 76-2d
22607 Nr. 1-1a, Nr. 2-8
22549 Nr. 7-Ende, Nr. 14-Ende
22547 Luruper Hauptstraße 62-7a
20257 Luruper Weg 78-1d
22761 Luthergrund 77-8a

22761 Lutherhöhe 77-8a
- Lutherpark 77-4d
21037 Lütjenburg 165-9a
21149 Lütt Enn 130-4b
21033 Lütt Heesen 109-9a
22453 Lütt Kollau 64-3c
22559 Lütt Sahl 73-3b
22529 Lütt Süderfeld (1) 65-7a
22397 Lütte Blöck 25-7c
22397 Lütte Marsch 29-6a
22417 Lütte Raak 40-4b
21039 Lütte Stegel 155-1b
22523 Lüttendeel 49-8c
22457 Lüttenredder 37-8d
20255 Lutterothstraße 78-1d
22589 Lütt-Iserbrook 75-4b
22547 Lüttkamp 62-8d
22335 Lüttkoppel 51-6d
21149 Lüttmattensteed 130-8c
22393 Lüttmelland 42-4c
22399 Lüttmoorkamp 41-4a
21039 Lüttwetter 156-5c
22523 Lüttwisch 63-4d
21035 Luxweg 122-2d
22589 Luzerneweg 74-5d
22049 Lycker Weg 67-8c
22041 Lydiastraße 81-5d
22761 Lyserstraße 77-7d

22303 **M**aacksgasse (6) 80-1b
21147 Maakenhofwinkel 130-3a
21129 Maakenwerder Höft 91-9d
22453 Maaßweg 50-9a
22175 Machandelstieg 53-6b
22397 Madacker 30-1d
22359 Maetzelweg 55-3b
20148 Magdalenenstraße 79-5d
- Magdeburger Brücke 93-5d (13/D5)
20457 Magdeburger Straße 93-9a (13/D5)
22523 Magnolienweg 62-3c
22159 Mahlhaus 68-2c
22523 Mählstraße 63-4a
22393 Maienkamp 54-2a
Maienweg 65-3a
22297 Nr. 1-133, Nr. 2-134
22335 Nr. 153-323, Nr. 162-320
22297 Maiglöckehenstieg 66-1c
21077 Maikäferstieg 160-3b
22399 Maike-Harder-Weg 41-3a
21031 Maikstraße 124-3c
22179 Maimoortwiete 67-5a
22179 Maimoorweg 67-5a
22175 Maisredder 53-6c
21077 Maldfeldstraße 148-7c
22607 Malerwinkel 76-9d
22049 Malmedyer Straße 81-1d
22159 Malvenstieg 54-7b
20535 Malzweg 94-2b
22175 Mandelweg 54-4c
22457 Mania-Altmann-Weg (7) 37-8c
22297 Manilaweg 66-1d
21107 Mannesallee 105-8a
22119 Manshardtstraße 95-3d
22309 Manstadtsweg 66-5b
- Mansteinbrücke 78-6b
- Mansteinpark 79-4a
20253 Mansteinstraße 78-6b
22587 Manteuffelstraße 89-2a
21077 Märchenweg 148-6d
20539 Marckmannstraße 94-8d
22609 Marconistraße 75-9d
21149 Mardergrund 131-4d
22399 Marderstieg 41-5a
22399 Marderstraat 41-1d
22457 Marek-James-Straße 37-8c
22457 Marek-Steinbaum-Weg (4) 37-8d
21073 Maretstraße 133-7d (14/B3)
21035 Margarete-Mrosek-Bogen (3) 123-8b
22397 Margaretenhof 30-4d
20357 Margaretenstraße 78-9c
22455 Margaretha-Rothe-Weg (2) 38-8c
21035 Margit-Zinke-Straße 123-9a
22299 Maria-Louisen-Stieg 65-9c
22301 Maria-Louisen-Straße 79-2b
22335 Mariannenweg (3) 51-3d
22305 Marianne-Wolff-Weg 67-7c
21035 Maria-Terwiel-Kehre 123-9c
21035 Marie-Fiering-Kehre (2) 123-9b

21035 Nettelnburger Landweg 138-1c
21035 Nettelnburger Straße 138-1a
22523 Netthörn (1) 63-2a
22547 Netzestraße 62-5a
22419 Neubergerweg 39-3a
22045 Neubertbogen 82-6a
22087 Neubertstraße 80-8c
22607 Neuding 90-2b
21037 Neudorf 135-5a
20354 Neue ABC-Straße (12/B3)
21129 Neue Bullerrinne (3) 101-3d
20457 Neue Burg (27) (13/C4)
20539 Neue Elbbrücke 106-1b
22113 Neue Feldhofe 107-9b
20095 Neue Gröningerstraße 93-5d (13/D4)
22767 Neue Große Bergstraße 92-4a
20354 Neue Rabenstraße 93-2b (13/A4)
21073 Neue Straße 133-7b (14/A2)
22307 Neue Wöhr 66-5d
21107 Neue Wollkämmereistraße 105-7c
20095 Neuenfelder Damm 100-3d
21129 Neuenfelder Fährdeich 100-1d
21129 Neuenfelder Hauptdeich 100-2b
21129 Neuenfelder Hinterdeich 115-5c
21109 Neuenfelder Straße 119-6a
\- Neuenfelder Straßenbrücke 119-6b
\- Neuengammer Blaue Brücke 155-5d
21039 Neuengammer Hauptdeich 167-6c
Neuengammer Hausdeich 137-6b
21039 Nr. 1-487, Nr. 2-486
21037 Nr. 490-642, Nr. 491-649
\- Neuengammer Hausdeichbrücke 155-5c
21037 Neuengammer Heerweg 167-4a
21037 Neuengammer Hinterdeich 153-3a
21037 Neuengammer Marschbahndamm 167-5b
21147 Neuer Burgweg (1) 116-9c
21129 Neuer Dreikatendeich (1) 101-3b
21129 Neuer Fährweg 100-2d
22143 Neuer Höltigbaum 70-1a
20354 Neuer Jungfernstieg 93-2c (13/B4)
Neuer Kamp 92-3d (12/A1)
20359 Nr. 1-Ende
20357 Nr. 30
21129 Neuer Korbmachersand (2) 102-1c
21147 Neuer Nehusweg (3) 116-9c
20359 Neuer Pferdemarkt 92-3c
21129 Neuer Sielpool (4) 102-1c
20459 Neuer Steinweg 93-4a (12/C2)
20354 Neuer Wall 93-5a (12/C3)
20457 Neuer Wandrahm (1) (13/D4)
21029 Neuer Weg 124-9c (11/A3)
\- Neuerwegsbrücke (13/D4)
21149 Neugrabener Bahnhofstraße 130-7b
21149 Neugrabener Heideweg 130-8b
21149 Neugrabener Markt 130-4a
20539 Neuhäuser Damm 106-4b
21107 Neuhöfer Brückenstraße 104-9a
21107 Neuhöfer Damm 104-9d
20457 Neuhöfer Kai 104-5d
21107 Neuhöfer Pier 104-4d
21107 Neuhöfer Straße 104-9b
22399 Neukamp 41-4a
22149 Neuköllner Ring 69-8c
22415 Neukoppel 40-7a
21079 Neuländer Elbdeich 133-6b
21079 Neuländer Gartenweg 133-5d
21079 Neuländer Hauptdeich 133-6a
21079 Neuländer Kamp 133-9a
21079 Neuländer Platz 133-8d
21079 Neuländer Ring 133-6a
21079 Neuländer Straße 133-5d
21079 Neuländer Weg 133-6c
22041 Neumann-Reichardt-Straße 81-5d
20359 Neumayerstraße (12/C1)
21147 Neumoorland 130-2b
21147 Neumoorstück 130-2b
22768 Neumühlen 91-8b
22768 Neumühler Kai 91-6c
22765 Neumühler Kirchenweg (12) 91-6d
20251 Neumünstersche Straße 78-3b
22143 Neurahlstedter Graben 69-3b
20459 Neustädter Neuer Weg 93-4c (12/D2)
20355 Neustädter Straße (12/B2)
22159 Neusurenland 68-1a
21129 Neuwerker Stieg (16) 102-3c
21147 Neuwiedenthaler Straße 130-1d

21149 Neuwulmstorfer Schulstraße 128-6b
22609 Newmans Park 89-6b
\- New-York-Brücke 66-4a
22297 New-York-Ring 66-4a
22297 New-York-Weg 66-4a
22559 Nibelungenweg 73-2b
22117 Niebüllweg 97-7b
\- Niederbaumbrücke (12/D3)
21109 Niedergeorgswerder Deich 106-4d
20095 Niedermoor 130-2a
\- Niedernfelder Brücke 105-6b
20457 Niedernfelder Ufer 105-5b
22335 Niedernstegen 51-9b
20095 Niedernstraße 93-6a (13/C5)
21079 Niedersachsenweg 149-6c
22113 Niederschleems (1) 108-2a
22523 Niekampsweg 63-1c
22525 Nieland 77-3d
21073 Niemannstraße 132-6d
Niendorfer Gehege 63-2d
22453 Nr. 1-31, Nr. 4-50
22527 Nr. 143-Ende, Nr. 156-Ende
22453 Niendorfer Höhe 50-8b
22459 Niendorfer Kirchenweg 50-8c
22453 Niendorfer Marktplatz 50-8c
Niendorfer Straße 64-5d
22529 Nr. 1-101, Nr. 2-78
22453 Nr. 80-108, Nr. 103-113
22453 Niendorfer Weg 64-3c
22147 Nienhagener Straße 68-6b
22547 Nienhöfener Weg 62-9a
22453 Nienkamp 50-9a
22527 Nienredder 63-6c
22609 Nienstedtener Marktplatz 89-6b
22609 Nienstedtener Straße 89-3d
22143 Nieritzweg 69-3d
22527 Niewisch 64-4c
22559 Niflandring 73-6b
22159 Nigen Rägen 68-1a
22761 Nikischstraße 77-8c
\- Nikolaibrücke (13/D4)
21129 Nincop 101-7c
21129 Nincoper Deich 100-8d
21129 Nincoper Moorweg 114-6d
21129 Nincoper Ort 100-8b
21129 Nincoper Straße 100-8a
21107 Nippoldstraße 104-4d
21107 Nippoldweg 104-9b
22453 Nirrnheimweg 65-1a
20251 Nissen-Straße 65-7b
21077 Nixenstieg 149-4a
21079 Noackstieg 149-8b
22767 Nobistor 92-5b
21075 Nobléestraße 132-6b
22605 Noerstraße 91-1a
22049 Nogatweg 67-8a
21079 Nöldekestraße 149-2a
22309 Noldering 66-6a
22307 Nölkensweg 66-9b
22765 Nöltingstraße 91-6b
20149 Nonnenstieg 79-2a
22043 Nöpps 81-8d
22399 Norbert-Schmid-Platz 41-4c
22761 Norburger Stieg (3) 77-8d
22761 Norburger Straße 77-8b
22455 Nordalbingerweg 38-8c
20457 Norderelbstraße 93-7c
20097 Norderhof 94-4a
21129 Norderkirchenweg 102-2a
21129 Norderneyweg 102-3c
22395 Norder-Ohe 42-1c
21037 Norderquerweg 154-4d
22767 Norderreihe 92-2c
20457 Nordersand 92-9d
21129 Norderschulweg 102-3a
22337 Norderstraße (Ohlsdorf) 52-5c
20097 Norderstraße (St. Georg) 93-6b
22527 Nordfriesländer Straße 63-6b
22455 Nordhäuser Weg 50-4a
21149 Nordheide 130-4d
22309 Nordheimstraße 66-2d
\- Nordkanalbrücke 93-6b
20097 Nordkanalstraße 94-4a
22145 Nordlandweg 55-5d
22049 Nordmarkplatz 81-1b
22047 Nordmarkstraße 68-7d
21129 Nordmeerstraße 102-1b
21129 Nordmeerwiete 102-1b

22607 Nordquistweg 90-2a
20357 Nordreihe (12/B1)
22049 Nordschleswiger Straße 81-1b
22047 Nordstrandweg 68-7d
20537 Normannenweg 94-5a
22145 Nornenweg 56-1d
22587 Notenbarg 74-8a
22607 Notkestraße 76-9a
22303 Novalisweg 80-1b
22339 Nußkamp 52-1d
22175 Nüßlerkamp 53-9a
22159 Nutriaweg 54-8a
22145 Nydamer Ring 55-8c
22145 Nydamer Weg 55-8c
21077 Nymphenweg 148-6b
22523 Nyswanderweg 49-7c

20535 **O**ben Borgfelde 94-2c
21079 Obenburger Querweg 118-7b
21147 Obenburger Stieg (2) 116-9c
22335 Obenhauptstraße 51-8d
21031 Ober Boberg 109-9b
22081 Oberaltenallee 80-8a
\- Oberbaumbrücke 93-6c (13/D5)
Oberer Landweg 124-7d
21033 Nr. 1-27, Nr. 2-34
21035 Nr. 39-137, Nr. 46-146
21079 Oberer Traunweg 133-6a
21109 Obergeorgswerder Deich 120-2a
21109 Obergeorgswerder Hauptdeich 120-3b
\- Oberhafenbrücke (13/D6)
20097 Oberhafenstraße (7) (13/D6)
22117 Oberschleems 96-8d
22049 Oberschlesische Straße 81-1d
Oberstraße (Harvestehude) 79-4a
20144 Nr. 1-65, Nr. 2-76
20149 Nr. 67-Ende, Nr. 78-Ende
22337 Oberstraße (Steilshoop) 52-9c
20539 Oberwerder Damm 106-5a
21037 Ochsenweg 136-1a
21037 Ochsenwerder Elbdeich 135-8b
21037 Ochsenwerder Kirchendeich 135-3c
21037 Ochsenwerder Landscheideweg 135-3c
21037 Ochsenwerder Landstraße 121-4d
21037 Ochsenwerder Mühlenweg 136-1a
21037 Ochsenwerder Norderdeich 135-3b
21037 Ochsenwerder Twiete 135-5a
22529 Oddernskamp 64-5d
\- Odemannbrücke 155-1c
21039 Odemanns Heck 155-1c
20255 Odenwaldstraße 78-5a
22397 Ödenweg 29-8b
20249 Oderfelder Straße 79-2a
22547 Oderstraße 62-5a
22419 Oehleckerring 39-3c
22769 Oelkersallee 78-8d
22609 Oelsnerring 76-8a
22455 Oertzenstraße 50-1d
22307 Oertzgarten 66-9b
22307 Oertzweg 66-6d
22587 Oesterleystraße 88-3a (11/A2)
22587 Oestmanns Treppe (9) (11/B3)
22769 Oeverseestraße 78-7d
22529 Offakamp 64-6d
22145 Offenbachweg 55-3c
22339 Ohkamp 52-1a
22339 Ohkampring 52-1c
21033 Ohlenburg 109-7a
22399 Ohlendieck 41-2b
22399 Ohlendiekskamp 41-2a
22399 Ohlendieksredder 29-7b
\- Ohlendorffs Park 43-8b
22359 Ohlendorffs Tannen 31-7d
20535 Ohlendorffstraße 94-3d
22607 Ohlenkamp 76-9d
22547 Ohlestraße 62-5a
22589 Ohlnhof 74-2b
Ohlsdorfer Straße 65-9a
22299 Nr. 1-63, Nr. 2-54
22297 Nr. 60-96, Nr. 67-89
22397 Ohlstedter Platz 31-1a
22397 Ohlstedter Stieg 31-1c
22397 Ohlstedter Straße 31-1c
21033 Ohlstücken 124-6a
22587 Ohlwöhren 75-7a
22117 Ohlwurt 97-4c
22455 Ohmoor 50-3c

22455 Ohmoorring 50-3a
22765 Ohmstraße 91-3a
22609 Ohnhorststraße 90-1a
22605 Ohnsorgweg 90-2d
21149 Ohrnsweg 129-4b
22119 Öjendorf 96-3c
22043 Öjendorfer Damm 82-9b
22117 Öjendorfer Höhe 96-6d
\- Öjendorfer Park 97-1b
22117 Öjendorfer Steinkamp 96-6d
Öjendorfer Weg 96-7b
22111 Nr. 1-19c, Nr. 2-18
22119 Nr. 27-Ende, Nr. 30-Ende
22043 Oktaviostraße 81-9a
22119 Olberskamp 96-2b
22767 Olbersweg 92-4d
22307 Oldachstraße 66-8b
22527 Oldenburger Straße 63-6b
22143 Oldenfelder Bogen 70-1c
22143 Oldenfelder Stieg 55-8c
22143 Oldenfelder Straße 69-2c
22457 Oldesloer Straße 38-7a
22393 Oldesweg 42-4c
22397 Ole Boomgaarden 25-4d
22307 Ole Enn 66-5d
22587 Ole Hoop 89-1b
21107 Ole Karkhoff 104-9d
22559 Ole Kohdrift (3) 73-6b
22177 Ole Wisch 67-1d
22397 Olendeelskoppel 30-7a
22335 Olendörp 52-4c
22415 Olenland 40-4d
22397 Olenreem 30-1b
22177 Olewischtwiet 67-4b
22049 Olivaer Straße 81-1a
20146 Ollistraße 79-7b
22527 Olloweg 63-5b
20357 Ölmühle 92-3b (12/A1)
22047 Ölmühlenweg 82-1a
21077 Ölschlägerweg 148-4a
22605 Olshausenstraße 90-3d
22607 Onckenstraße 90-2b
21149 Onkelbarg 129-6a
21037 Oorkantenufer 152-1c
21037 Oortkaten 151-3b
21037 Oortkatenweg 152-1a
22523 Oortskamp 63-2c
22523 Op de Eilstede 63-1d
22393 Op de Elg 42-5d
22395 Op de Höh 30-6a
22391 Op de Solt 53-3c
21149 Op de Wisch 129-5a
22397 Op' n Idenkamp 24-4d
20257 Ophagen 78-8a
22159 Ophof 68-1c
22301 Opitzstraße 65-9c
22589 Op'n Hainholt 74-3d
22397 Op'n Hesel 24-7d
22587 Op'n Kamp (11/A2)
22397 Op'n Möhlnrad 24-4d
22587 Op'n Schierenholt 74-8d
22045 Oppelner Straße 83-4c
22607 Orchideenring 76-5c
22297 Orchideenstieg 65-5a
22609 Ordinger Weg 90-1b
22459 Ordulfstraße 50-7b
21129 Organistenweg 101-4c
22391 Orionstieg 53-4a
22391 Orionweg 53-4a
22175 Ortelsburger Stieg (5) 53-6d
22453 Ortleppweg 64-3d
22083 Ortrudstraße 80-2d
22159 Ortsteinweg 68-2a
22559 Ortwinstieg 74-4a
Osakabrücke 66-4c
Osdorfer Landstraße 75-5c
22607 Nr. 1-47, Nr. 2-46
22549 Nr. 50-240, Nr. 137-251
22609 Nr. 103-135
22589 Nr. 250-Ende, Nr. 253-Ende
22549 Osdorfer Redder 76-7a
22607 Osdorfer Weg 76-8b
22115 Oskar-Schlemmer-Straße 109-1d
22047 Oskarstraße 81-3d
22043 Ossietzkystraße 82-5c
22045 Ostende 82-2a
21079 Osterbaum 149-6a
22085 Osterbekstieg 80-1c

22083 Osterbekstraße 80-1c
22083 Osterbekweg 80-2a
20537 Osterbrook 94-6d
22607 Osteresch 76-9a
21129 Osterfelddeich 102-5d
22529 Osterfeldstraße 64-6d
21077 Osterfeldweg 149-7a
21075 Osterhoffstraße 132-6c
22043 Osterkamp 82-4c
22395 Osterkampstieg 42-3a
22177 Osterkirchstieg 67-2a
22589 Osterloh 75-2c
22607 Ostermeyerstraße 76-8a
22175 Osteroder Weg (4) 53-9a
21031 Osterrade 110-7a
Osterstraße 78-5a
20259 Nr. 2-116, Nr. 3-119
20255 Nr. 120-Ende, Nr. 125-Ende
22587 Osterweg (11/B3)
21147 Ostewinkel 130-2d
22453 Ostfalenweg 51-1a
21129 Ostfrieslandstraße 102-3c
21149 Ostheide 130-4d
22767 Ostkai 92-7a
21037 Ost-Kraueler Bogen 167-7d
22049 Ostpreußenplatz 67-8c
22049 Ostpreußenstieg 67-8c
22337 Ostring 52-6d
22117 Oststeinbeker Weg 96-9d
22335 Oststraße 51-8b
Ost-West-Straße 93-5c (12/C3)
20095 Nr. 2-12
20457 Nr. 20-74, Nr. 23-69
20459 Nr. 76
20457 O'Swaldkai 105-3c
21079 Oswald-Kanzler-Weg 149-6c
22111 O'Swaldstraße 95-2d
22111 Oswaldweg 95-2d
22768 Otawiweg 91-2d
22768 Othmarscher Kirchenweg 91-4b
22768 Othmarscher Mühlenweg 91-5a
22525 Ottensener Straße 63-8a
22765 Ottenser Hauptstraße 91-6b
22765 Ottenser Marktplatz 92-4c
21109 Ottensweide 120-7c
21107 Otterhaken (4) 105-8a
20255 Ottersbekallee 78-5b
21147 Otterweg 130-2c
21035 Ottilie-Baader-Straße (2) 123-9c
21109 Otto-Brenner-Straße 120-7c
22309 Otto-Burrmeister-Ring 53-7d
22605 Otto-Ernst-Straße 90-2d
21035 Otto-Grot-Straße 123-4d
21031 Otto-Schumann-Weg 124-2a
\- Otto-Sill-Brücke (12/D3)
22307 Otto-Speckter-Straße 66-6a
22525 Ottostraße 63-5c
22609 Otto-Wallach-Weg 75-9c
22767 Otzenstraße 92-2d
22605 Övelgönne 91-4d
22605 Övelgönner Hohlweg 91-4c
22605 Övelgönner Mühlenweg 91-5d
20257 Övelgönner Straße 78-8a
22085 Overbeckstraße 80-4c
22159 Overland 54-8c
22337 Övern Barg 52-3d
22337 Övern Block 53-1c
21037 Overwerder Bogen 152-8a
21037 Overwerder Hauptdeich 152-1c
21037 Overwerder Weg 152-8b
22177 Owiesenkehre 67-5a
22177 Owiesenstraße 67-1d

22149 **P**aalende 69-6c
22417 Paalmoor 40-1b
21029 Paalzowweg 125-8a
22587 Paarmanns Weg (7) (11/B3)
20257 Paciusweg 78-4b
20539 Packerstieg 106-5a
20539 Packersweide 106-4d
22453 Paeplowstieg 51-8c
22453 Paeplowtwiete 65-1b
22453 Paeplowweg 65-1b
22145 Paganiniweg 55-3c
22111 Pagenfelder Platz 95-6a
22111 Pagenfelder Straße 95-6a
22143 Pahlblöckensredder 69-3c
22143 Pallblöckensstieg 69-3c

22087 Reismühle 94-2b
22045 Reisners Kamp 82-1d
22453 Reitbahn 51-4c
21037 Reitbrooker Hinterdeich 136-5b
21037 Reitbrooker Mühlenbrücke 137-6b
21037 Reitbrooker Westerdeich 136-2d
21037 Reitdeich 136-1b
22339 Reiterbrücke 52-5b
22159 Reiterstieg 68-4a
22453 Reitzeweg 50-9d
21029 Rektor-Ritter-Straße 124-9b (11/A3)
21079 Rellerstieg 150-7a
20257 Rellinger Straße 78-4b
22457 Rellinger Weg 48-9b
22043 Rellingweg 82-5a
21077 Rembrandtstraße 149-5a
22143 Remstedtstraße 69-5b
20359 Rendsburger Straße 92-6a
22393 Renettenstieg (1) 42-7c
22393 Renettenweg 42-7c
Rennbahnstraße 81-8d
22111 Nr. 1-119, Nr. 2-100
22043 Nr. 128-Ende, Nr. 53-Ende
Rentzelstraße 79-7c
20146 Nr. 1-55, Nr. 2-58
20357 Nr. 59, Nr. 68
22529 Repgowstieg 78-2a
20097 Repsoldstraße 93-6b
22339 Resedenweg 52-2c
22549 Resskamp 76-4d
- Rethebrücke 118-3b
21107 Rethedamm 118-3b
21107 Rethehöft 118-2b
22607 Rethelstraße 77-7c
21107 Rethestieg 104-9c
21107 Rethe-Ufer 104-8c
22399 Rethkoppel 41-1a
21109 Rethweg 120-4a
20457 Rethwisch 93-7d
20099 Revaler Straße 94-1c
22605 Reventlowstraße 90-3d
22397 Reye 24-8a
22081 Reyesweg 80-3c
22559 Rheingoldweg 73-2a
22111 Rhiemsweg 95-2c
20095 Ribenweg 166-6c
21035 Ricarda-Huch-Ring 123-9b
22087 Richardallee 80-7d
22587 Richard-Dehmel-Straße 74-9c
21035 Richard-Gödeke-Weg 124-7b
21033 Richard-Linde-Weg 124-1b
Richardstraße 80-5d
22081 Nr. 1-53, Nr. 2-60
22089 Nr. 68-Ende, Nr. 85-Ende
- Richardstraßenbrücke 80-8b
22307 Richeystraße 66-6b
22523 Richtbornweg 63-4b
22085 Richterstraße 80-4a
21077 Rickelstraße 148-2c
21109 Riechelmannweg 120-7b
21073 Rieckhoffstraße (14/B2)
21039 Rieckweg 155-1b
22111 Riedeck 96-4a
22111 Riedgrund 96-4a
22111 Riedstieg 96-4a
22111 Riedweg 96-4a
22309 Riefesellstraße (4) 66-6b
21033 Riehlstraße 124-5b
22457 Riekbornweg 49-5b
22607 Riemenschneiderstieg 77-7a
22559 Rienziweg 73-2a
21037 Riepenburg 166-9a
21075 Riepenhausenweg 132-9a
22119 Riesenweg 96-2a
20535 Riesserstraße 80-9c
22607 Rilkeweg 90-2b
22529 Rimbertweg 64-8d
22605 Ringelnatztreppe 90-6d
22177 Ringelrosenweg 67-4d
22547 Ringeltaubenweg 63-7c
21149 Ringheide 130-4c
22337 Ringstraße (Ohlsdorf) 52-8b
22145 Ringstraße (Rahlstedt) 55-4b
22119 Rispengrasweg 82-9c
22547 Rispenweg 62-9b
22559 Rissener Busch 73-6b
22559 Rissener Dorfstraße 73-6a
Rissener Landstraße 73-6b
22587 Nr. 1-169, Nr. 2-108a
22559 Nr. 177-Ende, Nr. 208-Ende
22559 Rissener Ufer 73-9c
22393 Rißweg 54-1b
22301 Riststraße (1) 65-9d
21079 Ritterbuschplatz 149-2d
22549 Ritterspornweg 76-5a
22089 Ritterstraße 80-9a
22359 Rittmeisterkoppel 43-3a
22415 Rittmerskamp 39-9a
22457 Riwka-Herszberg-Stieg (3) 37-8c
22607 Röbbek 76-8d
22453 Robert-Blum-Straße 50-8b
22297 Robert-Finnern-Weg (5) 65-3a
20249 Robert-Koch-Straße 79-1b
20099 Robert-Nhil-Straße (13/B6)
- Robert-Schuman-Brücke 81-5c
22393 Röbkestraße 42-7b
22359 Rockenhof 43-5d
22399 Rode Ucht 41-3a
21075 Rodelbahn 131-8c
22117 Rodelberg 97-1a
22395 Rodenbeker Straße 30-5a
22395 Rodenbekredder 30-5b
22395 Rodenbekstieg 30-6b
22415 Rodenkampweg 39-9c
22117 Rodeweg 97-4c
22043 Rodigallee 81-9b
20459 Rödingsmarkt 93-4d (12/D3)
22175 Rodum 54-1d
20457 Roeloffsufer 104-9b
22301 Roepersweg (3) 79-3b
22359 Rögeneck 43-5a
22359 Rögenfeld 43-4b
22395 Rögengrund 42-6b
22397 Rögenoort 24-8a
22395 Rögenredder 42-6b
22359 Rögenstieg 43-4b
22359 Rögenweg 43-4b
22453 Roggenbuckstieg 65-1c
22397 Roggengabel 24-7d
22305 Roggenkamp (2) 80-3a
21073 Roggestraße 132-9c
22525 Rohlfsweg 63-9c
22159 Röhlstieg 54-6d
21147 Rohrammerweg 131-1a
22768 Röhrigstraße 91-2d
22119 Rohrkolbenstieg 82-9c
20457 Rohrweg 92-9d
21147 Rohrweibenweg 131-1a
22159 Rokeshöhe 54-8c
- Rolandsbrücke (23) (13/C4)
22768 Rolandswoort 91-5b
22395 Rolf-Böhlig-Weg 30-7b
22391 Rolfinckstieg 53-3b
22391 Rolfinckstraße 53-3a
22457 Roman-Zeller-Platz 37-8c
20255 Rombergstraße 78-5a
22175 Rominter Weg (1) 53-9a
22001 Rondeel 79-3c
22525 Rondenbarg 77-6a
22159 Rönk 68-1a
22159 Rönkkoppel 68-1a
22399 Rönkrei 41-2d
21079 Rönneburger Freiheit 149-9c
21079 Rönneburger Kirchweg 149-8c
- Rönneburger Park 149-5d
21079 Rönneburger Stieg 149-8d
21079 Rönneburger Straße 149-5b
- Rönnhaidbrücke 80-5b
22457 Rönnkamp 37-8d
22335 Röntgenstraße 51-9b
22159 Rooksbarg 54-3d
20253 Roonstraße 78-6b
- Roosens Park 91-4a
22605 Roosens Weg 91-4a
22397 Röötberg 30-3b
22397 Röötbergshof 30-3b
22397 Röötbergskamp 30-3c
22397 Rootsoll 29-6a
22605 Röpers Weide 91-1c
21031 Röprade 110-9d
21031 Röpraredder 110-9a
22307 Rosamstwiete (3) 66-9a
21035 Rosa-Schapire-Weg 123-9c
22559 Röschdaalskoppel 73-3b
22525 Roscherweg 63-8d
21079 Roseggerstraße 149-5b
21079 Roseggerweg 149-6a
21109 Roseliusweg 120-1c
20097 Rosenallee 94-4a
22453 Rosenbrook 65-4d
- Rosenbrookbrücke 65-4d
21129 Rosengarten (Neuenfelde) 101-4c
22768 Rosengarten (Ottensen) 91-6c
22607 Rosenhagenstraße 91-1a
20357 Rosenhofstraße 78-9c
21077 Rosenkäferweg 148-9d
22335 Rosenreihe 51-3d
22119 Rosenrotweg 82-8c
20095 Rosenstraße 93-6a (13/B5)
21079 Rosentreppe 149-2d
22607 Rosenwinkel 76-6d
22417 Rosmarinheide (6) 28-8a
22047 Rosmarinstraße 81-2b
22087 Rossausweg 80-8c
22089 Roßberg 80-9b
- Roßbrücke 104-4b
20457 Roßdamm 105-4c
20457 Roßhöft 104-6a
20457 Roßkai 104-5b
20457 Roßweg 104-5a
20099 Rostocker Straße 94-1c
21149 Rostweg 129-6a
Rotbergfeld 149-9a
21079 Nr. 1-21, Nr. 2-20
21077 Nr. 22-Ende, Nr. 23-Ende
21079 Rotbergkamp 149-9a
21079 Rotbergstieg 149-9a
22297 Rotbuchenstieg 66-1c
22175 Rotdornallee 53-8d
22297 Rotdornstieg 66-1a
- Rote Brücke 108-2a
22113 Rotenbrückenweg 108-2a
21107 Rotenhäuser Damm 105-8d
21109 Rotenhäuser End 119-3d
Rotenhäuser Straße 119-2a
21109 Nr. 1-51, Nr. 2-82
21107 Nr. 53-Ende, Nr. 84-Ende
21107 Rotenhäuser Twiete 119-2b
21107 Rotenhäuser Wettern 105-8a
22159 Roter Hahn 54-5c
22045 Roterlenweg 68-9d
Rothenbaumchaussee 79-2c
20148 Nr. 1-115, Nr. 2-82
20149 Nr. 100-Ende, Nr. 119-Ende
20539 Rothenburgsorter Marktplatz 106-2b
20539 Rothenburgstraße 107-1a
21029 Rothenhauschaussee 139-2a
20459 Rothesoodstraße 93-4c (12/C2)
22765 Rothestraße 91-6b
22459 Röthmoorstieg 49-9a
22459 Röthmoorweg 49-6c
22119 Rotkäppchenweg 82-8d
22547 Rotkelchenweg 63-7a
22589 Rotkleeweg 74-6c
22587 Röttgers Mühle 74-9c
22397 Rotwildschneise 23-8b
22419 Röweland 39-6b
21109 Rubbertstraße 105-9a
22335 Rübenhofstraße 52-7b
Rübenkamp 66-2a
22305 Nr. 3-29, Nr. 6a-32
22307 Nr. 41-229, Nr. 50-148c
22337 Nr. 240-360, Nr. 245-375
22119 Rübezahlstraße 82-8c
20537 Rückersweg 95-4d
22089 Rückertstraße 81-4c
22089 Ruckteschellweg 80-9d
21107 Rüdemannweg 119-2c
22559 Rüdigerau 59-9c
21129 Rudolf-Kinau-Allee 102-1c
22455 Rudolf-Klug-Weg 50-2a
22119 Rudolf-Roß-Allee 96-1a
21107 Rudolfstraße (3) 105-4d
22305 Rudolphiplatz 81-1a
22399 Rudolph-Schloo-Stieg (4) 41-3c
21031 Rudorffweg 110-7c
22395 Rügelsbarg 30-6a
22549 Rugenbarg 75-6d
22457 Rugenbergener Weg 37-5d
21129 Rugenberger Damm 104-4c
- Rugenbergerschleusenbrücke 104-4a
22589 Rugenbohm 75-8a
22549 Rugenfeld 75-6c
22143 Rügenwalder Straße 69-1c
22335 Rugewisch 51-3b
22453 Rugierweg 50-6c
22119 Ruhmkoppel 96-5c
22525 Ruhrstraße 77-6c
22393 Ruhwinkel 42-4c
22768 Rulantkamp 91-5d
22307 Rümkerstraße 66-6c
22453 Rumland 64-1b
22147 Rummelsburger Straße 68-3a
22457 Rumpelstilzchenweg 37-9c
20537 Rumpffsweg 94-3d
21077 Rundblick 149-7c
21129 Rundtörn 101-3d
21035 Rungedamm 122-4a
22307 Rungestieg 66-6a
22307 Rungestraße (2) 66-6a
22149 Rungholt 69-5d
22523 Rungwisch 63-2c
22609 Rupertistraße 89-3c
22399 Ruscheweyhstraße 41-7a
21037 Ruschorter Hauptdeich 121-4a
21129 Rüschweg 90-7d
21129 Rüschwinkel 90-7d
21033 Ruselerweg 124-5a
21077 Rüsselkäferstieg 160-3b
22175 Rüßwisch 54-2c
22607 Rüsternkamp 76-9b
22335 Rüsternstieg (1) 51-9b
21129 Rüstringer Weg (6) 102-3c
21073 Ruststraße 132-9c
21079 Rüstweg 161-5a
22529 Rütersbarg 64-5d
21077 Rüterskamp 148-9d
22041 Rüterstraße 81-5b
22768 Rütgerweg 91-5b
22307 Ruthsweg 66-9a
22587 Rutsch 88-3c
20146 Rutschbahn 79-4c
22415 Rüümk 51-3a
22309 Ruwoldtweg 66-3c

22397 **S**aalkamp 24-7b
- Saarlandbrücke 66-8c
22303 Saarlandstieg 66-5c
22303 Saarlandstraße 66-8a
21029 Saarstraße 125-7b
- Sachsenbrücke 106-1c
20097 Sachsenfeld 94-4d
20097 Sachsenkamp 94-4d
22455 Sachsenstieg 38-8b
20097 Sachsenstraße 94-4d
21029 Sachsentor 124-6d (11/A2)
22455 Sachsenweg 50-2d
22587 Sachtestieg 75-7b
22523 Safranweg 62-3c
22587 Sagebiels Weg (11/A3)
22767 Sägemühlenstraße (25) 92-5c
22309 Sahlenburger Straße 66-2d
22337 Salbeiweg 66-3a
22455 Salierweg 50-2a
20535 Saling 94-3b
20535 Salingtwiete 94-3a
20251 Salomon-Heine-Weg 65-5c
22117 Salomon-Petri-Ring 96-6d
21073 Salzburger Häuser (14/A2)
21129 Salzgitterkai 104-7a
20537 Salzmannstraße 94-5d
22415 Samlandweg 39-5d
21107 Sand (Wilhelmsburg) 119-2c
21073 Sand (Harburg) 133-7b (14/A2)
21149 Sandbek 129-5a
22767 Sandberg 92-5c
20457 Sandbrücke (13/D4)
21037 Sande 165-6c
Sander Damm 124-8b (11/A3)
21031 Nr. 2-4, Nr. 21-43
21029 Nr. 5
21037 Sander Deichweg 165-8b
21031 Sander Markt 124-6a (11/A1)
21029 Sander Straße 124-6b
21033 Sander Tannen 124-2c
22391 Sanderskoppel 53-1c
21129 Sandfall (3) 102-1b
22415 Sandfoort 39-6c
22525 Sandgrube 63-8c
21149 Sandhafer 129-6b
21149 Sandheide 130-4c
21129 Sandhöhe 102-3d
21077 Sandkäferweg 160-3a
22111 Sandkamp 95-6a
22111 Sandkampstieg (6) 95-6b
22111 Sandkampweg 95-3c
22119 Sandkoppelweg 96-4d
22089 Sandkrug (2) 80-9a
22457 Sandkrugweg 49-4c
22399 Sandkuhlenkoppel 41-1a
22143 Sandkule 69-1d
22559 Sandmoorweg 59-5d
22549 Sandort 75-6d
22175 Sandstraße 54-7c
22159 Sandstücken 68-1b
20457 Sandtorhöft 93-7b
20457 Sandtorkai 93-8a
20257 Sandweg 78-8a
22113 Sandwisch 107-8b
21107 Sanitasstraße 105-8a
21031 Sanmannreihe 124-2b
22589 Sapperweg 75-1d
22397 Sarenweg 30-2c
20257 Sartoriusstraße 78-4b
22393 Saselbekstraße 42-5a
22395 Saselbergring 41-3d
22395 Saselbergweg 41-3d
22393 Saseler Bogen 42-9c
Saseler Chaussee 53-3d
22391 Nr. 1-99, Nr. 2-90
22393 Nr. 62-254a, Nr. 101-277
22395 Saseler Damm 41-6a
22393 Saseler Kamp 42-8a
22393 Saseler Loge 42-4c
22393 Saseler Markt 42-4d
22395 Saseler Mühlenweg 42-1b
- Saseler Park 42-4d
22393 Saseler Parkweg (1) 42-4b
Saseler Straße 55-1c
22145 Nr. 1-175, Nr. 2-178
22159 Nr. 177-Ende, Nr. 180-Ende
- Saseler Straßenbrücke 55-4b
22359 Saseler Weg 43-7a
22393 Saselheide 54-3b
22159 Saselheider Straße 54-3d
22159 Saselheider Weg 54-6b
22395 Saselhörn 42-1b
22393 Saselkoppel 42-7a
22393 Saseltwiete 42-5a
22393 Saselwisch 42-5c
22147 Sassenburger Weg 55-7a
22459 Sassenhoff 49-6b
22147 Saßnitzer Weg 68-6b
22767 Saßstraße 92-2d
22391 Saturnweg 53-4a
22179 Sauerampferweg 67-7b
21147 Schaaphusen 131-1c
21147 Schaapkamp 131-1c
22397 Schaarbargsweg 23-8b
20459 Schaarmarkt (12/D2)
20459 Schaarsteinweg 93-4d (12/D2)
- Schaarsteinwegbrücke (12/D2)
20457 Schaartor (12/D3)
22523 Schachblumenweg 62-3a
20537 Schadesweg 94-6d
22041 Schädlerstraße 81-5d
- Schäferhofbrücke 40-7c
22415 Schäferhofstieg 52-1a
20357 Schäferkampsallee 78-9a
22397 Schäferkoppel 24-6a
22395 Schäferredder 30-9b
22393 Schäfersruh 42-7a
21149 Schäferstieg 131-4d
20357 Schäferstraße 78-9b
22549 Schafgarbenweg 76-1b
21077 Schafshagenberg 148-5c
22047 Schafsteg 82-1c
22175 Schafstrift 54-7c
21129 Schallnsteed (1) 102-1b
22335 Schanzenberg (2) 52-4b
21149 Schanzengrund 130-9b
20357 Schanzenstraße 92-3a
20539 Schanzenweg (1) 92-9b
22587 Schanzkamp 89-2a
22399 Schäperdresch 29-7b
22549 Schäperstück 76-7a
22147 Scharbeutzer Straße 68-6d
21077 Scharfsche Schlucht 161-1a
21129 Scharhörner Weg (17) 102-3c

21149 Scharlbarg 129-5b
21149 Scharlbargstieg 129-8b
22415 Scharnskamp 39-9c
21149 Scharpenbargshöhe 130-6a
21149 Scharpenbargsweg 130-5c
21031 Schärstraße 110-9a
21075 Schattengang 132-8d
22043 Schatzmeisterstraße 81-8b
22417 Schaudinnstwiete (2) 66-5d
20095 Schauenburgerstraße 93-5b (13/C4)
22395 Schaumkrautweg 42-1d
22607 Schaumnelkenstieg 76-5c
20251 Schedestraße 65-7a
21039 Scheelenstegel 155-1d
22765 Scheel-Plessen-Straße 92-1c
22457 Scheelring 49-2b
21079 Scheeßeler Kehre 161-2a
22301 Scheffelstraße 79-6a
22605 Schefflerweg 91-4d
21149 Schehakstieg 129-6a
21149 Scheidebachtal 130-8d
21149 Scheideholzhang 129-6a
21149 Scheideholzkehre 129-6b
21149 Scheideholzstieg 129-6b
21149 Scheideholztwiete 129-6b
21149 Scheideholzweg 129-6b
22359 Scheidereye 43-4a
20253 Scheideweg 78-6a
22179 Scheidingweg 67-2c
21079 Schellerdamm 133-5c (14/B1)
22089 Schellingstraße 80-9b
22359 Schemmannstraße 43-7c
21079 Schendelstieg 149-8b
22589 Schenefelder Diek 75-8a
22589 Schenefelder Holt 75-2c
Schenefelder Landstraße 75-2c
22587 Nr. 1-51, Nr. 2-38
22589 Nr. 53-Ende, Nr. 68-Ende
22085 Schenkendorfstraße 80-4a
22767 Scheplerstraße 92-2d
22111 Scheteligsweg (4) 95-6a
\- Schiefe Brücke 138-5d
Schierenberg 55-7a
22147 Nr. 2-23, Nr. 12-22
22145 Nr. 45-Ende, Nr. 50-Ende
22415 Schierenkamp 39-8d
22145 Schierhornstieg 55-6c
22549 Schierlingsweg 76-2c
21075 Schießbahn 131-9b
\- Schiffbeker Brücke 96-4c
22119 Schiffbeker Höhe 96-5c
22117 Schiffbeker Schanze 96-8c
Schiffbeker Weg 96-7b
22111 Nr. 1-37, Nr. 2-32
22119 Nr. 39-227, Nr. 42-230
22043 Nr. 286-Ende, Nr. 293-Ende
22457 Schiffszimmererweg 49-5b
22047 Schilfgrund 67-9b
22175 Schilfmoor 53-6b
20457 Schilfstraße 93-7c
22767 Schillerstraße 92-4d
21029 Schillerufer 124-6d (11/A2)
21129 Schillighörner Stieg (18) 102-3c
22393 Schillingkoppel 41-9b
22529 Schillingsbektal 64-8a
22529 Schillingsbekweg 64-8a
22415 Schillingswisch 51-3a
22045 Schillstraße 68-8d
22043 Schimmelmannallee 82-4d
22043 Schimmelmannstieg 82-4d
22043 Schimmelmannstraße 81-6d
22149 Schimmelreiterweg 70-7c
22159 Schimmelweg 68-4a
\- Schinckels Park 74-9c
22303 Schinkelstraße 79-3d
22455 Schippelsweg 50-2c
21107 Schipperort 105-5c
21039 Schipperstegel 155-1d
\- Schlachthofbrücke 133-8d
21079 Schlachthofstraße 133-8b
22605 Schlagbaumtwiete 91-4c
22179 Schlagboom 67-3d
22587 Schlagemihls Treppe (11/A2)
22117 Schlangenkoppel 97-4c
20144 Schlankreye 78-6d
22559 Schlankweg 60-8c
21109 Schlatermundweg 120-4b
22147 Schlawer Weg 55-8c

21029 Schlebuschweg 125-4d
22117 Schleemer Ring 96-8d
22117 Schleemer Weg 96-8c
22117 Schleemkoppel 96-8b
\- Schleepark 92-4d
22767 Schleestraße 92-5c
22089 Schlegelsweg 80-6d
22335 Schlehdornweg 52-4a
22457 Schlehenweg 37-9b
22083 Schleidenstraße 80-2c
21107 Schlengendeich 119-1d
21107 Schlenzigstraße 105-6c
22457 Schleswiger Damm 37-8d
22761 Schleswiger Straße 78-7a
22049 Schlettstadter Straße 81-1d
\- Schleusenbrücke (13/C4)
21037 Schleusendamm 138-5c
21037 Schleusenhörn 138-2c
22397 Schleusenredder 24-5c
22397 Schleusenstieg 24-7b
22399 Schleusentwiete (1) 41-6a
22397 Schlickböge (1) 24-8a
22307 Schlicksweg 66-9b
22609 Schliemannstraße 75-9c
21107 Schlinckstraße 105-6d
21129 Schloostraße 102-3a
21107 Schlöperstieg 119-5d
Schloßgarten 81-5c
22041 Nr. 1-37-, Nr. 2-36
22043 Nr. 38-Ende, Nr. 39-Ende
22159 Schloßkoppel 54-6c
21073 Schloßmühlendamm 133-4d (14/B1)
22041 Schloßstraße 81-4d
22337 Schluchtweg 52-6a
21107 Schluisgrove 119-4b
22523 Schlüsselblumweg 62-3d
20146 Schlüterstraße 79-8a
22419 Schlüüskamp 39-6a
22309 Schmachthäger Straße 66-3c
22143 Schmahlsweg 69-2d
22083 Schmalenberger Straße 80-5b
22525 Schmalenbrook 77-3b
22359 Schmalenremen 43-2b
22417 Schmalfelder Weg 28-5c
22761 Schmalkaldener Straße 77-8a
22767 Schmarjestraße 92-4a
22605 Schmidtkamp 90-6a
22767 Schmidt-Rottluff-Weg 92-3c
21107 Schmidts Breite 119-5a
22767 Schmidts Passage (22) 92-4d
21029 Schmidtweg 125-5c
22043 Schmiedeberger Weg 82-6c
22453 Schmiedekoppel 64-1d
20095 Schmiedestraße (19) (13/C4)
20099 Schmilinskystraße 93-3b
22337 Schmuckshöhe 66-2b
22767 Schmuckstraße 92-6a
22419 Schmuggelstieg 27-5d
22041 Schmüserstraße 81-2c
22559 Schnaakenmoor 59-6c
22547 Schnackenburgallee 77-2a
22549 Schneckenstieg 76-1b
22523 Schneeballweg 62-3c
22047 Schneeglöckchenweg 81-2b
21149 Schneeheide 130-4c
22145 Schneehuhnkamp 55-8b
22119 Schneewittchenweg 82-8c
22145 Schneisenstraße 55-3c
22765 Schnellstraße 92-1b
22459 Schnelser Höhe 49-5b
22523 Schnelsner Weg 48-9b
21147 Schnepfenstieg (8) 116-9c
21079 Schneverdinger Weg 149-5d
21149 Schnuckendrift 129-6c
22587 Schnudts Treppe (1) (11/A2)
22607 Schoenaich-Carolath-Straße 76-8d
22117 Schöfferstieg 96-8d
22767 Schomburgstraße 92-4b
22111 Schönbornreihe 95-2d
22085 Schöne Aussicht 79-6d
Schöneberger Straße 82-3b
22045 Nr. 1-35, Nr. 2-32
22149 Nr. 55-Ende, Nr. 60-Ende
21109 Schönenfelder Straße 120-1c
22587 Schöner Blick 74-9d
21129 Schonerweg (1) 100-5a
\- Schöns Park 73-3c
22395 Schönsberg 42-1d

22395 Schönsbergredder 42-1b
22455 Schönweg 50-1d
22395 Schoolmesterkamp 55-1b
22527 Schopbachweg 63-6a
22765 Schopenhauerweg 91-6d
20095 Schopenstehl 93-5b (13/C5)
20255 Schopstraße 78-5a
21073 Schorchtstraße 133-7a (14/A1)
21029 Schorrhöhe 125-8d
21129 Schotstek 102-1a
20251 Schottmüllerstraße 65-7d
22087 Schottweg 80-7d
20249 Schrammsweg 65-8c
22143 Schrankenweg (1) 69-2c
21037 Schrebenhof 152-8b
22453 Schreberstraße 51-7d
22339 Schregenhof 40-9a
22549 Schreinerweg 76-2b
22309 Schreyerring 67-1a
\- Schröders Elbpark 91-4c
20357 Schröderstiftstraße 78-9b
20146 Schröderstiftweg 79-7a
22087 Schröderstraße 94-1b
22453 Schrödersweg 64-3d
22085 Schrötteringksweg 80-4d
20251 Schubackstraße (6) 65-8a
22083 Schubertstraße 80-4b
22559 Schulauer Weg 73-7b
22605 Schulberg 91-5c
22399 Schulbergredder 41-2d
21029 Schuldorffstraße 125-7b
20535 Schulenbeksweg 94-3b
21029 Schulenbrooksweg 125-7a
21031 Schulenburgring 110-7d
22761 Schulgartenweg 77-4b
21149 Schulheide 129-6d
22609 Schulkamp 89-6b
22143 Schulpfad 69-2a
21033 Schulredder 109-8b
22587 Schulten Immenbarg (11/A2)
20257 Schulterblatt 78-9c
22391 Schulteßdamm 53-2d
22391 Schulteßstieg 53-2d
21077 Schultwiete 161-1b
20097 Schultzweg 93-6b
20259 Schulweg 78-6c
22527 Schum. Park 63-2d
22767 Schumacherstraße 92-1d
20457 Schumacherwerder 106-1a
22083 Schumannstraße 80-4b
22117 Schümannweg 97-7a
22041 Schünemannstieg 81-4d
22397 Schünenkoppel (1) 25-4a
22087 Schürbeker Bogen 80-8a
22087 Schürbeker Straße 80-7b
22309 Schurekstraße (1) 53-7d
20537 Schurzallee-Mitte 95-5c
20537 Schurzallee-Nord 95-4b
21075 Schüslerweg 132-8b
21149 Schusterberg 130-4c
22399 Schusterkoppel 29-8c
21107 Schutenort (6) 105-5c
21147 Schütteneck 130-2c
21073 Schüttstraße (4) (14/B2)
22761 Schützenstraße 91-3b
22455 Schwabenstieg 50-3b
22307 Schwalbenplatz 66-9a
22305 Schwalbenstraße 66-9c
22453 Schwalbenweg 50-9c
21107 Schwämmle Weg 119-2a
22087 Schwanenwik 80-7a
\- Schwanenwikbrücke 79-9d
22049 Schwansenstraße 81-1d
22453 Schwartauer Straße 65-1b
22768 Schwartenkamp 91-5a
22391 Schwarzbuchenweg 53-2c
22391 Schwarzdornweg 53-1d
\- Schwarze Brücke 94-8a
20535 Schwarze Straße 94-3a
22149 Schwarzenbecker Ring 70-7c
21073 Schwarzenberg 132-6d
21073 Schwarzenbergstraße 132-6d (14/A1)
22309 Schwarzer Weg 66-3d
22041 Schwarzlosestraße 81-2d
22391 Schwarzpappelweg 53-5a
22453 Schwedenkamp 50-6c
21079 Schweenssand-Hauptdeich 133-6b
22045 Schweidnitzer Straße 82-6b

22087 Schweimlerstraße 94-1a
\- Schweinesand-Elbinsel 88-1c
22041 Schweinfurthweg (2) 82-4b
22419 Schwelmer Weg 39-2b
Schwenckestraße 78-5c
20257 Nr. 2-10, Nr. 3-7
20255 Nr. 14-Ende, Nr. 17-Ende
22768 Schwengelkamp 91-2c
21109 Schwentnerring 119-6d
22417 Schwenweg 40-2a
22143 Schweriner Straße 69-2c
21037 Schwersweg 135-2b
22049 Schwetzer Gasse 67-8c
22607 Schwindstraße 76-9d
22607 Schwingeweg 76-9d
22529 Schwübb 64-4b
22111 Sebastiangasse (1) 95-3c
22087 Sechslingspforte 80-7c
22587 Sechslingstreppe (2) 88-3a
20146 Sedanstraße 79-7a
22339 Sedelmannsbusch 41-7c
22397 Sedenkamp 24-4a
22119 Seeadlerstieg 96-4b
22397 Seebarg 29-6a
22397 Seebargredder 29-6b
22397 Seebargstieg (3) 29-6a
22397 Seebargwinkel 29-6a
22177 Seebekring 67-4a
21037 Seefeld 153-2d
21107 Seegelkenkehre (1) 133-2b
\- Seehafenbrücke 133-4d (14/A2)
21079 Seehafenstraße 132-6b
21129 Seehof 100-5c
22177 Seehofallee 53-8c
21129 Seehofring 100-5c
22337 Seehofstraße 53-8c
21129 Seehofweg 100-5c
22177 Seekamp 53-8c
\- Seelemannpark 65-8c
21129 Seemannshöft 90-9a
22523 Seerosenweg 62-2b
22119 Seeschwalbentwiete 96-4b
22459 Seesrein 50-5c
22607 Seestraße 76-8b
21077 Seestücken 148-2b
21079 Seevedeich 150-4d
21073 Seevepassage 133-8c (14/B3)
21073 Seeveplatz 133-8c (14/B2)
21079 Seevestraße 133-8a
20459 Seewartenstraße 92-6d (12/D1)
22397 Segeberger Chaussee 23-2c
22397 Segerfeld (5) 30-4b
22523 Seidelbastweg 62-3a
20359 Seilerstraße 92-6a
22459 Sellhopsweg 49-6d
20255 Selliusstraße 78-2c
21029 Sellschopstieg 125-4d
22455 Semnonenweg 50-3c
22303 Semperplatz 80-1a
22303 Semperstraße 79-3b
Sengelmannstraße 66-1b
22297 Nr. 1-71, Nr. 32-50
22335 Nr. 82-88, Nr. 83-185
22393 Senke 42-5b
21149 Sennhüttenweg 131-7a
22049 Sensburger Weg 67-8c
22083 Sentastraße 80-2d
22457 Sergio-de-Simone-Stieg (2) 37-8d
21029 Serrahnstraße (11/A2)
22119 Sesamweg 82-8c
22455 Sethweg 50-4b
20095 Setzergasse 96-9c
22089 Seumestraße 80-6d
21033 Seyboldstraße 124-5b
22043 Seydeckreihe 81-8a
22587 Sibbertstraße 89-1a (11/A1)
22761 Sibeliusstraße 91-2a
21029 Sichter 125-4c (11/B2)
22395 Sickerkoppel 42-4b
21109 Siebenbrüderweide 119-9d
22589 Siebenbuchen 74-6d
22415 Siebeneichen 39-8d
22529 Siebenschön 64-9a
22453 Siebensternweg 50-9a
22587 Siebenweg 74-7d
22609 Sieberlingstraße 89-6b
21109 Siedenfelder Weg 120-4a
21109 Siedlersruh 120-4b

21033 Siedlung Bergedorf West 123-6b
21149 Siedlung Falkenberg 130-8a
22149 Siedlung Großlohe 70-7a
22417 Siedlung Langenhorn 40-2a
22549 Siedlung Osdorfer Born 61-9d
21149 Siedlung Waldfrieden 146-2b
22559 Siegfriedstraße 73-3a
20354 Siegfried-Wedells-Platz 93-2a
22559 Siegrunweg 60-7c
22143 Sieker Landstraße 69-3c
22393 Siekkamp 42-5c
22459 Siekreystraße 49-5d
20539 Sieldeich 106-1d
22529 Siemersplatz 64-6c
20251 Siemssen-Straße 65-7b
Sierichstraße 65-8d
22301 Nr. 1-79, Nr. 2-94
22299 Nr. 81-191, Nr. 96-172
22147 Sierksdorfer Straße 69-4c
21037 Sietwende 137-4c
20535 Sievekingdamm 94-3c
20355 Sievekingplatz 93-1c (12/B2)
Sievekingsallee 94-3a
20535 Nr. 1-111, Nr. 6-114d
22111 Nr. 130-Ende, Nr. 116-Ende
22559 Sieversstücken 74-2c
22607 Sievertstraße 76-9b
22119 Silberberg 96-2a
22391 Silberdistelweg 41-7c
22415 Silberpappelstieg (3) 39-5d
20359 Silbersackstraße 92-6a
20359 Silbersacktwiete (32) 92-6c
22761 Silcherstraße 77-7d
20257 Sillemstraße 78-4b
20095 Siloahweg 49-1d
22119 Simlliberg 96-2a
Simon-von-Utrecht-Straße 92-5b (12/C1)
20359 Nr. 4-90, Nr. 13-91
22767 Nr. 111-Ende
22527 Simon-Wannewitz-Ring 63-2c
Simrockstraße 75-8c
22587 Nr. 1-31, Nr. 2-40
22589 Nr. 35-Ende, Nr. 42-Ende
\- Singapurbrücke 66-4b
22297 Singapurweg 66-4a
21077 Singdrosselweg 148-1d
22045 Singelmannsweg 82-2b
21077 Sinstorfer Kirchweg 160-3a
21077 Sinstorfer Weg 148-9b
22391 Siriusweg 53-1c
22145 Skaldenweg 55-3d
\- Slamatjenbrücke (12/C3)
20537 Slebuschstieg 95-1d
22605 Slevogtstieg 91-4c
21129 Slipstek 102-1b
20539 Slomanstieg (4) 106-1d
20539 Slomanstraße 106-1d
20535 Smidtstraße 81-7c
22111 Snitgerreihe 95-2c
22111 Snitgerstieg 95-2c
21077 Snittershofstieg 149-7b
22609 Söbendieken 90-1c
Sodenkamp 52-6b
22337 Nr. 19-67, Nr. 34-68
22391 Nr. 69-79, Nr. 70-78
22337 Sodentwiete 53-4a
22045 Söderblomstraße 68-9a
20099 Soester Straße 93-3d
22607 Sohrhof 90-2b
22607 Sohrhofkamp 76-8d
\- Sola-Bona-Park 63-5b
22145 Soldkampweg 55-5c
22417 Solferinostraße 27-9b
22419 Solinger Weg 39-2b
22179 Sollkehre 53-9c
21079 Soltauer Ring 149-5d
22179 Soltaus Allee 67-7b
21029 Soltaustraße 125-7a
22335 Soltstücken 52-4c
22769 Sommerhuder Straße 92-2b
22337 Sommerkamp 52-8c
22395 Sommerpfad 42-4a
22547 Sommerweg 62-9a
22305 Sonderburger Straße 67-7d
22089 Sonnenau 80-9a
21077 Sonnenblumenweg 148-4a
22395 Sonnenhöhe 41-6b

22115 Sonnenland 108-3b
22417 Sonnenlinie 40-2c
22045 Sonnenredder 82-2a
22179 Sonnentauweg 53-8c
22045 Sonnenweg 68-8b
- Sonnenwegbrücke 68-8b
22417 Sonnenwende 40-2a
20097 Sonninstraße 94-4c
22453 Sootbörn 50-8d
22335 Söötsch 51-2b
22175 Sootweg 54-7a
21109 Sophie-Dorothea-Stieg (1) 120-7a
22043 Sophie-Kloers-Weg 82-5d
20257 Sophienallee 78-8a
21079 Sophienstraße 149-2d
20149 Sophienterrasse 79-5b
21035 Sophie-Schoop-Weg 123-5d
20537 Sorbenstraße 94-5b
22337 Sorbusallee 53-5c
22149 Soreneck 70-7c
22359 Sorenfeldring 43-6a
22149 Sorenkoppel 70-7c
22359 Sorenremen 43-3c
22587 Sörensenweg (11/A2)
22149 Sorenstieg 69-9b
22529 Sorthmannweg 78-2d
22529 Sottorfallee 64-9a
21109 Spadenlander Busch 120-3c
21037 Spadenländer Elbdeich 121-7c
21037 Spadenländer Hauptdeich 121-7a
21037 Spadenländer Weg 135-2b
20099 Spadenteich (13/B6)
20097 Spaldingstraße 94-4a
20457 Spandauer Ufer 105-5a
22045 Spandauer Weg 83-1a
Spanische Furt 49-8a
22459 Nr. 1a-Ende
22523 Nr. 2-Ende
22527 Spannskamp 78-1a
22159 Spannstücken 54-6c
22159 Spannwisch 68-8a
22547 Spatzenwinkel 62-9a
22397 Spechtort 29-3d
22119 Speckenreye 95-3d
21039 Speckenweg 140-4a
- Speckenwegbrücke 140-1c
22391 Speckmannstraße 41-9c
22397 Specksaalredder 24-7a
21079 Speckshörn 161-2c
20355 Speckstraße 93-1d (12/B3)
20095 Speersort (13/C5)
20257 Spengelweg 78-4d
22459 Sperberhorst 50-2d
22175 Sperberkamp 54-1d
22175 Sperbertwiete 54-1d
22453 Sperlingsweg 39-7c
21109 Sperlsdeicher Weg 120-2d
20359 Spielbudenplatz 92-6a
21029 Spieringstraße 125-7b
20095 Spitalerstraße 93-6a (13/C5)
22145 Spitzbergenweg 55-6a
22607 Spitzwegstraße 77-7c
22119 Spliedtring 82-8c
22589 Spliethweg 75-4a
22175 Spoerlweg 54-2c
20083 Spohrstraße 80-2c
22117 Spökelbarg 96-8c
22117 Spökelbargring 96-8c
21077 Spörgelweg 148-8b
22453 Sportallee 65-2b
21037 Sporthallenweg 153-1a
20357 Sportplatzreihe (12/B1)
22527 Sportplatzring 63-9b
22359 Sportzenkoppel 44-4c
22359 Sportzenstieg (1) 44-4d
22359 Sportzenwiese (2) 44-4d
- Spreehafenbrücke 105-4b
22453 Spreenende 65-1a
22547 Spreestraße 62-6c
20095 Springeltwiete (13/C5)
22765 Spritzenplatz 91-6b
22529 Spritzenweg 64-5d
22045 Sprottauer Straße 82-5b
22547 Sprützkamp 62-8b
22547 Sprützmoor 62-9a
22547 Sprützwiese 62-8b
20457 St. Annenbrücke (13/D5)
20457 St. Annenufer (13/D4)

20354 St. Anscharplatz (12/B3)
20149 St. Benedictstraße 79-2c
20099 St. Georgs Kirchhof (13/A6)
20099 St. Georgstraße 93-3d (13/B6)
22415 St. Jürgens Holz 39-9c
20359 St. Pauli Elbtunnel 92-6d (12/D1)
20359 St. Pauli-Fischmarkt 92-5d
20359 St. Pauli-Hafenstraße 92-6c (12/D1)
- St. Pauli-Landungsbrücken (12/D1)
20357 St. Pauli-Reihe (12/B1)
20355 St. Petersburger Straße 93-1a (12/A2)
22175 St. Wilhelm 53-9a
22159 St.-Jürgenstraße 54-2d
20099 Stadelhörn (3) (13/D4)
22393 Stadelmannweg 54-2a
21075 Stader Straße 131-6b
20357 Stadionreihe (12/B1)
22525 Stadionstraße 76-3d
Stadtbahnstraße 41-9a
22393 Nr. 1-143, Nr. 2-112
22391 Nr. 114-116, Nr. 151-157
20097 Stadtdeich 93-6d (13/D6)
- Stadthallenbrücke 66-8c
- Stadthausbrücke 93-5a (12/C3)
- Stadtpark 66-7a
21075 Stadtscheide 131-5c
21075 Stadtweg 148-7a
22761 Stahltwiete 91-3b
22397 Stakenkamp 31-1c
22303 Stammannstraße 80-1b
22765 Stangestraße (7) 92-4a
22143 Stapelfelder Stieg 69-6b
22143 Stapelfelder Straße 69-6a
22049 Stapelholmer Straße 81-1c
22529 Stapelstraße 64-5d
22145 Starckweg 55-8b
22147 Stargarder Straße 68-3a
22305 Starstraße 66-9d
22605 Statthalterplatz 90-3b
22419 Staudenweg (2) 27-8d
22607 Staudingerstraße 76-8b
22587 Stauffenbergstraße 89-2d
22453 Stavenhagenstraße 64-3d
20457 Steckelhörn (13/D4)
22529 Stedingweg 64-2c
22339 Steenbalken 41-7c
22397 Steenbarg 23-9b
22397 Steenbargkoppel 23-9b
22397 Steenbargsweg 23-9b
22459 Steendammswisch 50-4d
21129 Steendiek 102-3a
22607 Steenkamp 76-9b
22045 Steenmoor 68-9d
22589 Steenrehm 75-2c
22397 Steenrögen 24-8a
22527 Steenwisch 78-1c
22175 Stefan-Zweig-Straße 54-5c
20095 Steffens Weg (1) 161-2a
22768 Stegelweg 91-5a
22119 Stegerwaldring 96-4a
22045 Steglitzer Straße 83-1a
22587 Stehrs Treppe 88-3a
22587 Steiler Weg 89-1c (11/A2)
Steilshooper Allee 66-3c
22309 Nr. 1-61, Nr. 2-40
22177 Nr. 380-434, Nr. 381-431
22179 Nr. 438-Ende
Steilshooper Straße 80-3b
22305 Nr. 1-167, Nr. 40-186
22307 Nr. 171-237, Nr. 200-250b
22309 Nr. 251-321, Nr. 254-328
22523 Steinacker 49-7c
22119 Steinadlerweg 96-4b
22115 Steinbeker Berg 108-3a
22115 Steinbeker Grenzdamm 109-5a
Steinbeker Hauptstraße 108-2b
22117 Nr. 2-88, Nr. 5-93
22115 Nr. 90-Ende, Nr. 97-Ende
22115 Steinbeker Kirchenstieg 109-1c
22117 Steinbeker Markt 108-3a
22117 Steinbeker Marktstraße 96-9b
22113 Steinbeker Reihe 108-3c
20537 Steinbeker Straße 94-6d
22117 Steinbeker Weg 108-2b
22453 Steinblockstraße 65-1a
22527 Steinburger Straße 63-6b
20099 Steindamm 93-3d
22119 Steinfeldstraße 96-4c

22115 Steinfurth 97-7c
22117 Steinfurther Allee 97-7a
22175 Steingarten 54-4d
22045 Stein-Hardenberg-Straße 82-2b
22087 Steinhauerdamm 94-1b
22767 Steinheimplatz 92-2c
22453 Steinhoffweg 50-9a
20459 Steinhöft 93-4d (12/D3)
21073 Steinikestraße 133-7c (14/A3)
21029 Steinkamp 125-4a
21147 Steinmarderweg (9) 116-9c
22359 Steinreye 31-7d
20457 Steinschanze 93-9a
20095 Steinstraße 93-6a (13/C5)
- Steintorbrücke (13/B6)
20095 Steintordamm 93-6b (13/B6)
20097 Steintorplatz 93-6b (13/B6)
20099 Steintorwall 93-3d (13/B6)
20099 Steintorweg (13/B6)
20459 Steintwiete 93-5c (12/D3)
20459 Steintwietenhof 93-5c (12/D3)
22393 Steinwegel 42-5d
22359 Steinwegenskoppel 42-6d
20355 Steinwegpassage (8) (12/C3)
20457 Steinwerder Kai 92-9c
22527 Steinwiesenweg (1) 63-2d
22143 Stellaustieg 69-6c
21035 Stellbrinkweg 123-8b
22529 Stellinger Chaussee 64-5c
22527 Stellinger Steindamm 63-9d
20255 Stellinger Weg 78-2c
21129 Stellmacherstraße 100-8b
22391 Stellmannkamp 53-2b
22045 Stemmeshay 68-9a
22043 Stemwarder Straße 82-6c
22111 Stengelestraße 95-6a
22111 Stengeletwiete 95-6b
20257 Stenvort 78-8a
21107 Stenzelring 105-6c
20354 Stephansplatz 93-2a (12/A3)
22049 Stephanstraße 67-8b
22609 Sternbergweg 75-9d
22523 Sterndoldenweg 63-4a
22589 Sternmoosweg (1) 74-6a
20357 Sternschanze 78-9d
- Sternschanzenpark 78-9d
20357 Sternstraße 92-3b (12/A1)
22119 Sterntalerstraße 96-2a
21031 Sterntwiete 124-3b
20457 Stettiner Straße 104-6c
20457 Stettiner Ufer 104-6d
22111 Steubenstraße 95-5a
20457 Sthamerkai 104-6a
22397 Sthamerstraße 30-3a
22607 Stiefmütterchenweg 76-5c
22768 Stiegkamp 91-5a
22081 Stieglitzstraße 80-6c
22339 Stiegstück 40-8d
20099 Stiftstraße 94-1a
22607 Stiller Weg 76-8b
21109 Stillhorn 120-8c
20457 Stillhorner Damm 105-1b
21109 Stillhorner Hauptdeich 134-1b
21109 Stillhorner Stegel 134-2b
21109 Stillhorner Weg 134-1b
22605 Stindeweg 90-6b
22417 Stockflethweg 27-6c
22305 Stockhausenstraße 80-2b
22607 Stockkamp 90-2b
20457 Stockmeyerstraße 93-6c (13/D5)
22179 Stockrosenweg 67-7b
20535 Stoeckhardtstraße 94-3b
22399 Stofferkamp 41-1c
22085 Stolbergstraße 80-1c
21147 Stölckenhofwinkel 130-3b
22145 Stolper Straße 55-8c
22147 Stolpmünder Straße 54-9b
22043 Stoltenbrücke 82-7c
- Stolten-Park 94-5a
22119 Stoltenstraße 81-9d
22145 Stolzweg 55-2d
22143 Stoppelfeld 69-1d
22559 Storchenheimweg 74-4c
22043 Storchenstieg 82-5c
22049 Stormarner Straße 81-4a
21031 Stormarnhöhe 124-3a
22393 Stormarnpatz 41-6d
22085 Stormsweg 80-4c

21149 Störtebekerweg 130-5a
22307 Stöttrupweg 66-5b
22083 Stradellakehre 80-1d
20099 Stralsunder Straße (3) 93-3d
20457 Strandhöft 93-7b
20457 Strandkai 93-8c
22587 Strandtreppe 89-1c (11/B3)
22587 Strandweg 89-1c (11/A3)
22049 Straßburger Platz 81-1d
22049 Straßburger Stieg 81-2a
22049 Straßburger Straße 81-1c
22607 Straßweg 90-3a
22393 Stratenbarg 42-5c
22587 Strauchweg 75-4c
22761 Straußstraße 77-8c
21147 Streckgrabenweg 129-1a
- Streekbrücke 79-2d
22359 Streekweg 43-1d
22605 Strehlowweg 91-4d
21149 Stremelkamp 129-3c
21149 Stremelweg 129-6b
22391 Strenge 53-2d
22391 Strengesweg 41-8a
22529 Stresemannallee 78-2d
Stresemannstraße 77-9c
22769 Nr. 2-298, Nr. 5-297
22761 Nr. 299-Ende, Nr. 300-Ende
20539 Stresowstraße 94-8d
21147 Striepentweite 130-3c
21147 Striepenweg 130-3c
22115 Strietkoppel 109-2a
22587 Strindbergweg 74-8b
22523 Strohblumenweg 62-2d
22587 Strohredder 75-4d
22559 Strübelhorn 74-4a
22337 Struckholt 52-5c
22337 Struckholttwiete (3) 52-5c
21077 Strucksbarg 148-1d
22767 Struenseestraße 92-4d
22399 Strutzhang 41-3c
22453 Strüverweg 64-3d
21077 Stubbenberg 148-7b
21147 Stubbenhof 130-3a
20459 Stubbenhuk 93-4d (12/D2)
22393 Stubbenweg 42-6c
22337 Stübeheide 52-5b
22337 Stübekamp 52-3d
21109 Stübenhofer Weg 120-7d
21107 Stübenplatz 105-5c
22337 Stüberedder 52-3d
22081 Stückenstraße 80-3c
22547 Stückweg 62-8a
22359 Stüfelkoppel 44-4c
22395 Stüffel 42-3b
22359 Stüffeleck 31-7c
22395 Stüffelloort 30-9c
22359 Stüffelring 43-1a
22767 Stuhlmannplatz 92-2c
22767 Stuhlmannstraße (17) 92-2c
21029 Stuhlrohrstraße 124-9a (11/A3)
22175 Stühmtwiete 54-4b
22159 Stuhtsweg 54-7b
22119 Sturmvogelweg 96-1d
22607 Stutsmoor 76-6d
22453 Stutzenkamp 65-1b
22081 Stuvkamp 80-6a
22419 Suckweg 39-5c
22337 Südallee 52-9b
20249 Südeckstraße (1) 79-1b
Süderelbebogen 130-4b
21149 Nr. 4
21147 Nr. 5-Ende
21149 Süderelbering 130-4a
21149 Süderelbeweg 130-4a
22529 Süderfeldstraße 64-9b
21129 Süderkirchenweg 102-5a
21077 Sudermannstraße 149-5a
22395 Süder-Ohe 42-4a
21037 Süderquerweg 152-3d
Süderstraße 94-5c
20097 Nr. 16-82, Nr. 17-83
20537 Nr. 101-399, Nr. 112-350
22547 Sudestraße 62-5c
21149 Südheide 130-7b
20357 Südreihe (12/B1)
22303 Südring 65-9b
21077 Suerfeld 148-9a
22453 Sugambrerweg 50-9a

22457 Suhmweg 49-3a
22335 Suhrenkamp 51-9d
22305 Suhrsweg 66-9c
22417 Sülfelder Weg 28-5d
22159 Sulkyweg 68-4c
22587 Süllbergsterrasse 88-3b (11/A2)
22587 Süllbergsweg (11/A2)
22587 Süllbergtreppe (11/A2)
22559 Sülldorfer Brooksweg 74-4a
22589 Sülldorfer Heideweg 74-6b
Sülldorfer Kirchenweg 74-2b (11/B1)
22587 Nr. 1-83, Nr. 2-78
22589 Nr. 80-Ende, Nr. 85-Ende
22589 Sülldorfer Knick 74-3d
22559 Sülldorfer Landstraße 73-3d
Sülldorfer Mühlenweg 74-5d
22589 Nr. 1-47, Nr. 2-44
22587 Nr. 85-85a, Nr. 90-Ende,
Nr. 93-Ende
22119 Sultanstraße 82-8d
21037 Sülzbrackring 166-7a
22417 Sumpfcallastieg (7) 28-8a
21147 Sumpfläuferweg 131-1a
22399 Sumpfmeisenweg 41-1b
22417 Sumpfveilchenweg (3) 28-8c
22547 Sumpfweg 62-2c
21077 Sunderweg 148-4b
21149 Sünnenschien 129-6d
22457 Süntelstraße 49-4b
22159 Surenland 54-8c
20357 Susannenstraße 92-3a
22339 Susebekweg 40-9a
22768 Susettestraße 91-6d
22765 Suttnerstraße 92-2a
22399 Suurbleek 41-1d
22559 Suurheid 74-1c
22397 Suurwisch 24-5a
22523 Sven-Hedin-Straße 63-4b
- Sven-Simon-Park 74-7a
22175 Swartenhorst 54-7a
Swatten Weg 62-4d
22547 Nr. 1a-1b, Nr. 2-Ende
22869 Nr. 1, Nr. 3-Ende
22159 Swebenbrunnen 68-1d
22159 Swebengrund 68-2c
22159 Swebenhöhe 68-1b
22455 Swebenweg 38-8a
22147 Swinemünder Straße 69-1b
- Sydneybrücke 66-4a
22297 Sydneystraße 65-6b
22047 Sylter Weg 68-7d
22525 Sylversteralle 77-1b
22523 Syringenweg 48-9c

22117 **T**abulatorweg 96-9a
22587 Tafelberg 74-7c
21149 Talheide 130-7b
22337 Talstraße (Ohlsdorf) 52-8a
20359 Talstraße (St. Pauli) 92-6a
21149 Talweg 130-8b
21075 Talwinkel 148-1a
22397 Tangstedter Graben 24-1c
22397 Tangstedter Knick 24-1c
Tangstedter Landstraße 39-9d
22415 Nr. 4-146, Nr. 19-143,
Nr. 172-204
22417 Nr. 147-509a
Nr. 148-172, Nr. 206-486
22397 Tangstedter Stieg 24-4a
22397 Tangstedter Weg 24-1c
21129 Tankweg 91-7c
21077 Tanneck 148-6c
22397 Tannenbaum 30-1a
22549 Tannenberg 76-2d
22397 Tannengrünweg 29-5b
22397 Tannenhof 29-5b
21149 Tannenhügel 130-6a
22359 Tannenkamp 55-1b
22415 Tannenweg 39-9d
- Tannenwegbrücke 40-7c
22419 Tannenzuschlag 39-6a
22559 Tannhäuserweg 73-2b
22419 Tarfenböön 39-6a
22049 Tarnowitzer Weg 81-2a
22419 Tarpen 39-2a
22453 Tarpenbek-Kollau-Wanderweg 64-6b
20251 Tarpenbekstraße 65-7d
22419 Tarpenring 39-2d

22045 Waldenburger Straße 83-4a
22605 Walderseestraße 90-3d
22043 Waldfrieden 81-5d
22359 Waldherrenallee 31-7d
22391 Waldingstraße 53-3d
21149 Waldkehre 146-2c
- Waldpark 97-7d
- Waldpark Falkenstein 73-9d
- Waldpark Marienhöhe 74-5c
22523 Waldrebenweg 62-2b
22359 Waldredder 43-9a
22359 Waldreiterring 31-7d
21149 Waldschlucht 146-1c
22337 Waldstraße 52-6c
22145 Waldteufelweg 55-6a
22459 Waldvogteiweg 49-5b
22359 Waldvogtstraße 31-7d
Waldweg 42-5c
22393 Nr. 1-183, Nr. 2-134
22359 Nr. 136-148, Nr. 225
22149 Waldwinkel 69-9b
21073 Walkmühlenweg (3) (14/B2)
21073 Wallgraben (14/A1)
20099 Wallstraße 94-1b
- Wallstraßenbrücke 94-2a
22175 Walnußstieg 54-4d
21079 Walsroder Ring 149-8a
21077 Walstieg 148-4b
22335 Walter-Bärsch-Weg 51-9a
21035 Walter-Becker-Straße 123-7b
21079 Walter-Dudek-Brücke 133-8c
21077 Walter-Flex-Straße 149-2c
22041 Walter-Frahm-Stieg 81-6b
21031 Walter-Freitag-Straße 124-6a (11/A1)
21033 Walter-Hammer-Weg 109-7a
22159 Walter-Heitmann-Straße 68-4c
21079 Walter-Koch-Weg 149-2c
22391 Walter-Koppel-Weg (7) 41-9a
- Walter-Möller-Park 92-2d
21035 Walter-Rothenburg-Weg 123-8a
21035 Walter-Rudolphi-Weg 123-4d
22419 Walter-Schmedemann-Straße 27-8d
22459 Walter-Schüler-Weg 50-7c
- Waltershofer Brücke 103-6b
21129 Waltershofer Damm 103-6b
21129 Waltershofer Höft 91-8c
Waltershofer Straße 131-1d
21147 Nr. 1-29, Nr. 2-30
21079 Nr. 31-Ende, Nr. 32-Ende
22765 Walther-Kunze-Straße 92-1b
22041 Walther-Mahlau-Stieg 81-3c
20097 Wandalenweg 94-4b
- Wandrahmsfleetbrücke (13/D5)
20099 Wandrahmssteg (13/D5)
22041 Wandsbeker Allee 81-5a
22041 Wandsbeker Bahnhofstraße 81-5d
22119 Wandsbeker Bogen 81-9c
22089 Wandsbeker Chaussee 80-8d
22041 Wandsbeker Königstraße 81-4b
22041 Wandsbeker Marktstraße 81-4d
22047 Wandsbeker Schützenhof 67-8b
22087 Wandsbeker Stieg 94-1b
22179 Wandsbeker Straße 67-5c
22041 Wandsbeker Zollstraße 81-5c
22047 Wandsbek-Gartenstadt 67-8b
22041 Wandsedamm 82-1c
22149 Wandseredder 69-4c
22047 Wandsetwiete (1) 82-1c
21129 Wangerooger Stieg (13) 102-3c
20354 Warburgstraße 93-2b (13/A4)
22143 Wariner Weg (4) 69-5b
20539 Warlimontweg 106-4d
22453 Warnckesweg 64-3d
22143 Warnemünder Weg 69-2b
22455 Warnenweg 38-8d
22767 Warnholtzstraße (16) 92-2c
22525 Warnstedtstraße 77-3b
22089 Wartenau 80-8a
- Wartenaubrücke 80-8a
22049 Wartenburger Weg 67-8c
22547 Warthestraße 62-5a
21037 Warwisch 152-9c
21037 Warwischer Hauptdeich 152-8b
22587 Waseberg 88-3a
22111 Washingtonallee 95-3c
22111 Washingtonring 96-4c
22307 Wasmannstraße 66-8b
21079 Wasmerstraße 149-6a
22337 Wasserkamp 52-5c

21031 Wassermannweg 124-3b
- Wasserpark 122-8a
22041 Wasserstieg 81-4b
22143 Waterblöcken 69-3d
22143 Waterblöckenwiese 69-3b
22523 Waterhörnstraße 63-4a
22769 Waterloohain 78-8b
22769 Waterloostraße 78-8b
22559 Wateweg 73-6c
21075 Wattenbergstraße 132-6c
22417 Wattkorn 40-1a
21033 Watzenweg 124-2a
21031 Weberade 110-7d
22083 Weberstraße 80-2c
20257 Weckmannweg 78-4b
22111 Weddestraße 95-6d
22149 Weddinger Weg 69-8a
22175 Wedekindstieg 54-2c
22559 Wedeler Landstraße 73-2c
22609 Weetenkamp 90-1d
Weg beim Jäger 65-1b
22453 Nr. 1-163, Nr. 2-86
22335 Nr. 150-230, Nr. 193-225
22143 Weg Großlohe 70-4a
22043 Weg Nr. 12 82-7d
22453 Weg Nr. 173 65-2c
22453 Weg Nr. 174 65-2a
22359 Weg Nr. 320 44-4b
22415 Weg Nr. 360 39-6d
22419 Weg Nr. 396 40-1c
22419 Weg Nr. 410 39-6a
22419 Weg Nr. 414 39-6a
22417 Weg Nr. 651 40-5a
22159 Wegelstück (1) 54-8a
22527 Wegenkamp 63-6b
22117 Wegkoppel 96-9b
22393 Wegzoll 41-9b
- Wehbers Park 78-5d
22175 Wehlauer Weg (2) 53-9a
22143 Wehlbrook 69-6c
22529 Wehmerstieg 64-5a
22529 Wehmerweg 64-5a
21035 Wehrdeich 124-7b
21109 Wehrmannstraße (2) 119-3d
22049 Weichselmünder Straße 81-1a
21033 Weidemoor 109-8a
20357 Weidenallee 78-9a
Weidenbaumsweg 124-8d (11/A2)
21029 Nr. 1-19, Nr. 2-22a
21035 Nr. 32-136, Nr. 75-141
21147 Weidenbruch 116-8c
21109 Weidendamm 119-9d
22395 Weidende 42-4a
22359 Weidenkamp 55-1a
21149 Weidenkehre 130-4a
22399 Weidenkoppel 41-1d
20259 Weidenstieg 78-6c
21077 Weiderweg 161-1d
22083 Weidestraße 80-1d
22179 Weidkoppel 67-3d
22523 Weidplan 63-4c
22359 Weidwiese 43-7b
21079 Weiherheide 161-2a
21107 Weimarer Straße 119-2a
21073 Weinligstraße 132-9a
22159 Weiselweg 54-3d
22391 Weißbirkenkamp 53-1d
22391 Weißbuchenweg 53-2c
22393 Weißdornweg 41-9d
22359 Weiße Rose (4) 43-8b
22049 Weißenburger Straße 81-1c
22159 Weissenhof 68-6c
22149 Weißenseestraße 83-1b
22589 Weißkleeweg (3) 74-6a
22547 Weistritzstraße 62-5b
21075 Weitblick 148-1a
22081 Weizenkamp 80-3c
20354 Welckerstraße (12/A3)
22337 Wellingsbütteler Landstraße 52-5d
22391 Wellingsbüttler Weg 53-1c
22547 Welsestraße 62-6a
20457 Wendemuthkai 92-8b
22041 Wendemuthstraße 81-5a
- Wendenbrücke 94-5a
22459 Wendlohstieg 50-4c
Wendenstraße 94-4d
20097 Nr. 1-117, Nr. 2-118
20537 Nr. 120-478, Nr. 131-493

22457 Wendloh 38-7b
20251 Wendloher Weg 65-7a
22459 Wendlohstraße 50-4a
22527 Wendrichstraße (3) 63-5a
21079 Wendts Weg 133-6d
22359 Wensenbalken 31-7d
21029 Wentorfer Straße 125-4c (11/B3)
22391 Wentzelplatz (6) 41-6d
22301 Wentzelstraße 79-3c
Werderstraße 79-4b
20144 Nr. 23-55, Nr. 28-54
20149 Nr. 57-Ende, Nr. 58-Ende
22175 Werfelring 54-5c
22175 Werfelstieg 54-5b
20457 Werftstraße 93-7d
21035 Werner-Schroeder-Straße 122-5a
22113 Werner-Siemens-Straße 107-3a
21035 Werner-Witt-Straße 122-4d
22455 Wernigeroder Weg 50-5a
22045 Werthweg 82-1d
22045 Weseler Weg 68-8d
22143 Wesenbergallee 69-5a
21079 Weserstieg 133-6c
22559 Wespenstieg 59-8a
22549 Wesperloh 76-5c
22339 Wesselblek 53-1a
22549 Wesselburer Weg 75-6d
- Wesselhoeftpark 90-4b
22399 Wesselstraat 41-1d
22297 Wesselyring 65-6b
22419 Westedestieg (1) 39-5b
22605 Westend 90-3c
22397 Westerfelde 30-3a
21077 Westerheide 148-6c
22043 Westerkamp 81-6d
22047 Westerlandstraße 82-1b
- Westerpark 90-1d
22415 Westerrode 39-8d
20095 Westerstraße (13/C6)
20457 Westerweg 93-7c
22391 Westhusenstraße 53-3c
21037 West-Krauel 166-9d
21037 West-Kraueler Bogen 167-7c
20099 Westphalensweg 94-1d
20457 Westphalufer 104-2a
22337 Westring 52-5d
22335 Weststraße 51-8a
20537 Wetkesgarten (2) 95-4b
21029 Wetteringe (11/A3)
21079 Wetternstieg 133-9c
21079 Wetternstraße 149-2b
21149 Wettloop 146-1c
21075 Weusthoffstraße 132-8d
20355 Wexstraße 93-4b (12/C2)
22419 Weygandtstraße 27-9d
22391 Wibbeltweg 41-9c
22529 Wiben-Peter-Straße 64-9b
22179 Wichelkamp 67-7b
22041 Wichelmannweg 82-4a
22395 Wichelnbusch 55-1a
22045 Wichelwisch 68-8b
20537 Wicherns Garten 95-4b
20537 Wichernsweg 95-4b
22607 Wichmannstieg 77-7b
22607 Wichmannstraße 77-7a
22395 Wickenweg 42-1c
22529 Widukindstraße 64-9b
21029 Wiebekkingweg (11/A3)
22523 Wiebelstraße 63-5a
22523 Wiebischenkamp 63-2a
22149 Wiebkestieg 69-7b
22527 Wieckstraße 78-1d
21147 Wiedauweg 130-2d
22459 Wieddüp 50-7c
22179 Wiedehopfstieg 67-7b
21147 Wiedenthaler Bogen 131-1d
21147 Wiedenthaler Sand 131-1d
21149 Wiedenthaler Trift 131-4b
22089 Wielandstraße 80-6d
22417 Wieleweg 40-1d
22049 Wiemannweg 81-2c
22397 Wiemerskamper Weg 24-3d
22761 Wienbargstraße 77-7d
22589 Wientapperweg 75-5d
21147 Wieselstraße (7) 116-9c
22523 Wiesenacker 62-2b
Wiesendamm 66-7c
22305 Nr. 1-59, Nr. 2-32
22303 Nr. 61-153, Nr. 36-160

22143 Wiesenhof 69-3b
22359 Wiesenhöfen 43-9a
22393 Wiesenkehre 54-2c
22607 Wiesenrautenstieg 76-2d
22149 Wiesenredder 69-9b
22303 Wiesenstieg 66-7c
20255 Wiesenstraße 78-5b
22393 Wiesenweg 54-1d
20258 Wiesingerweg 78-3c
21035 Wiesnerring 124-8c
21129 Wiet 102-4c
22457 Wietersheim 49-7b
22359 Wietreie 43-4b
22453 Wigandweg 65-1c
20537 Wikingerweg 94-5a
21129 Wikingstraße 102-1b
22523 Wildacker 48-9b
22159 Wildbahn 54-3d
22393 Wildehovetweg 42-8b
22587 Wildenbruchstraße 75-9c
22119 Wildentenstieg 96-4b
22415 Wildermuthring 40-7b
Wildes Moor 40-5b
22339 Nr. 1, Nr. 2
22417 Nr. 198-300
22145 Wildgansstraße 55-8b
22459 Wildgrund 49-9b
21147 Wildkatzenweg (13) 130-3a
22559 Wildkoppel 73-5b
22359 Wildpfahl 31-7b
21077 Wildrosenweg 148-1c
22145 Wildschwanbrook 55-6b
22397 Wildstieg 23-8c
21109 Wildtulpenweg (1) 120-4b
22391 Wilhelm-Bauche-Weg 41-9a
21031 Wilhelm-Bergner-Straße 124-6b (11/A2)
22297 Wilhelm-Bock-Weg 65-3a
21075 Wilhelm-Busch-Weg 132-9a
21107 Wilhelm-Carstens-Weg 119-2b
22143 Wilhelm-Grimm-Straße 69-5a
21035 Wilhelmine-Hundert-Weg 123-8b
- Wilhelminenbrücke (12/D3)
22605 Wilhelmistraße 90-2c
21035 Wilhelm-Iwan-Kehre 122-5c
21035 Wilhelm-Iwan-Ring 122-4b
22043 Wilhelm-Jensen-Stieg (1) 82-6d
22115 Wilhelm-Lehmbruck-Straße 109-4b
22297 Wilhelm-Metzger-Straße 65-2c
21035 Wilhelm-Osterhold-Stieg 123-8a
22335 Wilhelm-Raabe-Weg 51-6b
22587 Wilhelms Allee 74-9d (11/A1)
- Wilhelmsburger Brücke 106-4a
20539 Wilhelmsburger Platz 106-4a
- Wilhelmsburger-Rathauspark 119-5b
21109 Wilhelmsburger Reichsstraße 119-9c
20539 Wilhelmsburger Straße 106-4a
22399 Wilhelm-Siefke-Weg 41-2a
22339 Wilhelm-Stein-Weg 40-8c
21035 Wilhelm-Stille-Sportanlage 123-8a
21073 Wilhelmstraße 133-7a (14/A2)
21109 Wilhelm-Strauß-Weg 119-3d
21079 Wilhelm-Weber-Straße 133-4a
21149 Wilkensweg 146-2a
22767 Willebrandstraße 92-1d
22415 Willerstwiete 40-7a
22415 Willersweg 40-7c
22587 Willhöden 75-7a
22453 Willhoop 64-3a
22547 Willi-Hill-Weg 62-8a
- Willinks Park 64-5a
22299 Willistraße 79-3a
22559 Willnerskamp 73-3d
22047 Willöper Straße 82-1a
22417 Willy-Jakobs-Weg 40-1a
22179 Willy-Nissen-Ring 67-5b
- Wilmans Park 88-3b (11/A2)
21107 Wilmansstraße 119-2c
22149 Wilmersdorfer Straße 69-7d
21149 Wilmshof 129-5b
22549 Wilsdorfallee 76-2b
21079 Wilseder Ring 149-8c
22045 Wilsonstraße 68-9d
22417 Wilstedter Weg 28-4d
21077 Wilstorfer Straße 133-8c (14/B3)
22455 Wilzenweg 38-8b
22303 Wimmelsweg 79-3d

22609 Winckelmannstraße 89-3c
20459 Wincklerstraße (12/C2)
22397 Windeck 30-3c
22559 Windfeld 73-5d
22768 Windhukstraße 91-2d
22589 Windloh 75-2c
22607 Windmühlenstieg 76-8d
22607 Windmühlenweg 76-8b
22391 Windröschenweg 41-7b
22529 Winfridweg 78-2b
22767 Winklers Platz 92-2d
22525 Winsbergring 77-5d
22607 Winselohweg 90-2a
- Winsener Brücke 149-2a
21079 Winsener Stieg 161-1d
21077 Winsener Straße 161-1b
21149 Winterheide 130-4c
22299 Winterhuder Kai 65-8a
22299 Winterhuder Marktplatz 65-9a
22085 Winterhuder Weg 80-4a
22297 Winterlingstieg 65-3d
22765 Winterstraße 92-4a
20251 Winzeldorfer Weg 65-7a
21147 Wischenpfad (15) 116-9d
21147 Wischenwinkel 116-9d
22415 Wischhöfen 39-9d
22393 Wischhofstieg 42-4d
22523 Wischofsweg 63-4b
20099 Wismarer Straße (1) 94-1d
22609 Wisplerstraße 76-8c
22589 Wisserweg 75-1d
22041 Wißmannstraße 82-4a
22117 Wittdüner Weg 96-9b
22415 Wittekopsweg 51-3a
22559 Wittenbergen 73-9d
22559 Wittenbergener Weg 73-9c
22761 Wittenbergstraße 77-8a
21077 Wittenhofstieg 149-7b
22307 Wittenkamp 66-9a
22525 Wittenmoor 63-8d
21107 Witternstraße 105-4b
21109 Wittestraße 119-3d
21079 Wittheck 149-9b
22305 Witthof 80-2b
22041 Witthöfftstraße (1) 81-5c
22149 Wittigeck 69-7b
22149 Wittigstieg 69-7b
21073 Wittingstraße (14/A3)
22527 Wittkoppel 78-1a
22589 Wittland 74-5b
22397 Wittmoorredder 23-5c
22397 Wittmoorstieg 23-5d
21129 Wittmunder Weg (8) 102-3c
22159 Wittreem 54-3a
22159 Wittreemkoppel 54-3c
22587 Witts Allee 75-7d
- Witts Park 75-7c (11/B1)
21107 Witts Weide 105-7a
22335 Woderichweg 51-6b
21075 Woellmerstraße 132-6c
22337 Woermannstieg (1) 52-4d
22335 Woermannsweg 52-7b
22457 Wogenmannsburg 49-4b
22395 Wohldorfer Damm 30-9a
22081 Wohldorfer Straße 80-5b
21035 Wöhleckebogen 138-1a
22767 Wohlers Allee 92-2d
21079 Wohlerstieg 133-9c
22113 Wöhlerstraße 107-3a
21079 Wohlersweg 133-9c
21031 Wohltorfkamp 124-3c
20359 Wohlwillstraße 92-6a
22397 Wöhren 24-7a
22397 Wöhrenkoppel 23-9b
22397 Wöhrenweg 24-7a
20457 Wölberstieg (28) (13/C4)
22393 Wölckenstraße 42-7b
20249 Woldsenweg 79-2a
22529 Wolfdietrichweg (1) 64-4b
22559 Wolferskamp 73-5b
22297 Wolffsonstieg 65-2d
22297 Wolffsonweg 65-2d
22525 Wolffstraße 78-4a
20459 Wolfgangsweg (12/D2)
22559 Wolfrunweg 74-1a
20535 Wolfshagen 94-3b
22607 Wolfsloh 91-1a
22337 Wolkausweg 66-2a

22417 Wollgrasweg 40-2a
22143 Wolliner Straße 69-1c
21107 Wollkämmereistraße 119-1a
22397 Wölprie 31-1c
22607 Wolsteinkamp 76-8b
22453 Woltersstraße 65-1d
20097 Woltmannstraße (5) 93-6d
22395 Woold (1) 30-8d
22527 Wördemanns Weg 63-6c
22415 Wördenmoorweg 39-6d
22415 Wörenstieg 39-6d
22761 Wormser Straße 77-8a
22607 Worpsweder Stieg (2) 76-9d
20457 Worthdamm 105-1b
22045 Wöschenhof 82-3a
22761 Woyrschweg 77-8d
22397 Wragekamp 24-4a
22415 Wrangelkoppel 39-8b
\- Wrangelpark 91-4d
20253 Wrangelstraße 78-3c
21037 Wraust 165-1b
21037 Wrauster Bogen 152-9d
21129 Wriedestraße (4) 102-3a
22415 Wrietkamp 39-8b
21077 Wroostweg 149-5c
22419 Wulffsblöcken 39-6d
\- Wulffsbrücke 137-7a
22419 Wulffsgang 39-6b
22419 Wulffsgrund 39-6c
22419 Wulffstwiete 39-6b
21109 Wülfkenweg 120-4b
22587 Wulfsdal 75-7a
22359 Wulfsdorfer Weg 43-6b
22417 Wulksfelder Weg 28-5c
22397 Wullenbusch 30-3d
22397 Wullenbuschkoppel 30-3d
22523 Wullenweberstieg 63-1b
22529 Wullwisch 64-5a
21149 Wulmsberg 130-9d
21149 Wulmsberggrund 146-3b
21149 Wulmstal 146-3b
21149 Wulmstorfer Ring 129-5a
22559 Wülpensand 73-5a
22359 Wulsdorfer Weg 44-4a
21147 Wümmeweg 130-2c
22457 Wunderbrunnen 37-9d
22119 Wunschring 96-2b
21073 Würffelstraße 149-1a
20535 Wurmsweg 81-7c
22527 Wurtkamp 63-2d
22609 Wüstenkamp 76-7c
22339 Wüsthofweg 40-9a
22589 Wüstland 74-5a
22043 Wuthenowstraße 82-5a

22045 **Y**orkstraße 68-9b
22297 Yvonne-Mewes-Weg 51-9c

22359 **Z**abelweg 43-9d
22159 Zamenhofweg 54-9a
22549 Zaunweg 76-2a
22605 Zedernweg 90-6c
22045 Zehlendorfer Weg 83-1a
21079 Zehntland 133-9c
21107 Zeidlerstraße 105-8d
22765 Zeiseweg 92-2a
22081 Zeisigstraße 80-6a
22765 Zeißstraße 91-3d
22145 Zellerstraße 55-3d
21129 Zellmannstraße 103-6a
22335 Zeppelinstraße 51-6d
22301 Zesenstraße 65-9c
20459 Zeughausmarkt 93-4a (12/C1)
20459 Zeughausstraße 93-4a (12/C2)
22605 Zickzackweg 90-3d
22339 Ziegeleiweg 40-9a
21107 Ziegelerstieg 119-5b
21107 Ziegelerstraße 119-5b
21031 Ziegeltwiete 110-9a
22549 Ziegenpfad 62-7b
22145 Ziehrerweg 55-5c
22043 Ziesenißstraße 81-8a
22041 Ziethenstraße 82-4a
22043 Zikadenweg 82-7a
21079 Zimmermannstraße 149-2d
20099 Zimmerpforte (2) 93-3d
22085 Zimmerstraße 80-4c
22113 Zinkhüttenweg 108-2c
22395 Zinnkrautweg 42-4b
22147 Zinowitzer Straße 54-9d
20457 Zippelhaus 93-5d (13/D4)
20359 Zirkusweg 92-6d (12/C1)
22043 Zirpenweg 82-7c
21079 Zitadellenstraße 133-4b
22119 Zittergrasweg (3) 82-9c
22391 Zitterpappelweg 53-4b
22043 Zitzewitzstraße 81-8a
22159 Zobelweg 54-8c
\- Zollenbrücke (30) (13/C4)
21037 Zollenspieker 166-7c
21037 Zollenspieker Hauptdeich 165-8b
22761 Zöllnerstraße 91-2a
20539 Zollvereinsstraße (2) 106-3b
22049 Zoppoter Straße 81-1c
22523 Zugführerweg 63-1c
21079 Zum Ausbesserungswerk 133-8d
21147 Zum Dubben 131-2c
21079 Zum Fürstenmoor 132-4a
22457 Zum Golfplatz 38-7b
22159 Zum Gutspark 54-6d
22607 Zum Hünengrab 76-9a
21077 Zum Jägerfeld 149-7b
20095 Zum Markt 50-8b
22457 Zum Niendorfer Grenzhaus 38-7b
21129 Zur Graft 116-3a
21109 Zur Guten Hoffnung 119-9b
22045 Zur Küperkoppel 68-9d
21073 Zur Seehafenbrücke 133-7b
22119 Zürnerweg 96-1c
22359 Zuschlagkoppel 43-9d
22337 Zwanckweg 66-2d
Zweibrückenstraße 94-7d
20457 Nr. 2
20539 Nr. 6-12, Nr. 9-25
22523 Zweigweg 63-1a
20097 Zweite Amsinckbrücke 94-4c
\- Zweite Ausschläger Brücke 94-5b
\- Zweite Grevenbrücke 94-6a
\- Zweite Hammerbrookbrücke 94-4d
\- Zweite Heidenkampbrücke 94-5a
\- Zweite Nagelsbrücke 94-4d
\- Zweite Peuter Brücke 106-5a
\- Zweite Querkanalbrücke 105-1b
21073 Zweite Twiete (14/A2)
21037 Zweiter Fersenweg 166-6a
22175 Zwergbirkenweg 54-4a
22119 Zwergenstieg 96-2a
22119 Zwergfalkenweg 96-1d
22119 Zwischen den Hecken 82-7c
21109 Zwischen den Süderelbbrücken (2) 133-3c
21039 Zwischen den Zäunen 155-5a
22457 Zylberbergstieg (6) 37-8c
22457 Zylberbergstraße (5) 37-8c
22605 Zypressenweg 90-6d

Kleingärten

21129 *105* Jachthafen e.V. 90-9d
111 Veddel, Peute u. Umgebung e.V. 106-4d
20539 Nr. 1-116
21109 Nr. 303-499
20539 *113* Bahnhof Tiefstack e.V. 94-9d
20539 *114* Billerhude von 1921 e.V. 95-7a
22113 *117* Tiefstack-Süd e.V. 107-2c
22117 *119* Aufbau von 1945 e.V. 97-4b
22113 *122* Hamburg-Moorfleth e.V. 107-5b
22113 *126* Unterer Landweg e.V. (Billbrook) 108-4c
20537 *126* Unterer Landweg e.V. (Hamm) 95-4b
20535 *127* Hammer Hof von 1919 e.V. 81-7d
20537 *128* Rückertsweg von 1934 e.V. 95-4a
20537 *129* Bille IV e.V. 95-5c
20537 *130* Die Sandhasen e.V. 95-4d
22119 *131* Ernst-Albers-Straße e.V. 81-9c
22119 *132* Falkenberg e.V. 96-1c
133 Hammer Redder von 1920 e.V. 194-7b
22043 Nr. 1-22
22111 Nr. 23-28 95-2a
22119 *134* Hamm-Horn von 1911 e.V. 95-3d
22119 *136* Horn-Nord e.V. 95-3b
22111 *137* Kiekenkaten von 1919 e.V. 95-2d
22111 *138* Letzter Heller e.V. 95-6a
22111 *140* Billtal e.V. 95-8c
22111 *141* Großer Kamp Horn e.V. 95-2d
22111 *142* Horner Marsch e.V. 95-5c
22111 *143* Lehmkoppel e.V. 95-5a
20539 *144* Am Steinlager e.V. 95-8c
22119 *146* Heimgarten e.V. 82-9b
22115 *148* Steinfurth e.V. 97-8c
150 Bundesbahn-Landwirtschaft e.V. 75-8a
20539 Nr. 51-185, Nr. 1101-1167
22763 Nr. 351-368
22119 *152* Horner Rennbahn e.V. 95-3b
22119 *153* Gartenfreunde Horn-Nord-Rudolf-Roß-Allee e.V. 82-7c
22117 *154* Merkenstraße e.V. 96-6c
22119 *155* Horner Geest e.V. 82-8c
22119 *156* Zwergfalkenweg e.V. 96-1d
22115 *158* Gartenfreunde Mümmelmannsberg e.V. 109-5a
22111 *159* Gartenfreunde Am Horner Weg e.V. 95-2a
22115 *160* Gartenfreunde Boberg e.V. 109-5a
22111 *161* Gartenfreunde Blumenland e.V. 95-5a
22117 *162* Gartenfreunde Koolbargenredder e.V. 97-4a
202 Heimgartenbund Altona e.V. 91-4b
22605 Nr. 320-450
22763 Nr. 484-534, Nr. 563-586
22549 *204* Kleingärtner Klein Flottbek e.V. 76-7b
22525 *206* Lurup e.V. 63-7d
22525 Nr. 1-11
22547 Nr. 12-79, Nr. 125-199
22609 *210* Gartenfreunde Püttkuhl e.V. 76-7b
22457 *211* Veermoor e.V. 62-4b
22761 *212* Bahrenfeld e.V. 77-4d
22525 *213* Hermannstal e.V. 77-2c
22525 *214* Kiesgrube e.V. 77-5c
22525 *215* Schießstand e.V. 77-5c
216 Am Bornkamp e.V. 77-5d
22525 Nr. 1-13
22761 Nr. 82-102
22525 *217* Am Winsberg e.V. (Bahrenfeld) 77-5d
22459 *217* Am Winsberg e.V. (Eidelstedt) 49-9a
22761 *218* Sorgenfrei e.V. 77-9b
22547 *220* Altona Nord II e.V. 62-6a
222 Vereinigung der Gartenfreunde Groß Altona e.V. 62-7d
22765 Nr. 35-41
22761 Nr. 72-92, Nr. 344-382
22607 Nr. 463-555
22763 Nr. 628-725
22549 Nr. 771-787
22761 *223* Bahrenfeld, Kolonie Am Altenheim e.V. 77-4d
22525 *227* Krieshöhe e.V. 77-5a
22605 *228* Holmbrook e.V. 91-1c
22547 *229* Ripenweg e.V. 63-4c
22525 *230* Birkenschlucht e.V. 77-5a
22547 *231* Gartenfreunde Limosenweg e.V. 62-2d
22549 *233* Osdorfer Born e.V. 75-3d
22589 *234* Iserbrook e.V. 75-1c
22549 *235* Gartenverein Grönenweg e.V. 76-1c
22549 *236* Gartenfreunde Rugenbarg e.V. 76-1d
22589 *237* Gartenfreunde an der Düpenau e.V 75-8b
238 Gartengemeinde Diebsteich-Bornkamp e.V. 77-9a
22761 Nr. 133-200, Nr. 244-246
22525 Nr. 239-243, Nr. 247-261
22589 *239* Gartenfreunde Borndick e.V. 75-2d
22549 *240* Gartenfreunde am Rugenfeld e.V. 75-6c
22527 *301* Niendorfer Edelweiß e.V. 63-6a
22527 *302* Vereinigung Eimsbütteler Gartenfreunde von 1919 e.V. 64-7d
22523 *303* Waldfrieden e.V. 63-3b
22527 *304* Unter den Linden, Stellingen von 1990 e.V. 78-1b
22453 *307* Brookkamp e.V. 50-6d
22453 *308* Erlengrund e.V. 64-1d
22453 *309* Horst Niendorf e.V. 64-3a
22453 *310* Tarpenhöh e.V. 64-3b
22453 *311* Hainholz e.V. 50-9a
22453 *312* Tiefenstaken e.V. 50-9b
313 Waldwinkel e.V. 64-4b
22529 Nr. 1-36, Nr. 71-128
22453 Nr. 165-192
22529 *314* Döhrnkamp e.V. 64-8b
22529 *315* Eimsbüttel e.V. 64-8c
22529 *316* Eintracht e.V. 64-8c
22527 *318* Hammonia e.V. 64-4d
22529 *319* Kleverkamp e.V. 78-3a
22529 *320* Maiglöckchen e.V. 64-8c
22529 *322* Stubbenkamp e.V. 78-3a
22523 *323* Tarpenbek e.V. 64-5d
22529 *325* Zum alten Lande e.V. 78-2a
22523 *328* Niendorfer Gehege e.V. 63-3c
22527 *329* Wasserturm e.V. 78-1b
22529 *331* Friedrichstal e.V. 64-5c
22525 *335* Morgenpracht von 1912 e.V. 63-8a
22525 *336* Stellinger Moor e.V. 77-6b
22527 *337* Stellingen e.V. 78-1b
22525 *338* Sankuhle e.V. 77-6b
22527 *339* Up de Högen e.V. 78-1a
22527 *340* Wittenkamp e.V. 64-7c
22525 *343* Teinstücken e.V. 63-5d
22527 *344* Scheinwerfer e.V. 78-2a
22529 *345* Hellenkamp e.V. (Eidelstedt) 78-3a
22523 *345* Hellenkamp e.V. (Eppendorf) 63-3c
22525 *346* Besthöhe e.V. 77-6b
22529 *347* Wildwux e.V. 78-3a
22453 *349* Vogt-Kölln-Straße e.V. 64-4a
22453 *350* Rahweg e.V. 51-1c
22453 *351* Hasenheide e.V. 51-4a
22523 *352* Schneeballweg e.V. 62-3c
22525 *353* Am Bollweg e.V. 63-5c
22453 *354* Flughafen e.V. 39-7c
22525 *355* Gartenfreunde Düngelau e.V. 63-8b
22527 *356* Gartenfreunde Hagenbeckstraße e.V. 64-7d
22527 *357* Gartenfreunde an der Mühlenkoppel e.V. 78-2a
22523 *358* Gartenfreunde Möhlenort e.V. 63-4d
22527 *359* Gartenfreunde Kollenhof e.V. 64-4a
22453 *360* Gartenfreunde an der Brandfurt 64-2c
22419 *401* Diekmoor e.V. 39-6b
22419 *402* Erdkampsweg e.V. 39-2d
404 Alsterdorf e.V. (Groß Borstel) 51-7c
22453 Nr. 1-85
22297 Nr. 86-185, Nr. 342-374
22335 Nr. 280-341
22309 *404* Alsterdorf e.V. (Steilshoop) 66-2d
22337 *405* Schmuckshöhe e.V. 66-3a
22335 406 Gartenverein Brombeerweg e.V. 52-5a
22297 *409* Birkenhain e.V. 65-5b
22297 *410* Alsterkanal e.V. (Alsterdorf) 66-1a
410 Alsterkanal e.V.(Ohlsdorf) 52-7b
22337 Nr. 80-89
22335 Nr. 94-166
22337 *411* Klein Borstel e.V. 52-6a
22297 *412* Fortschritt und Schönheit e.V. 66-5a
22297 *413* Heimat Alsterdorf e.V. 66-5a
22297 *415* Solidarität von 1932 e.V. (Alsterdorf) 66-2c
22307 *415* Solidarität von 1932 e.V. (Barmbek-Nord) 66-6d
22307 *416* Am Grenzbach e.V. 66-9b
22303 *417* Borgweg e.V. 66-7c
22305 *418* Es blüht e.V. 67-7c
419 Dulsberg von 1932 e.V. 67-7d
22305 Nr. 65-66, Nr. 99-138
22049 Nr. 392-397
22305 *420* Grode Wisch von 1922 e.V. 67-7d
421 Heilbeck-Hohenfelde von 1934 e.V. 80-2c
22083 Nr. 1-55
22081 Nr. 56-64
22049 Nr. 65-90
22303 *422* Goldbek e.V. 80-1a
22453 *423* Alsterpark e.V. 65-2d
22453 *424* Tarpenbekufer e.V. 65-4b
22453 *426* Am Häselberg e.V. 51-8d
22453 *427* Alsterkamp e.V. 65-2b
22453 *428* Alsterkrug e.V. 65-2a
22453 *429* Klein Alsterkamp e.V. 65-2a
22453 *430* Eppendorf von 1904 e.V. 51-8c
22453 432 Früh Auf von 1920 e.V. 51-7c
22335 *433* Spargelkoppel e.V. (Alsterdorf) 51-9c
22453 *434* Groot Osterfeld e.V. 65-2a
22453 *435* Brödermannsweg 65-4a
22453 *436* Groß Borstel e.V. 65-1b
22453 *437* Stadion e.V. 50-9d
22335 *447* Gartenfreunde Sonneneck e.V. 52-1c
22297 *448* Alsterblick e.V. 65-3a
22339 *449* Schreber Nordwinterhude e.V. 52-1a
22339 *450* Uhlenbrook e.V. 40-7d
22303 *451* Barmneker Schweiz e.V. 66-8a
22415 *452* Twisselmoor e.V. 39-8a
22419 *453* Twisselwisch e.V. 39-5c
22415 *454* Kortenkamp e.V. 40-7b
22453 *455* An der Tarpenbek e.V. 64-3b
22419 *456* Zur Heimbuche e.V. 39-3c
22419 *457* Am Weinberg e.V. 40-1c
22415 *458* Heimat-Höpen e.V. 40-7d
22419 *459* Diekmoor II e.V. 40-1a
22419 *460* Fasanenmoor e.V. 39-3d
22419 *461* Gartengemeinschaft Langenhorn e.V. 39-3c
22419 *462* Diekmoor III e.V. 39-6a
22415 *463* Gartenpark Krohnstieg-Laupenpieper e.V. 39-8b
22339 *501* Fuhlsbüttel e.V. 52-1b
22339 *502* Hummelsbüttel e.V. 52-3d
22359 *508* Am Heegen Buckhorn e.V. 43-2b
22045 *511* Fortschrittliche Vereinigung von 1922 e.V. 82-5b
22045 *512* Gartengemeinschaft Jenfeld e.V. 83-4d
22117 *513* Gartenpark Vogelkoje e.V. 83-7b
22047 *515* Grüner Weg von 1920 e.V. 81-3b
22047 *516* Kolonie Ostende e.V. 68-8c
22047 *518* Verein Strandpark Ziegelsee Wandsbek e.V. 68-7c
22045 *519* Tonndorf e.V. 82-2b
22047 *521* Kleingarten 68-8c
22043 *522* Klein Uglei e.V. 82-4c
22041 *524* Sophienstraße Wandsbek e.V. 81-6b
22149 *525* Gartenfreunde Grüne Oase e.V. 83-2c
22043 *526* Selbsthilfe e.V. (Marienthal) 82-7c
22149 *526* Selbsthilfe e.V. (Rahlstedt) 83-2c
22043 *527* Hammerstraße e.V. 81-7d
22049 *528* Gartengemeinschaft am Eulenkamp e.V. 81-2c
22049 *529* Schreberfreunde Helbingshof von 1912 e.V. 67-8a
22047 *530* Laubengarten-Verein von 1913 e.V. 67-9b
22047 *531* Nord-Wandsbek von 1920 e.V. 67-9c
22049 *534* Volkspark e.V. 67-8b
22047 *536* Wandsbek-Gartenstadt von 1921 e.V. 67-9b
22179 *537* Dauerkolonie an der Osterbek e.V. 67-8a
22179 *538* Kleinsiedler an der Osterbek e.V. 67-5d
22179 *539* Gut Grün von 1931 e.V. 67-3d
22309 *541* Hinsch-Grund von 1933 e.V. 67-1d
22179 *543* Hellbrook e.V. 67-6a
22175 *544* Siedlungsgemeinschaft Lohkoppel e.V. 54-5b
22177 *545* Lot uns in Ruh e.V. 67-1b
22179 *547* Schreberstolz von 1933 e.V. 67-6a
22175 *548* Stölpchensee e.V. 54-7d
22309 *551* Drei Wege e.V. 66-6b

22309 *552* Fieckendorf e.V. 52-9d
22043 *554* Kleingarten 82-4d
22309 *555* Gartenfreunde an der Seebek e.V. 67-1b
22309 *556* Schmachthagen e.V. 66-6b
22309 *561* Steilhopers Höh von 1913 e.V. 52-9d
22043 *564* Kleingarten 81-7d
22297 *565* Ohlsdorf e.V. (Alsterdorf) 66-5a
22309 *565* Ohlsdorf e.V. (Steilshoop) 52-9d
22337 *565* Olsdorf e.V. 52-8c
22159 *566* Eckerkoppel Farmsen e.V. 68-5c
22159 *568* Natur- und Gartenfreunde e.V. 68-4a
22159 *569* Farmsen Tegelweg e.V. 68-4d
22175 *573* Haideland West e.V. 53-5b
22159 *574* Gartenpark Am Ophof e.V. 67-3d
22159 *575* Verein Gartenfreunde Luisenhof e.V. 68-1c
22159 *576* Am Knill e.V. 54-9c
22159 *577* Moorschreber e.V. 68-4b
22359 *579* Buchenkamp e.V. 43-6d
22043 *580* Deelwischredder e.V. 83-7b
22159 *582* Am Berner Wald e.V. 54-3c
22043 *583* Wittes-Koppel von 1912 am Bruhnrügenredder e.V. 83-7a
22395 *584* Am Heidredder e.V. 31-7a
22149 *585* Gartengemeinschaft Schleemer Bach e.V. 83-1d
22175 *586* Gartenpark Haideland e.V. 53-5b
22179 *587* Gartenfreunde am Schlagboom e.V. 67-3d
22149 *588* Gartenfreunde Grunewald e.V. 83-1d
22149 *589* Gartenfreunde Hüllenkamp e.V. 83-2b
22149 *590* Gartengemeinschaft Bachstücken e.V. 70-4c
22393 *591* Gartengemeinschaft Berner Aue e.V. 54-3a
22359 *592* Gartenfreunde Buckhorn e.V. 43-2b
22399 *593* Gartenfreunde Kreienhoop e.V. 41-1b
22399 *595* Gartenfreunde Tegelsbarg e.V. 41-1c
22179 *597* Gartenfreunde Brammerhörn e.V. 67-8a
22159 *598* Gartengemeinschaft Eggersweide e.V. 68-5b
22399 *599* Gartenfreunde Kupferteich e.V. 29-7d
22113 *601* Billbrook-Dorf e.V. 108-4c
22113 *602* Billbrook e.V. 108-7b
21035 *603* Mittlerer Landweg e.V. 122-2d
22113 *604* Moorfleth e.V. 108-7a
22113 *605* Rothenburgsort e.V. 108-4d
21031 *607* Lohbrügge von 1926 e.V 124-4b
21033 *608* Oberbillwerder e.V. 124-4d
21029 *609* Bergedorfer Schrebergarten-verein e.V. 138-3a
21029 *610* Schulenbrooksbek in Hamburg-Bergedorf e.V. 125-8a
21031 *611* Reinbeker Redder e.V. 110-7a
21031 *613* Buschkoppel e.V. 110-6c
21029 *614* Rothenhauschaussee e.V. 140-1c
21031 *615* Haempten e.V. 110-8a
21037 *616* Gartenfreunde am Bieberhof e.V. 121-9a
21037 *617* Gartengemeinschaft Wolfskuhle e.V. 121-8b
21037 *618* Gartengemeinschaft Tatenberg e.V. 121-8b
21029 *619* Langer Grund e.V. 140-1a
21037 *620* Gartengemeinschaft am Buller e.V. 121-5d
21033 *621* Gartenfreunde Bergedorf-West e.V. 123-6b
21037 *622* Gartengemeinschaft am Marschbahndamm e.V. 121-5d
21037 *623* Gartenfreunde Spadenland e.V. 121-5d
21037 *625* Gartengemeinschaft Ochsenwerder e.V. 121-8a
21031 *626* Gartenfreunde Bienenbusch e.V. 109-5d
21031 *627* Gartenfreunde am Bornmühlenweg e.V. 124-3b
21035 *628* Kleingarten 123-9a
21035 *629* Gartenfreunde Birkhöhe-Gojenberg e.V. 125-8a
21035 *630* Wühlmäuse 2001 e.V. 123-7d
21035 *631* Gartenfreunde Eichbaumsee e.V. 122-5d
21109 *705* Brummerkaten von 1920 e.V. 106-7a
21107 *706* Eichenallee e.V. 119-5b
21109 *709* Grüner Deich von 1922 e.V. 119-6c
21109 *710* Hoffnung von 1931 e.V. 106-4c
21107 *711* Kolonie der Gartenfreunde e.V. 105-8d
21109 *712* Op Schulzens Eck e.V. 105-9b
20539 *713* Elbinsel e.V. 105-6d
21107 *714* Rotehaus e.V. 119-2c
21107 *715* Sommerfreunde e.V. 105-8b
21107 *716* Unsere Scholle e.V. 119-2b
21107 *717* Gartenfreunde Groß-Sand e.V. 119-2c
21109 *718* Wollkämmerei von 1920 e.V. 119-6a
21107 *719* Wilhelmsburg von 1998 e.V. 119-8b
21109 *720* Steinwerder e.V. (Kirchdorf) 119-9a
21109 *720* Steinwerder e.V. (georgswerder) 106-7c
21109 *722* Kirchdorf e.V. 120-4d
21109 *723* Niedergeorgswerder von 1921 e.V. 106-7b
21079 *725* Gartenbauverein der Eisenbahner e.V. 133-8b
21079 *726* Morrwiese-Neuland e.V. 133-9a
21079 *727* Neuland von 1920 e.V. 133-6d
21079 *728* Zubringerstraße e.V. 133-6d
21079 *730* Kultur von 1950 e.V. 133-6d
21079 *731* Einigkeit e.V. 133-8b
21079 *732* Freie Gartengemeinschaft von 1932 e.V. 149-3b
21077 *735* Am Stadtpark von 1928 e.V. 149-4b
21077 *737* Mühlenfeld e.V. 149-1d
21077 *738* Phönix Harburg e.V. 149-4b
21077 *739* Wilstorf von 1924 e.V. 149-4b
21073 *742* Am Bremer Tor e.V. 148-3d
21077 *743* Siedlergemeinscheaft am Fuhrenkamp 148-2a
21077 *745* Beerental e.V. 148-4b
21075 *747* Elf Buchen e.V. 147-6a
21077 *748* Garten- und Siedlergemeinschaft Beerental e.V. 148-1d
21073 *752* Reiherhopp von 1917 e.V. 148-3a
21073 *753* Reihenhopper II von 1919 e.V. 148-3b
21079 *756* Fürstenmoor e.V. 132-1d
21109 *761* Im Bauernfelde von 1953 e.V. 119-9a
21079 *762* Bauersweg e.V. 132-2c
21077 *763* Am Strucksbarg e.V. 148-1d
21077 *764* Vogelhüttenberg e.V. 148-5b
21079 *765* An der Eiche e.V. 150-7a
21109 *767* Süderelbe e.V. 133-3a
21109 *768* Gartenfreunde Am Bracksee e.V. 119-6c
21109 *769* Windmühle e.V. 120-2a
21077 *770* Kleingarten 149-7c
21109 *772* Hövelpromenade e.V. 120-1b
21077 *773* Kleingarten 161-1b
21109 *775* Gartenfreunde Hövelhof e.V. 106-7c
21073 *776* Kleingarten 149-1a

Hasloh

PLZ 25474

(zu Amt Bönningstedt)

Achtern Felln 20-7c
Alter Kirchweg 26-1a

Dorfstraße 20-7a

Fasanenweg 26-1a

Garstedter Weg 26-1a

Holmwisch 20-4d

Josefinenhof 26-1a

Langenbergen 26-1c

Moordamm 20-4c

Quickborner Weg 20-4a

Rotdornweg 26-1a

Henstedt-Ulzburg

PLZ 24558

Friedrich-Hebbel-Ring 17-2b

Gräflingsberg 17-2b

Heideweg 17-3d

Norderstedter Straße 17-2a

Rehner Kehre 17-2b

Tannenweg 17-2b

Wilstedter Straße 17-3a

Jork

PLZ 21635

Am Elbdeich 86-7a
Appelhoff 86-7c

Borsteler reihe 86-7c

Cranzer Hauptdeich 87-6d

Domänendeich 100-4b
Drosselsteig 86-7c

Elbdeich 87-4d

Groß Hore 100-1c
Große Seite 86-7c

Hahnöfersand 86-9a
Heisterweg 86-7c
Hinter der Mühle 86-7d
Hinterbrack 87-7d

Kohlenhusen 86-8d
Königsmarckweg 86-7c

Morellenweg 86-7c

Seehof 100-4b
Spreenkamp 86-7c
Struckweg 86-7c

Wellenstraße 87-8c
Wiesengrund 86-7c

Neu Wulmstorf

PLZ 21629

Achtern Hof 144-3d
Ahornweg 128-6d
Am Bach 129-7a
Am Dorfteich (1) 143-9d
Am Felde 145-4c
Am Hasenbusch 144-8d
Am Jehrdenberg 144-7c
Am Kiesberg 128-9d
Am Kuhhof 144-7c
Am Moor 144-8c
Amselpfad 128-8d
Astweg 144-3c
Auering 128-6a

Bachstelzenweg 128-5c
Bahnhofstraße 114-8a
Bassental 144-3b
Bei der Lutherkirche 128-9c
Bekassinenweg 128-5a
Bergstraße 128-9b
Binsenweg 128-5c
Birkenweg 128-6b
Blütengang 128-9a
Brachvogelweg 128-4b
Bramweg 128-9a
Bredenheider Weg 128-9d
Breslauer Straße 128-9b
Bromberger Straße 128-9d
Burgweg 129-7c
Buxtehuder Straße 114-7a

Carl-Zeiss-Straße 128-7b

Daerstorf 145-7a
Danziger Straße 128-9b
Distelweg 128-5a
Dobbheide 128-9a
Donnerschlagskuhle 145-5c
Dünenkamp 128-9d

Eduard-Mörike-Straße 128-6c
Eichenweg 128-6d
Elbblick 128-6b
Elchpfad 128-9b
Elsterring 128-5c
Elstorfer Straße 144-3d
Erikaweg 128-6a
Erlenweg 144-8d
Ernst-Moritz-Arndt-Straße 128-5c
Ernst-Peters-Straße 128-8d

Finkenstieg 128-8d
Fischbeker Straße 129-7a
Fliederweg 128-6c
Fritz-Reuter-Straße 128-8a

Gerhart-Hauptmann-Ring 128-8b
Ginsterweg 128-9b
Goethestraße 128-8b
Gorch-Fock-Weg 128-8c
Gottlieb-Daimler-Straße 128-4d
Graf-Luckner-Weg 128-8c
Grasweg 128-5a
Grenzpfad 128-6a
Grenzweg 128-6c
Grillenweg 128-9a
Gumbinner Straße 129-7a

Hamburger Straße 129-7a
Hauptstraße 128-8c
Heideweg 128-6c
Heinrich-Heine-Straße 128-8b
Heisternest 114-8a
Hellbergweg 145-4a
Hindenburger Straße 129-7a
Höftenberg 144-2d
Holzweg 145-7a

Im Kessel 144-3b
Im Winkel 128-9b
Immenweg 128-9c
In de Reer 144-6d

Jungfrauenweg 145-5c
Justus-von-Liebig-Straße 128-7b

Kantstraße 128-7b
Karl-Marin-Straße 128-8d
Kastanienweg 128-6b
Ketzendorfer Grund 144-5b
Ketzendorfer Straße 144-6a
Kiebitzmoor 144-8d
Kiefernweg 128-9a
Klaus-Groth-Straße 128-8c
Kolpingweg 128-8d
Königsberger Straße 128-6d
Konrad-Adenauer-Straße 128-5b
Krümmung 128-9d
Kurt- Schumacher-Straße 128-5a

Lärchenweg 128-9b
Lessingstraße 128-7b
Liliencronstraße 128-5a
Lönsweg 128-8d
Ludwig-Uhland-Straße 128-5d
Luhering 128-6a

Marienburger Straße 129-7a
Marktplatz 128-5d
Masurenweg 128-9b
Matthias-Claudius-Straße 128-8b
Max-Geyer-Platz 128-9b
Meisterweg 128-6d
Moorweg 128-8d
Mühlenstraße 144-9c
Mullhörn 144-8d

Nesselweg 128-5b
Neuenfelder Hinterdeich 114-5c
Nincoper Deich 114-5c

Otto-Lohmann-Weg 145-7a
Otto-Wiegers-Weg 144-9b
Ovelgönner Straße 143-9d

Pappelweg 128-6b
Pommernweg 128-9d
Postweg 128-8d

Querweg 128-9a

Richtweg 128-9a
Riethtal 129-7c
Robert-Bosch-Straße 128-4d
Rübezahlweg 128-9d
Rudolf-Diesel-Straße 128-4d

Schaffeld 143-9d
Schifferstraße 128-6a
Schilfweg 128-5a
Schillerstraße 128-8b
Schnepfenweg 128-4d
Schulweg 128-6b
Schwalbenweg 128-4d
Seevering 128-6a
Sommerweg 128-9a
Sonnentauweg 128-5b
Stettiner Straße 129-7c
Stieglitzweg 128-5c
Sudetenstraße 129-7a

Talweg 129-7c
Teichweg 145-4a
Tempelberg 146-4c
Theodor-Fontane-Straße 128-5d
Theodor-Heuss-Straße 128-4b
Theodor-Storm-Straße 128-5d
Trift 145-7c

Vierkaten 128-5a
Vor den Höhen 144-9c

Wacholdenweg 128-9a
Weidenring 128-5a
Werner-von-Siemens-Straße 128-4d
Wesenberg 144-3b
Wiesengrund 128-6d
Wilhelm-Busch-Straße 128-8b
Wilhelm-Hillermann-Straße (1) 128-8d
Wilhelm-Raabe-Straße 128-8a
Wulmstorfer Moor 128-4b
Wulmstorfer Straße 128-9a
Wümmering 128-6a

Zum Schießplatz 145-4a
Zum Schlüsselberg 143-9c
Zum Wiebusch 145-4c
Zur Forst 145-4a
Zur Heide 128-6c

Norderstedt

22844 **A**chter De Dannen 17-6c
22850 Achternfelde 27-4a
22846 Achternkamp 21-7a
22850 Adenauerplatz 27-4b
22846 Adlerkamp 21-2a
22848 Ahornallee 27-5c
22851 Ahrensweg 28-5a
22846 Albert-Einstein-Weg 21-1b
22844 Albert-Schweitzer-Straße 21-3a
22851 Alsterstieg 28-1c
22848 Alte Dorfstraße 26-6c
22850 Alte Landstraße 27-6c
22846 Alter Heidberg 21-5a
22844 Alter Kirchenweg 21-5d
22846 Altes Buckhörner Moor 21-7d
22850 Am Birkenhof 27-4a
22851 Am Böhmerwald 28-1d
22846 Am Buckhorn 26-3d
22844 Am Exerzierplatz 21-9a
22850 Am Forstteich 27-2b
22850 Am Furth 27-1b
22844 Am Gehölz 17-2c
22851 Am Glasmoor 22-8a
22850 Am Hallenbad 27-2d
22844 Am Hange 17-9a
22850 Am Hochsitz 27-2b
22850 Am Kielortplatz 27-6d
22850 Am Knick 27-1b
Am Ochsenzoll 27-6c
22850 Nr. 1-107
22851 Nr. 109-147
22850 Am Ossenmoorgraben (8) 27-6b
22848 Am Redder 39-1d
22844 Am Schulwald 21-3a
22848 Am Sood 27-7b
22844 Am Stadtpark 21-3d
22844 Am Stammgleis 17-6d
22851 Am Tangstedter Forst 22-1b
22848 Am Tarpenufer 27-5c
22844 Am Wiesengrunde 17-6c
22844 Am Wilden Moor 21-6a
22851 Am Wittmoor 29-1a
22844 Amselstraße 21-8b
22851 An den Eichen 22-8c
22844 An der Bahn 18-4c
22844 An der Koppel 17-5b
22844 An der Schulkoppel 21-3c
22848 An'n Slagboom 39-1d
22846 Apmannsweg 21-2d
22844 Arne-Jacobsen-Stieg 21-6a
22848 Aspelohe 39-1b
22848 Auenweg 27-7b
22850 Aurikelstieg 27-1d

22848 **B**äckerstieg 26-9b
22844 Bahnhofstraße 17-5c
22850 Barghof 27-6b
22844 Bargkoppel 21-3a
Bargweg 27-6b
22850 Nr. 1-21, Nr. 2-38
22851 Nr. 23-Ende, Nr. 40-Ende
22844 Bartelsgang (2) 17-8a
22846 Beamtenlaufbahn (12) 21-5c
22844 Beim Brüderhof 18-1a
22844 Beim Umspannwerk 17-4a
22850 Bekwisch 27-8a
22850 Berliner Allee 27-4b
22846 Bertha-von-Suttner-Stieg (2) 21-7a
22851 Billeweg 28-1b
22848 Binsenstieg 27-7d
22844 Birkenkoppel 21-3a
22850 Birkenweg 27-4c
22846 Birkhahnkamp 21-4d
22850 Bogenstraße 27-2c
22848 Bornbarch 39-1d
22851 Böttgerstraße 28-5c
22848 Brahmsweg 39-1b
22850 Breslauer Straße 27-5a
22846 Buchentwiete 21-7d
22846 Buchenweg 21-7c
22844 Buchweizenkoppel 17-9a
22846 Buckhorn 26-3a
22846 Buckhörner Moor 21-7a
22848 Bültenkamp 26-5c
22846 Bunsengang 21-1b
22844 Bürgermeister-Klute-Straße 17-5c
22844 Buschberger Weg 17-8b
22850 Buschweg 27-1a
22846 Bussardweg 21-1d
22848 Butterbrock 26-5c

22850 **C**oppernicusstraße 27-1d
22844 Cordt-Buck-Weg 21-2d

22846 **D**achsgang 21-5b
22850 Dahlienstieg 27-1b
22846 Daimlerstieg (4) 21-1d
22848 Danziger Straße (5) 27-5c
22850 Deckerberg 21-8c
22850 De-Gasperi-Passage (3) 27-4b
22846 Deichgrafenweg (11) 21-7b
22851 Detlev-von-Liliencron-Straße 28-4b
22846 Dieckmanns Park (7) 27-6c
22846 Dieselstieg (5) 21-1d
22844 Dietrich-Bonhoeffer-Straße 21-3a
22844 Distelweg 17-8a
22846 Dornbusch 21-5c
22844 Dreibeken 16-8d
22844 Dreibekenweg 16-9c
22846 Drosselstieg 21-4b
22850 Dunantstraße 27-5a
22850 Düsterntwiete (2) 27-4a

22850 **E**bereschenweg 27-6a
22848 Eckernkamp 26-5d
22844 Eduard-Howard-Weg 21-6a
22844 Efeugang 17-5c
22844 Eichenkamp 17-8c
22851 Eiderstraße 28-1b
22846 Elisabeth-Schwarzhaupt-Kamp (6) 21-7b
22846 Elisabeth-Selbert-Weg 21-4c
22846 Elsa-Brändström-Stieg (3) 21-4c
22846 Emil-von-Behring-Stieg (1) 21-1d
22850 Engentwiete 27-4a
22850 Erikastieg 27-6a
22844 Erlengang 17-8c
22846 Ernst-Carl-Abbe-Gang 21-1b
22844 Eschenkamp 17-8c
22846 Eulenstieg (12) 21-1d
22850 Europaallee 27-4b

22848 **F**abersweg 39-2a
22844 Fadens Tannen 21-9c
22844 Falkenbergstraße 21-6c
22844 Falkenhorst 21-6b
22846 Falkenkamp 21-2c
22851 Fasanenweg 28-4b
22846 Fehmarnstraße 21-4c
22844 Feldstraße 17-9a
22844 Feldweg 17-8b
22844 Fichtenstieg 17-6c
22844 Finkenried 21-8b
22844 Flensburger Hagen 17-5a
22848 Flurweg 27-7b
22846 Föhrenkamp 21-1a
22850 Forstweg 27-2a
22846 Frans-Hals-Ring 21-4b
22846 Franz-Schreck-Weg 21-7c
22846 Frieda-Nadig-Stieg (4) 21-7a
22848 Friedrich-Ebert-Straße 26-5b
22848 Friedrich-Hebbel-Straße 27-7c
Friedrichsgaber Weg 26-9b
22848 Nr. 1-129, Nr. 6-136
22846 Nr. 195-507, Nr. 136a-550
22844 Fritz-Reuter-Straße 21-8d
22844 Fritz-Schumacher-Straße 21-6a
22844 Fröhelweg 21-2b
22851 Fuchsmoorweg 28-3a
22850 Furth 27-4a

22850 **G**arstedter Feldstraße 27-1c
22848 Gärtnerstraße 38-2b
22844 Gewerbegebiet Harkshörn 17-6d
22844 Gewerbegebiet Stonsdorf 22-4a
22851 Gilcherweg 28-4b
22844 Ginsterkamp 20-3a
22850 Ginsterring (10) 27-6b
22848 GIP-Gewerbepark 39-1a
Glashütter Damm 27-3d
22850 Nr. 1-81, Nr. 2-98
22851 Nr. 95-285, Nr. 100-336
22851 Glashütter Kirchenweg 28-2d
22844 Glashütter Weg 21-2d
22851 Glasmoorstraße 22-7b
22850 Gleiwitzer Kehre (2) 27-5b
22844 Glockenheide 17-5c
22848 Glojenbarg 27-8c
22848 Goethestraße 27-4d
22844 Gorch-Fock-Weg 21-6d
22850 Görlitzer Weg 27-5b
22848 Gottfried-Keller-Straße 27-7b
22844 Gräflinsweg 17-2d
22846 Grasweg 21-4d
22844 Greifswalder Kehre 21-9b
22851 Gronaustieg 28-1d
22844 Grootkoppelstraße 21-2d
22851 Großer Born 22-7d
22850 Grundweg 28-1c
22848 Grüner Kamp 27-4c
22851 Grüner Weg 28-2b
22848 Gutenbergring 39-1c

22846 **H**abichtweg (13) 21-1d
22846 Hainholz 21-4b
22846 Hallig-Hooge-Stieg 21-4c
22848 Halloh 38-1d
22851 Hans-Böckler-Ring 28-3c
22844 Hans-Friedrich-Dibbern-Straße 21-3a
22851 Hans-Salb-Straße 28-5a
22844 Hans-Scharoun-Weg 21-5b
22844 Harckesheyde 17-8d
22844 Harckesstieg 17-9c
22844 Harckestwiete 21-2b
22844 Harkshörner Weg 17-5d
22846 Harthagen 20-8d
22851 Hasenmoorweg 22-9a
22846 Hasenstieg 21-5a
22848 Hasloher Weg 26-2c
22844 Haslohfurt 17-2c
22846 Häwelmannweg (7) 21-7b
22846 Heidbergpark 21-5a
22846 Heidbergstraße 21-7b
22851 Heidehofring 28-4a
22850 Heidehofweg 27-6a
22850 Heidekranz 27-6b
22844 Heidelweg 17-3c
22844 Heidestieg 21-8b
22844 Heidkoppel 21-3a
22848 Heimpfad 27-8c
22846 Heinrich-Hertz-Weg 21-1d
22850 Heinrich-Lönnies-Straße 27-2b
22844 Heinrich-Thieß-Straße 21-3a
22844 Heisterkamp 21-5d
22846 Helene-Weber-Straße 21-7a
22846 Helene-Wessel-Ring (5) 21-7a
22846 Helgolandstraße 21-7a
22848 Hempberg 27-8a
28844 Henstedter Weg 17-2a
22848 Hermann-Löns-Weg 26-6d
22846 Hermelinweg 21-5b
22848 Herulerweg 38-5d
22848 Heuberg 26-9c
22851 Heußweg 28-4b
22846 Hirschkamp 21-2d
22848 Hirtenstieg 27-7d
22844 Hochmoorweg 17-9a
22851 Hofweg 22-8d
22848 Hogenfelde 27-4c
22848 Hökertwiete 26-6c
22850 Holunderweg 27-6a
22851 Hopfenweg 22-9d
22851 Hummelsbütteler Steindamm 28-6a

22846 **I**ltisstieg 21-5a
22846 Im Grunde 21-7d
22850 Immenhorst 27-3c
22846 Immensee (9) 21-4d
22848 In de Tarpen 39-1a
22846 In der Großen Heide 21-4a
22848 Industriegebiet Nettelkrögen 39-1c
22844 Industriestraße 17-8a
22844 Iresgang 17-5c

22846 **J**.-Peter-Hahn-Platz 21-5c
22851 Jägerlauf 28-1a
22846 Jägerstraße 20-8a
22844 Johannes-Hinrich-Wichern-Straße 17-9c
22846 Johannes-Keppler-Ring (3) 21-1c
22850 **K**abels Stieg 27-5b
22848 Kahlenkamp 26-9d
22844 Kampmoorweg 16-6d
22846 Kastanienweg 21-7d
22844 Kiebitzreihe 21-8b
22844 Kiefernkamp 17-8c
22844 Kiefernweg 17-6c
22850 Kielort 28-4a
22850 Kielortring 27-6d
22850 Kielortstieg 28-4c
22844 Kirchenplatz 21-6c
22844 Kirchenstieg 21-6c
22848 Kirchenstraße 26-9b
22844 Kirschenkamp 17-7a
22844 Klaus-Groth-Weg 21-6d
22844 Kleekoppel 21-3b
22850 Knickweg 21-9c
22846 Kohfurth 27-1a
22850 Königsberger Straße 27-4a
22848 Kornhoop 26-6c
22850 Kösliner Weg 27-1c
22844 Krayenkamp 21-8b
22850 Kreuzweg 27-3d
22844 Kringelkrugweg 17-5d
22851 Krückauweg 28-2a
22848 Krummer Weg 27-4d
22851 Kurzer Kamp 28-5a

22844 **L**angenharmer Ring 21-5d
Langenharmer Weg 21-5c
22846 Nr. 1-17, Nr. 2-18a
22844 Nr. 19-Ende, Nr. 20-Ende
22850 Langer Kamp 27-2a
22850 Lärchenstieg (1) 27-4a
22844 Lawaetzstraße 17-7b
22848 Lehmbarg 39-1b
22846 Lehmkuhlen 20-9a
22851 Lemsahler Weg 28-5b
22844 Lerchenwinkel (14) 21-8b
22850 Libellengrund 27-6b
22850 Liegnitzer Straße 27-5c
22850 Ligusterweg (11) 27-6b
22850 Lilienweg 27-1d
22851 Lindenweg 22-7d
22848 Lohe 26-5d
22846 Louise-Schroeder-Stieg (1) 21-7a
22850 Lupinenweg 27-2c
22846 Lütjenburger Weg 21-7b
22850 Lütjenmoor 27-5c
22844 Lütt Wittmoor 17-9a
22850 Lütten Barg (1) 27-2b

22850 **M**.-Lillelund-Weg 27-5a
22846 Malenter Weg 21-7b
22844 Margeritenweg 21-3d
22844 Marktplatz 21-9a
22850 Marommer Straße 27-1d
22844 Matthias-Claudius-Weg 21-6d
22846 Max-Planck-Stieg (9) 21-1d
22846 Meisenkamp 21-1d
22844 Meisennest 21-8b
22848 Memeler Straße 27-4d
22848 Meyertwiete 26-6d
22851 Mittelstraße 28-5b
22848 Möhlenbarg 26-6d
22846 Möllner Weg 21-8a
22846 Moorbek 20-9d
22846 Moorbekpark 21-7b
22846 Moorbekstraße 21-2a
22844 Moorbektwiete 21-2b
22846 Moorgrund 21-7b
22844 Moorkamp 21-3c
22844 Moorreihe 21-6a
22844 Moorweg 21-3b
22848 Mozartweg 27-5c
22844 Mühlenweg 17-8b
22851 Müllerstraße 28-2a
22844 Mümmelmannweg 17-8d

22850 **N**elkenstieg 27-2a
22848 Nettelkrögen 39-4a
22851 Neue Straße 22-7d
22844 Niendorfer Straße 26-9b
22848 Niewisch 39-1c
22846 Norderstraße 21-4d

22846 **O**adby-and-Wigston-Straße 21-4c
22848 Ochsenzoller Straße 26-9b
22848 Ohechaussee 38-5c
22848 Ohetwiete 38-3a
22848 Ohlenhoff 38-3a
22846 Op de Wisch 21-7c
22851 Ossenmoorpark 28-1c
22844 Ostdeutsche Straße 17-8a
22844 Oststraße 18-4a
22848 Ottmuther Weg 27-7d
22846 Otto-Hahn-Stieg (2) 21-1d

22846 **P**appelstieg 21-7b
22851 Parallelstraße 28-4b
22848 Paulsort 26-7d
22846 Pellwormstraße 21-4d
22844 Pestalozzistraße 17-8a
22844 Pilzhagen 16-9d
22851 Pinnauweg 28-2c
22846 Platanenweg 21-8c
22846 Pole-Poppenspäler-Stieg (8) 21-4d
22844 Poolstieg 21-2b
22844 Poolstraße 21-2b
22851 Poppenbütteler Straße 22-7b

22848 **Q**uerpfad 27-8a
22851 Querstücken 28-3d
22844 Quickborner Straße 16-6d

22846 **R**antzauer Forstweg 20-6d
22846 Rathausallee 21-4c
22844 Rathaustwiete 21-9a
22846 Rebhuhnweg 21-1b
22846 Rehkamp 21-2d
22846 Reiherhagen 21-1b
22846 Rembrandtweg 21-4b
22844 Resedestieg 17-8a
22850 Richtweg 21-7d
22851 Robert-Koch-Straße 28-6a
22848 Robert-Schumann-Straße (2) 39-1b
22844 Romintener Weg 21-6d
22846 Röntgengang (8) 21-1d
22846 Rosa-Luxemburg-Weg 21-7a
22850 Rosenstieg 27-2a
22846 Rotdornweg 21-7d
22846 Rubensweg 21-4b
22846 Rudolf-Schülke-Straße (13) 21-8a
22846 Rudolf-Virchow-Stieg (6) 21-1d
22848 Rugenbarg 39-1b
22846 Rüsternweg 21-8a

22844 **S**anddornweg 21-5d
22848 Sandweg 27-7c
22844 Sauerampferweg 21-3b
22846 Sauerbruchring (7) 21-1d
22848 Schäferkamp (1) 27-7d
22844 Schafgarbenweg 21-3d
22848 Scharpenmoor 26-9b
22848 Schierkamp 26-5c
22848 Schillerstraße 27-4c
22846 Schimmelreiterweg (10) 21-4d
22844 Schinkelring 21-5b
22851 Schleikamp 22-8c
22844 Schleswiger Hagen 17-1d
22850 Schleswig-Holstein-Straße 27-5b
22848 Schmiedegang 26-6d
22848 Schmuggelstieg 27-5d
22851 Schosterredde 28-2b
22848 Schubertring (6) 27-5c
22844 Schulkamp 21-3c
22844 Schulweg 17-8d
22846 Schumanstraße 27-4b
22844 Schützenwall 22-4c
22846 Schwalbenstieg 21-4b
22848 Schwarzer Weg 26-9b
22851 Schwentinestraße 28-2a
22844 Schweriner Straße 17-8c
22851 Seebarg 22-6d
Segeberger Chaussee 27-5d
22850 Nr. 1-123, Nr. 2-136
22851 Nr. 125-423, Nr. 138-398
22848 Siedlerweg 27-7b
22851 Siegfriedstraße 22-9b
22844 Sonnentauweg 21-3d
22848 Spann 26-7b
22850 Spargelkoppel 27-4b
22848 Speckenbarg 38-6a
22848 Speckenbarg Ohe 38-5b
22848 Speckenkamp 38-3d
22846 Sperberstieg (14) 21-1d

22844 Spreenweg 21-8b
22844 Stadtpark 22-1c
22844 Steertpoogweg 17-9b
22844 Steindamm 21-2b
22844 Steinkamp 21-3a
22844 Steinweg 21-3a
22850 Stettiner Straße 27-1c
22848 Stöckertwiete 26-8b
22844 Stonsdorfer Weg 21-9b
22846 Storchengang 21-5c
22851 Störkamp 28-1b
22844 Stormarnstraße 22-4a
22844 Stüberg 21-3a
22846 Styhagen 26-3c
22846 Sylter Weg 21-4c
22846 Syltkuhlen 20-7b

22851 **T**angstedter Landstraße 28-5a
22851 Tangstedter Weg 22-9b
22844 Tannenallee 17-6a
22848 Tannenhofstraße 27-4c
22848 Tannenstieg 27-4d
22850 Tarpenbekpark 27-5b
22848 Tarpenbekstraße 27-7b
22846 Taubenstieg 21-4d
22848 Teichstraße (2) 26-9c
22848 Theodor-Fontane-Straße 26-9d
22844 Theodor-Storm-Straße 22-4a
22844 Trakehner Weg 21-9b
22851 Travestraße 28-2a
22851 Treeneweg 28-1d
22844 Tucheler Weg 21-9b
22850 Tulpenstieg 27-2c

22848 **U**hlandweg 27-7a
22844 Uhlenkamp 21-8b
22846 Ulmenweg 21-8c
Ulzburger Straße 17-2a
22850 Nr. 1-207, Nr. 2-212
22846 Nr. 294-398, Nr. 291-499
22844 Nr. 400-682, Nr. 501-869
22851 Up den Barg 28-1c

22846 **V**on-Helmholtz-Stieg (11) 21-1d
22846 Von-Humboldt-Weg 21-1c

22850 **W**acholdergrund (9) 27-6b
22844 Waldbühnenweg 21-1a
22850 Waldenburger Kehre (4) 27-5a
22844 Waldschneise 21-6d
22846 Waldstraße 21-5a
22846 Waldweg 26-2b
22844 Waller-Cropius-Weg 21-6a
22844 Weg am Denkmal 21-3c
22850 Weg am Sportplatz 27-2b
22846 Wehlenhold 26-1d
22846 Weidenstieg 21-7c
22846 Weißdornweg 21-7c
22844 Werkstraße 17-9b
22850 Wiesenstraße 27-2c
22850 Wilhelm-Busch-Platz 27-6a
22846 Wilhelm-Leibniz-Stieg (10) 21-1d
22851 Wilstedter Weg 28-3a
22848 Windmöhlenstieg (3) 26-6d
22844 Wischhof (1) 26-9a
22844 Wismarer Straße 17-8c
22844 Wöbsmoor (1) 17-2c
22844 Wolfgrasweg 21-3c

22844 **Z**wickmöhlen 17-5a
22844 Zwickmoor 17-5a
22846 Zwijndrechtring 21-4a

Oststeinbek

PLZ 22113

Albert-Ihle-Straße 98-7b
Am Eich 97-8b
Am Heideeck 98-5a
Am Knick 97-2d
Am Obstgarten 109-6a
Am Ohlendiek 109-6b
Am Steinbeker Hof 109-3c
Am Südhang 97-9b
Am Turnierplatz 109-6a
Anne-Jennfeldt-Straße 97-6d
Auengrund 97-9b

Barsbütteler Weg 97-6c
Bergstraße 97-8b
Binnenfeld 109-3d
Birkenhain 98-4a
Boberger Straße 109-6a
Breedenweg 97-5d
Breslauer Straße 97-9b
Brückenstraße 97-9a

Danziger Straße 97-6d
Deefenallee 97-6c
Domhorster Allee 98-7c
Dorfstraße 109-6a

Eichenreine 97-9b
Eichredder 97-8b

Fasanenweg (1) 109-3d

Geesthöhe 97-6d
Gerberstraße 97-6c
Gewerbering 97-5a
Glinder Redder 110-1a
Grellkamp 97-6c
Grenzweg 97-4d
Grüner Bogen 97-9b
Gut Domhorst 98-7c

Hamburger Kamp 97-5d
Hansetor 97-5d
Heidlohe 97-6b
Heidstücken 98-4d
Hochkamp 97-6d
Hochrain 97-6d

Im Hegen 97-5a
In der Trift 109-3c

Kampstraße 97-3d
Kirschenweg 97-6c
Kleiner Postweg 97-6c
Kolbergen 97-5a
Kolberger Straße 98-7a
Königberger Platz (2) 109-6a
Krähenberg 109-3c

Lägerfeld 97-9b
Langstücken 98-4c

Meessen 97-5a
Meienhoop 98-7b
Möllner Landstraße 97-5c
Mühlenberg 97-9b
Mühlenstraße 97-9a

Ostlandstraße 98-4d

Parkweg 97-5d
Postweg 97-5d

Querweg 97-5d

Rübekampen 97-6d

Schulstraße 109-6b
Smaalkoppel 97-6a
Stettiner Straße 97-9b
Stormarnstraße 97-9c

Tannenkoppel 98-7b
Thorner Weg 97-9b
Twiete 97-9a

Uferstraße 97-9a

Vossredder 109-6b

Waldweg 109-3d
Wiesenweg 97-6d
Willinghusener Weg 97-5c

Ziegeleistraße 109-6a
Zum Feldhang 97-6d
Zum Forellenbach 97-6b
Zum Osterstein 97-6d

Pinneberg

PLZ 25421

Ahornstraße 34-2b
Akazienweg 34-2b
Albert-Schweitzer-Straße (1) 34-9d
Am Drosteipark 34-6a
Am Hafen 34-2c
Am Hünengrab 46-2c
Am Rathaus (4) 34-6a
Am Schäferkamp 34-7d
Am Stadtforst 46-8a
Am Wall 46-8a
Amselstieg 34-7d
An der Mühlenau 34-5b
An der Raa 46-1b
Aschhooptwiete 34-7d
Aschhoopweg 34-7c
August-Röhmeier-Weg 47-1a
Auhof 34-6b
Auwiese 34-6b

Bahnhofsplatz 34-6c
Bahnhofstraße 34-6c
Behrensallee 46-8b
Bei der Schmiede 47-1a
Berliner Straße 34-2c
Bismarckstraße 34-3c
Blauer Kamp 34-7b
Bodderbarg 34-8b
Bogenstraße 35-7d
Bonhoefferstraße 34-8a
Brahmsallee 34-9a
Brambarg 46-7b
Bredenmoor 46-5a
Breslauer Straße 34-7b
Buchenstraße 34-2a
Burmeisterallee 34-9b
Buschweg 46-8a

Christiansenweg 34-8b
Clara-Bartram-Weg 34-3c

Dachspfad 46-2d
Damm 34-6a
Danziger Straße 34-8a
Datumer Chaussee 46-6c
Diesterwegstraße 47-1a
Dingstätte 34-5b
Dornstücken 34-4c
Dr.-Carl-Goerdeler-Straße 34-5c
Dr.-Theodor-Haubach-Straße 34-5c
Drosselweg 34-7d
Drostei 34-6a
Drosteipark 34-5b
Drosteiweg 34-5b
Düpenwisch 35-7d

Ebertpassage (3) 34-6a
Eggerstedter Straße 46-2b
Eggerstedter Weg 46-1a
Eibenweg 34-2a
Eichendorffstraße 34-8d
Eichenhorst 34-9a
Eichhörnchenweg 46-6a
Elmshorner Straße
Elsterstieg 34-7d
Emma-Bohnemann-Straße 34-6c
Erlenkratt 46-5b
Eschenweg 34-2b

Fahltskamp 34-6a
Fahltsweide 35-4c
Fasanenweg 34-7d
Fehrsstraße 34-4d
Feldstraße 34-5c
Finkeneck 34-8c
Fischhausener Straße 34-8a
Flagentwiete 34-2a
Forststraße 46-8a
Friedenstraße 34-2d
Friedrich-Ebert-Straße 34-2d
Fritz-Reuter-Straße 34-9c
Fröbelstraße 46-3b
Fuchsbau 46-3c

Gärtnerstraße 35-7d
Gehrstücken 35-7d
Generaloberst-Beck-Straße 34-5d
Gerhart-Hauptmann-Straße 34-9c
Goethestraße 34-8b
Grenzdamm 35-1c
Großer Reitweg 34-8d
Großes Feld 46-8b
Grüner Kamp 34-7b
Gustav-Strobel-Weg (10) 34-4c

Haidberg 34-3a
Haidkamp 34-3a
Halstenbecker Straße 47-1a
Hans-Böckler-Hof 34-5c
Hasenkehre 46-2d
Hätschenfeld 34-9d
Hebbelstraße 34-4d
Heckenrosenring 34-4c
Heideweg 34-8c
Heimkehrerstraße (7) 34-4d
Heinrich-Boschen-Straße 34-5d
Heinrich-Christiansen-Straße 34-8b
Heinrich-Geick-Straße 47-1b
Heinrich-Specht-Weg 46-3b
Hellenkamp 34-8d
Herderstraße 34-8d
Hermannstraße 34-2c
Hindenburgdamm 34-3c
Hirtenweg 34-8b
Hochstraße 34-5a
Hofweg 34-6a
Hogenkamp 46-2d
Hollandweg 46-3a
Holstenstraße 35-4c
Horn 47-1a
Humboldtstraße 46-3b
Hunnenbarg 46-5d

Igelweg 46-3c
Im Bans 34-3d
Im Düpen 47-1b
Im Rosenfeld 34-7a
Im Stook 35-4a
Immanuel-Kant-Straße 34-8b
In de Simp 46-8d
Industriestraße 34-1b

Jägerkamp 34-6d
Jansenallee 34-5c
Jappopkamp 60-2b
Jappopweg 60-2b
Jappopweide 60-2b
Jasminweg 34-2b

Kastanienallee 46-8a
Kiebitzgrund 34-8c
Kiefernweg 46-5a
Kirchhofsweg 34-7b
Klaus-Groth-Straße (6) 34-4d
Kleiner Reitweg 34-9d
Kolberger Straße 34-8a
Königsberger Straße 34-8a
Köpenicker Straße 34-2a
Koppelstraße 34-5b
Kurzer Kamp 34-7b
Küstriner Straße 34-8a

Lange Twiete 34-7a
Lärchenweg (2) 34-2a
Leuschnerstraße 34-5c
Ligusterweg 34-7a
Lindenhof 35-4c
Lindenstraße 34-6a
Lohstraße 35-7d
Ludwig-Meyn-Straße 34-4d

Manfred-von-Richthofen-Straße 34-9c
Marienburger Straße 34-7b
Marktplatz 34-2d
Meisenstieg 34-7d
Memeler Straße 34-8a
Mittelkamp 34-7d
Moltkestraße 34-6a
Moordamm 46-7d
Moorkamp 34-7b
Moorweg 46-7d
Müßentwiete 34-1b

Neue Straße 35-7d
Nieland 46-8d
Nienhöfener Straße 46-9c

Oberst-von-Stauffenberg-Straße 34-5c
Oeltingsallee 34-8b
Ohlkoppel 46-8b
Op de Wisch 46-9c
Osterholder Allee 34-9c
Ostermannweg 34-2b
Ottostraße 34-2c

Pappelweg 34-2b
Park 46-8d
Parkstraße 46-8d
Paulstraße 34-5a
Peinerweg 34-2c
Pestalozzistraße 46-3b
Pinnaudamm 34-6b
Platanenweg (1) 34-2a
Prisdorfer Straße 34-1b

Quellenweg 34-9c

Rabenstraße 34-7d
Redder 34-9d
Rehhagen 46-2d
Rehmen 34-9d
Reichenberger Straße 34-2a
Reitweg 34-9c
Rellinger Straße 35-7d
Rethwiese 34-9a
Richard-Köhn-Straße 34-8b
Rixstraße 34-8a
Rockvillestraße 34-6a
Rosengarten 34-9b
Rosenhof 34-6c
Rotbuchenkamp 34-7a
Rotkehlchenweg 34-7d
Rübekamp 34-5b
Rudolf-Kinau-Straße 34-9d

Saarlandstraße 34-5a
Sandkamp 46-3a
Sandstücken 46-2b
Schaafweide 46-8b
Schauenburgerstraße 34-5b
Schenefelder Landstraße 46-4a
Schillerstraße 34-2d
Schloßstraße 34-5a
Schöneberger Straße 34-2a
Schopenhauerstraße 34-8d
Schulenhörn 34-2a
Schulstraße 34-5b
Schünenkamp 46-9c
Schwardtweg (8) 34-5c
Siedlereck 46-9c
Siemensstraße 34-1b
Spatzeneck 34-8c
Starenkamp 34-8c
Stettiner Straße 34-5c
Stockrosenring (9) 34-4c
Studelskamp 60-2b

Tangstedter Straße 34-6b
Tannenweg 46-2c
Taubenstraße 34-8c
Theodor-Storm-Straße 34-9c
Thesdorfer Weg 34-7b
Tilsiter Straße 34-8a

Ulmenallee 34-2b

Verbindungsstraße 34-6a
Vogt-Ramcke-Straße 46-3b
Von-Ahlefeldt-Stieg (5) 34-6a
Voßbarg 46-2d
Voßbarg 46-5a
Voßbergkamp 46-1d

Wacholderstieg 35-4a
Waldenauer Marktplatz (1) 46-8d
Waldenauer Weg 46-8b

Waldstraße 34-6b
Wedeler Weg 34-7b
Weidenhof 34-4a
Weidenstraße 35-4c
Westring 34-7c
Wiesengrund 34-9a
Wiesenweg 35-8c
Wilhelm-Schmitt-Straße 47-1b
Wittekstraße 34-9d
Wulfskamp 35-7c
Wuppermanstraße 34-1b

Ziegeleiweg 34-1b

Quickborn

PLZ 25451

Adlerstraße 16-1b
Agnes-Miegel-Weg 16-3b
Am Berg 16-3c
Am Stadion 16-7c
Auf dem Halenberg 16-1d

Beim Schwartmoor 16-2a
Bernstorffstraße (2) 16-2d
Beselerstraße 16-2d
Borsigkehre 16-1c
Breedenmoorweg 16-4d

Carl-Zeiss-Straße 16-1a

Dahlmannstraße (4) 16-2d
Dreibeekenmoorweg 16-7d
Droysenkehre 16-2d

Eichenhof 16-4c

Falckstraße 16-2d
Falkengrund 16-1b
Feldweg 16-3b
Feldweg 16-6a
Finkenweg 16-1a
Friedrichsgaber Straße 16-1a
Fritz-Reuter-Straße 16-2b

Gewerbegebiet Nord 16-1a
Gewerbegebiet Ost 16-2b
Ginstertwiete 16-2a
Gorch-Fock-Kehre 16-3a
Grandweg 16-1b
Gustav-Falke-Straße 16-3a

Habichtshorst 16-1b
Habichtstraße 16-1b
Halenberg 16-4a
Hans-Rantzau-Straße 16-2d
Harksheider Weg 16-7d
Hasloher Twiete 20-1b
Hasloher Weg 20-1b
Heideweg 16-3a
Hermann-Löns-Straße 16-2b
Hildegard-Burgdorf-Straße (5) 16-2d
Holmmoorweg 20-1a

Johann-Rist-Kehre 16-3b

Kampmoorstraße 16-3b
Kurzer Weg 20-1b

Lerchenweg 16-1b
Lornsenstraße 16-2c

Max-Weber-Straße 16-1a

Ohlmöhlenweg 16-4c

Pascalstraße 16-1c

Reventlowkehre (3) 16-2d
Ricarda-Huch-Straße 16-3b
Robert-Bosch-Straße 16-1c
Rudolf-Kinau-Straße 16-3a

Schmalmoorweg 16-4a
Schwartmoorallee 16-2a
Schwartmoorweg 16-2a
Sperberweg (1) 16-1b
Steertmoorweg 16-3c

Talstraße 16-7a
Theodor-Storm-Straße 16-2b
Theodor-Storm-Straße 16-5b

Ulzburger Landstraße 16-7a

Wacholdertwiete 16-2a

Zeppelinstraße 16-2a

Reinbek

PLZ 21465

Ahornweg 99-2b
Allensteiner Weg (4) 99-5b
Alter Kamp 111-3b
Am Forstplatz 111-7b
Am Haidkrug 99-3c
Am Holländerberg 111-8c
Am Kolk 111-5d
Am Krähenwald 125-1b
Am Ladenzentrum 111-8a
Am Lindenhof 111-3a
Am Moor 99-3a
Am Rosenplatz 111-9a
Am Salteich 99-9d
Am Sportplatz 99-6c
Am Stüb 99-2a
Am Vorwerksbusch (13) 112-4a
An der Wildkoppel (16) 111-9b
Angeliter Weg (17) 111-8a
Arthur-Goldschmidt-Straße 111-5b
Auf dem Großen Ruhm 111-6a

Bahnhofstraße 111-9c
Bahnsenallee 112-7c
Bauernvogtei 111-3b
Baumschulenweg 111-4d
Bergstraße 111-9a
Berliner Straße 111-8a
Bernhard-Ihnen-Straße 112-4a
Bidmarckbrücke 113-1a
Billgrund 112-4b
Birkenkamp 99-2a
Birkenredder 99-2b
Birkenring 99-2b
Birkentwiete 99-2a
Birkenweg 99-2a
Bismarckstraße 111-9b
Blocksberg 112-1d
Blockstelle Silk 112-3c
Böge 111-8d
Bogenstraße 111-7b
Bögesteig 111-8d
Borsigstraße 111-2c
Bredenhorn 99-2a
Brunsbusch 111-4d
Buchenweg 99-2d
Buchtallee 112-7c
Bummereibrücke 99-8a
Bummereiweg 99-8b
Bunzlauer Weg (8) 111-6b

Carl-Hermann-Straße 99-5d
Carl-Zeiss-Straße 111-2d
Charlottenburger Weg (3) 111-5c
Cronsberg 111-6a

Danziger Straße 111-6c
Dieselstraße 111-2c
Dithmarscher Weg (16) 111-8a
Dohlenstieg 125-2a
Dorfstraße 111-3b
Dornröschenweg 111-4b

Ebereschenweg 99-2d
Eggerskoppel 99-2b
Eichenallee 99-2c
Eichenbusch 111-4d
Elbinger Weg 111-6a
Ellerholde 112-3d
Ellerholdesteg 112-3d
Emil-Nolde-Straße 99-5d
Erlengrund 99-3b
Ernst-Sperling-Weg (17) 111-9c
Eschenweg 111-9d

Fasanenstieg 111-6d
Feldstraße 99-2a
Fernandinenweg 111-8c
Friedrichshainer Weg (11) 111-5c
Friesenweg (15) 111-8a

Gartenstraße 99-2b
Gartenweg 112-1c
Gärtnerstraße 112-7c
Gergenbusch 111-5a
Gleisners Park 111-9a
Glinder Straße 111-2b
Glinder Weg 111-4d
Goetheallee 111-6b
Gorch-Fock-Straße 99-5d
Görlitzer Weg (9) 111-6b
Grenzweg 99-2d
Großer Scharnhorst 111-7b
Günter-Kock-Allee (18) 111-9d
Gutenbergstraße 111-2a

Hagebuttenweg (1) 99-2d
Haidkoppelweg 99-5b
Haidkrug 99-3d
Haidkrugchaussee 99-6c
Halskestraße 111-5a
Hamburger Straße 111-7a
Hamelskamp 112-3d
Hans-Geiger-Straße 99-5d
Hasenstieg 99-5a
Hebbelstraße 111-5d
Heckenweg 99-2d
Heideweg 99-2d
Hermann-Körner-Straße 111-2d
Hermann-Löns-Straße 111-6b
Herrengasse 111-6a
Herzog-Adolf-Straße 111-9d
Hirschberger Weg (11) 111-6b
Holsteiner Straße 111-8b
Husumer Straße 111-5c

Ihnenpark 112-1c
Insterburger Weg 99-5b

Jahnckeweg 111-6c
Jahnstraße 111-6c
Johannes-Kröger-Weg 99-9d

Kampsredder 111-3d
Kampstraße 111-6a
Kiefernweg 99-2d
Kieler Straße 111-5d
Kinauweg 111-6a
Kirchenallee 111-9a
Kirchenstieg 99-2d
Kirschenweg 99-5b
Klaus-Groth-Straße 111-6a
Klosterbergenstraße 111-8b
Kolberger Straße 99-6a
Kolberger Weg (7) 111-6b
Königsberger Straße 99-2d
Königstraße 99-9c
Köpenicker Weg (14) 111-8a
Kösliner Weg (6) 111-6b
Krabbenhöhe 112-3d
Krabbenkamp 112-3c
Krähenwaldsteg 125-2d
Kreutzkamp 125-1b
Kreuzweg 111-7b
Krummbögen 112-3c
Krummwisch 112-6a
Kückallee 111-9b
Küpergang (15) 111-9a
Kurze Rade 111-6d
Kurzer Rehm 111-8a
Küstriner Weg (4) 111-6a

Ladestraße 111-9d
Landhausplatz 111-9a
Langeloher Weg 99-3a
Langenhege 111-8c
Lauenburger Straße 111-4d
Lausitzer Weg (12) 111-6d
Lessingstraße 111-6c
Lichtenberger Weg (12) 111-5c
Liebigstraße 111-4b
Lindenallee 99-2d
Lindensteg 112-1c
Lindenstraße 111-6d
Loddenallee 111-8d
Lohbrügger Straße 111-7c
Lübecker Straße 111-8a

Maria-Merkert-Straße 111-8d
Masurenweg 99-5b
Matthias-Claudius-Straße 99-5d
Memeler Weg (2) 111-6a
Mittelweg 99-2b
Möllner Landstraße 99-5a
Moorweg 99-5a
Mühlenredder 111-4d
Mühlenweg 112-1c

Nelkenstraße 111-6c
Neuköllner Weg (9) 111-8a
Niels-Stensen-Weg (14) 111-9a

Oher Straße 111-3b
Oher Weg 99-6c
Op den Stüben 99-5d
Ostlandring 111-6a

Parkallee 111-9b
Pillauer Weg (1) 111-6a
Platanenweg 99-2a
Prahlsdorfer Weg 111-6a

Querweg 99-6a

Rade 111-6d
Rehwinkel 99-2c
Reinickendorfer Weg (1) 111-5c
Reuterweg 111-6b
Röntgenstraße 111-2a
Rosenstraße 111-6a
Rosenweg 99-3c
Rübezahlweg 111-4b

Samlandweg 99-5b
Sandhöhe 99-2b
Sandkamp 99-2d
Sandweg 99-2b
Schäferskamp 99-2c
Schanze 112-1a
Schatzkammer 125-2a
Schaumanns Kamp 125-1b
Schlesierweg 111-6b
Schleswiger Straße 111-8b
Schloßstraße 111-9c
Schmiedesberg 111-9b
Schneewitchenweg 111-5a
Scholtzstraße 111-2d
Schöneberger Weg (6) 111-8a
Schönningstedter Straße 111-6d
Schulstraße 111-6c
Schützenstraße 111-6a
Schweriner Weg (3) 99-5b
Segeberger Straße 111-5c
Senefelder Ring 99-8c
Silk 112-1a
Silker Steg 112-2a
Silker Weg 112-1d
Silker Weiche 112-6a
Silkerfeld 112-2a
Soltaus Koppel 111-5b
Sophienstraße 111-9d
Spandauer Weg (2) 111-5c
Stargarder Weg (5) 111-6b
Steglitzer Weg (7) 111-8a
Steinburger Straße 111-4d
Steinerei 111-2d
Stemwarder Straße 85-9c
Stettiner Straße 99-5b
Stormarnstraße 111-4d
Störmerkaten 111-7d
Störmerweg 111-7d

Täbyplatz 111-8a
Tannenallee 99-3a
Tannenweg 111-8a
Tempelhofer Weg (8) 111-8a
Theodor-Storm-Straße 111-5d
Tiergartenweg (4) 111-5c
Tilsiter Weg (3) 111-6a
Treptower Weg (13) 111-8a

Unter den Eichen 111-3a
Unter den Linden 99-3c

Victor-Gollancz-Haus 111-6b
Vierländer Weg 111-6c
Völckers Park 111-9c
Vorwerk Silk 112-2a

Waldenburger Weg (10) 111-6b
Waldstraße 111-9b
Weißenseer Weg 111-5c
Wildenhofeck 111-7b
Wilmersdorfer Weg (5) 111-5c
Wittenkamp 125-2a
Wohltorfer Straße 111-3d

Zur Wolfsschlucht 112-4b

Rellingen

PLZ 25462

Achtern Beek 48-2b
Adlerstraße 48-5b
Ahornstraße 47-3d
Ahornweg 48-3a
Altonaer Straße 48-5d
Am Dorfteich 36-7a
Am Gedenkstein 35-6d
Am Hasloegen 36-8c
Am Kellergraben 48-2d
Am Markt 35-8a
Am Moorbad 49-1c
Am Rathausplatz 35-8a
Am Schippels 35-2c
Am Staatsforst 36-7b
Am Wasserwerk 48-3a
Amselstraße 48-5b
An der Blockhütte 48-1b
An der Rellau 35-9a
An Ellernholt 36-8d
Appelkamp 35-8b
Auf dem Hall 35-9c
Autal 35-6a

Bannebruchweg 48-2b
Banskamp 35-4b
Baumschulenweg 35-2c
Bergstraße (3) 35-8a
Birkengrund (2) 35-8a
Borsteler Kirchenweg 35-2c
Bortelskamp 35-6c
Buchenstraße 48-9a
Büntloh 35-5b
Bussardstraße 48-5d

Cay-Dose-Weg 35-8a

Dahlienhof 35-5c
Dorfstraße 35-6d
Drinkwedel 35-5d

Ehmschen 35-8a
Ehmschenkamp 35-4d
Eichenplatz 35-4c
Eichenstraße 35-4c
Ellerbeker Weg 35-5d
Erlengrund 35-4c
Erlenweg 48-3c
Ernst-Behrens-Straße (1) 35-5b

Fahltsweg 48-3a
Falkengrund 48-9b
Fasanenstraße 49-1c
Finkeneck 48-9b
Finkengrund 48-9b
Friedenstraße 35-8a

Rosengarten

PLZ 21224

Schenefeld

PLZ 22869

Papenmoorweg 61-6d
Papenstieg 61-6d
Pappelweg (6) 61-6a
Parkgrund 61-6d
Parksee 61-6d
Parkstieg 61-6d

Rosenweg 61-6b
Rudolf-Kinau-Weg 61-6d

Sandstückenweg 61-5c
Schäferkamp 61-6d
Scharmbrooksweg 61-4b
Scharrencamp 61-3c
Schenefelder Platz 61-9b
Schulstraße 61-6b
Schwalbenweg (9) 61-8b
Seggerweg 60-6d
Stettiner Straße (5) 61-8a
Stückweg 61-3c
Sülldorfer Weg 61-7c
Swatten Weg 62-4d

Tannenweg (3) 61-6a
Teichweg 61-3c
Theekamp 61-4c
Theeweide 61-4a
Theodor-Storm-Straße 62-4c
Timmermannsweg (11) 61-6c
Timm-Kröger-Straße (14) 62-4c
Tulpenweg 61-6b

Uetersener Weg 61-4c
Ulmenweg (8) 61-6a

Voßbargweide 61-4a
Voßhörn 60-3d

Wachtelweg 61-8b
Waterhorn 61-4a
Weidenweg (11) 61-6b
Wirtschaftsweg 61-4c
Wurmkamp 61-5c

Zypressenweg (13) 61-6b

Seevetal

21217 Ahornweg 162-1b
21220 Alte Bahnhofstraße 163-9b
21217 Alter Damm 150-5b
21217 Alter Elbdeich 151-6a
21217 Alter Kirchweg 161-3c
21218 Alter Sohn 161-7d
21217 Am Anger 162-2a
21217 Am Appenstedter Wäldchen 162-5a
21217 Am Bach 162-1b
21218 Am Bahnhof 161-7c
21217 Am Blöcken 162-1b
21220 Am Brook 162-9d
21217 Am Felde 162-1d
21217 Am Försterland 161-9a
21217 Am Franzosenhut 161-9c
21217 Am Godbarg 161-9a
21217 Am Grasweg 162-4b
21218 Am Hang 161-7c
21217 Am Heidhagen 163-4a
21217 Am Höpen 161-3a
21217 Am Kamp 162-2c
21218 Am Kattenberg 161-4d
21217 Am Klärwerk 162-8c
21217 Am Kleinen Teich 162-1b
21217 Am Plack 163-2a
21217 Am Pulvermühlenweg 162-2c
21217 Am Schulsteig 161-9c
21217 Am Schulteich 162-1d
21217 Am Twielenberg 161-3b
21218 Am Wasserwerk 160-9a
21217 Amselstieg 162-1d
21218 Amselweg (8) 161-7a
21217 An den Höfen 162-1d
21217 An den Ziegelteichen 161-5a
21217 An der Grenzkehre 161-5a
21217 An der Seeve 163-5d
21217 Appenstedter Weg 162-5c
21218 Askuhlenstieg 161-7c
21217 Auf dem Kamp 162-7a
21218 Auf dem Natenberg 160-9d
21217 Auf dem Salzflock 162-3a
21218 Auf dem Wittenberg 161-7a
21217 Auf den Hanfblöcken 162-4c
21217 Auf der Lohe 161-9a

21217 Bachstelzenweg 151-3c
21217 Bargweg 151-2c
21218 Beckedorfer Straße 160-9c
21218 Beetenweg 161-1c
21217 Behnweg 162-4b
21218 Bergfinkenweg (5) 160-9b
21218 Binsal 161-7d
21217 Birkenweg 162-1d
21217 Bohnenkamp 162-1a
21217 Bostelmannsweg 161-5d
21217 Brackweg 150-5b
21217 Bramweg 162-2a
21218 Bremer Straße 160-1c
21217 Brombeerweg 150-7d
21217 Brookdamm 162-2b
21217 Bruchwiesen 161-3a
21217 Buchenhain 161-3b
21217 Buchenweg 161-6c
21218 Buchfinkenweg (7) 161-7a
21217 Bullenhauser Strand 151-3a
21217 Bültenweg 161-8b
21217 Bürgermeister-Heitmann-Straße 162-1c
21218 Bürgermeister-Reichel-Straße 161-7b
21217 Bürgermeister-Wittwer-Weg 161-5c
21217 Buschhorn 161-6b
21217 Butendieksweg 151-2d

21217 Cramersweg 161-5b

21217 Dachsbau 162-1c
21220 Daimlerstraße 162-9c
21217 Deichstraße 163-4c
21217 Die Wiesen 161-9c
21217 Diershof 162-1d
21220 Dieselweg 162-9c
21217 Dirkenshof 162-1a
21217 Dirkensweg 162-1a
21217 Dorfstraße 161-8a

21218 Eddelsener Weg 160-9b
21217 Eichenhagen 162-1b
21217 Eichenstieg 161-6c
21217 Eichenweg 161-6c
21217 Elbdeich 134-9b
21217 Elbring 151-2b
21218 Emmelndorfer Straße 160-9d
21218 Erikastieg (3) 160-9d
21217 Erlenweg 163-4d

21217 Fasanenring 151-6a
21217 Fasanenweg 151-2a
21217 Felde 162-2a
21217 Felderschlagbaum 162-7b
21217 Fernsicht 161-5c
21217 Fichtenweg 161-5d
21217 Fleestedter Ring 161-5c
21218 Fleestedter Weg 161-7a
21217 Försterweg 161-9b
21217 Friedrich-Scheunemann-Straße 161-5c
21217 Friesenweg 151-4d
21217 Friesenwerdermoor 150-9d
21217 Fuchsberg 161-3a

21218 Gartenstraße 160-9b
21217 Gewerbegebiet Appenstedter Wäldchen 162-5a
21217 Gewerbegebiet Glüsinger Straße 162-1d
21217 Gewerbegebiet Hittfelder Landstraße 161-7b
21217 Gewerbegebiet Meckelfeld-Ost 162-2b
21217 Gewerbegebiet Melkerstieg 162-2a
21217 Gewerbegebiet Pulvermühlenweg 162-2d
21217 Giebelortsdamm 150-4b
21217 Ginsterhof 162-2c
21218 Ginsterstieg (1) 160-9b
21217 Glockenstraße 162-1b
21217 Glüsinger Lohe 161-9b
21217 Glüsinger Straße 161-9a
21218 Goldammerweg (4) 160-9b
21217 Grauchenstieg 151-3c
21217 Greevenbrook 161-3c
21218 Grenzweg 160-9b
21217 Groß Moor 150-6b
21217 Große Heide 162-5a
21217 Große Wiesen 162-2a
21217 Großmoordamm 150-2d
21217 Grüner Damm 163-1a
21218 Gustav-Becker-Straße 161-7c
21220 Gutenbergstraße 162-9c

21217 Haalshof 162-1a
21217 Haferkamp 162-5a
21218 Hafertwiete 161-8a
21217 Hagelbergweg 161-5c
21217 Hagolt 151-6c
21217 Hagoltweg 151-5c
21217 Hasenwinkel 162-1c
21217 Hauskoppel 162-4d
21217 Heidekamp 162-5a
21220 Heimstättenweg 162-9d
21218 Helmsweg 161-7d
21217 Hennenhof 162-3a
21217 Henners Hof (1) 161-8b
21217 Hermann-Fabel-Weg 161-2d
21217 Herrendeich 163-5d
21217 Hillenklint 162-1b
21217 Hillenring 150-7d
21217 Himmelsbruch 162-5b
21217 Hinterm Teich 161-9a
21218 Hittfelder landstraße 161-7d
21217 Hitzenberg 161-6d
21217 Hitzenbergstieg 161-6d
21217 Höchtweg 151-4b
21218 Hofackel 161-7b
21217 Hohe Wisch 161-3d
21217 Holzhäuser 162-1c
21217 Holzweg 161-3b
21217 Höpenstraße 161-2b
21217 Höpenweg 161-5b
21217 Hörsten 163-5c
21217 Hörstener Schulstraße 163-5c
21220 Hörstener Straße 163-4d
21217 Hörstener Weg 162-5d

21217 Im Alten Dorf 161-8b
21220 Im Bruch 162-9b
21217 Im Halftenbrook 162-9c
21217 Immenhof 162-5a
21217 In de Wieden 150-7d
21217 In den Föhren 161-9b

21217 Jägerweg 161-6b
21220 Jahnstraße 162-9d
21217 Jesdal 161-5c
21217 Johann-Meyer-Weg 161-6c
21217 Junkernfeld 163-3d

21217 Kämpenstieg 161-9c
21217 Kämpenweg 161-9c
21217 Kiebitzhagen 152-7c
21218 Kiebitzweg 161-7a
21217 Kiefernweg 161-5d
Kirchweg 161-8c
21217 Nr. 1-Ende, Nr. 4-6
21218 Nr. 22-Ende
21218 Klecker Stieg 160-3c
21217 Klein Moor 150-5d
21217 Kleine Heide 162-5a
21217 Kleinmoordamm 150-5c
21217 Koppel 150-7d
21217 Kornblumenweg 162-2c
21217 Kornradenstieg 162-2c
21218 Krogweg 160-3a
21217 Kürbsweg 162-1d

21217 Langen Ellern 162-7c
21217 Lehmkuhle 161-3b
21220 Leibnizgasse 162-9c
21217 Lerchenweg 162-4b
21217 Liedholz 161-6d
21220 Lilientalstraße 162-9c
21218 Lindenstraße 160-6c
21217 Lindenweg 161-8b
21217 Lohe 161-9d
21217 Lönsring 162-2c
21217 Lührsweg 151-2d
21218 Lürader Weg 160-5a
21217 Lütwarnsweg 161-9a

21218 Maldfeldstraße 160-3a
21217 Marderstieg 162-1d
21217 Marquardtsstieg 161-5a
21217 Marquardtsweg 161-5d
21220 Mascheer Schützenstraße 163-7a
21217 Mattenmoorstraße 150-7d
21218 Mattenstieg 160-6b
21217 Melkerstieg 162-2a
21218 Metzendorfer Straße 160-8c
21217 Meyerhoff 162-7b
21220 Milchberg 162-9b
21218 Minkenstieg 161-7d
21217 Mohnweg 162-2c
21217 Moordamm 163-4a
21217 Moordammtwiete 163-4a
21220 Moorweidedamm 162-9d
21218 Mühlensteig 161-5a
21218 Mühlenweg 160-6b

21218 Nachtigallenweg (6) 161-7a
21218 Natenbergweg 160-8d
21218 Natenstieg 160-9d
21217 Neue Deichstraße 151-3c
21217 Niedermoor 150-8d
21220 Nobelstraße 162-9d

21217 Osterkamp 161-8b
21217 Ostpreußenweg 161-2d
21217 Overblock 151-3a
21217 Overdamm 151-8c
21037 Overhaken 152-7b
21217 Oversand 151-3c

21217 Pommernweg 161-6c
21218 Postweg 160-5b

21217 Rampe 162-1d
21217 Räuberberg 161-3c
21217 Rehenwiesen 162-2d
21217 Rehmendamm 162-2a
21217 Reiherstieg 150-8d
21217 Ring 162-7a
21218 Rintelweg 160-9b
21217 Roetenweg 162-7b
21217 Roggenkamp 162-4b
21217 Rönneburger Straße 150-7c
21217 Rüstweg 161-5a

21217 Sandberg 151-6b
21217 Sandweg 162-5a
21217 Schaarackerweg 162-4c
21218 Schaftrift 160-3c
21217 Schlesierweg 161-5b
21217 Schrankenweg 161-9a
21218 Schultwiete 161-7c
21217 Seevedeich 150-8c
21217 Seevetalstraße 162-4d
21217 Siebenstücke 163-5a
21218 Steineck 161-7d
21218 Stemmbrink 160-5b
21217 Storchenweg 150-9c
21218 Stövers Weg 160-5b
21217 Südstrand 151-2a

21217 Tannenkamp 162-2c
21217 Tannenweg 161-6c
21217 Torfstelle 162-3a
21217 Triftweg 162-4d
21217 Trinover 151-6a

21217 Uhlenbusch 151-3c
21217 Uhlenholz 161-3d
21217 Untere Seevenlederung 163-8b
21217 Up´n Sand 151-2d

21217 Vogelparkweg 150-7d
21218 Vor der Heide 160-9b
21217 Vorwerkring 163-4b
21217 Voßbarg 161-5d

21218 Wacholderstieg (2) 160-9b
21217 Waldgraben 161-3d
21217 Waldlehrpfad 161-5b
21217 Waldweg 161-2d
21218 Weide 161-4a
21217 Weidenstieg 162-1c
21218 Weiderweg 160-3d
21217 Weiße Heide 162-2c
21217 Wennern 162-7a
21217 Westermannsweg 163-2d
21217 Westpreußenweg 161-5d
21217 Wiesengrund 161-8d
21217 Wildenmoor 162-3a
21217 Wilhelm-Cohrs-Weg 161-9a
21218 Winkelweg 161-7c
Winsener Landstraße 161-5a
21217 Nr. 1-179, Nr. 4-Ende
21220 Nr. 189-Ende
21218 Wittenberg 161-4c
21218 Wittenberger Feld 160-9b
21218 Wittenberger Weg 160-6c
21217 Wittenweg 161-2c
21220 Wollgrasweg 163-7c
21218 Woxdorfer Weg 160-5c

21217 Zu den Ziegelteichen 161-5a
21217 Zum Berge 161-6b
21217 Zum Brack 164-1a
21217 Zum Großen Ahren 161-3b
21217 Zum Großen Moor 162-3c
21217 Zum Junkernfeld 163-5c
21217 Zum Kleinen Ahren 161-3b
21217 Zürnkamp 162-2d
21217 Zürnweg 162-2b
21217 Zwischen den Seen 163-1c

Siek

PLZ 22962

Dorfstraße 57-3d

Gutsstraße 57-3d

Kampsredder 57-6b

Meilsdorf 57-6b

Uhlenbusch 57-6d

Stapelfeld

PLZ 22145

(zu Amt Siek)

Ahrensburger Weg 57-7c
Alte Landstraße 70-2a
Am Drehbarg 70-3b
Am Ecksoll 70-6c
Am Klosterhof 70-6b
Am Kornweg 70-3d
Am Kroog 70-6a
Am Schwartenreeten 70-5b
Am Windhoop 70-3d

Bismarckshöhe 70-5b
Brookstieg 57-7a
Brookstraße 57-7b

Fernsicht 70-5d

Groot Redder 71-1c

Hauptstraße 70-2d
Haus Bergfrieden 71-1a
Heideweg 70-6a
Heinrich-Möller-Straße 70-6a
Heinrich-Ruge-Straße 70-6a
Hinter der Schule 71-1c
Hirtenkate 70-3d
Höltigbaum 70-2a

Jägerstieg 71-4a

Kleiner Manhagen 70-2b

Lütten Damm 70-2d

Meiendorfer Amtsweg 57-7a
Moorblöcken 71-4b

Reinbeker Straße 71-4a

Schmiedeberg 71-4a
Stellauer Kirchenweg 70-6a
Stiegstückenredder 70-3c
Stormarnring 70-2d

Teichwiese 71-4c

Up de Huuskoppel 71-1a

Von-Eichendorff-Weg 70-5b

Waldweg 57-7b
Weg zum Moor 70-8d
Wegel 70-6c
Wiesengrund 70-3d

Stelle

PLZ 21435

Achtern Höben 164-6b
Am Fischteich 164-6b

Beidersweg 164-3c
Bürgensweg 165-4a

Deichstraße 164-1b

Elbdeich 164-2b

Fachenfelder Brücke 163-8b
Fliegenberg 164-3c

Hougen Lann 164-2d

Im Vie 164-7d
In de Reuth 165-4d
Inselmannsweg 164-6a

Kapellenweg 164-3d
Kreuzdeich 165-4b

Riegenweg 165-4a
Rosenweide 164-2b

Schippersteeg 164-3c
Sielbrack 165-4d
Sinnenweg 164-2d

Wuhlenburg 164-4c
Wuhlenweg 164-4a

Tangstedt

PLZ 22889

Achtern Diek 19-1c
Am Dorfplatz 19-1b
Am Eichholz 19-6c
Am Heidberg 19-1c
Am Herrendamm 19-8b
Am Walde 23-1a
Am Wöhn 18-3d
Amselweg 19-6c

Bäckerbarg 19-1d
Beekmoorweg 19-5d
Beim Brüderhof 18-1c
Birkenweg 18-9b
Bökeneck 19-1c
Bützberg 19-9d

Claudiusstraße 19-6c
Cyclamenweg (1) 18-9a

Dorfring 19-1c
Dorfstraße 23-1b
Duvenstedter Weg 23-3b

Eichholzkoppel 19-9b
Eiskellerberg 19-6a
Ekengrund (1) 19-1c

Fahrenhorster Weg 19-6c
Fasanenring 19-9a
Fasanenstieg 18-9a
Föhrenholt 23-4b
Försterweg 19-8a
Forstweg 23-1d

Galshütter Weg 19-4c
Ginsterweg 18-8b
Gut Tangstedt 19-5a
Gut Wulksfelde 24-1b

Hans-Stender-Weg 19-7d
Harksheider Straße 18-7d
Harksheider Weg 19-7a
Hasenkamp 18-3d
Hauptstraße 19-5c
Heidestraße 18-5d

In de Hörn 19-1b

Klaus-Groth-Straße 19-9a
Kraienkamp 18-3d
Kreuzweg 18-3c
Kringel 18-1d
Kringelweg 18-3c

Lärchenweg 18-9b
Liliencronring 19-8b
Liliencrontwiete 19-9a
Lindenallee 19-9b
Loheweg 19-1a

Meisenweg 19-6c
Mühlenkoppel 19-6c

Puckaff 23-2c
Puckaffer Weg 23-1b

Quebbern 18-1d

Rehkamp 19-8a
Rövkamp 19-1a
Rövsteig 19-1a
Rövtwiete 19-1a

Sanddornweg 18-5d
Schleswig-Holstein-Straße 18-4a
Schulstraße 19-8b
Stillohweg 19-1d
Stormstraße 19-9a

Tangstedter Straße 19-1d
Tannenweg 18-9b

Wacholderweg 18-5d
Waldstraße 18-9a
Wassermühlenweg 19-6c
Wiesenweg 19-8c
Wulksfelde 24-1b
Wulksfelder Damm 24-1d
Wulksfelder Dorfstraße 24-2a
Wulksfelder Weg 24-2a

Ziegenkoppel 23-1a

Tangstedt

PLZ 25499

(zu Amt Pinneberg-Land)

Battelsweg 35-3a

Dorfstraße 35-3c

Heidehofweg 35-3a

Kirchenweg 35-2a

Pinneberger Weg 35-2b

Winzendorfer Weg 35-3d

Wedel

PLZ 22880

Straßennamen mit Suchfeldangaben in Klammern befinden sich im Cityplan auf Seite 15.

Aastwiete 58-7d (15/A1)
ABC-Straße 72-5c
Adalberg-Stifter-Straße (15/A3)
Ahornstraße 58-8d
Akazienweg 72-6d
Alter Zirkusplatz 72-5d
Am Bullensee 58-5c
Am Freibad 72-4b (15/A3)
Am Hang 73-4a
Am Hexenberg 72-6c
Am Lohhof 72-5d
Am Marienhof 58-8d
Am Marktplatz (15/A2)
Am Rain 72-6d
Am Redder 72-2a (15/A1)
Am Riesenkamp 72-1b (15/A1)
Amselstieg 58-9c
An der Au 73-2a
An der Windmühle (17) 72-3c
Anne-Frank-Weg 72-1b (15/A1)
Ansgariusweg 72-1a
Aschhopstwiete 58-7c
Austraße 72-4b (15/A2)
Autal 72-2b
Auweidenweg 72-2d

Bäckerstraße (15/A2)
Bahnhofstraße 72-5a (15/B3)
Baumgarten (7) (15/B1)
Beethovenstraße 72-8b
Bei der Doppeleiche 72-5d
Beim Hoophof 72-5b (15/B3)
Beksberg 73-4a
Bekstraße 72-5c
Bergstraße 72-5d
Birkenweg 73-1d
Birkhahnweg 58-9b
Blöcktwiete 72-1d
Bookholtzstraße 72-3c
Breiter Weg 72-2b
Breslaustraße 72-9b
Brombeerweg 72-6d
Broocksdamm 72-4a (15/A2)
Brünschentwiete 73-4b
Bullenseedamm 58-4d
Bündtwiete 58-8c
Bürgerpark 72-1d
Butterbargsmoorweg 59-1b

Croningstraße 72-3d

De Husch (18) 72-8b
Deichstraße 72-4d
Drosselweg 58-9d
Dunantstraße 59-7c

Egenbüttelweg 58-9c
Eggernkamp 58-3a
Eichendorffweg (15/B3)
Eichkamp 72-6a
Einsteinstraße 59-7c
Elbstraße 72-8a
Elbstraße 72-8b
Elbwanderweg 72-8b
Ennboomtwiete 58-2d
Erlenweg 73-1b
Ernst-Barlach-Straße (4) (15/A2)
Ernst-Thälmann-Weg (15/A1)

Fährenkamp 58-3b
Fasanenweg 58-9b
Feldstraße (15/B3)
Feldstraße 72-5b
Feldweg 86 59-5c
Feldweg am Ihlenseekamp 58-4c
Flasröthweg 58-1d
Flerrentwiete 58-8d
Fliederweg 58-8c
Freizeitpark Elbmarschen 72-4b (15/A3)
Friedrich-Ebert-Straße 72-6a
Friedrich-Eggers-Straße 72-9a
Friedrich-Großheim-Straße 72-6a

Galgenberg 72-6d
Gärtnerstraße 72-1d (15/A2)
Gerhart-Hauptmann-Straße 58-9d
Gertrud-Seele-Weg (3) (15/A1)
Geschwister-Scholl-Straße 72-6a
Ginsterweg 72-6d
Gnäterkuhlenweg 58-6a
Godenwindsteig 72-1a
Gödicke-Michels-Stieg (1) 72-1a
Goethestraße 72-5d
Goldregenweg (15/A1)
Gorch-Fock-Straße
Gorch-Fock-Straße 72-5a (15/A3)
Graf-Luckner-Weg 72-9c
Grenzweg 73-7c
Grevenhof 58-3c
Gröner Born 72-3c
Gutenbergstraße 73-1a

Hafenstraße 72-8a
Haidbrook 58-9b
Haidbrookweg 58-9b
Haidehof 59-4c
Hainbuchenweg 72-1b (15/A1)
Hakendamm 72-7b
Hans-Böckler-Platz 72-9a
Haselweg 58-8d
Hasenkamp 58-9d
Hasenknick (12) 58-9d
Hatzburgtwiete 72-1a
Heckenrosenweg 72-1b (15/A1)
Heinestraße 59-7a
Heinrich-Schacht-Straße 73-4a
Heisterkamp 58-9d
Helgolandstraße 72-1a
Hellgrund 72-9b
Heringsgang (15/B2)
Hinter der Kirche 72-1d (15/A2)
Höbüschentwiete 72-5c (15/B3)
Holmer Grenzweg 58-1d
Holmer Straße 58-7a
Holunderstraße 58-7d (15/A1)
Hörnstraße 72-1d (15/A2)
Hummelstieg 59-8c

Ihlenseebargweg 58-4b
Ihlenseedamm 58-4d
Ihlenseekampsweg 58-4a
Im Flerren 58-8d
Im Grund 72-6d
Im Nieland 72-6d
Im Sandloch 58-9b
Im Winkel 72-6d
Immenhof 72-9a
In de Krümm 72-6b
Industriestraße 73-7a

Jakob-Kaiser-Weg (15/A1)
Johann-Diedrich-Möller-Straße 72-8b
Jörg-Balack-Weg 72-2c (15/B2)
Julius-Leber-Weg 72-1b (15/A1)
Jungfernstieg (15/A2)

Kantstraße 72-5a (15/B3)
Kiebitzmoorweg 58-4b
Kiefernweg 73-1b
Kirchenstraße (5) (15/A2)
Kirchstieg (15/A2)
Klabautermannweg (2) 72-1a
Kleingärten Bauhof 72-2b
Kleingartenkolonie Corsland 59-7b
Kleingartenpark im Nieland 73-4c
Kleinsiedlerweg 59-7a
Klintkamp 72-3a
Königsbergstraße 72-9a
Kronskamp 72-6a
Kurt-Schumacher-Weg (1) (15/A1)
Küsterstraße 72-2c (15/A2)

Lee 72-1a
Lerchenweg 58-9d
Liethfeld 72-8b
Lindenstraße 72-3d
Lotsenweg 58-7c
Lülanden 72-1b (15/A1)
Lüttdahl 72-1d
Lüttsandsdamm 72-4c
Luv 72-1a

Magdalenenhof 59-1b
Marienhof 58-8d
Marinedamm 72-4d
Martin-Niemöller-Straße (15/A1)
Meisenweg 58-9c
Menno-Simons-Weg (13) 58-9d
Milichstraße 72-9a
Molkenbuhrstraße 72-6c
Möllers Park 72-3c
Moorweg 58-9d
Mozartstraße 72-8a
Mühlenstieg (16) 72-2d
Mühlenstraße 72-2c (15/B2)
Mühlenweg 72-5b
Müllerkamp 72-5b

Neuwerkstraße (5) 72-1a

Op'n Klint 72-2b
Organistenstraße (6) (15/B2)
Osterkampweg 58-6b
Otto-Hahn-Straße 58-9d
Övelgon 58-5d

Parkweg 72-8b
Parnaßstraße 72-8a
Parnaßweg 72-8b
Pestalozzistraße 72-6c
Pferdekoppel 72-2b (15/B1)
Pinneberger Straße 72-2c (15/B2)
Planckstraße 59-7a
Pöhlenweg 72-6c
Pulverstraße 72-6c

Quälkampsweg 58-9b

Rathausplatz 72-5a
Rattbergweg 58-7b
Rebhuhnweg 58-9d
Redderstieg (15/B2)
Reepschlägerstraße
Reepschlägerstraße 72-1d (15/A1)
Riedemannpark 72-6c
Rissener Straße 72-3c
Riststraße 72-2c (15/B2)
Robert-Koch-Straße 59-7a
Roggenhof 72-5c
Rolandstraße
Rolandstraße 72-1d (15/A2)
Rollberg 72-8b
Röntgenstraße 59-7a
Rosengarten 72-5b (15/B2)
Rosenweg (8) 72-2a
Rotdornstraße 58-7c
Rövkampweg 58-7a
Rudolf-Breitscheid-Straße 72-6c
Rudolf-Höckner-Straße 72-1d (15/A2)
Rudolf-Kinau-Weg 58-7c

Sandbargmoorweg 58-6a
Sanddornweg 58-7d
Sandlochweg 59-7a
Sandmoorweg 59-5b
Scharhörnstraße (4) 72-1a
Schauenburgerstraße 72-1a (15/A1)
Schillerstraße 72-8b
Schlehdornweg 72-1a
Schlödelsweg 58-8d
Schloßkamp 72-5c
Schnaakenmoorweg 59-5c
Schulauer Moorweg 73-2a
Schulauer Straße 72-4b (15/A3)
Schulstieg 72-5c
Schulstraße 72-2c (15/A2)
Schützenkamp 59-7c
Schwartenseekamp (9) 59-7b
Seemoorweg 58-6d
Siedmoortwiete 58-5d

Wentorf bei Hamburg

PLZ 21465

Winsen (Luhe)

PLZ 21423

Wohltorf

PLZ 21521

(zu Amt Aumühle-Wohltorf)

Herausgeber: ADAC Verlag GmbH, 81373 München

Telefon Anzeigenvertrieb: 0 61 96/60 96 25, Telefax: 0 61 96/6 36 19

Titelbild der Originalausgabe: Türme der Stadt, Foto: K.-H. Petersen, Hamburg
Printed in Germany · Laufzeit bis Ende 2006
Hergestellt nach amtlichen Unterlagen